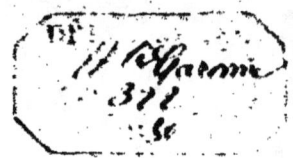

L'INQUISITION

DANS LE MIDI DE LA FRANCE

AU XIIIe ET AU XIVe SIÈCLE

L'INQUISITION
DANS LE MIDI DE LA FRANCE
AU XIIIe ET AU XIVe SIÈCLE

ÉTUDE SUR LES SOURCES DE SON HISTOIRE

THÈSE
POUR
LE DOCTORAT ÈS-LETTRES
PRÉSENTÉE A LA FACULTÉ DE PARIS

PAR

CHARLES MOLINIER
ANCIEN ÉLÈVE DE L'ÉCOLE NORMALE SUPÉRIEURE
AGRÉGÉ D'HISTOIRE

TOULOUSE
IMPRIMERIE PAUL PRIVAT
RUE TRIPIÈRE, 9

1880

INTRODUCTION

I. — L'histoire générale de l'Inquisition n'a pas été écrite véritablement jusqu'ici, et moins encore celle de l'Inquisition primitive du treizième siècle. — Cette dernière n'a été présentée ni par Limborch, ni par Llorente. — Un simple aperçu en a été donné par M. Schmidt, dans son livre : *Histoire et doctrines de la secte des Cathares ou Albigeois*. — Le but de ce travail est de mettre en lumière les documents originaux qui doivent servir à composer cette histoire. — Il se bornera à une sorte de catalogue et d'analyse de ces documents, sans prétendre en tirer une histoire proprement dite de l'Inquisition. — Limites chronologiques dans lesquelles il se renfermera.

II. — Histoire rapide des archives inquisitoriales; elles ont souffert de la haine populaire pendant le moyen âge, de l'indifférence de leurs gardiens naturels, les Dominicains, dans les temps modernes. — Leur dispersion au dix-septième et au dix-huitième siècle. — Aujourd'hui, l'existence de ce qui en reste est contestée ou même ignorée. — Les débris en sont assez considérables, cependant, pour nous faire connaître au moins l'organisation complète de la justice inquisitoriale.

I

Il s'en faut que l'histoire générale de l'Inquisition et même l'organisation de ses tribunaux soient un de ces sujets neufs, auxquels presque aucune main n'a encore touché. L'attrait en était bien trop grand pour cela, et la liste serait longue à dresser des ouvrages qu'il a fait naître[1]. Il y a plus : si de tant d'écrits le plus grand nombre ne nous fournit qu'une somme assez considérable de déclamations en sens contraire, également vaines et vagues[2], quelques livres nous donnent autre chose et méritent d'être mis à part.

Pour l'Inquisition d'Espagne, le secrétaire général du Saint-Office, Llorente, est à peu près suffisant, malgré ses défauts[3]. Pour l'Inquisition d'Espagne encore, et aussi pour les Inquisitions portugaise et romaine, le protestant Limborch est souvent très-complet et même excellent. Mais ni l'un ni l'autre de ces deux écrivains, pas même le second et le meilleur, ne nous donnent l'histoire de cette Inquisition primitive, qui naquit à Toulouse avec saint Dominique et l'ordre des Frères Prêcheurs, dont l'Inquisition espagnole, malgré sa prospérité prodigieuse, quand l'autre s'était déjà éclipsée, n'est qu'un rameau, et qui n'a de sœur et de contemporaine que l'Inquisition lombarde, à laquelle étaient adressées les mêmes let-

---

1. Voir, sur ce point, quelques indications, d'ailleurs fort incomplètes, dans le *Manuel* de Brunet, table générale, p. 1163, col. 2, Histoire des Inquisitions, n°ˢ 21675-21683.

2. C'est là une appréciation que nous croyons pouvoir maintenir dans toute sa rigueur, même en ce qui concerne les ouvrages publiés le plus récemment au sujet de l'Inquisition, par exemple le livre de M. Hoffmann, *Geschichte der Inquisition*, Bonn, 1877-1878, 2 vol. in-8°. Cf. *Revue historique*, 1878, VIII, 433, et 1879, XI, 191.

3. Faute d'ouvrage meilleur, bien entendu. Les manuscrits employés par Llorente sont aujourd'hui à la Bibliothèque nationale, cabinet des manuscrits, fonds espagnol.

très pontificales et que les papes dotaient des mêmes privilèges.

Il semble toutefois que les circonstances qui, vers la fin du dix-septième siècle, poussèrent Limborch à écrire son grand ouvrage sur l'Inquisition[1], auraient dû lui permettre de donner dès cette époque l'histoire de ces tribunaux primitifs, sur lesquels presque rien encore n'a été dit. Par une bonne fortune qu'il a négligé de nous expliquer, il eut quatre ans entiers entre les mains un volume de sentences de l'Inquisition de Toulouse. Ce volume renfermait les *Actes de foi*, préparés et présidés de 1308 à 1323 par le célèbre inquisiteur Bernard Gui, mort en 1331 évêque de Lodève. Limborch avait entrepris de publier ce document dont il comprenait l'importance, et, pour l'éclairer, comme il le dit dans sa préface, il crut devoir le faire précéder d'une étude sur l'Inquisition. Mais, Hollandais et ministre de l'Église protestante à une époque où la Hollande ne pouvait avoir perdu le souvenir des cruautés de l'Inquisition espagnole, l'esprit militant se réveilla chez lui en présence de cette Inquisition du quatorzième siècle, qu'il retrouvait tout entière dans les *Sentences* de Bernard Gui. Il oublia de

---

1. Voici le titre de cet ouvrage célèbre : *Philippi a Limborch, SS. theologiae inter Remonstrantes professoris, historia Inquisitionis, cui subjungitur liber sententiarum Inquisitionis Tholosanae ab anno Christi MCCCVIII ad annum MCCCXXIII*. Amsterdam, Henri Westen, in-f°, 1692.

faire le tableau d'une justice morte depuis longtemps, pour peindre à ses contemporains de l'Europe réformée les rigueurs de tribunaux, auxquels sa patrie venait à peine d'échapper.

Aussi chercherait-on vainement dans les trois cent quatre-vingts pages in-folio de ce qu'il appelle sa dissertation[1], l'œuvre qu'il nous avait fait espérer, et le désappointement est grand de lui voir tirer un si maigre parti des abondantes ressources, dont il pouvait disposer. En effet, c'est à peine si le manuscrit qu'il a édité lui fournit çà et là quelques indications. Pour nous faire connaître l'Inquisition du quatorzième siècle, il se sert bien plus volontiers d'un ouvrage d'une tout autre nature, du traité du dominicain et inquisiteur catalan Eymeric, composé probablement entre 1375 et 1380, le *Directorium inquisitorum*, ouvrage précieux mais théorique, et auquel manque la réalité qui fait l'intérêt profond des *Sentences* de Bernard Gui.

Enfin, voulant donner un tableau général de l'Inquisition, et ne distinguant les divers tribunaux, ni selon les temps, ni selon les lieux, par ce mélange de faits propres au quatorzième siècle avec des faits du seizième, ou même de l'époque à laquelle il a vécu, il crée une confu-

---

1. Voir *Præfatio ad lectorem*, au début de l'ouvrage.

sion qui peut devenir fort dangereuse, à moins de remettre d'abord chaque chose à sa place. En somme, de son livre plein de science, il ne reste à peu près, pour qui veut étudier l'Inquisition à son origine, que les textes précieux qu'il a publiés, et dont toute autre trace semble aujourd'hui perdue.

Ainsi, ayant des documents de premier ordre entre les mains, Limborch, dans son grand ouvrage, ne nous a donné ni un tableau général de l'Inquisition primitive, ni même un exposé de la procédure et de la pénalité inquisitoriales. Si la première de ces deux choses lui était difficile, pour ne pas dire impossible, assurément, rien que dans les *Sentences* de Bernard Gui, il pouvait trouver la matière de la seconde. Mais, dans des conditions plus favorables à l'exécution d'un pareil travail, un autre écrivain devait nous donner moins encore.

En effet, l'année même qui suivit la publication de l'*Histoire de l'Inquisition* à Amsterdam, c'est-à-dire en 1693, le dominicain Percin faisait paraître, à Toulouse, ses *Monumenta conventus Tolosani*[1]. Membre de ce grand établissement, le

---

1. In-f°, chez Jean et Guillem Pech. Le titre complet de cet ouvrage est le suivant : *Monumenta conventus Tolosani, ordinis FF. Praedicatorum primi, ex vetustissimis manuscriptis originalibus transcripta, et XX Ecclesiae patrum placitis illustrata, scriptore F. Joanne Jacobo Percin Tolosate, Tolosanique conventus alumno.*

premier de l'ordre des Frères Prêcheurs, et dont il prétendait retracer l'histoire, Percin avait à sa disposition les archives accumulées depuis quatre siècles et demi par les religieux de saint Dominique, trésor véritable, si nous en jugeons par les fragments subsistant encore aujourd'hui, après une dispersion et des accidents de tout genre, qui ne nous en ont laissé que de rares débris.

Cependant, ici encore, quel désappointement! Et nous ne parlons pas de la confusion extrême qui règne dans ce grand travail, de la classification la plus souvent arbitraire des faits et des matières, de l'inexactitude avec laquelle Percin reproduit les documents originaux, inexactitude qui apparaît flagrante toutes les fois que le contrôle nous est possible. Nous laissons même de côté l'étroitesse de ses vues, qui n'a d'égale que l'emportement de son fanatisme.

Mais le développement de l'Inquisition, l'organisation, le fonctionnement de ses tribunaux, où les trouver chez lui? Assurément, ce n'est ni dans son *Histoire du couvent de Toulouse*, distribuée par siècles, ni dans son ouvrage sur l'*Hérésie des Albigeois*, ni même dans son opuscule sur l'Inquisition. Cependant, n'est-ce pas là toute ou presque toute l'histoire de l'ordre des Frères Prêcheurs, au moins dans le premier siècle de son existence, le siècle de saint Dominique, de Pierre Cella, son compagnon et le premier des inquisiteurs, de Guillem Arnaud, le *martyr d'Avignonet*, d'Arnaud Catala, si terrible aux habitants d'Albi, de Guillem Pelisson, l'un des premiers historiens de l'ordre, de Bernard de Caux, l'auteur de la grande enquête de 1245 et 1246, de Bernard Gui enfin, inquisiteur, historien, évêque, une des intelligences les plus variées du début du quatorzième siècle?

Ces grands ouvrages écartés, nous ne connaissons qu'un livre, où se rencontrent quelques indications ayant trait à cette histoire de l'Inquisition primitive et à l'organisation de ses tribunaux. C'est le travail de M. Schmidt, intitulé *Histoire et doctrines de la secte des Cathares ou Albigeois*[1].

L'auteur, après avoir, dans le premier volume de son ouvrage, étudié les origines et la diffusion de l'hérésie albigeoise, consacre, dans le second, environ soixante-quinze pages à un aperçu des mesures prises pour l'extirpation de l'hérésie cathare et des hérésies en général. C'est un travail neuf et fait en partie d'après les documents inédits. Mais, embrassant à la fois les délits, les tribunaux, la procédure et la pénalité,

---

1. Paris et Genève, 1849, 2 vol. in-8°.

donnant même quelques notions sur la polémique opposée par l'Église aux doctrines albigeoises, il est nécessairement très-bref.

D'autre part, les pièces inédites qu'il emploie appartiennent toutes à la collection Doat, et ne sont, par conséquent, que des copies. Or, si les documents originaux concernant l'Inquisition sont aujourd'hui relativement fort rares, il en reste pourtant encore d'assez nombreux et d'assez considérables, comme nous le montrerons dans la suite de cette étude. De plus, ces monuments absolument authentiques l'emportent naturellement en valeur sur de simples copies, très-souvent fautives, et dont le texte est parfois si altéré par l'ignorance ou la négligence des scribes qu'a employés Doat, que les indications en deviennent très-douteuses.

Ces considérations rapides suffiront, il nous semble, à établir les deux points suivants : d'abord que le tableau de cette Inquisition primitive dont nous avons parlé, est encore à tracer, et en second lieu, que les documents originaux qui peuvent y servir n'ont pas encore été employés. Mais pourquoi ne l'ont-ils pas été? Parce qu'on ignorait à peu près qu'ils existassent, ainsi que nous le démontrerons tout à l'heure en faisant l'histoire sommaire des archives d'Inquisition.

Aussi nous a-t-il paru utile de remettre en lumière ces documents oubliés, et c'est une sorte de catalogue que nous essaierons d'en présenter dans ce travail. Après les avoir répartis dans les deux grandes divisions que comporte leur ensemble, c'est-à-dire en sources déjà publiées et en sources encore inédites[1], nous les passerons successivement en revue. Nous dirons la date, le contenu, la valeur, l'utilité de chacun d'eux pour une étude générale des tribunaux d'Inquisition. Nous les éclairerons les uns par les autres, en nous aidant des indications que pourra nous fournir l'histoire contemporaine du treizième et du quatorzième siècle.

Ce travail, nous devons le dire tout de suite, ne portera que sur les documents contenus dans les bibliothèques ou archives de France. Ce sont les seuls dont nous ayons été à même de faire l'étude minutieuse que nous voulons présenter ici. D'ailleurs, nous avons tout lieu de le croire, ces collections possèdent, à peu de chose près, toutes les sources ayant trait à l'Inquisition méridionale dans le premier siècle de son existence. De plus, s'il est utile pour l'histoire proprement dite de cette Inquisition, que toutes les pièces qui la concernent soient mises en lumière, il n'en est pas de même pour ce qui touche à l'organisation de

---

1. Nous n'insistons pas ici sur ces divisions. Voir, pour les détails, la table des matières qui termine cette étude.

ses tribunaux et à leur procédure, et c'est justement ce que nous voulons étudier avant tout, dans l'analyse dont nous avons conçu l'idée. A ce point de vue spécial, il suffira d'avoir un certain nombre d'exemples des règles et des procédés de cette justice inquisitoriale aux différentes phases de sa durée, pour qu'on puisse en faire un tableau d'ensemble, sans crainte de se laisser aller à des généralisations téméraires. Or, si mutilés que soient les originaux dont nous parlons, et que nous voulons faire connaître, ils sont assez complets toutefois pour nous représenter nettement ce qu'étaient les archives d'Inquisition avec leurs différentes classes de documents. Par suite, nous pourrons y trouver la série non interrompue de types, nécessaire pour reconstituer dans ses détails et dans ses diverses périodes le tableau de la justice inquisitoriale.

Quoi qu'il en soit, un travail comme celui que nous annonçons paraîtra sans doute, au premier abord, singulièrement sec et aride. On s'étonnera peut-être aussi, qu'après avoir reproché à Limborch et à Percin de ne pas avoir tiré un meilleur parti des matériaux qu'ils avaient entre les mains, nous ne fassions pas davantage. Il nous semble pourtant qu'en y réfléchissant un peu, on changera bientôt d'idée.

Nous venons de dire quelle était, pour appeler

les choses de leur véritable nom, l'ignorance à peu près universelle au sujet de l'histoire particulière qui va nous occuper. Nous montrerons tout à l'heure que cette ignorance va jusqu'à nier qu'il existe encore aujourd'hui des documents originaux concernant cette histoire. L'opinion commune, reproduite dans des livres tout récents, est qu'ils ont tous péri à différentes époques et par diverses causes. Bref, tout ou presque tout est à faire sur un sujet en certaines parties complétement neuf. Mais, établir d'abord l'existence de ces sources précieuses, les analyser, les classer, en donner une appréciation critique, ce n'est, il nous semble, faire autre chose que prendre cette étude par où il faut la prendre, c'est-à-dire par son commencement. Toute autre voie conduirait, sans aucun doute, à des généralisations hâtives, et qu'un examen ultérieur pourrait confondre absolument.

Du reste, si complets que soient à certains égards ces documents, il ne faut pas oublier que c'est à des textes du moyen âge que nous avons affaire. Comme toutes les sources historiques de la même époque, ils sont pleins de lacunes, que l'on ne réussit pas toujours à combler au moyen de conjectures et de rapprochements conformes, bien entendu, à la rigueur de la science et de la critique. Vouloir s'en servir pour construire de prime abord et de toutes pièces un vaste ensemble, qui prendrait le titre d'histoire de l'Inquisition, ce serait, à notre sens, une entreprise à peu près chimérique. Si l'on y mettait toute la conscience nécessaire, il faudrait dans une pareille œuvre laisser trop de pages en blanc.

L'histoire répugne aujourd'hui à des synthèses de ce genre, et nous ne croyons pas que sa juste défiance ait nulle part plus qu'ici de raison d'être. Le mieux serait, il nous semble, d'appliquer une fois de plus la méthode moins ambitieuse qu'elle a fini par préférer, c'est-à-dire de procéder par une série de monographies des différents tribunaux d'Inquisiton. Ce serait le second terme d'une série de travaux, dont le premier devrait être l'étude sur les sources, que nous avons indiquée et que nous avons essayé de faire. Alors, peut-être, mais alors seulement, après avoir déblayé le terrain, pourrait-on procéder à l'œuvre définitive, dont nous marquions à l'instant même les difficultés.

Quant à nous, nous nous sommes bien gardé d'entreprendre la moindre partie de ce dernier travail. Tout au plus trouvera-t-on dans l'étude qui suit quelques considérations générales qu'on pourrait y faire rentrer à la rigueur. Une seule fois, ayant à analyser un document de premier ordre, absolument inédit, qui nous donnait des renseignements et sur l'organisation des tribunaux d'Inquisition et sur leur procédure et leur pénalité, nous avons essayé de retracer à ce propos l'histoire et le fonctionnement d'une de ces cours religieuses au milieu du treizième siècle. Ce document est le livre de greffier provenant de la justice inquisitoriale de Carcassonne, aujourd'hui conservé à la bibliothèque de Clermont. L'étude que nous avons consacrée à ce volume embrassera à peu près la moitié de notre travail. Ce sera une sorte de monographie, où mettant de côté la forme spéciale d'exposition que nous avons adoptée pour tout le reste, nous donnerons un exemple de l'organisation de la justice inquisitoriale durant la période que nous nous sommes fixée.

Toutefois, nous devons le noter expressément, cette étude, comme tous les aperçus généraux que nous aurons à présenter dans le cours de l'analyse des différents manuscrits, se placera absolument en dehors de toute recherche des origines historiques de l'Inquisition et de sa jurisprudence. Nous la prendrons telle que nous la montrent les documents originaux, sans aller au-delà. En rechercher les liens intimes avec le droit et la procédure canoniques, qui en sont les sources incontestables, c'est une œuvre à part et fort délicate. Nous n'avons pas voulu la joindre à celle dont nous nous sommes chargé, et qui nous paraît plus que suffisante.

Une autre lacune encore, mais qu'on ne nous reprochera pas, nous l'espérons, sera celle-ci. Nous ne parlerons pas, même incidemment, des croyances albigeoises, qui constituaient les délits réprimés par l'Inquisition. En effet, toucher à ce point, serait traiter une question réellement en dehors de notre sujet, et pourquoi ne pas l'avouer, en dehors de notre compétence.

Les doctrines des albigeois, leurs cérémonies, leurs mœurs, leurs habitudes de sectaires, composent une étude des plus curieuses, mais très-complexe. La théologie, la philosophie y sont intéressées au moins autant que l'histoire. L'ensemble en est très-obscur et plein de doutes. Quelques questions même, surtout celle de l'origine et de la filiation des croyances dualistes, paraissent à peu près insolubles. Ce sera, par conséquent, nous le répétons, un point que nous laisserons de côté, sans craindre cependant qu'on y voie une nouvelle lacune à joindre à celles dont nous avons fait l'aveu sincère [1].

[1]. Voir sur ces questions Schmidt, t. II, pp. 1-167, et les notes de la fin du volume, pp. 252-308. Autant que nous pouvons en juger, l'exposé que nous offre l'historien de la secte cathare semble être aussi net et aussi complet que possible. Un seul point appellerait, selon nous, quelques réserves.

C'est l'insistance que met l'auteur en question à vouloir, pour ainsi dire, creuser un abîme entre le protestantisme et l'hérésie du treizième

Il ne nous reste plus que quelques mots à ajouter à ces explications. C'est au sujet des dates dans lesquelles nous avons voulu circonscrire notre travail.

Si nous avions à faire l'histoire proprement dite de cette Inquisition primitive, dont nous nous proposons d'étudier ici les sources, il nous semble que nous pourrions en comprendre les débuts, la prospérité et la décadence dans l'espace d'un siècle environ. La première des dates embrassant ce siècle serait l'année 1216, moment où l'ordre des Dominicains est confirmé par Honorius III, en attendant que dix-sept ans plus tard une bulle de Grégoire IX le mette pres-

siècle. Il se fait en cela, nous le croyons, une fausse idée de l'honneur et des intérêts de la Réforme, et s'expose peut-être à nier aux sectaires albigeois leur véritable caractère. Plus chrétiens, à notre sens, que ne veut le reconnaître M. Schmidt, avec des croyances qui n'étaient pas pour la plupart, nous l'avouons, ni en philosophie, ni en théologie, celles du protestantisme, comme ne lui cep e slant, les cathares poursuivaient le même but, la séparation d'avec l'église de Rome; et ce fut bien, il semble, en fin de compte, le dernier et suprême résultat de la révolution religieuse dont l'Europe fut témoin trois cents ans après eux.
Voilà ce qu'il ne faut pas perdre de vue, car c'est là un fait auprès duquel la nature même des croyances albigeoises ne présente qu'un intérêt secondaire. Pleinement reconnu, il met les cathares à leur véritable place. Cet esprit de révolte, en quelque sorte permanent, contre le Saint-Siège, depuis le douzième siècle jusqu'au seizième, où il eut son triomphe, ils le représentent à son premier âge. Ils sont les ancêtres incontestables de Wiclef, de Jean Huss, de Luther et de Calvin.
Peu importe, après cela, qu'ils aient interprété l'Évangile de telle ou telle manière, qu'il faille même les croire plus près du paganisme que du christianisme, comme le veut l'historien dont nous parlons; ils n'en sont pas moins les premiers des protestants. A défaut d'autres preuves, la phraséologie injurieuse pour la cour de Rome, les invectives passionnées qui leur sont communes avec les réformés du seizième siècle, le démontreraient de reste.

que exclusivement en possession des fonctions inquisitoriales. La seconde serait l'année 1323, dans laquelle Bernard Gui clôt la série de ses grands *actes de foi,* les plus solennels de toute l'histoire de l'Inquisition, et assurément les derniers de cette importance qu'ait vus le Midi. Sauf quelques écarts en dehors de ces dates, ce sont aussi celles que nous adoptons, et qui limiteront notre travail. Nous entendons par là, que nous étudierons à peu près exclusivement les documents originaux compris dans les cent ans que nous avons marqués. Mais, avant de commencer, il nous faut encore ajouter ici quelques mots sur l'histoire de ces documents.

II

Peu d'archives semblent avoir été exposées à plus de causes de destruction que les archives inquisitoriales, du moins dans le midi de la France. Au moyen âge, au treizième, au quatorzième siècle, la haine populaire soulevée contre les inquisiteurs s'acharne aussi contre leurs registres de justice. Dans les grandes séditions où l'autorité des juges dominicains s'efface devant l'explosion de colères que rien ne peut plus contenir, on lacère, on brûle en masse ces livres détestés. En temps ordinaire, des complots s'organisent sans cesse pour dérober ces symboles de torture et de vexation, et, en les détruisant, pour enlever à une procédure intolérable tout moyen de se poursuivre. Les inquisiteurs doivent veiller sans trêve à la sûreté des maisons où ils les conservent, et n'y pas recevoir le premier venu, qui pourrait ne s'introduire auprès d'eux que pour consommer la ruine de ces documents toujours menacés[1].

Mais c'est surtout quand leurs fonctions les obligent à se transporter d'une ville à une autre, emportant avec eux les archives de leur tribunal, que leur défiance doit redoubler. Chaque point de la route peut recéler une embuscade, d'où sortiront des hérétiques, plus désireux encore de ravir les papiers que porte le juge que de le faire périr lui-même[2]. Enfin, au quatorzième siècle, les

---

1. Voir, dans B. Gui, *Practica*, II° pars (Bibl. de Toul., ms. 267, 1re série, f° 21 A, B), la pièce intitulée : *Littera de hospitio inquisitorum Tholose non exponenda*.
2. Voir *Hist. de Lang.*, édit. orig., t. III, liv. XXIV, p. 386; liv. XXV, pp. 405-459; liv. XXVI, p. 481; — Percin, *Opusc. de Haeresi Albigensium*, pars II, cap. x, 4; — Limborch, f° 142 B; — *Inventaire inédit concernant les archives de l'Inquisition de Carcassonne*, publié par A. Germain dans les *Mémoires de la Société archéologique de Montpellier*, t. IV, p. 298; — Doat, t. XXXI, f° 150, 211, 212, et surtout t. XXVI, f° 195 B, 211, 251 B, 265 B. C'est dans ce dernier volume que se trouvent les dépositions concernant un complot tramé vers 1283 à Carcassonne, pour s'emparer des livres du tribunal d'Inquisition. Dans ce complot sont impliqués une foule de personnages importants de la ville, et notamment l'archidiacre Sanche Morlana. Voir Mahul, *Cartulaire de Carcassonne*, pp. 611-643.

inquisiteurs se décident à réunir l'ensemble de ces documents dans quelques villes dont l'orthodoxie et la fidélité leur paraissent absolument certaines. C'est ainsi qu'à cette époque Montpellier reçoit une partie au moins des archives de l'Inquisition de Carcassonne, et ce n'est, il semble, qu'à ce prix qu'on les juge vraiment à l'abri de toute tentative pour les détruire [1].

Cependant arrive un jour où l'Inquisition n'existe plus que de nom, où elle n'est plus ce tribunal que l'on connaît, tout-puissant et détesté. La haine, acharnée contre tout ce qui de près ou de loin rappelait sa juridiction tant qu'elle avait été redoutable, s'éteint aussi, et l'on pourrait croire que les archives de cette justice désormais oubliée passeront aux historiens futurs, sans autres risques de destruction que ceux qui sont le fait même du temps et de ses vicissitudes. Mais un péril d'un tout autre genre surgit bientôt. Après l'exécration des peuples pour ces documents, vient l'indifférence des inquisiteurs eux-mêmes, qui va les laisser se perdre.

Ce n'est pas que la gloire sanglante et terrible des juges dominicains du treizième et du quatorzième siècle semble peser aux Frères Prêcheurs contemporains de Louis XIV, leurs héritiers

---

1. Voir *Mémoires de la Société archéologique de Montpellier*, ut supra, pp. 288, 289.

dans ce grand ordre, d'où sont sortis les Guillem Arnaud et les Bernard Gui. Nous n'avons, du moins, aucune raison de le supposer. Mais ce que nous pouvons croire, car nous en avons des preuves, c'est que la plupart des religieux dominicains sont singulièrement froids à l'endroit de cette vieille renommée. Combien peu sans doute en trouverait-on, dont l'âme vibre à l'égal de celle de Percin aux échos de ces histoires tragiques d'exhumations dans les cimetières, de sommations impérieuses, d'excommunications lancées sur toute une ville, sur des pays entiers, d'*actes de foi* solennels. Avec son fanatisme rétrospectif, l'historien du couvent des Dominicains de Toulouse est le représentant d'un autre âge, égaré dans un monde qui ne se soucie plus de ces vieux parchemins que lui remue avec tant d'amour.

Assurément, nous n'en sommes pas encore à voir, comme cent ans plus tard, quelques-uns des membres du clergé, gagnés eux-mêmes par l'esprit philosophique du temps, dénoncer de leur propre bouche les rigueurs impitoyables des inquisiteurs contemporains de l'évêque de Toulouse Foulques et du pape Grégoire IX[1]. Mais l'indifférence des Dominicains semble complète pour ces monuments d'une autre époque, et on en a la

---

1. Voir, dans les *Mémoires de l'Académie des sciences de Toulouse*, t. IV (1790), p. 11, une dissertation de l'abbé Magi, et p. 41, une autre du P. Sermet.

preuve dans l'incurie avec laquelle ils en laissent les feuilles se disperser à tous les vents.

En effet, au moment même où la collection Doat recueille plus de cinq cents pièces ayant trait à l'Inquisition méridionale du treizième et du quatorzième siècle, et en remplit dix-sept des volumes qui la composent, qu'ainsi se trouve nettement établie l'importance de ces textes primitifs, au moment où ils entrent, pour ainsi dire, dans l'histoire, au moment aussi où Percin va commencer ses *Monumenta conventus Tolosani*, transcrits, nous dit-il, des anciens manuscrits originaux[1], les archives de l'Inquisition de Toulouse s'en vont pièce à pièce. Des feuillets[2] de la mise au net sur parchemin de confessions recueillies dans cette même ville en 1254 et 1256, mutilés et rognés, sont employés à couvrir des registres du contrôle des exploits datés de 1674.

Une fois commencée, la dispersion et la destruction, c'est tout un, continuent probablement sans s'arrêter. Du moins, nous avons quelques raisons de le croire. En 1781, l'abbé Magi, membre de l'Académie des sciences de Toulouse, trouve entre les mains d'un libraire, qui s'en servait pour couvrir des alphabets, douze feuillets

1. Voir le titre de l'ouvrage que nous avons cité plus haut.
2. Recueillis de notre temps, ils forment aujourd'hui le manuscrit des Archives de la Haute-Garonne, dont nous parlerons dans le cours de ce travail.

de parchemin, enlevés à un volume de sentences de l'Inquisition toulousaine, et renfermant des arrêts prononcés de 1246 à 1248[1].

Enfin, comme pour achever d'un seul coup une destruction préparée peu à peu durant deux siècles, la Révolution survient : les Archives de la cité de Carcassonne sont brûlées en 1793, et avec elles très-probablement celles de l'Inquisition et du couvent des Dominicains de la même ville[2]. En effet, les Archives départementales de l'Aude, qui auraient dû leur donner asile, non-seulement ne les possèdent pas, mais même ne contiennent aucune pièce concernant cette Inquisition si fameuse et si active[3]. Tout ce qui nous en reste, ce sont les copies de Doat, heureusement fort nombreuses, et quelques fragments dispersés, dont le livre de greffe que nous indiquions à l'instant, et qui se trouve aujourd'hui à la bibliothèque de la ville de Clermont. Comment y est-il arrivé? C'est ce qu'on ignore.

Après cela, il semblerait qu'on n'ait plus rien à dire sur l'histoire assez triste de la perte de ces

---

[1]. Ces restes précieux, après diverses péripéties que nous aurons à noter, se trouvent aujourd'hui à la Bibliothèque nationale sous le numéro 9992 du fonds latin.

[2]. Voir Viguerie, *Annales ou Histoire ecclésiastique et civile de la ville et diocèse de Carcassonne*, p. 281. — A. Molinier, *Catalogue des actes de Simon et d'Amauri de Montfort*, p. 29.

[3]. Voir *Mémoires de la Société archéologique de Montpellier*, t. IV, pp. 287, 288.

documents, précieux au premier chef[1]. Il n'en est rien pourtant. Avant que la Révolution en fît une exécution sommaire, au moins dans une des anciennes cités d'Inquisition, l'indifférence les avait laissé perdre en grande partie. Mais l'indifférence n'allait pas seule : elle s'alliait nécessairement à l'oubli, qui complétait son œuvre, de sorte que, si par le fait de la première beaucoup de documents disparaissaient, ceux qui subsistaient, dans l'ignorance où l'on était de leur conservation, ne devaient pas servir plus que s'ils avaient été anéantis.

Le mal commence dès le dix-septième siècle. Lorsque Percin nous donne avec détail le catalogue des ouvrages de Bernard Gui, conservés précieusement, nous dit-il, dans la bibliothèque du couvent des Dominicains de Toulouse[2], nous pouvons nous étonner à bon droit de ne pas trouver au nombre des dix volumes qu'il indique le traité *de Practica officii Inquisitionis* du célèbre

---

1. Voir encore sur quelques manuscrits ou copies de manuscrits d'Inquisition, signalés au dix-septième siècle dans le *Dictionnaire* de Chaufepié, au dix-huitième dans la *Bibliothèque historique de la France* du P. Lelong, et probablement perdus aujourd'hui, Léopold Delisle, *Notice sur les manuscrits de Bernard Gui* (Notices et extraits des manuscrits, t. XXVII, 2ᵉ part., p. 351, notes 3 et 4). Des deux manuscrits signalés par le P. Lelong comme existant au dix-huitième siècle dans la bibliothèque du marquis d'Aubais, l'un n'aurait-il pas été l'original des sentences éditées par Limborch, et l'autre une copie de ces mêmes sentences? A vrai dire, les indications du P. Lelong ne permettent pas d'établir de différence entre les deux volumes mentionnés par lui.
2. Voir *Monum. conc. Tolos.* p. 70, n° 7.

écrivain. Ce ne devait pas être pourtant son moindre titre de gloire. Après tout, si important que fût cet ouvrage, les Frères Prêcheurs pouvaient avoir négligé de s'en procurer une copie. Mais, quand il avance ailleurs que ce traité se trouvait déjà perdu de son temps[1], nous ne savons comment expliquer son ignorance. Pouvait-il ne pas savoir, en effet, qu'il en existait un exemplaire aux archives de l'Inquisition de Carcassonne, qu'il y en avait un autre au couvent des minimes de Saint-Roch, près de Toulouse, qu'enfin, et il ne pouvait ignorer l'existence de celui-ci, on en conservait un troisième dans la ville même qu'il habitait, au tribunal de l'Inquisition, sur la table devant laquelle siégeaient les juges, à portée de leurs mains?

Qu'on nous pardonne de faire ainsi son procès à l'historien des Dominicains de Toulouse: nous y avons quelque droit[2]. En effet, l'existence de l'exemplaire de Carcassonne nous est attestée par une copie contenue aux tomes XXIX et XXX de la collection Doat. Quant à l'exemplaire des Minimes, il figure aujourd'hui dans la bibliothèque

---

1. « *Scripsit* (B. Guidonis) *librum de Practica Inquisitionis (qui nobis est deperditus, magno damno).* » *Monum. conv. Tolos.*, p. 68, c. 2, 10.

2. Plantavit de la Pause, à la page 289 de sa *Chronologia præsulum Lotevensium*, publiée en 1634, ainsi que P. Touron, à la page 105 du tome II de son *Histoire des hommes illustres de l'ordre de Saint-Dominique*, qui date de 1743, en mentionnant la *Practica* de Bernard Gui, ne semblent nullement croire que cet ouvrage n'existe plus de leur temps.

de la ville de Toulouse. Avec lui se trouve l'exemplaire du tribunal de l'Inquisition, couvert de notes marginales, fatigué par un usage assidu, monument authentique et vivant d'une justice à jamais abolie.

En vérité, l'ignorance de Percin, vivant aux sources mêmes de l'histoire de l'Inquisition, s'explique bien difficilement. Il est vrai qu'il n'est pas le seul qu'on puisse accuser.

M. Schmidt, dans l'ouvrage que nous avons déjà cité, parlant de Bernard Gui, écrit la phrase suivante : « Les actes de l'Inquisition de Toulouse, publiés par Limborch, sont quelquefois cités sous son nom[1]. » C'est là un doute que nous avouons ne pas comprendre. Il ne semble pas, en effet, que l'authenticité des documents en question puisse être un instant sérieusement contestée. L'existence de Bernard Gui, surtout comme inquisiteur, est bien connue, et l'on sait d'une façon absolument certaine qu'il exerça ces fonctions à Toulouse de 1308 à 1323, dates qui sont justement celles des documents dont il s'agit.

Du reste, ce n'est pas tout : le même auteur, évidemment sur la foi de Percin, affirme, à son tour, que le traité *de Practica Inquisitionis* est perdu[2], et son erreur, à ce sujet, ne nous étonne

---

1. T. I, p. 353, note 2.
2. *Ibid.*, et *supra*.

pas moins que celle du religieux du dix-septième siècle. Ayant longuement compulsé Doat, comment n'a-t-il pas reconnu l'ouvrage de Bernard Gui dans la copie que renferme cette collection, et dont nous venons de parler à l'instant? On comprend mal qu'il ait commis cette méprise, d'autant plus que certaines pièces de la *Practica* portent des dates déterminées, et qu'on trouve dans d'autres le nom même de l'inquisiteur dont il s'agissait de reconnaître l'œuvre.

Après M. Schmidt, d'autres érudits vont encore plus loin que lui. A les entendre, on pourrait supposer qu'ils croient à la destruction totale des archives de l'Inquisition primitive, dont il n'existerait plus que quelques copies. C'est l'opinion à laquelle semble se rattacher M. A. Germain, dans les explications dont il a accompagné l'inventaire inédit des archives de l'Inquisition de Carcassonne publié par lui[1]. C'est aussi la pensée de M. Hauréau, dans son livre intitulé *Bernard Délicieux et l'Inquisition albigeoise* : « Les registres originaux, dit-il, ont été perdus ou dispersés. On en trouve la copie dans plusieurs volumes du fonds Doat, à la Bibliothèque nationale. Voyez aussi Limborch, *Hist. inquisit.* (2ᵉ partie), et *Inventaire inédit des archives de l'inquisit. de*

---

1. *Mémoires de la Société archéologique de Montpellier*, t. IV, pp. 287, 288.

Carcass., dans le tome IV des *Mémoires de la Société archéol. de Montpellier*[1]. »

Ainsi, d'après l'auteur que nous citons, les débris des archives inquisitoriales se réduiraient aux copies de Doat, à la publication de Limborch et à l'inventaire mis au jour par M. Germain, document en soi peu significatif si on ne l'éclaire par les originaux, qui, heureusement et malgré toutes ces assertions contraires, nous sont restés de l'Inquisition. Il y a là une ignorance regrettable, et dont le livre, d'ailleurs intéressant, de M. Hauréau a souffert, on ne saurait le contester. La Bibliothèque nationale, à elle seule, pouvait lui fournir des textes ayant trait directement aux événements qui l'ont occupé, et dont l'emploi aurait donné à son œuvre plus de corps et d'ampleur.

Nous nous arrêterons là, avec l'espoir qu'on nous pardonnera notre insistance sur ce sujet, en faveur de l'intention. Nous avons cru qu'il y avait intérêt à bien mettre en lumière une erreur trop longtemps accréditée avant de la réfuter par des preuves palpables, ce que nous allons faire maintenant.

Mais, au moment d'y procéder, établissons bien nettement notre pensée sur cette question. Elle

---

1. P. 14, note 1.

se résume dans ce qui suit, et ce sera en même temps la conclusion de l'aperçu historique très-sommaire que nous venons de tracer. Les archives d'Inquisition ont souffert, au moyen âge, de la haine des peuples ; dans les temps modernes, de la négligence de leurs gardiens naturels et d'un fanatisme d'un genre tout nouveau. Cependant, si mutilées qu'elles soient, après tant de siècles, après tant de causes de destruction, il nous en reste encore assez, non-seulement en copies, mais en originaux, pour les reconstituer dans leurs éléments essentiels, et surtout pour en tirer l'organisation tout entière de la justice inquisitoriale.

C'est ce que nous essaierons de démontrer par la description et le classement que nous allons entreprendre de ces débris. Les détails dans lesquels nous aurons à entrer paraîtront peut-être arides et minutieux à l'excès. Nous demandons qu'on veuille bien nous les pardonner. Ce sera, nous avons toutes raisons de le croire, la première fois que ces textes si précieux auront été décrits. Qu'on nous permette donc d'en présenter un signalement aussi précis que possible, en attendant que, publiés, ils échappent pour toujours à la destruction.

CLASSIFICATION GÉNÉRALE

DES

DOCUMENTS D'INQUISITION

Les documents ayant trait à l'histoire et à l'organisation de l'Inquisition méridionale, dans le courant du treizième siècle et au début du quatorzième, se divisent naturellement en deux classes : les documents déjà publiés et ceux qui sont encore inédits. Ces derniers se répartissent eux-mêmes en deux subdivisions : les copies exécutées à différentes époques d'après des originaux aujourd'hui perdus pour la plupart, et les originaux proprement dits. Cela fait, en somme, trois catégories de documents de nature et de valeur diverses. Nous les étudierons l'une après l'autre, en commençant par les documents qui ont été déjà publiés. Ceux-ci seront, par conséquent, l'objet de la première partie de ce travail; mais nous y joindrons également les copies dont nous avons parlé. En réunissant de la sorte dans une même division générale les textes de valeur moindre pour ainsi dire, nous réserverons les deux autres parties de notre étude pour ceux auxquels leur double qualité de documents à la fois inédits et originaux assure une importance incontestablement supérieure.

PREMIÈRE PARTIE

DOCUMENTS DÉJA PUBLIÉS ET COPIES

CHAPITRE PREMIER

DOCUMENTS DÉJÀ PUBLIÉS

Peu de documents d'Inquisition ont été publiés jusqu'à ce jour. — Les Sentences de l'Inquisition de Toulouse, éditées par Limborch, en forment la majeure partie. — On peut y ajouter les interrogatoires empruntés aux Archives de la Haute-Garonne. — Viennent ensuite les pièces publiées au dix-septième siècle par Baluze; au dix-huitième, par DD. Vaissete et de Vic; au dix-neuvième, par MM. Cl. Compayré, A. Dumège, A. Germain, Mahul, par les auteurs de l'inventaire des Layettes du Trésor des Chartes; enfin, par MM. Edgard Boutaric, Hauréau, Léopold Delisle.

Les documents de cette classe sont encore aujourd'hui en assez petit nombre. Les sentences de l'Inquisition toulousaine publiées par Limborch en composent la majeure partie. Le reste consiste en fragments pour la plupart d'une faible étendue. Aussi, indépendamment de la raison toute naturelle qui nous dispense d'insister avec détails sur des textes en quelque sorte à la portée de tous, n'avons-nous pas besoin de nous y arrêter bien longtemps.

Nous avons déjà dit quelque chose des circonstances qui décidèrent Limborch à faire sa publication. Lui-même nous raconte qu'il eut quatre ans entiers entre les mains le registre précieux qu'il devait éditer[1].

---

[1]. Voir la préface que Limborch adresse au lecteur au début de la seconde partie de son livre, celle qui contient précisément les Sentences de Bernard Gui.

Comment ce registre était-il arrivé en Hollande? Il ne nous l'a pas expliqué, et son silence sur ce point est assurément regrettable. Mais ce qui l'est plus encore, c'est que de ces textes il ne nous reste plus aujourd'hui, à ce qu'il semble, que l'imprimé. Que sont-ils devenus? On l'ignore, et peut-être l'ignorera-t-on toujours.

Quoi qu'il en soit, on ne saurait se dissimuler que cette disparition absolue du manuscrit original, où ils se trouvaient consignés, leur enlève quelque chose de leur valeur. Ce n'est pas que leur authenticité en soit ébranlée; mais ils n'en descendent pas moins par cette perte à un degré inférieur, pour ainsi dire, dans l'ensemble des documents d'Inquisition. Ils ne représentent plus pour nous qu'une copie, et une copie qu'on ne peut contrôler, car il ne paraît pas qu'on puisse s'appuyer pour une révision du texte sur l'exemplaire qu'en possède la Bibliothèque nationale[1]. Cette impossibilité de tout contrôle est d'autant plus fâcheuse, que les fautes sont en assez grand nombre dans l'imprimé. La plupart portent sur les noms d'hommes et de lieux, ce qui s'explique, non par la négligence de Limborch, mais par l'ignorance toute naturelle où il devait être, lui Hollandais, du langage et de la géographie du midi de la France, surtout pour une époque aussi ancienne que le début du quatorzième siècle[2].

---

1. Ms. lat. 11848.

2. Il y aurait vraiment de l'injustice à reprocher trop rigoureusement à Limborch, dans la situation où il se trouvait, des fautes que des historiens de notre temps, bien plus à même que lui de les éviter, ont laissé cependant s'introduire dans leurs livres. C'est, nous regrettons d'avoir à le dire, en nombre très-considérable que se rencontrent les erreurs de transcription, en fait de noms d'hommes et de lieux, dans un ouvrage aussi estimable à tous égards que celui de M. Schmidt. Nous en citerons quelques-unes, extraites du tome I : *Aix*, pour Ax (Ariége), pp. 348 et 350; *Verfeuil*, pour Verfeil (Haute-Garonne), *Gardes*, pour La Garde (Ariége), p. 350; Amiel

Malgré tous ses défauts, et en dehors de cette considération qu'il est encore, après deux siècles bientôt écoulés, à peu près la seule publication considérable qu'on ait faite de documents d'Inquisition [1], le texte édité par Limborch n'en demeure pas moins de la plus haute valeur. L'époque des sentences qu'il nous fait connaître et qui est celle de la plus grande prospérité de l'Inquisition méridionale; le développement solennel des *actes de foi* que nous y trouvons consignés; le nom même de Bernard Gui, l'inquisiteur célèbre, que nous y voyons mettre en pratique les règles de son *Traité pratique d'Inquisition*; le nombre et la renommée de certains condamnés qui sont les derniers chefs de l'hérésie albigeoise expirante; l'exposition dans le cours des sentences des hérésies anciennes et des hérésies plus modernes qui vont les remplacer; la variété enfin des châtiments qui nous donnent l'ensemble de la pénalité inquisitoriale, tout cela en fait un répertoire d'une richesse vraiment inépuisable. Ce n'est pas moins qu'un tableau de l'Inquisition primitive dans sa dernière phase et la plus brillante.

A ce moment, en effet, elle paraît avoir tout brisé, tout dompté sous elle. Les pouvoirs religieux ou laïques, qui ont renoncé à la contester, sont toujours forcés de la servir. L'hérésie presque étouffée semblerait devoir rendre bientôt ses tribunaux inutiles, si des sectes plus jeunes n'apportaient juste à ce

de Perlis, pour de Perles (Ariège), p. 348; Geoffroi d'*Ableuze*, pour d'Ablis (Seine-et-Oise), p. 355; Bernard de *Lentar*, pour de Lanta (Haute-Garonne), p. 357; Jean de *la Baulne*, pour de Beaune (Côte-d'Or), p. 358. — Nous avons trouvé également *Grasse*, pour La Grasse (Aude), chez M. Hauréau, *Bernard Délicieux*, p. 51, à côté d'autres noms tels qu'Alet, Cauzes, qui appartiennent au même département et auraient dû le garder d'une semblable erreur.

1. La publication est de 1692, comme nous l'avons déjà dit.

moment un aliment nouveau à son activité infatigable. En pleine possession d'elle-même et de ce formidable amas de priviléges thésaurisés depuis un siècle qui forme sa législation particulière, elle triomphe alors, sans se douter que l'instant de sa décadence est déjà marqué, et qu'il est même tout proche. Aussi, lorsqu'en 1323, après tous ces jugements mémorables, Jean XXII nomme leur auteur, Bernard Gui, à l'évêché de Tuy en Galice[1], un siège occupé cent ans plus tôt par le fougueux Luc, ce persécuteur acharné des Cathares du nord de l'Espagne, qui les avait combattus par la parole, par la plume et souvent par les armes[2]; lorsque, l'année suivante, il l'appelle à l'évêché de Lodève, c'est moins le prix des services rendus par un religieux plein de zèle et d'habileté, que la reconnaissance du haut degré de pouvoir où il a élevé l'institution remise entre ses mains.

Après avoir noté ainsi d'une manière générale la nature et l'importance des documents publiés par Limborch, nous nous dispenserons d'en présenter une analyse, que chacun est à même de faire pour son propre compte. Il nous suffira de donner un certain nombre d'indications essentielles, qui confirmeront ce que nous venons de dire du haut intérêt de ces documents.

Les *actes de foi*, ou pour nous servir du nom par lequel l'Inquisition désignait d'habitude ces sortes de cérémonies, les *sermons publics*, composant l'ensemble édité par Limborch, sont au nombre de quinze. Le premier est daté de mars 1308 (nouv. st.), le dernier de juin 1323. Neuf ont lieu à Toulouse, trois à Pamiers,

1. Ville de la province de Pontevedra, sur les bords du Minho.
2. Voir Schmidt, t. I. pp. 370 et suiv., et t. II, pp. 210 et suiv.

deux à Carcassonne, un à Cordes[1]. Bernard Gui, inquisiteur de Toulouse, préside tous ces *actes de foi*. Il est parfois assisté, soit de Geoffroi d'Ablis, soit de Jean de Beaune, tous deux inquisiteurs de Carcassonne. Dans ces grandes séances solennelles, dont les plus importantes sont la quatrième (Toulouse, 21 avril 1312), et la huitième (même ville, 30 septembre 1319), nous voyons figurer toutes les hérésies vieilles ou récentes, tous les délits d'espèce et de gravité différentes que poursuit l'Inquisition, toutes les peines qu'elle prononce, depuis l'amende jusqu'au bûcher.

Quelques sentences méritent une mention particulière. Nous citerons celle qui livre au bras séculier Amiel de Perles, hérétique obstiné, qui s'est soumis dans sa prison à la terrible coutume des sectaires albigeois connue sous le nom d'*endura*, c'est-à-dire le suicide, amené généralement par une abstinence complète[2] (f° 16); la condamnation à mort également de Pierre Guillem de Prunet, hérétique et relaps, disciple ardent de Pierre Autier d'Ax[3], qui fut un des derniers chefs de l'hérésie albigeoise au début du quatorzième siècle (f° 39); celle de Pierre Autier lui-même, longtemps recherché et contre lequel Bernard Gui avait fait appel en 1309 à tous les catholiques du Midi[4] (f° 40); celle de Pons Arnaud de Pujols (f°° 41 B, 42), et de Jean de la Salvetat (f°° 83 B, 84), tous deux punis comme faux témoins, le premier pour des dépositions calomnieuses contre son propre fils; la condamnation à la prison perpétuelle du moine fran-

---

1. Ch.-l. de cant., arr. de Gaillac, dép. du Tarn.
2. Voir sur l'*endura*, Limborch, f° 33 A (sentence prononcée contre une femme du nom de Serdana), et Schmidt, t. I, p. 357.
3. Ch.-l. de cant., arr. de Foix, dép. de l'Ariége.
4. Voir *Practica*, I° pars, f° 3 A.

ciscain Bernard Délicieux, le célèbre agitateur du Languedoc, l'ennemi infatigable de l'Inquisition et des inquisiteurs, celui-là même dont la vie a été racontée par M. Hauréau, condamnation qui se retrouve avec quelques différences de texte dans un manuscrit de la Bibliothèque nationale, ayant appartenu à Baluze, et dont nous parlerons plus loin [1] (f°s 132-136 A); la dégradation prononcée contre un prêtre convaincu de Vaudoisie, Jean Philibert, et exécutée avec tous ses détails symboliques (f°s 136 B-138 A)[2]; la *réconciliation* de la ville de Cordes, insurgée contre les inquisiteurs lors des soulèvements excités contre eux par Bernard Délicieux (f°s 138 B-142); la condamnation de Guillem Garric, professeur de droit à Carcassonne[3], impliqué dans les mêmes entreprises (f°s 142 B-144 B); celle d'un espagnol du nom de Pierre, natif de la ville de Lugo en Galice[4], membre de la secte fondée en Italie au début du quatorzième siècle par Gérard Segarelli de Parme et Dolcino de Novare, et désignée par l'Église sous le nom de secte des *Faux-Apôtres*[5] (f°s 183-185); enfin, les curieuses débauches, mêlées

---

1. Ms. lat. 4270.
2. Voir, sur ce condamné, *Practica*, IIIe pars, f° 36 C.
3. La sentence prononcée contre Guillem Garric se trouve reproduite dans l'*Hist. de Carcas.* du P. Bouges (Pr. LX, p. 62)), et dans Mahul, *Cartul. de Carcass.*, t. V, pp. 667-670. Voir sur Guillem Garric, Hauréau, *Bernard Délicieux*, pp. 21 et 22, note 1. Sa condamnation définitive est du 11 juillet 1321; mais il avait dû déjà en subir une autre. En effet, les archives du château de Léran (Ariège) renferment le *vidimus* d'un arrêt de 1301, où l'on dispose du château de Montirat (Aude), confisqué sur lui, en faveur d'un certain Jacques de Solomiac.
4. Capitale de la province du même nom, située près de la rive gauche du Minho.
5. Voir sur les *Faux-Apôtres*, sur leur histoire et leurs doctrines : Limborch, pp. 65. 66; — Eymeric, *Direct. Inquisit.*, IIe pars, quaest. XII, et Comment. XXXVII de Fr. Pegna; IIIe pars, pp. 472, 473; — *Practica*, V^e pars, f°s 76 C-78 A; — Baluze, *Vit. pap. avenion.*, II, XIX, cc. 67, 68; — U. Chevalier, *Répert. des sources hist. du moyen âge*, art. Dulcin, I, 602-3

de mysticisme, qu'avoue un *béguin* ou membre du tiers-ordre de saint François (f°s 196-197 B)[1].

En voilà assez, il semble, pour ne laisser aucun doute sur l'importance de la publication de Limborch, et nous n'insisterons pas davantage. Quant aux autres documents d'Inquisition également publiés, ils sont bien loin d'avoir cette valeur. Une indication rapide suffira pour chacun d'eux.

Nous avons parlé plus haut de feuillets d'interrogatoires, employés dans la seconde moitié du dix-septième siècle à couvrir des registres du contrôle des exploits. De notre temps, un archiviste du département de la Haute-Garonne, M. Belhomme, les ayant retrouvés et recueillis, en fit, dans le tome VI des *Mémoires de la Société archéologique du midi de la France*, une publication partielle, comme pièces justificatives d'une étude intitulée : *Documents inédits sur l'histoire des Albigeois*[2].

Ces documents et ceux qu'a édités Limborch au

---

1. Voir, sur les *Béguins* ou *Béguards*, appelés aussi *Fratricelles* et *Pauvres du Christ* : Limborch, pp. 67-71; — Eymeric, *Direct. Inquisit.*, II^a pars, quaest. XV, XVI, XVII, et Comment. XL, XLI, XLII de Fr. Pegna; III^a pars, p. 473; — *Practica*, III^a pars, f°s 42 B-45 A, et V^a pars, f°s 78 A-81 D; — *Extravag. Joan.* XXII, *de religiosis domibus*, tit. VII; *de Verbor. signif.*, tit. XIV, cap. I, III, IV, V; — Baluze, *Vit. pap. avenion.*, II, LXVI, cc. 436-439.

2. Pp. 101-130 pour l'étude proprement dite, 133-146 pour les pièces justificatives. M. Belhomme a publié les deux confessions des accusés Guillem Carrère et Guillem Fournier, et des fragments d'une troisième, celle d'une femme, Rigaude Saurin.

Malheureusement, nous regrettons d'avoir à le dire, il serait difficile de s'acquitter avec moins de bonheur d'un pareil travail, que ne l'a fait M. Belhomme. Malgré l'assurance donnée par lui (p. 133 du volume indiqué), que l'orthographe du manuscrit a été scrupuleusement respectée, elle se trouve, au contraire, faussée très-souvent. La ponctuation est nulle ou mauvaise; des mots ont été omis. Il y a plus : l'éditeur nous donne plus d'une fois à penser qu'il n'a pas su se tirer des difficultés de la lecture, ou même qu'il n'a pas toujours compris le texte. Assurément, des pièces d'une telle valeur méritaient de tomber entre des mains, non pas plus

dix-septième siècle sont les plus considérables qui aient été empruntés aux archives inquisitoriales. Restent après cela à indiquer, dans la revue très-brève que nous faisons en ce moment, une série de textes de moindre étendue, sinon de moindre importance. Nous les noterons successivement, pour plus de commodité, dans l'ordre chronologique où se placent par leur date les ouvrages qui les ont reproduits.

Parmi ces ouvrages, le premier est celui de Baluze, intitulé *Vitæ paparum avenionensium* [1], dont le second volume contient une suite de pièces concernant l'affaire de Bernard Délicieux. C'est d'abord la bulle du pape Jean XXII déléguant l'archevêque de Toulouse et un certain nombre de ses suffragants pour instruire le procès de l'accusé (Avignon, 16 juillet 1319) [2]; puis la sentence elle-même que nous avons déjà vue reproduite dans Limborch (Carcassonne, 8 décembre 1319) [3]; l'appel présenté le jour même et le jour suivant, au nom du roi de France, contre cette sentence réputée trop douce par le pouvoir séculier [4]; enfin l'ordre formel donné par le pape d'appliquer au condamné le jugement dans toute sa rigueur, notamment de lui enlever les vêtements de son ordre qu'on lui avait laissés d'abord, à ce qu'il paraît (Avignon, 25 février 1320) [5]. Il faut ajouter à ces différentes

---

dévoyées, mais mieux faites pour mener à bonne fin un travail de publication sérieuse.

Notons, en terminant, que ces textes peu sûrs ont beaucoup servi à une étude sur les mœurs et les croyances des Albigeois, insérée par M. E. Dulaurier dans le *Journal de Toulouse* (octobre 1876).

1. Paris, 1693, 2 vol. in-4°.
2. *Vit. pap. avenion.*, II, LIII, cc. 311-314.
3. *Ibid.*, cc. 314-358.
4. *Ibid.*, cc. 358-365.
5. *Ibid.*, c. 365.

pièces une très-curieuse lettre de Clément V à Philippe IV pour lui annoncer qu'un des chefs de la secte des *Faux-Apôtres,* Dolcino de Novare, réfugié dans les Alpes, vient d'être fait prisonnier par l'évêque de Verceil, Rainier, et qu'un grand nombre de ses partisans ont été massacrés (Poitiers, 15 avril 1306)[1].

Si du dix-septième siècle, où nous sommes avec les publications de Limborch et de Baluze, nous passons au dix-huitième, nous ne trouvons guère qu'un ouvrage où soient reproduits des documents concernant l'Inquisition du midi de la France : c'est l'*Histoire de Languedoc,* de dom Vaissete et dom de Vic. Les textes, du genre de ceux que nous relevons en ce moment, figurent en assez grand nombre parmi les Preuves des tomes III et IV de l'édition originale de cet ouvrage. Nous ne nous arrêterons pas cependant à en donner ici un aperçu même sommaire, parce que le livre qui les renferme est un de ceux auxquels nous nous renverrons le plus souvent dans le cours de ce travail.

Il nous suffira de noter quelques pièces, qui nous semblent particulièrement importantes, par exemple, les statuts édictés en 1234 contre les hérétiques par l'archevêque de Narbonne[2], et surtout la série de lettres écrites de 1291 à 1301 par Philippe IV au sujet des excès de l'Inquisition à Carcassonne et à Toulouse[3]. Nous y joindrons la mention d'un texte précieux, d'une sorte de formulaire des interrogatoires à faire subir aux hérétiques, accompagné d'un résumé de leurs croyances, et de l'énumération des pèlerinages *majeurs* et *mineurs,* qui pouvaient leur être

---

1. *Ibid.,* XIX, cc. 67, 68.
2. *Hist. de Lang.,* édit. orig., t. III, Pr. CCXV.
3. *Ibid.,* t. IV, Pr. XL et LIV.

imposés[1]. La date précise de ce document nous fait défaut; mais l'indication du pèlerinage de saint Louis à Saint-Denis permet de la fixer au début du quatorzième siècle, puisque la canonisation de ce prince n'eut lieu, comme on le sait, qu'en 1297.

Après cela, le premier livre contemporain où nous ayons à relever des documents d'Inquisition, est celui de Cl. Compayré, publié sous ce titre : *Etudes historiques et documents inédits sur l'Albigeois, le Castrais et l'ancien diocèse de Lavaur*[2]. Les textes, identiques à ceux que nous voulons noter ici, sont assez nombreux dans ce volume. D'après les indications données par l'auteur, ils sont empruntés pour la plupart aux Archives municipales et à la bibliothèque de la ville d'Albi, ou bien encore à la collection Doat. Nous en indiquerons quelques-uns.

C'est d'abord un certain nombre de lettres pontificales. Dans l'une, qui est de Grégoire IX (Latran, 16 mars 1238), le pape se plaint que les sénéchaux et les baillis de l'Albigeois et du Narbonnais retiennent sur les confiscations infligées aux hérétiques la part qui doit être accordée aux églises[3]. Une autre d'Innocent IV, adressée à Raimond VII (Latran, 16 mai 1244), lui annonce que l'excommunication lancée contre lui par les inquisiteurs dominicains a été levée[4]. Viennent ensuite quatre lettres de Clément V. Trois sont de juillet 1307; la quatrième est du même mois de l'année suivante. Elles ont trait à la suspension de l'évêque d'Albi, Bernard de Castanet, à la suite d'exactions de

---

1. *Ibid.*, t. III, Pr. CCXVI.
2. Albi, 1841, in-4°.
3. Compayré, n° LXXXV, pp. 241, 242.
4. *Ibid.*, n° LXI, pp. 235, 236.

sa part constatées par une enquête que le pape avait ordonnée lui-même en 1305[1]. Une partie de cette enquête, qui est de 1306, précède les lettres que nous venons d'indiquer[2].

Il faut ajouter à ces différentes pièces la curieuse transaction conclue en décembre 1264 entre le roi Louis IX et l'évêque Bernard de Combret[3], au sujet du partage des droits de justice à Albi, et de la confiscation des biens des hérétiques[4].

Un dernier morceau à noter est le récit d'un frère prêcheur du couvent d'Albi sur les soulèvements qui eurent lieu dans cette ville, au commencement du quatorzième siècle, contre les Dominicains et les inquisiteurs[5].

Cela dit sur les documents publiés par Compayré, il nous faut citer une pièce unique, il est vrai, mais

---

1. *Ibid.*, n°˚ LXVI, LXVII, LXVIII, pp. 216-230.
2. *Ibid.*, n° LXV, pp. 240-245. L'éditeur n'indique pas la provenance de ce fragment, qui doit avoir été emprunté, soit à Doat, t. XXXIV, soit à l'original existant aux Archives municipales d'Albi, et dont voici la description, tirée de l'inventaire de ces archives, dressé en 1863 par l'archiviste, M. Jolibois (5ᵉ livraison). — Série GG.-GGI. Rouleau de parchemin ; longueur : 6ᵐ,75 ; largeur : 0ᵐ,50. — 1306, Procès-verbal de l'enquête faite par deux cardinaux délégués du Saint-Siège, Pierre, du titre de Saint-Vital, et Bérenger, du titre de SS. Nérée et Achillée, sur les excès et les crimes imputés à Bernard de Castanet, évêque d'Albi, et à Geoffroi d'Ablis, comme inquisiteurs de la foi. Ce procès-verbal est rédigé à Carcassonne, par deux notaires, sur la réquisition des légats, en présence de plusieurs témoins et des plaignants. — Les sceaux des deux cardinaux pendaient à ce rouleau ; mais il ne reste plus que celui de Bérenger. — Ajoutons à ces renseignements qu'une portion de la même pièce se trouve dans le *Cartulaire de Carcassonne*, de Mahul, dont nous parlerons plus loin, t. V, pp. 655-658.
3. Évêque d'Albi de 1254 au 17 juin 1271, date de sa mort.
4. Compayré, n° VI, pp. 150-157 ; texte latin et traduction moderne en provençal.
5. *Ibid.*, n° LXII, pp. 237-239. Extrait, dit l'éditeur, d'un ms. de 1312, déposé aux archives de la préfecture du Tarn. Ce ms., qui a disparu, devait être, selon toute vraisemblance, un exemplaire ou un fragment d'exemplaire de l'*Histoire des Dominicains* de Bernard Gui. — Cf. L. Delisle, *Notice sur les manuscrits de Bernard Gui*, p. 445.

très-importante. Elle se trouve reproduite par A. Dumège, dans le tome VI de son édition de l'*Histoire de Languedoc*[1]. C'est une sentence empruntée à l'un des manuscrits d'Inquisition que possède la Bibliothèque nationale[2]. Prononcée le 19 janvier 1248 à l'Hôtel de ville de Toulouse, en présence de l'évêque de cette ville, Raimond du Fauga, et du comte Raimond VII, contre Alaman de Roaix, membre de l'une des plus puissantes familles toulousaines, et tout dévoué à l'hérésie, elle le condamne à la prison perpétuelle et à diverses amendes.

Le document, dont nous venons de noter la reproduction, est assurément fort curieux; mais il ne saurait être comparé, à cause de son peu d'étendue, aux deux autres dont nous avons à parler maintenant. Ceux-ci sont vraiment de premier ordre. Il s'agit de deux pièces insérées par M. Germain dans les *Mémoires de la Société archéologique de Montpellier*[3].

L'une, la plus importante, à notre sens, est empruntée aux Archives municipales de cette ville[4]. Elle renferme le procès-verbal d'une consultation inquisitoriale. Ce document a été dressé, signé et paraphé par le notaire, qui a dû en collationner le contenu sur le registre officiel.

M. Germain a fait précéder la reproduction de ce texte important d'une étude intitulée *Une consultation inquisitoriale au quatorzième siècle*[5]. C'est, en

---

1. Additions et notes du livre XXV, pp. 9, 19. Cette reproduction est fort inexacte, d'ailleurs.
2. Ms. lat. 9992, f° 11 A.
3. T. IV, pp. 295-308 et 331-311.
4. Grand Chartrier, armoire D, cassette I, n° 2. — Parchemin; hauteur : 2 mètres; largeur : 0^m,65.
5. *Mém. de la Soc. arch. de Montpell.*, t. IV, pp. 309-330.

effet, un conseil tenu à Montpellier, le 21 décembre 1357, afin de statuer définitivement sur une affaire depuis longtemps pendante. Il y a trente-deux ans, qu'un prêtre, Pierre de Tornamire ou Tournemire, suspect d'attachement aux croyances des *béguins*, et poursuivi à plusieurs reprises pour ce motif, est mort dans la prison de Carcassonne, au moment où on venait de l'y amener[1]. Ses héritiers poursuivent la réhabilitation de sa mémoire. Vingt-sept conseillers, dont quinze clercs et douze laïques, maîtres en théologie, docteurs, licenciés ou bacheliers en droit, religieux de divers ordres, se réunissent sous la présidence du vicaire général de l'évêque de Maguelonne, et de frère Arnaud Delher, prieur du couvent des Dominicains de Montpellier, lieutenant d'Étienne de l'Église, inquisiteur de Carcassonne. On leur soumet la procédure; puis ils votent en exprimant chacun les motifs de leur avis. Les héritiers de Pierre de Tornamire obtiennent gain de cause : la mémoire de leur parent est réhabilitée. Ils se font délivrer un double du procès-verbal de la consultation; c'est le document qui nous a été conservé.

Nous n'avons pas à donner ici une appréciation détaillée de la pièce qui nous occupe en ce moment. Il nous suffira de présenter les observations suivantes.

Le texte publié par M. Germain, est un exemple de plus à ajouter à tous ceux que nous possédons déjà de consultations de ce genre[2]. Les inquisiteurs suivaient en cela les prescriptions bien des fois renouvelées des

1. Le procès-verbal constatant sa mort se trouve dans Doat, t. XXXV, f⁰⁵ 11-17 A.
2. Nous citerons notamment le conseil, dont les délibérations se trouvent dans Doat, t. XXVII, f⁰ 110 B-146 A, et qui se réunit à Pamiers, dans le palais épiscopal, en janvier 1328.

souverains pontifes, qui leur avaient ordonné de ne jamais terminer un procès sans avoir consulté d'abord un certain nombre de jurisconsultes et d'ecclésiastiques, renommés pour leur science en droit ou pour leur sagesse. Mais, infatués de leurs priviléges et de leurs droits absolus, c'était à leur corps défendant qu'ils subissaient un pareil contrôle. Aussi n'y pouvons-nous voir, avec M. Germain, une preuve de leur impartialité et de leur modération [1].

D'ailleurs, ils s'étaient arrangés pour que ces consultations, toujours mentionnées dans les sentences [2], ne fussent qu'une pure formalité. Les évêques qui y étaient appelés s'excusaient presque toujours. Les ecclésiastiques envoyés à leur place ne prenaient pas au sérieux la feinte déférence par laquelle les inquisiteurs leur demandaient leur avis. Ils savaient de reste qu'on leur apportait une besogne toute faite et à laquelle il n'y avait rien à changer. Aussi écoutaient-ils d'une oreille fort distraite les communications sommaires qu'on voulait bien leur faire, et leur vote n'était qu'une pure cérémonie. C'est ce que nous nous ferions fort de démontrer sans peine par l'examen d'un des procès-verbaux de consultations qui nous ont été conservés, si nous pouvions insister plus longtemps sur ce sujet [3].

1. L'avis de M. Germain sur ces consultations inquisitoriales semble être également celui de Boutaric dans son livre intitulé *Saint Louis et Alfonse de Poitiers*, p. 117. Après en avoir relevé la prescription formelle dans une bulle d'Urbain IV, datée du 2 août 1261, il ajoute : « Notez ce point important : une sorte de jury qui assiste les inquisiteurs. » Mais c'est là, nous ne saurions trop le redire, une appréciation qui ne tient pas devant la réalité des faits.
2. Voir, dans le ms. lat. 9992 de la Bibl. nat., cette formule, toujours la même : *... Communicato multorum prelatorum et aliorum bonorum virorum consilio...* Voir aussi Bernard Gui, *Practica*, III° pars, *passim*.
3. Ce n'étaient pas, du reste, les ordinaires seuls dont le contrôle n'était

DOCUMENTS DÉJÀ PUBLIÉS.

Le second des documents publiés par M. Germain, quoique moins explicite que celui dont nous venons de parler, est également de grande importance. Il est emprunté aux Archives départementales de l'Hérault [1].

Le manuscrit porte en tête : *Il y a de livres dans les archifs de l'Inquisition des Frères Prescheurs de Carcassonne qui contienent ce qui suit.* — *Elles sont maintenant à Montpelier.* Cette dernière indication se trouve répétée au verso du feuillet qui termine le manuscrit. On y lit, en effet : *Contenu des livres des archives de l'Inquisition qui ont esté transportés à Montpelier* [2]. Rien n'indique, du reste, le lieu de dépôt dans cette ville ; mais c'est évidemment le couvent des Frères Prêcheurs, puisque ce document s'est retrouvé dans leurs archives.

accepté qu'avec impatience par les juges d'Inquisition, alors même qu'ils s'arrangeaient pour le rendre à peu près illusoire, quand ils ne pouvaient se dispenser de le subir. Les papes eux-mêmes voyaient parfois leurs représentations accueillies avec un dédain et une mauvaise humeur qu'on ne prenait pas la peine de dissimuler, qu'on rendait plutôt aussi éclatants que possible, comme pour en faire un avertissement à leur égard. Ils étaient cependant après tout les créateurs de la justice inquisitoriale, et il ne se passait pas de jour qu'ils n'ajoutassent à ses privilèges.

Voici un exemple à l'appui de ce que nous venons de dire. En 1249, Innocent IV avait accordé à quelques habitants de Limoux, condamnés à porter des croix ou à subir d'autres pénitences considérables, de faire commuer ces peines par les inquisiteurs. Ceux-ci, par dépit de voir leurs procédures ainsi blâmées implicitement, renvoyèrent les coupables absous sans réserve. Le pape en fut réduit à se plaindre de ce procédé à l'archevêque de Narbonne ; mais il lui ordonna, en même temps, de faire reprendre les croix à ceux qui les avaient quittées, et de faire exécuter les pénitences imposées tout d'abord. L'Inquisition triomphait ainsi de la papauté elle-même. Voir *Hist. de Lang.*, édit. orig., t. III, liv. XXV, p. 462.

Ces mêmes inquisiteurs ne tenaient, d'ailleurs, généralement, aucun compte des appels adressés à la cour de Rome. Voir *ibid., ut supra*, t. III, liv. XXV, p. 411, et Hauréau, *Bernard Délicieux*, p. 189.

1. Fonds des Dominicains de Montpellier, carton I, sac 15. Cahier de papier, petit in-f°, 12 f°. Les neuf premiers et le recto du dixième sont seuls employés. Écriture assez nette, paraissant dater du dix-septième siècle.

2. *Mém. de la Soc. arch. de Montpell., ut supra*, p. 280.

La pièce en question est, on le voit, un inventaire des archives de l'Inquisition de Carcassonne. Cet inventaire ne s'étend pas au-delà de 1552; mais il pourrait se faire qu'il n'ait pas été achevé. L'écriture, comme nous venons de le dire, paraît être du dix-septième siècle, et, à moins de voir dans le document dont il s'agit une simple transcription ou traduction faite à cette époque, on s'explique difficilement pourquoi il s'arrête à la date que nous avons indiquée.

Quoi qu'il en soit, nous y trouvons mentionnés des interrogatoires ou dépositions, des procédures, des sentences, des conseils de prélats assemblés pour statuer en dernier ressort sur des affaires d'Inquisition, des confiscations. Parmi toutes ces pièces, un certain nombre sont transcrites dans Doat. Un volume compris dans cet ensemble pourrait bien être un exemplaire de la *Practica* de Bernard Gui [1].

Les textes, dont nous avons maintenant à dire quelques mots, n'ont peut-être pas tous l'intérêt de ceux que nous venons de noter. Ils ne sont point, en tout cas, empruntés comme les précédents à des originaux, mais ils sont en assez grand nombre, et quelques-uns ont une importance incontestable pour l'histoire de l'Inquisition méridionale. Nous ne pouvons, par conséquent, nous dispenser d'en parler.

Ces textes sont ceux que Mahul a empruntés à la collection Doat [2], et qu'il a reproduits dans son ouvrage

---

1. En voici l'indication : « Autre registre, contenant le formulaire des citations et procédures que devoint garder les inquisiteurs contre les accusés et suspects du crime d'hérésie, et aussy pour les prendre, condamner et absoudre, où est le formulaire des sentences desdits inquisiteurs. Cotté BBB. » — *Mém. de la Soc. arch. de Montpell.*, ut supra, p. 295.

2. Notamment aux tomes XXIII, XXV, XXVI, XXVII, XXVIII, XXXI, XXXII, XXXIV, XXXV.

intitulé *Cartulaire et archives des communes de l'ancien diocèse et de l'arrondissement administratif de Carcassonne*[1]. Mêlés à beaucoup d'autres, extraits de recueils divers, ils occupent dans le livre que nous venons d'indiquer toute une partie du tome V. Ce sont des lettres pontificales, des ordonnances des rois de France, des interrogatoires d'hérétiques, des sentences d'Inquisition[2].

La plus curieuse de ces pièces est un fragment emprunté au tome XXXIV de la collection Doat[3]. Nous voulons parler des comptes présentés pour un an de son administration, de la Saint-Jean de l'année 1322 à la même fête de l'année 1323, par maître Arnaud Assallit, procureur du roi pour les *encours* ou confiscations d'hérésie dans la sénéchaussée de Carcassonne et de Béziers, au sénéchal Hugues Guiraud, et à Lambert Philippe, trésorier du roi à Carcassonne[4].

Une partie fort importante de ces comptes nous donne les frais exacts d'un *acte de foi* célébré à Carcassonne, le dimanche 24 avril 1322, où furent brûlés quatre hérétiques, et où l'on exhuma le lendemain, pour les brûler aussi, les ossements de trois autres[5]. On y voit les dépenses des officiers d'Inquisition allant convoquer les hauts dignitaires ecclésiastiques et laïques, dont la présence doit rehausser l'éclat de cette cérémonie[6], le salaire des ouvriers travaillant jour et

---

1. Paris, 6 vol. in-4°, 1857-1872.
2. De la page 626 à la page 695 du volume indiqué.
3. Mahul, t. V, pp. 670-672.
4. Ces comptes se trouvent notés dans l'Inventaire des archives de l'Inquisition de Carcassonne dont nous venons de parler. Voir *Mém. de la Sc. arch. de Montpell., ut supra*, p. 302.
5. M. Hauréau a donné un fragment du même texte. Voir *Bernard Délicieux*, p. 131, note 2, et p. 140, note 1.
6. Voir dans Ménard, *Hist. de Nimes*, t. II, Pr. CXI, p. 210, c. 1, une de ces lettres d'invitation, que portaient en pareil cas les officiers d'In-

nuit à élever l'estrado où siégeront les invités, celui des sergents escortant les juges et les condamnés de la Cité au Bourg de Carcassonne, où *l'acte de foi* doit avoir lieu, le prix du repas offert ce jour-là dans la maison de l'inquisiteur aux jurés et assesseurs de son tribunal, enfin le prix du bois gros et menu, des cordes et des pieux ayant servi au bûcher, ainsi que les gages de l'exécuteur à tant par condamné[1].

Les ouvrages, que nous avons passés en revue jusqu'ici, sont ceux qui renferment les textes les plus importants ou les plus nombreux, concernant l'Inquisition méridionale. Ceux dont nous avons à parler maintenant en contiennent relativement assez peu que nous devions relever.

Le premier de ces ouvrages est l'inventaire d'un des fonds des Archives nationales, de celui qui comprend la collection désignée sous le nom de *Layettes du trésor des Chartes*[2]. On y trouve reproduites *in extenso* un certain nombre de bulles des papes et d'ordonnances des princes du Midi ou des rois de France ayant trait à l'histoire de l'hérésie albigeoise et à l'exercice de l'Inquisition. Beaucoup de ces actes, d'ailleurs, avaient

---

quisition. Elle est adressée aux consuls de Nîmes par l'inquisiteur de Carcassonne, frère Étienne de l'Église, le 18 mai 1358.

1. Le fragment dont nous venons de donner une analyse rapide, est d'autant plus précieux qu'il est à peu près unique. Il n'existe, en effet, à notre connaissance, qu'une seule pièce, outre celle-ci, qui fournisse quelques détails sur la peine du bûcher et sur les formalités judiciaires très-curieuses qui, dans certains cas, en accompagnait l'application. C'est un acte original sur parchemin, daté de 1270, qui se trouve aujourd'hui aux archives du château de Léran (Ariège). Il a trait au droit qu'avaient les maréchaux de Mirepoix de brûler les hérétiques de leurs domaines. Voir le texte de cette pièce dans l'*Hist. de Lang.*, nouv. édit., t. VIII, cc. 1674-1676. Voir aussi dans les *Olim de Beugnot*, t. I, p. 317, IV, un autre acte reproduit par Méhul, t. V, p. 629, qui explique et complète le précédent.

2. Rappelons que cet inventaire, qui comprend déjà trois volumes gr. in-4°, n'est pas encore terminé; il s'arrête à l'année 1260.

été déjà publiés par les érudits des deux derniers siècles.

Parmi les bulles pontificales, nous en citerons deux d'Honorius III. L'une accorde des indulgences à ceux qui prendront les armes contre les Albigeois (Latran, 22 janvier 1219)[1]; l'autre exhorte le roi Philippe-Auguste à chasser de son royaume les mêmes hérétiques, et à accepter la souveraineté du Midi, que lui offre Amauri de Montfort (Alatri, 14 mai 1222)[2]. Nous citerons également deux bulles de Grégoire IX, adressées toutes deux au comte de Toulouse, Raimond VII. Dans la première (Latran, 26 mai 1233)[3], le souverain pontife engage ce prince à sévir contre des hérétiques qui ont attaqué l'archevêque de Narbonne et dévasté son diocèse. Dans la seconde (Pérouse, 22 novembre 1234)[4], il lui prescrit de s'appliquer sans cesse à l'extirpation de l'hérésie.

Nous mentionnerons ensuite, mais sans vouloir y insister, parce qu'elles sont en trop grand nombre pour cela, tout un ensemble d'autres bulles, appartenant au pontificat d'Innocent IV et d'Alexandre IV[5]. Nous ne relèverons que les suivantes, à cause de leur importance toute particulière. C'est, pour le premier de ces deux papes, la bulle qui fixe certains détails de la procédure à suivre contre les hérétiques (Lyon, 21 avril 1245)[6]; celle aussi qui défend aux inquisiteurs d'infliger des peines pécuniaires (Gênes, 17 juin 1251)[7],

1. *Layettes du Tr. des Ch.*, t. I, n° 1331.
2. *Ibid.*, n° 1534.
3. *Ibid.*, t. II, n° 2241.
4. *Ibid.*, n° 2318², p. 656 B.
5. *Ibid.*, t. III, n°ˢ 3625, 3649, 3651, 3877, 4000, 4001, 4111, 4113, pour les bulles d'Innocent IV; n°ˢ 4221, 4301, 4406, pour celles d'Alexandre IV.
6. *Ibid.*, t. II, n° 3311.
7. *Ibid.*, t. III, n° 3946.

et une troisième qui leur permet de ne pas faire connaître les noms des témoins ayant déposé dans un procès d'Inquisition (Anagni, 13 juillet 1254)[1]. Ce sont encore, pour Alexandre IV, deux bulles, dont l'une confirme la permission accordée par son prédécesseur au sujet des témoins (Latran, 7 décembre 1255)[2], et l'autre dispense les juges d'Inquisition d'obéir aux légats pontificaux eux-mêmes (Viterbe, 12 juin 1257)[3].

Les actes émanés des princes du Midi, et reproduits dans le même répertoire, comprennent un édit du roi Jacme d'Aragon pour expulser les hérétiques et leurs fauteurs de son royaume (Barcelone, 15 avril 1228)[4], les statuts du comte Raimond VII ayant le même objet (Toulouse, 20 avril 1233)[5], enfin un traité conclu entre les deux princes que nous venons de nommer, et où ils promettent de s'aider réciproquement à poursuivre l'hérésie (Montpellier, 18 avril 1241)[6]. Il faut ajouter à ces trois pièces le serment de fidélité prêté à Louis IX par le comte de Toulouse, et où se trouve la promesse de détruire un certain nombre de forteresses, notamment le château de Montségur[7], refuge le plus considérable des hérétiques dans le Languedoc (Montargis,

1. *Layettes du Tr. des Ch.*, t. III, n° 4112.
2. *Ibid.*, n° 4221.
3. *Ibid.*, n° 1317.
4. *Ibid.*, t. II, n° 1758.
5. *Ibid.*, n° 2234. Bréquigny, *Table des diplômes*, t. V, p. 432, date à tort ces mêmes statuts du 21 avril.
6. *Ibid.*, n° 2905. Cet acte, bien que daté de 1241 par dom Vaissete et Le Nain de Tillemont, pourrait bien n'être que de 1242. Voir, sur ce point, *Layettes du Tr. des Ch.*, t. II, p. 446 A.
7. Dép. de l'Ariège, arr. de Pamiers, cant. de Lavelanet. Montségur fut pris au début de mars 1244, après un siège opiniâtre, et le 14 du même mois près de deux cents hérétiques *parfaits* y furent brûlés sans jugement. Au mois de juillet de l'année suivante, le château fut inféodé par le roi de France à Guy de Lévis, maréchal de Mirepoix, dans la famille duquel il est resté depuis. Voir pour l'acte d'inféodation, *Layettes du Tr. des Ch.*,

14 mars 1241)[1]. On peut y joindre encore une ordonnance très-curieuse, restée, il est vrai, à l'état de projet, et dans laquelle Alfonse de Poitiers trace une sorte de plan de persécution contre l'hérésie, avec l'intention de le soumettre à la papauté (juin 1251)[2].

Après le grand recueil dont nous venons de parler, un autre ouvrage, où se trouvent encore quelques pièces concernant l'Inquisition primitive du treizième siècle, est celui d'Edgard Boutaric, intitulé *Saint Louis et Alfonse de Poitiers*[3]. Ces pièces sont en assez petit nombre, mais fort curieuses. Nous indiquerons les suivantes : d'abord une bulle d'Urbain IV déterminant le mode de procédure qu'auront à suivre les inquisiteurs (Viterbe, 2 août 1264)[4]; puis des instructions données en 1263 par Alfonse de Poitiers à Jacques Dubois, surintendant général des *encours*[5]; enfin, deux actes concernant ces mêmes *encours*. Le premier est une lettre du sénéchal de Rouergue, Jean d'Arcis, au même Alfonse de Poitiers pour se plaindre que l'évêque de Rodez frustre le trésor du comte par les sentences qu'il rend contre les hérétiques de son diocèse. Ces sentences, en effet, ne sont pas telles qu'elles puissent être suivies de confiscation[6]. Le second de ces

---

t. II, n° 3370, et pour les détails du siège, Guillem de Puy-Laurens, ch. XLVI; — Catel, *Hist. des comtes de Toulouse*, p. 346; — *Hist. de Lang.*, édit. orig., t. III, p. 447; — Schmidt, t. I, pp. 324-327.

1. *Layettes du Tr. des Ch.*, t. II, n° 2898.
2. *Ibid.*, t. III, n° 4110. Voir aussi *Inventaire du Musée des archives nationales*, n° 257. Au dos de cette pièce se trouve un dessin représentant un condamné à genoux, lié à un pieu, les mains attachées derrière le dos, et livré aux flammes. C'est évidemment la figuration grossière du supplice du bûcher, tel que l'appliquait la justice du treizième siècle.
3. Paris, 1870, in-8°.
4. Boutaric, *Saint Louis et Alfonse de Poitiers*, p. 143, note 7.
5. *Ibid.*, p. 155, note 1.
6. *Ibid.*, même page, même note.

actes est une requête adressée à Alfonse de Poitiers par l'inquisiteur de Toulouse, Rainaud de Chartres, pour lui demander qu'il interdise à ses officiers de brûler les hérétiques condamnés seulement à la prison perpétuelle. Ils le faisaient pour avoir ainsi une confiscation que la sentence d'emprisonnement ne comportait pas toujours[1]. Les dates de ces deux pièces sont incertaines. Celle dont nous venons de parler en dernier lieu semble appartenir à l'année 1255; l'autre est probablement antérieure de deux ou trois ans.

Il ne nous reste plus maintenant qu'une série de textes à citer, parmi ceux qui ont été déjà imprimés, et dont nous avons essayé de présenter un aperçu rapide. Ce sont ceux, en assez petit nombre d'ailleurs, que M. Hauréau a donnés en notes dans le courant de son livre sur Bernard Délicieux[2], ou qu'il a rejetés à la fin du volume sous forme de pièces justificatives[3]. Ils sont empruntés pour la plupart, soit à la collection Doat, et presque exclusivement au tome XXXIV de cette collection, soit au manuscrit du fonds latin de la Bibliothèque nationale, n° 4270. Parmi ces textes, le plus important est la sentence prononcée à Carcassonne contre Bernard Délicieux, et qui se retrouve, ainsi que nous l'avons remarqué plus haut, à la fois dans Limborch et dans le tome II des *Vies des papes d'Avignon* de Baluze[4].

C'est ici que nous terminerons cette revue sommaire des documents d'Inquisition déjà publiés, dont nous

---

1. *Ibid.*, p. 453, note 1.
2. *Bernard Délicieux et l'Inquisition albigeoise* (1300-1320). Paris, 1877, in-12.
3. Pp. 167-214.
4. Elle est également dans Mahul, t. V, p. 663.

avons fait le premier chapitre de cette étude¹. Nous allons passer maintenant à la classe suivante, qui est celle des documents encore inédits. Parmi les documents de cette espèce, c'est la première classe, celle des copies, que nous verrons d'abord, et, comme nous l'avons déjà dit, nous ne la séparerons pas de la catégorie de textes dont nous venons de parler. Elle sera l'objet du second et dernier chapitre de notre première partie.

1. Il nous faut toutefois noter encore les fragments empruntés par M. Delisle à la *Practica* de Bernard Gui, et publiés par lui à la suite de sa *Notice* sur les manuscrits de cet auteur. Ces fragments comprennent la préface et les tables des cinq divisions de la *Practica*, ainsi qu'un certain nombre de morceaux relatifs à la secte des béguins, extraits de la cinquième partie du même ouvrage. Voir *Notices et extraits des manuscrits*, t. XXVII, 2ᵉ partie, pp. 402-490.

CHAPITRE II

COPIES

Les copies de documents d'Inquisition se trouvent presque exclusivement à la Bibliothèque nationale. — Elles consistent en trois volumes du fonds latin : 1° n° 4270, procès contre le frère mineur Bernard Délicieux, copie du dix-septième siècle ; — 2° n° 11848, procédures contre les albigeois (1307-1323), copie du dix-septième siècle ; ce sont les sentences éditées par Limborch ; — 3° n° 12856, recueil d'interrogatoires d'hérétiques (1245-1348), copie du seizième siècle ; la seconde partie de ce recueil n'est que la reproduction du n° 11847 du fonds latin de la Bibliothèque nationale. — A ces trois volumes il faut ajouter dix-sept des tomes de la collection Doat, XXI-XXXVII, parmi lesquels les tomes XXIX et XXX renferment une copie de la *Practica* de Bernard Gui, et les autres une série de pièces concernant la répression de l'hérésie dans le midi de la France aux douzième, treizième et quatorzième siècles. — Il faut noter, enfin, la chronique de frère Guillem Pelisson, copie du dix-septième siècle, bibliothèque de Carcassonne, n° 6119.

Autant que nous avons pu nous en rendre compte, les copies de documents concernant l'Inquisition se trouvent à peu près exclusivement à la Bibliothèque nationale. Elles comprennent trois volumes du fonds latin, portant les n°⁸ 4270, 11848 et 12856, et dix-sept des tomes de l'immense collection Doat.

Nous allons dire quelques mots de chacun de ces recueils, en les prenant dans l'ordre où nous venons de les énumérer.

N° 4270. Baluze avait fait exécuter cette copie [1]

---

1. In-f°, papier, 307 f°⁸ ; copie du dix-septième siècle (ancien Baluze, 29), et Reg. 1257 A).

d'après un manuscrit des archives de l'Inquisition de Carcassonne. Comme nous en avons déjà fait la remarque à plusieurs reprises, il en a inséré quelques extraits parmi les preuves de son livre des *Vies des Papes d'Avignon*. C'est aussi à ce volume que M. Hauréau dit avoir emprunté la plupart des indications dont il a composé son étude sur Bernard Délicieux [1]. Nous venons de noter à l'instant que le même écrivain avait publié dans son livre la sentence prononcée le 8 décembre 1319 contre le moine franciscain. Nous n'insisterons pas davantage. Il nous suffira de faire remarquer que ce procès, dont on trouve le développement à la fois dans le volume de Baluze, dans une série de pièces de la collection Doat, et aussi dans un manuscrit original de la Bibliothèque nationale [2], que nous étudierons tout à l'heure, manuscrit dont M. Hauréau semble malheureusement avoir ignoré le rapport intime avec le sujet qui l'occupait, est de première importance. Au point de vue religieux, et plus encore au point de vue politique, c'est une des affaires les plus graves de la première moitié du quatorzième siècle.

N° 11848. Ce manuscrit [3], ainsi que l'atteste le titre

Au f° 1 r°, se trouve le titre suivant : *Processus inquisitionis contra Fr. Bernardum Deliciosi ord. Minorum*. Puis, le texte commence au même f° par ces mots : *Noverint universi quod anno Domini millesimo trecentesimo decimo nono*, etc. La sentence prononcée contre l'accusé s'étend du f° 171 r° au f° 186. Les premiers mots sont ceux-ci : *Sententia lata contra Fr. Bernardum Deliciosi, ord. Minorum. In nomine Domini, amen. Dudum ad sanctissimi patris et domini*, etc. L'explicit (f° 397 v°) est ainsi conçu : *Sic suum tulit testimonium ; dixit quod non, sed quia sic est veritas.*

1. Voir p. 7, note 2.
2. Ms. lat. 11847.
3. In-f°, papier, 331 f°°; copie du dix-septième siècle. Le titre est celui-ci : *Procédures contre les albigeois, dépositions, jugements, exécutions*, 1307-1323. Au bas du f° 1 r°, se trouve l'indication suivante sur une bande de papier collée : *Ex bibliotheca mss. Coisliniana, olim Segueriana, quam*

que nous donnons en note, a fait partie de la collection léguée par Henri de Coislin, évêque de Metz, au monastère de Saint-Germain des Prés en 1732. Les procédures et jugements qui y sont contenus sont ceux qui composent les *actes de foi* édités par Limborch. Nous ne nous y arrêterons pas, puisque nous en avons déjà parlé plus haut. Nous dirons seulement quelques mots d'une question qui nous paraît plus importante qu'on ne le croirait peut-être tout d'abord. Cette question est celle de l'âge exact et de l'origine du manuscrit qui nous occupe, et, pour tout dire, de sa valeur réelle.

Il semblerait à première vue que ce volume ayant appartenu à Séguier, d'après les indications que nous avons reproduites, la date en dût être antérieure par conséquent à l'année 1672, époque de la mort du chancelier. Elle serait antérieure aussi à celle de la publication d'Amsterdam, qui n'eut lieu que vingt ans plus tard. On devrait en conclure que l'original employé par le ministre hollandais était encore en France avant ce moment, et qu'on en aurait tiré la copie possédée par Séguier, ou que celle-ci aurait été exécutée sur un autre manuscrit des mêmes sentences de Bernard Gui, dont il y aurait eu dans ce cas deux exemplaires. De ces deux hypothèses laquelle préférer? C'est ce que nous ne saurions dire, et d'ailleurs le choix importe peu. Ce qui est plus embarrassant, c'est qu'après la conjecture que nous venons de présenter,

---

Illust. Henricus du Cambout, duc de Coislin, par Franciac, episcopus Metensis, etc., monasterio S. Germani Pratis legavit. An. MDCCXXXII. Une autre indication inscrite au même f°, est ainsi conçue : N. G. L. N. 397, nous donne le numéro sous lequel ce volume figurait dans la bibliothèque du monastère qui en avait hérité.

et qui ressort tout naturellement des dates et des indications dont nous avons fait le rapprochement, il est possible d'en former une autre que voici.

Une grande partie des manuscrits de la collection Coislin ayant d'abord figuré dans la bibliothèque du chancelier Séguier, on a pu ne pas distinguer, dans la mention générale à laquelle nous nous sommes rapporté, les acquisitions faites par l'évêque de Metz lui-même. Celui-ci ne mourut qu'en 1732. Il eut, en conséquence, tout le temps d'augmenter pour son propre compte la riche collection que le chancelier lui avait transmise. En ce cas, la question qui nous occupe prendrait une face toute différente. Le manuscrit dont nous recherchons l'origine pourrait bien n'être qu'une copie exécutée d'après la publication de Limborch. Le fait peut paraître singulier au premier abord; mais il est beaucoup plus fréquent qu'on ne pense au dix-septième siècle.

Entre ces deux conjectures laquelle choisir? C'est ce qu'il est malheureusement impossible de décider. Montfaucon mentionne bien de la manière la plus nette le volume actuellement déposé à la Bibliothèque nationale, mais sans nous dire s'il avait figuré dans la collection de Séguier avant de passer dans celle du duc de Coislin[1]. D'autre part, la reliure ne porte aucune de ces marques qui font reconnaître encore aujourd'hui les volumes dont le chancelier avait composé sa bibliothèque. Quant à l'écriture, elle est évidemment de la seconde moitié du dix-septième siècle; mais elle ne peut nous aider à établir une date, qui, pour tran-

---

1. Voici cette indication empruntée à la *Bibliotheca bibliothecarum*, t. II, p. 1088 A : *ibid. V. Bernardi Guidonis liber sententiarum.* — (*Bibliotheca Coisliniana, nunc in Sangermanensi.*)

cher la question, aurait besoin d'être fixée à dix ou quinze ans près.

Ainsi, l'origine et par suite la valeur de cette copie d'un recueil précieux deviennent fort douteuses, et nous ne pouvons apprécier dans quelle mesure le texte qu'elle nous donne pourrait servir à contrôler celui de Limborch. Nous ne savons pas davantage jusqu'à quel point elle pourrait être utile pour en défendre l'authenticité, si quelque doute pouvait surgir à ce propos, ce qui, du reste, ne semble guère possible.

Nous passons maintenant au troisième et dernier des volumes que nous avons indiqués, celui qui figure à la Bibliothèque nationale sous le n° 12856 du fonds latin.

Ce volume[1] se divise en deux parties : la première, du f° 1 au f° 62, comprend une série d'interrogatoires qui se poursuivent de 1285 à 1287; la seconde, du f° 64 au f° 141, d'autres interrogatoires, commencés en 1299 et terminés en 1303. Chaque partie nous fait connaître un ensemble différent d'accusés, et forme, par conséquent, l'instruction d'une affaire spéciale. Le tout a été copié sur les registres originaux en parchemin de l'Inquisition d'Albi. Ces registres nous manquent pour contrôler la première partie, mais nous les avons conservés pour la seconde. Ils sont à la Bibliothèque nationale, et portent le n° 11847 du fonds latin. Nous en parlerons tout à l'heure, et cela nous dispensera de donner dès maintenant, à propos d'une simple trans-

---

1. In-f°, papier, 142 f°°; copie du seizième siècle. Bibliothèques Coislin et Saint-Germain, 386.

Titre : *Recueil d'interrogatoires d'hérétiques albigeois faits par l'évêque d'Albi, extraits par Barthélemy Hazarulz, archiprêtre de Lauzerte, le 21 octobre 1574, des archives de l'Inquisition de Toulouse (1285-1303).*

cription, des indications qui nous paraissent devoir venir plus naturellement à propos de l'original.

Arrivons maintenant au plus grand ensemble de copies qui aient été faites d'après des documents d'Inquisition, c'est-à-dire à la collection Doat.

On sait quelle fut l'origine de cet immense recueil, le plus intéressant de tous ceux qui furent composés au dix-septième siècle. En 1669, Jean de Doat, conseiller du roi, président à la chambre de Navarre, reçut commission de rechercher tous les titres concernant les droits de la couronne en Provence et dans le Languedoc, et pouvant servir à l'histoire de ces deux pays. Des copies furent exécutées par ses ordres d'après des documents choisis dans toutes les archives méridionales. Ces copies, magnifiquement reliées en maroquin plein du Levant, et décorées des armes de Colbert, qui eut la haute main sur l'exécution de l'entreprise confiée à Doat, se trouvent aujourd'hui à la Bibliothèque nationale, où elles forment une suite de deux cent cinquante-huit tomes in-folio[1].

L'Inquisition, avec une réunion de textes concernant l'hérésie albigeoise au douzième et au treizième siècle, ainsi que les suites de la croisade organisée pour la détruire, y occupe, à elle seule, dix-sept volumes, dont la matière a été empruntée aux archives de Toulouse, d'Albi, de Carcassonne et de Narbonne.

Voici les séries entre lesquelles se répartissent ces dix-sept volumes, avec l'indication de ce qu'ils contiennent :

Tomes XXI-XXVI : interrogatoires et sentences contre les hérétiques (1165-1278). Dans cet ensemble,

---

1. Voir A. Molinier, *Catalogue des actes de Simon et d'Amauri de Montfort*, pp. 29 et 30.

nous remarquerons un certain nombre de condamnations prononcées par le célèbre inquisiteur Guillem Arnaud de 1235 à 1237. Elles se trouvent au tome XXI. Les tomes XXII, XXIV et XXV nous donnent des interrogatoires faits par les inquisiteurs de Toulouse de 1243 à 1279, ainsi qu'un certain nombre de pièces concernant le château de Montségur. Celles-ci se trouvent dans le premier de ces trois volumes. Enfin, les tomes XXIII et XXVI nous fournissent des dépositions empruntées surtout aux archives de l'Inquisition de Carcassonne de 1244 à 1290. C'est au tome XXVI que se rencontre le curieux témoignage d'un familier des inquisiteurs, Bernard de la Garrigue de Lados, auxquels les consuls de Carcassonne et un certain nombre d'ecclésiastiques de cette ville, entre autres l'archidiacre Sanche Morlana, avaient promis de l'argent, s'il consentait à brûler les archives de l'Inquisition[1].

Tomes XXVII et XXVIII : sentences prononcées par les inquisiteurs (1318-1329). Ces sentences sont extraites des registres du tribunal de Carcassonne. Elles frappent des habitants de cette dernière ville, ainsi que de Limoux et de Lodève. Elles consistent en impositions de croix, en pèlerinages, en exhumations d'individus morts dans l'hérésie.

Tomes XXIX et XXX : formules de lettres, de sentences et autres actes de l'Inquisition (quatorzième siècle). Cet ensemble, très-considérable, n'est pas autre

---

[1]. Ce complot, dont nous avons déjà parlé, dût se tramer vers 1283; les dépositions de Bernard de la Garrigue et de quelques-uns de ses complices, notamment d'un certain Bernard Agasse, qualifié de *scriptor librorum*, sont de 1283. La mention en est faite dans l'inventaire des archives de l'Inquisition de Carcassonne, dont nous avons déjà parlé à plusieurs reprises. Voir *Mém. de la Soc. arch. de Montpell.*, t. IV, p. 283. Elles sont également reproduites en partie dans Mahul, t. V, pp. 640-646.

chose, avec quelques variantes, que la *Practica* de Bernard Gui.

Le tome XXIX, du f° 3 au f° 289, contient les trois premières parties de ce traité. Au f° 289 commence la quatrième partie qui se continue jusqu'au f° 90 du tome XXX. Du f° 91 v° au f° 132 du même tome, s'étend une pièce intitulée : *De haereticis Clemens V in concilio Viennensi.* C'est la célèbre constitution qui essaya, au début du quatorzième siècle, de donner satisfaction dans une certaine mesure aux plaintes portées contre les inquisiteurs[1]. Du f° 132 v° au f° 305 et dernier, s'étend la cinquième partie de la *Practica*, avec une légère interversion, qui place en tête de cette cinquième partie une sorte d'appendice, placé au contraire à la suite dans les manuscrits de la bibliothèque de Toulouse.

Le tout se termine par l'indication suivante, que nous croyons devoir relever, parce qu'elle nous fait connaître la source originale à laquelle a été pris un texte si important : *Extrait et collationné d'un livre des formules de l'Inquisition, couvert de carton et d'une basane, escri' en parchemin depuis la page marquée du nombre 1 à 163, trouvé aux archives de l'Inquisition de la cité de Carcassonne. Fait à Alby, 17 oct. 1669*[2].

Cela dit sur la reproduction d'un ouvrage du plus

---

1. Voir *Clementin.*, lib. V, *de Haereticis*, tit. III, cap. 1, 11. — Voir aussi Bernard Gui, *Practica*, IV° pars, f° 57 A, et Eymeric, *Direct. Inquisit.*, pp. 119 et suiv., édit de Fr. Pegna.

2. Qu'est devenu cet exemplaire du traité de Bernard Gui, dont l'existence se trouve ainsi constatée en quelque sorte officiellement? A-t-il échappé à la destruction qui fit disparaître, à ce qu'il semble, en 1793, les archives de l'Inquisition de Carcassonne? La chose ne serait pas impossible, car dans ces grands actes de vandalisme, à côté des fanatiques purs, se trouvaient souvent des gens plus avisés, qui sauvaient du feu quelques débris

grand intérêt pour l'étude de la justice inquisitoriale, nous passons aux dernières séries dans lesquelles se classent les volumes de la collection Doat dont nous nous occupons.

Tome XXXI : pièces concernant la persécution des hérétiques (1209-1265). Ces pièces sont extraites des archives de l'Inquisition de Carcassonne. Elles consistent en sentences de condamnation ou d'absolution prononcées par les inquisiteurs. Il s'y trouve également des bulles de papes ayant pour but la répression de l'hérésie. On en compte près de trente-cinq d'Innocent IV, destinées surtout à doter les tribunaux d'Inquisition de priviléges extraordinaires.

Tomes XXXII-XXXV : documents sur les croyances hérétiques et l'exercice de l'Inquisition (1265-1636). Dans cet ensemble, la matière des tomes XXXII et XXXIII est empruntée aux archives de l'évêché d'Albi, celle des deux autres, aux archives de l'Inquisition de Carcassonne. Les pièces reproduites sont des bulles pontificales, des ordonnances d'Alfonse de Poitiers ou de ses sénéchaux et de divers rois de France, des procédures, des sentences, des saisies de biens d'hérétiques, des procès entre des seigneurs et l'Inquisition au sujet de biens confisqués.

Tomes XXXVI et XXXVII (treizième et quatorzième siècles.) Les pièces qui remplissent ces deux volumes sont extraites des archives de l'Inquisition de Carcassonne. Elles consistent, pour le tome XXXVI, en bulles

---

pour en tirer parti plus tard. Nous pourrions citer de ce fait plus d'un exemple. Quoi qu'il en soit, il ne paraît pas qu'on doive reconnaître cet exemplaire perdu de la *Practica* dans celui que possède depuis 1859 le Musée britannique. Voir, sur ce manuscrit, L. Delisle, *Notice sur les manuscrits de Bernard Gui*, pp. 353, 354, et note 1 de la page 354.

des papes, lettres des rois de France, formules d'interrogatoires pour les sorciers et les juifs.

Le tome XXXVII est le plus important des deux. On y trouve un certain nombre de traités ou de fragments de traités, composés dans le courant du treizième siècle contre les hérétiques et pour réfuter leurs doctrines.

Nous citerons d'abord un ouvrage célèbre et fort répandu au moyen âge. Doat le reproduit[1] sous une forme sommaire qui semble en avoir été la rédaction primitive[2]. C'est la *Summa de Catharis et Leonistis*, écrite en 1250[3] par l'inquisiteur dominicain Rainier Sacchoni de Plaisance, et qui devait, semble-t-il, servir de manuel aux juges d'Inquisition. L'auteur ayant fait partie de la secte cathare avant sa conversion[4], son ouvrage est une des sources les plus authentiques que nous ayons pour la connaissance des doctrines et des usages des hérétiques[5].

Un autre traité fort curieux aussi, et reproduit éga-

---

1. F^{os} 67-90.
2. Martène et Durand (*Thesaurus novus anecdotorum*, t. V, cc. 1759-1776), donnent à peu de chose près le texte inséré dans Doat. Voir une rédaction amplifiée dans la *Maxima bibliotheca patrum*, t. XXV, pp. 262-277. Voir aussi, sur cette dernière forme du traité de Rainier Sacchoni, d'Argentré, *Collectio judiciorum de novis erroribus*, t. I, pp. 47, 48 et 81. La Bibliothèque nationale possède, sous le n° 1593 du fonds latin (in-8°, 62 pp.), une copie du même ouvrage faite au dix-septième siècle sur un ms. provenant d'Irlande. Elle est conforme au texte publié dans la *Maxima Bibliotheca patrum*, et n'a d'ailleurs aucune importance.
3. Cette date nous est donnée à l'avant-dernier chapitre du traité : *Anno Domini M.CC.L. compilatum est fideliter per dictum fratrem Rainerium opus superius annotatum. Deo gratias.* (*Thes. nov. anecdot.*, t. V, c. 1775, *sub fine*.)
4. L'auteur le reconnaît lui-même dans l'aveu curieux que voici : *Ego... Frater Rainerius, olim haeresiarcha, nunc Dei gratia sacerdos in ordine Praedicatorum, licet indignus*, etc. (*Thes. nov. anecdot.*, t. V, c. 1763.)
5. Voir, sur Rainier Sacchoni et son traité, *Hist. de Lang.*, édit. orig., t. III, p. 446; — Schmidt, t. I, pp. 170, 171; t. II, pp. 227, 228, 310 et 311, note 1re.

lement dans le même volume de Doat[1], est l'ouvrage de polémique intitulé *Disputatio inter catholicum et Paterinum haereticum*. L'auteur ne s'est pas nommé; mais, d'après une conjecture de Muratori, il y a tout lieu de croire qu'il n'est autre qu'un dominicain du nom de Grégoire de Florence, évêque de Fano, mort vers 1240[2].

Enfin, ce même volume XXXVII nous donne[3] un extrait du livre composé au treizième siècle par un autre dominicain, Étienne de Bourbon ou de Belleville, sous le titre *De septem donis Spiritus Sancti*. La partie reproduite est celle qui concerne la secte des vaudois. Les croyances de ces hérétiques s'y trouvent sommairement indiquées. Toutefois, si brefs que soient les renseignements fournis par l'auteur, ils n'en ont pas moins un grand prix à cause de leur date[4].

Nous ne pouvons guère ajouter de remarque à cette classification très-rapide des documents pour ainsi dire innombrables contenus dans la collection Doat et

---

1. F° 212 et suiv.
2. Bernard Gui, dans son *Histoire des Frères Prêcheurs*, cité à l'article intitulé : *Prelati de ordine Predicatorum assumpti*, un certain *frater Gregorius Florentinus, episcopus Fanensis*. (Bibl. de Toul., ms. 273, 1re série, f° 24 A.) — Voir, sur Grégoire de Fano et son ouvrage, Schmidt, t. II, pp. 259, 281 et 311, note 16, et Quétif et Échard, I, 110-111. Le traité en question est publié en entier dans le *Thes. nov. anecdot.*, t. V, cc. 1703-1758.
3. F° 14 et suiv.
4. Voir, sur Étienne de Bourbon, dont l'ouvrage nous a été conservé par de nombreux mss. du treizième siècle, Schmidt, t. II, p. 313, note 16. — Voir aussi d'Argentré, *Coll. jud. de nov. err.*, t. I, pp. 85-89, et Quétif et Échard, I, 184-194. — Martène et Durand (*Thes. nov. anecdot.*, t. V, cc. 1777-1794) ont publié, sous le titre de *Tractatus de haeresi pauperum de Lugduno*, un opuscule qu'ils attribuent à Étienne de Bourbon. Cet opuscule, terminé par un *Traité de procédure contre les hérétiques* (cc. 1784-1794), n'est pas toutefois réellement de l'auteur indiqué, mais paraîtrait seulement avoir été rédigé d'après lui. Voir sur ce point A. Lecoy de la Marche, *Anecdotes historiques, légendes et apologues tirés du recueil inédit d'Étienne de Bourbon*, Introduction, p. XXIV.

intéressant l'histoire de l'Inquisition méridionale. Ce serait nous exposer à tomber dans des détails qui nous entraîneraient beaucoup trop loin. En effet, il nous serait difficile, si nous avions l'intention de nous livrer à une revue plus ou moins complète de toutes ces pièces, d'y faire un choix. La plupart mériteraient sans aucun doute d'être signalées dans un catalogue qui les noterait une à une, d'autant plus que beaucoup sont tout ce qui nous a été conservé de textes perdus aujourd'hui sans retour.

Il ne nous reste plus, pour terminer cette énumération rapide des copies de documents concernant l'Inquisition méridionale, qu'à signaler celle que possède la bibliothèque publique de Carcassonne de la chronique de Guillem Pelisson, moine dominicain et inquisiteur de la première moitié du treizième siècle[1].

Ce n'est pas que ce texte puisse être comparé, pour l'étendue ni même pour l'importance, à aucun de ceux dont nous venons de parler, et surtout à l'immense collection Doat. De plus, il ne semble être rien moins qu'une reproduction exacte et même complète de l'original. Les fautes de tout genre et parfois les lacunes y sont, au contraire, en nombre très-considérable[2]. Néan-

---

1. N° 6119 du Catalogue général; n° 37 de l'*Étude sur les manuscrits de la bibliothèque publique de Carcassonne*, publiée par M. Ch. Fierville dans les *Mémoires de la Société des arts et des sciences* de cette ville, t. III, pp. 119-324. In-f° papier, fin du dix-septième siècle; 20 pp., 19 écrites et numérotées en chiffres romains. — Écriture assez nette et très-lisible. La couverture, formée d'une feuille d'imprimé, porte le titre suivant : *Chronicon Fratris Guilhelmi Pelissonis ordinis Praedicatorum de Albigensibus*. — Provenance : bibliothèque de M. de Murat, émigré.

2. La ponctuation est rare et, quand elle existe, presque toujours défectueuse. Les lacunes d'un ou de plusieurs mots sont assez fréquentes; elles sont indiquées par des points. Le copiste a dû lire péniblement, surtout les noms propres, sur lesquels il a fréquemment hésité, raturant la première forme écrite par lui, sans arriver toujours à en établir une correcte.

moins, si défectueuse que soit la forme sous laquelle il nous est parvenu, c'est encore, par sa date, par le caractère de son auteur, un document dont il nous faut tenir grand compte. En effet, Guillem Pelisson est, à ce qu'il semble, le plus ancien historien de cette Inquisition primitive que nous avons entrepris d'étudier. Il est même le seul qui puisse nous éclairer sur les premières années de son existence. Aussi, nous faut-il absolument dire quelques mots de son œuvre.

Bernard Gui, dans son *Histoire des Dominicains*, lui a emprunté, sur l'établissement de l'ordre à Toulouse, des détails qui ne se retrouvent pas, du reste, dans le manuscrit qui nous occupe[1]. Percin, de son côté, reconnait avoir eu recours à son travail pour ses *Monumenta conventus Tolosani*[2]. De plus, il en a inséré d'assez longs fragments dans son ouvrage à lui-même, mais en les défigurant avec ce manque de soin qu'on peut lui reprocher presque toujours[3].

C'est, en effet, un témoignage précieux que celui de Guillem Pelisson pour les premiers temps de l'ordre fondé par saint Dominique, et aussi pour ceux de la justice inquisitoriale. Né à Toulouse, mort dans la même ville, le jour de l'Épiphanie de l'année 1268[4],

D'ailleurs, la copie est vraisemblablement incomplète. Voir, sur ce point, le ms. lui-même, p. 4.

1. Voir bibl. de Toulouse, ms. 273, 1re série, fo 115 B, 118 A.
2. « Seyuntur sunt praecipue, dit-il, F. Stephanum de Salaignac, F. Guillelmum Pelisse, testes oculatos. » *Monum. conv. Tolos.* (*Ratio operis ad lectores*, au début du volume.)
3. Voir *Monum. conv. Tolos.*, pp. 18, 19, nos 16, 17; pp. 50, 51, nos 21, 23 à 25, 27, 32 à 34, 35 à 38, 41. Mais le fragment le plus considérable est celui qui remplit le chapitre II tout entier de l'opuscule intitulé *Martyres Avenionati*, et qui répond aux pp. 1-7, 9, 15, 16, du ms. de la bibliothèque de Carcassonne. C'est, du reste, nous le répétons, une reproduction très inexacte et très incomplète.
4. Bibl. de Carc., no 6149, p. 16; — Percin, *Monum. conv. Tolos.*, p. 64, no 18. La mort de Guillem Pelisson fut annoncée, le 25 août 1268, au cha-

non-seulement il a été un des premiers religieux de l'ordre des Frères Prêcheurs [1], mais encore il a assisté comme témoin oculaire aux événements qu'il raconte, et s'y est trouvé mêlé quelquefois comme acteur. Sa narration n'embrasse, il est vrai, qu'une durée de neuf ans, de 1229 à 1237 [2]; cependant elle abonde en récits dramatiques. Nous citerons, par exemple, la curieuse affaire de la femme hérétique brûlée sans forme de procès par Raimond du Fauga, ancien religieux dominicain et évêque de Toulouse, en 1234, le jour de la canonisation de saint Dominique [3], et surtout l'expulsion des Frères Prêcheurs de la même ville en novembre 1235, expulsion amenée par les poursuites ardentes de l'un d'entre eux, l'inquisiteur Guillem Arnaud, contre les hérétiques [4].

Au reste, le manuscrit dont nous parlons se compose de deux parties bien distinctes. Dans la première [5], qui est indiquée formellement comme étant l'œuvre de Guillem Pelisson, l'auteur nous raconte les luttes des Frères Prêcheurs contre l'hérésie, durant la période de neuf ans que nous avons marquée. Ces luttes ont pour

---

pitre provincial de Périgueux. Voir, sur ce point et sur la chronique elle-même, Quétif et Échard, I, 216b, 217a.

1. *De fratribus primitivis*. Bibl. de Carc., n° 6119, p. 1.
2. Rien de plus confus et de moins précis, il faut le dire en passant, que la chronologie de l'auteur. En voici des exemples : *In illis diebus*, pp. 2, 3, 5, 6, 9, 14; — *Eodem tempore*, pp. 3, 5, 6, 9; — *Tunc temporis*, pp. 13, 15; etc.
3. Bibl. de Carc., n° 6119, pp. 7, 8; — Percin, *Monum. conv. Tolos*. p. 49, n°' 17 et 18. — Le même fait se trouve également rapporté dans l'*Histoire des Dominicains* de Bernard Gui (bibl. de Toul., 1re série, ms. 55, f° 2 D; ms. 273, même série, f° 8 B, 9 A; ms. 91, 2e série, f° 2 B et C).
4. Bibl. de Carc., n° 6119, pp. 10-13. — Voir aussi Percin, *ibid., ut supra*, n°' 27-36; — Bernard Gui, bibl. de Toul., ms. 273, 1re série, f° 10 B, 118 B, 119 A; — Géraud de Frachet, dans son livre intitulé *De vitis Fratrum*, bibl. de Toul., ms. 191, 1re série, f° 36 C.
5. Pp. 1-16.

théâtre principal la ville de Toulouse avec Pierre Cella[1] et le célèbre Guillem Arnaud de Montpellier,

[1]. Le nom de ce personnage important, qui fut le compagnon préféré de saint Dominique, et dont les libéralités contribuèrent à établir l'ordre des Frères Prêcheurs à Toulouse, a été déjà cité par nous à plusieurs reprises. Nous saisissons l'occasion qui se présente de tracer en quelques mots sa biographie, d'autant plus que c'est à l'époque où parle de lui Guillem Pelisson, qu'il semble avoir déployé la plus grande activité. Il venait, en effet, à ce moment même, d'être investi des fonctions d'inquisiteur, qu'il exerça probablement le premier avec Guillem Arnaud.

Pierre *Cellani*, de son nom véritable Cella ou Silla (*Silanus, Seilanus* dans les actes des *Layettes du Tr. des Ch.*), devait appartenir à une famille riche et puissante de la ville de Toulouse. Quatre pièces du recueil que nous venons de citer nous le montrent passant un certain nombre de contrats, en communauté avec son frère Bernard: n°s 830 et 831 (6 et 8 déc. 1207), n°s 1117 et 1118 (7 et 25 avril 1215). La dernière de ces pièces est un acte de partage entre les deux frères. — Voir également les n°s 225, 251, 286 du même recueil, dans lesquels paraissent, à des dates un peu antérieures au treizième siècle (1170, 1174, 1179), des personnages du même nom et vraisemblablement de la même famille.

En 1214, saint Dominique étant venu à Toulouse, Pierre Cella, lui donne deux maisons qu'il possédait près du Château-Narbonnais, et qui devinrent plus tard la demeure des juges d'Inquisition dans cette ville. (Bernard Gui, Bibl. de Toul., ms. 273, 1re série, f° 53 A et 116 A; — Percin, *Monum. conv. Tolos.*, p. 11, n° 29.)

Entré dans l'ordre des Frères Prêcheurs dès le début de sa création, il contribue à la fondation du couvent de Limoges en 1219 (Bibl. de Toul., ms. 273, 1re série, f° 128 A), et à celle du couvent de Cahors en 1226 (*ibid.*, f° 111 A). C'est de Limoges qu'il revient à Toulouse en 1232.

L'année suivante, il est nommé inquisiteur en même temps que Guillem Arnaud. *Hic etiam postmodum*, dit Bernard Gui à cette occasion, *fuit primus cum Fratre Guillelmo Arnaldi, viro constantissimo, deputatus ad Inquisitionis officium contra pravitatem hereticam exercendum in partibus Tholosanis et per totam terram comitis Tholosani, anno Domini M.CC.XXXIII, sicut habetur in Cronica magistri Guillelmi de Podio Laurentio.* (B. de Toul., ms. 273, 1re série, f° 39 B et 129 A.) — Voir aussi Percin, *Inquis.*, pars III, p. 100, et Ludovicus a Paramo, *de Origine et progressu officii S. Inquisitionis*, p. 108, c. 2.

La chronique de Guillem Pelisson nous le montre exerçant les fonctions d'inquisiteur à Toulouse et à Cahors en compagnie de son collègue avec une telle activité, qu'il excite les plaintes de tout le monde et surtout du comte Raimond VII. Celui-ci l'accuse de nourrir une haine particulière contre sa personne, et obtient du légat du Saint-Siége, en 1235, la promesse qu'il n'exercera plus son ministère à Toulouse, mais seulement dans le diocèse de Cahors. (Bibl. de Carc., n° 6112, pp. 6, 9.)

Tout en demeurant inquisiteur, il succède en 1236 à Pons de Saint-Gilles comme prieur du couvent des Dominicains de Toulouse. (Bibl. de Toul.,

Iʳᵉ PARTIE. — CHAPITRE II.

aidés activement par l'évêque Raimond du Fauga, par le prieur Pons de Saint-Gilles [1] et par Guillem Pelisson lui-même. Mais elles s'étendent aussi à Carcassonne, où le même Guillem Arnaud poursuit la famille puissante des seigneurs de Niort [2]; à Moissac, à Montauban, où paraît encore Guillem Arnaud [3],

ms. 273, 1ʳᵉ série, f° 119 A); — Percin, *Monum. conv. Tolos.*, p. 51, n° 40, et *Tabula priorum conv. Tolos.*, p. 181). Il meurt assez âgé, à ce qu'il semble, dans le même couvent, le 22 février 1257.

Telle est rapidement la biographie de ce personnage important, l'un des fondateurs de l'ordre des Dominicains et de l'Inquisition méridionale, dont il fut vraisemblablement le premier juge avec Guillem Arnaud. Bernard Gui le qualifie de *vir optime personatus, constans et rectus*. (Bibl. de Toul., ms. 273, 1ʳᵉ série, f° 39 B.) Pour nous, il est un des représentants de cette portion des hautes classes du Midi qui, par réaction contre l'hérésie, se rallia dès le début du treizième siècle à l'orthodoxie romaine, et employa à la défendre ses richesses, son influence, et surtout son zèle, dont rien ne put tempérer l'ardeur.

1. Pons de Saint-Gilles, quatrième prieur du couvent des Frères Prêcheurs de Toulouse, après saint Dominique, remplace dans ces fonctions Pierre d'Alais en 1231. (Voir Bernard Gui, Bibl. de Toul., ms. 273, 1ʳᵉ série, f° 118 B-119 A; — Percin, *Tabula priorum conv. Tolos., apud Monum.* p. 181.) Il devient prieur provincial de Provence en 1239 et meurt le 17 juin 1253. (Bibl. de Toul., ms. 273, 1ʳᵉ série, f° 119 B.) — *Vir pro fide*, dit de lui Bernard Gui, *et fidei ac Inquisitionis negotio constanter stetit cors a principibus et prelatis*. (Ibid. f° 68 A.) Voir encore Percin, *Monum. conv. Tolos.*, I, pp. 49 et 50, n° 18.

2. Anle, arr. de Limoux, cant. de Belcaire.

3. La vie de ce juge d'Inquisition, le plus célèbre de tous peut-être, et en tout cas le plus redoutable, à ce qu'il semble, n'est rien moins que bien connue. Quoi qu'il en soit, comme pour son collègue Pierre Cella, avec lequel il partagea probablement le premier les fonctions d'inquisiteur, nous saisirons l'occasion qui se présente de réunir une fois pour toutes le peu de renseignements que nous possédons à son sujet.

Un certain nombre de pièces dispersées dans le tome XXI de la collection Doat, le ms. 155, 1ʳᵉ série, de la Bibliothèque de Toulouse, l'*Histoire des Dominicains* de Bernard Gui, et surtout la Chronique de Guillem Pelisson, constituent les seuls textes qui nous fournissent quelques indications sur la biographie de Guillem Arnaud, ou plutôt sur son rôle dans l'histoire de l'Inquisition.

Ce qui paraît certain, c'est qu'il était originaire de Montpellier. Bernard Gui nous apprend qu'il fut prieur du couvent des Frères Prêcheurs de Toulouse (Bibl. de Toul., ms. 273, 1ʳᵉ série, f° 115 A); mais à quelle date, c'est ce qu'il ne nous dit pas. Selon Percin, c'aurait été en l'année 1237, et il aurait succédé dans cette dignité à Pierre Cella. (Voir *Tabula priorum*

assisté de Pierre Cella; à tout le diocèse de Cahors et à la ville de Cahors elle-même, où nous voyons les

conc. Tolos. apud Monum. p. 181). Mais c'est, nous le répétons, la chronique dont nous faisons en ce moment l'analyse qui nous donne les renseignements les plus suivis sur ce personnage.

Elle nous atteste qu'il fut nommé, en même temps que Pierre Cella, inquisiteur pour les diocèses de Toulouse et de Cahors (p. 3). Ce fut sans doute en 1233, époque de la constitution définitive des tribunaux d'Inquisition. Nous le voyons ensuite exercer son ministère en compagnie de son collègue à Toulouse (p. 5), à Cahors et à Moissac (p. 6), à Carcassonne, où ne le suit pas Pierre Cella, mais un archidiacre qui lui a été adjoint (p. 9). Il revient ensuite à Toulouse. C'est à ce moment que les capitouls, fatigués de ses procédures sans trêve contre les hérétiques et des désordres qu'elles entraînent, l'expulsent de la ville (1235). Il retourne alors à Carcassonne (p. 10).

L'année 1236 nous le montre exerçant de nouveau ses fonctions en compagnie de Pierre Cella, à Montauban (p. 11). Du reste, cette année semble avoir marqué l'apogée de son activité. La conversion inattendue d'un personnage célèbre à Toulouse, et depuis longtemps affilié à la secte des albigeois, Raimond Gros, amène la découverte d'une foule d'hérétiques, que condamne immédiatement Guillem Arnaud avec l'aide de son nouveau collègue, le frère mineur Étienne de Saint-Thibéri (pp. 11-16).

De nouvelles procédures, dont le tome XXI de la collection Doat nous révèle quelques-unes, des courses fréquentes à travers le Languedoc, dont nous retrouvons la trace dans le ms. des enquêtes de Bernard de Caux (bibl. de Toul., ms. 155, 1re série), sans en connaître la date exacte, enfin les occupations que lui impose la dignité de prieur du couvent des Dominicains de Toulouse, dont il est revêtu, à ce qu'il semble, vers cette époque, tout cela remplit les dernières années de ce juge infatigable.

Une mort tragique, et en quelque sorte conforme à une telle existence, termine cette carrière faite de luttes sans trêve contre l'hérésie. Dans une dernière tournée pour découvrir de nouveaux prévenus, Guillem Arnaud périt massacré à Avignonet avec six de ses compagnons (jour de l'Ascension, 29 mai 1242). Il prend place ainsi, entre Conrad de Marbourg et Pierre de Vérone, dans la longue liste d'inquisiteurs assassinés que Bernard Gui et les historiens ordinaires de l'Inquisition nous présentent comme un martyrologe. (Voir bibl. de Toul., ms. 273, 1re série, f° 10 B-12, le chapitre intitulé *Fratres passi pro fide*. Voir aussi Lubor. a l'aramo, pp. 107-111.)

Ce crime, accompagné de circonstances atroces, où se voit la haine qu'excitent déjà la justice inquisitoriale et ses ministres, a des résultats que Guillem Arnaud n'aurait pas cru sans doute payer trop cher de tout son sang. C'est un redoublement de rigueur et de persécution, d'où date réellement la décadence de l'hérésie dans le Languedoc. Raimond VII lui-même, peu disposé cependant à soutenir l'Inquisition, est obligé d'y prêter la main. Il ne pouvait passer pour complice des assassins d'Avignonet.

Sur la mort de Guillem Arnaud et de ses compagnons, voir Bernard Gui, *Ibid. et supra*, f° 11 et 181 B; — Percin, *Martyres Tolosani, apud Monum.*

mêmes inquisiteurs procéder contre les hérétiques avec l'aide de deux autres dominicains, l'auteur de la chronique en personne, et un juge moins connu, Pons Delmont; à Albi, enfin, que terrorisent Arnaud Catala et frère Ferrier. Ce ne sont que citations, emprisonnements, exhumations, condamnations au bûcher, excommunications de contumaces, expéditions nocturnes organisées pour se saisir d'hérétiques qui ne répondent pas à l'appel des inquisiteurs, représailles sanglantes de part et d'autre, combats contre le pouvoir civil qui répond fort mal encore aux sommations impérieuses de la justice inquisitoriale, soulèvements enfin des habitants exaspérés, qui chassent hors des villes les juges dominicains. Ajoutons-y un détail curieux, l'ingérence dans ces luttes violentes de l'Université de Toulouse, nouvellement établie, et qui semble beaucoup plus occupée, avec des hommes tels que le fougueux Roland de Crémone, de tonner contre l'hérésie que d'asseoir les bases de son enseignement[1]. Rien de plus dramatique, comme nous l'avons déjà dit, que cet ensemble, malgré l'art plus que médiocre avec lequel la narration est conduite.

La seconde partie, bien que beaucoup plus courte[2], ne présente pas moins d'intérêt. C'est le procès-verbal,

— le baron Desazars, *Histoire authentique des inquisiteurs tués à Avignonet en 1242*, Toulouse, Armaing, in-8°, 1869; — Schmidt, t. I, pp. 320, 321. Voir aussi Gérard de Frachet, *De vitis Fratrum*, Bibl. de Toul., ms. 491, 1re série, f° 36 D.

1. Elle se conformait, du reste, en cela, à l'esprit qui avait présidé à sa fondation. On avait voulu faire d'elle une barrière opposée à l'indépendance intellectuelle presque absolue, dont avait joui jusque-là la France méridionale. Mais nous avons dans ces luttes tumultueuses et peu profitables aux études, la raison de l'état précaire où cette Université végéta pendant tout le treizième siècle, de même que la pensée d'où elle était sortie nous explique la stérilité dont elle ne put jamais se guérir.

2. Pp. 16-19.

dressé par un certain nombre de témoins oculaires, d'un de ces soulèvements furieux dont nous venons de parler, et que l'Inquisition devait avoir le privilège de susciter contre elle pendant toute la durée de son règne dans le midi de la France aussi bien que partout ailleurs. Ce soulèvement est celui, dans lequel les habitants d'Albi faillirent massacrer l'inquisiteur Arnaud Catala, au mois de juin 1234[1].

Le récit, donné comme d'un témoin oculaire[2], est anonyme; mais il doit être fort probablement de Guillem Pelisson, comme la chronique proprement dite[3]. Nous avons remarqué, en effet, que celui-ci avait exercé les fonctions d'inquisiteur à Albi en même temps qu'Arnaud Catala. La chronique, qui nous donne ce détail[4], n'indique pas nettement à quelle date; mais, par les dates voisines, il y a lieu de penser que ce fut justement l'année où ce mouvement de colère souleva toute une ville contre la procédure inquisitoriale. Quoi qu'il en soit, cette narration pleine de vie et de vérité,

1. Voir l'abrégé de ce récit dans Percin, *Monum. conv. Tolos.*, I, pp. 48 et 49, n° 16. Il se trouve également reproduit dans Doat, t. XXXI, f° 29 et suiv., d'après un manuscrit des *archives de l'Inquisition de Carcassonne*, et dans Martène et Durand, *Thes. nov. anecdot.*, t. I, cc. 985-987, d'après un ms. de Colbert, peut-être la collection Doat, sous ce titre : *Narratio de illatis Arnaldo inquisitori apud Albienscm civitatem injuriis*. Nous remarquerons, de plus, à propos de la collection dont il s'agit, qu'un certain nombre des faits consignés dans la Chronique de Guillem Pelisson se trouvent confirmés par toute une série de pièces, que renferme le tome XXI de cette collection.

2. *Scripsit ille qui vidit et interfuit in hunc modum. Quod vidimus et audivimus, fideli scribimus narratione.* (Bibl. de Carc., n° 6119, p. 16.)

3. L'événement qui fait la matière du récit dont nous nous occupons se trouve noté, du reste, dans la chronique elle-même. *Quosdam alios mortuos condemnavit* (Arnaud Catala), *et trahi fecit et comburi. Unde moti Albienses voluerunt cum submergere in fluvio Tarni, et percussum, laniata veste, facie sanguinolenta, ad instantiam quorumdam dimiserunt cum. Ipse vero qui trahebatur clamabat : Benedictus sit Dominus Jesus Christus.* (Bibl. de Carc., n° 6119, p. 4.)

4. *Ibid.*, n° 6119, p. 6.

malgré sa partialité évidente, est un complément précieux de l'œuvre authentique de Guillem Pelisson. Elle n'y aurait pas été jointe, comme elle l'a été toujours jusqu'ici, ce qui est, pour le dire en passant, une raison en faveur de l'identité d'auteur, qu'il faudrait l'en rapprocher cependant, car elle en est, à ce qu'il semble, la suite toute naturelle.

Nous n'ajouterons rien de plus à ces observations rapides. Nous aurions voulu même les faire plus brèves encore, s'il ne nous avait paru bon d'insister quelque peu sur un document que nous croyons mal connu[1], et dont les extraits disséminés par Percin dans son ouvrage ne peuvent donner une idée vraiment exacte. Tel qu'il est, probablement mutilé, en tout cas très-mal reproduit dans la copie qui nous en a été conservée, il n'en demeure pas moins fort utile pour l'histoire d'une époque de la justice inquisitoriale, sur laquelle nous ne trouverions nulle part ailleurs de renseignements aussi curieux.

[1]. Schmidt, qui dit un mot de Guillem Pelisson et de sa Chronique, qu'il qualifie de mémoires, ajoute en même temps : « Nous ignorons si ces mémoires existent encore. » (T. I, p. 258, note 1.)

DEUXIÈME PARTIE

ORIGINAUX PROPREMENT DITS

(Bibliothèque nationale. — Bibliothèque de la ville de Toulouse. —
Archives de la Haute-Garonne.)

INDICATIONS GÉNÉRALES

Parmi les documents d'Inquisition, les origi'naux proprement dits sont en petit nombre. — Cette étude se bornera à ceux que possèdent les bibliothèques publiques ou archives de France. — Sept peuvent être signalés jusqu'à présent dans ces collections : trois à la Bibliothèque nationale, deux à la bibliothèque de la ville de Toulouse, un aux Archives de la Haute-Garonne, un à la bibliothèque de la ville de Clermont. — Presque tous forment des recueils très-considérables.

Nous arrivons maintenant à la troisième et dernière classe de ces documents d'Inquisition que nous avons entrepris d'énumérer et de décrire, c'est-à-dire aux originaux proprement dits.

Ces originaux sont peu nombreux. Nous l'avons reconnu en commençant cette étude, et nous avons dit en même temps pourquoi. Cependant nous avons remarqué également que, si rares et si mutilés qu'ils nous soient parvenus, ils suffisent encore à nous donner, sinon l'histoire suivie des tribunaux d'Inquisition, du moins un tableau très-complet de la procédure et de la pénalité qui y ont été en usage aux principales époques de leur activité. C'est, d'ailleurs, ce que nous espérons démontrer dans l'analyse sommaire, que nous joindrons à la description de chacun de ces documents précieux.

Une chose que nous avons déjà dite et que nous voulons rappeler, c'est que les seuls manuscrits originaux concernant l'Inquisition méridionale du treizième et du quatorzième siècle, dont nous voulons nous occuper ici, ce sont ceux que possèdent les bibliothèques ou archives de France. En effet, nous n'avons pas encore recherché si les dépôts de l'étranger renfermaient quelques textes de cette nature. Nous ne prétendons même pas donner une énumération absolument complète des documents à l'étude desquels nous avons voulu nous borner, car la négligence que l'on a mise jusqu'à présent à noter l'existence de ces textes oubliés ne nous l'aurait pas permis. Mais il en existe d'autres, nous le croyons fermement, et ce serait la plus heureuse récompense que nous puissions souhaiter de nos peines, si les quelques indications que nous allons présenter avaient pour résultat d'attirer l'attention sur des documents trop longtemps dédaignés, et les faisaient mettre en lumière. Cependant, disons-le, sans vouloir décourager d'avance des investigations que nous appelons de tous nos vœux, il ne faut guère espérer, du moins à notre avis, de découvrir des textes égaux en importance à ceux dont on trouvera ici la description, et notamment aux recueils si considérables de Clermont et de Toulouse.

Quoi qu'il en soit, à notre connaissance, les manuscrits qui nous restent de l'Inquisition méridionale sous leur forme primitive du treizième et du quatorzième siècle, sont au nombre de sept dans les collections publiques de France. La Bibliothèque nationale en possède trois, dont l'un reproduit dans une copie du seizième siècle; la bibliothèque de la ville de Toulouse, deux, dont l'un en double exemplaire, et de plus inséré dans Doat. Un sixième est aux Archives départementales de la Haute-Garonne. Le septième et dernier se trouve à la bibliothèque de la ville de Clermont.

De ces sept manuscrits, quatre sont absolument inédits[1], et quant aux trois autres, les parties qui en ont été publiées sont, en réalité, assez courtes[2]. Pour l'un de ces derniers, la publication se borne même à un fragment de quelques lignes à peine. De plus, il ne s'agit pas ici d'un petit nombre de pièces seulement, plus ou moins longues et importantes, telles qu'en renferment les archives d'Albi et de Montpellier. Comme nous venons de le dire, ces manuscrits de Paris, de Toulouse, de Clermont forment des recueils, des suites considérables d'interrogatoires et de sentences. L'un d'eux est un énorme traité d'Inquisition.

Nous allons les passer successivement en revue, en commençant par ceux que possède la Bibliothèque nationale.

---

1. Nous devrions peut-être dire trois seulement, pour être absolument exacts. En effet, quelques feuillets du ms. 155, 1re série, de la bibliothèque de Toulouse, qui est un de ces volumes originaux que nous allons étudier, ont été publiés à la suite du tome II de la *Revue archéologique du midi de la France*. Voir *Recueil de notes, mémoires, documents relatifs aux monuments de l'histoire et des beaux-arts dans les pays de langue d'oc*. (Directeur : Bruno Dusan ; Toulouse, Rives et Faget, 1867, in-4° à deux colonnes.)

Nous n'avons pas cru devoir faire figurer cette publication dans le tableau que nous avons présenté plus haut des documents d'Inquisition déjà mis au jour, afin de ne pas surcharger d'un détail de plus cet ensemble qui n'en renferme déjà que trop. D'ailleurs, la publication dont il s'agit n'a pas été continuée. Elle se borne à un très-petit nombre de feuillets, 12 sur 255, reproduits sans aucune note ni commentaire.

2. Disons encore, pour en finir une fois pour toutes avec ces questions, que la plupart des documents originaux qui vont nous occuper maintenant ont été signalés par M. L. Delisle, dans la notice sur les manuscrits de Bernard Gui, dont nous avons parlé plus haut. Voir dans cette notice, p. 354, note 1. Cela n'infirme en rien, d'ailleurs, ce que nous avons dit précédemment de l'opinion exprimée par tous les historiens au sujet de ces mêmes documents, à savoir qu'ils n'existent plus. Ajoutons que la publication du travail de M. Delisle ne date que de 1879.

CHAPITRE PREMIER

LES SENTENCES DE BERNARD DE CAUX ET DE JEAN DE SAINT-PIERRE (1246-1248)

(Bibliothèque nationale, ms. latin 9992.)

Des trois manuscrits originaux d'Inquisition que possède le fonds latin de la Bibliothèque nationale, nous étudierons d'abord le n° 9992 comme le plus ancien en date. — Indications générales sur l'importance de ce manuscrit. — Description. — Provenance. — Nature véritable du recueil : c'est un fragment du registre original des sentences de Bernard de Caux et de Jean de Saint-Pierre. — Analyse de l'ensemble : nombre et dates principales des *actes de foi* qui y sont consignés; indication des plus importants; lieux divers où se font ces *actes de foi*; témoins qui y assistent, membres du clergé, notaires ou scribes d'Inquisition, fonctionnaires laïques. — Ces témoins sont-ils empruntés au lieu d'habitation ou de naissance des condamnés? — Quelques-uns semblent avoir été leurs proches parents. — Peines appliquées : le nombre en est très-restreint; deux seulement apparaissent d'ordinaire, la prison presque toujours perpétuelle, la confiscation réservée aux contumaces. — Peu d'exemples des croix et des amendes. — Liens qui rattachent ce manuscrit à un autre document d'Inquisition, au ms. 155, 1re série, de la Bibliothèque de Toulouse. — En somme, il nous montre l'Inquisition à l'un des moments les plus intéressants de sa durée, à celui de ses débuts.

Nous venons de dire qu'il se trouvait à la Bibliothèque nationale trois de ces manuscrits originaux que nous avons à analyser maintenant. Ce sont les manuscrits 4269, 9992 et 11847 du fonds latin. Nous nous occuperons d'abord du n° 9992 comme du plus ancien en date.

Sans vouloir anticiper sur ce que nous allons dire dans l'analyse qui suit, nous pouvons affirmer cependant tout de suite, afin de donner de ce document d'Inquisition l'idée exacte qu'il faut en avoir, que ce n'est pas, sans aucun doute, le moins important de ceux qui nous ont été conservés. Ce n'est pourtant, après tout, qu'un fragment. Mais il appartient par la date aux premiers temps de cette période à peu près séculaire, dans laquelle nous avons dit que nous nous renfermerions. Il nous montre, par conséquent, la justice inquisitoriale à ses débuts, presque au moment où elle vient d'être constituée. De plus, les juges dominicains que nous y trouvons mentionnés, l'un surtout, figurent parmi les plus actifs et les plus terribles persécuteurs de l'hérésie. Leur renommée, à cet égard, fut grande au treizième siècle; pour nous, nous pouvons les considérer comme la personnification vivante de l'Inquisition même à l'un des moments les plus curieux de son histoire.

Cela dit, nous commencerons par une description sommaire l'étude de ce document plein d'intérêt[1].

Il renferme quinze feuillets numérotés et ainsi répartis :

1° Un feuillet de papier servant de garde;

2° Douze feuillets de parchemin, numérotés de 2-13. C'est un fragment d'un registre de sentences de l'Inquisition de Toulouse, du milieu du treizième siècle, dont le reste est aujourd'hui très-probablement perdu. Les douze feuillets subsistants ont conservé leur numéro-

---

1. Bibl. nat., latin 9992 (ancien supplément latin 969). In-f°; hauteur : 325mm; largeur : 225mm. Parchemin et papier; milieu du treizième siècle. Écriture minuscule diplomatique du temps de Louis IX. Reliure au chiffre du roi Louis-Philippe; plats en veau fauve avec fers, dos en peau rouge portant le titre suivant : *Sententiæ Inquisitorum Tolosanorum*, 1215-1218. La première de ces deux dates est donnée en vieux style; la sentence par laquelle s'ouvre le recueil est en réalité du 18 mars 1216.

tation primitive en chiffres romains de CLI-CLXII. Ils contiennent une série de sentences prononcées contre des hérétiques du diocèse de Toulouse par les inquisiteurs dominicains Bernard de Caux [1] et Jean de Saint-Pierre, de 1246 à 1248 [2].

3° F° 14, pièce sur parchemin datée de Rome (4 février 1643). C'est une lettre de provision de l'office d'inquisiteur général dans le diocèse de Toulouse, conféré à frère Jean-Dominique Rey, de l'ordre des Frères Prêcheurs [3].

4° F° 15, papier servant de garde, avec des notes sans valeur du dix-huitième siècle.

D'après une indication écrite vers la fin du siècle dernier, ce manuscrit fut retiré, en 1781, des mains d'un libraire qui s'en servait pour couvrir des alphabets [4]. L'abbé Magi, qui probablement sauva et posséda aussi

---

[1]. *De Cautio*. Caux est une localité du canton de Pezenas et de l'arrondissement de Béziers. Voir *Dict. topogr. du dép. de l'Hérault*, par Eng. Thomas, p. 39, c. 1, et *Index geogr.* du tome V de l'édition Privat de l'*Hist. de Lang.* — La traduction latine de ce nom, *de Cautio* ou *Caucio*, se trouve trop nettement écrite sous la première forme dans le manuscrit que nous analysons, et sous la seconde dans le ms. 155, 1ʳᵉ série, de la bibliothèque de Toulouse, pour qu'il y ait le moindre doute. — Elle nous est donnée également sous la forme *Caucio* par Bernard Gui (bibl. de Toul., ms. 273, 1ʳᵉ série, f°ˢ 42 B, 100 A, 161 A.. et sous la forme *Cautio* par G. de Frachet dans son livre *De vitis Fratrum* (bibl. de Toul., ms. 191, 1ʳᵉ série, f° 47 C.) L'orthographe *Cautio*, que l'on trouve dans un des titres du ms. 155 de la bibliothèque de Toulouse, titre qui est, il est vrai, du dix-septième siècle, et dans Percin sous cette forme ou avec la variante *Cancio* (*Monum. conv. Tolos.* p. 53, c. 2, n°ˢ 10, 12, et p. 54, c. 1, n° 11), n'est pas admissible. De tout cela, il ne faudrait pas nécessairement conclure que Bernard de Caux fût originaire de la localité dont il porte le nom; mais nous pensons qu'il y a quelque raison de le croire. Les exemples de moines ou d'inquisiteurs désignés par leur prénom et le lieu de leur naissance sont fréquents.

[2]. Néanmoins, le f° 7 A (anc. CLVI A) contient une sentence du 26 août 1244.

[3]. Voir, sur ce personnage, Percin, *Monum. conv. Tolos.*, p. 155, c. 2, n° 17, et *Inquis.*, part. III, p. 110.

[4]. Voici cette note : « 1781. Cayer que j'ai retiré de chez un libraire qui s'en servait pour couvrir des alphabets. Morceau très-rare (souligné). » F° 2 A.

le premier ce précieux fragment, était membre de l'Académie des sciences de Toulouse. Il mit à profit sa découverte pour un travail imprimé au tome IV des mémoires de cette Académie. Sa signature se trouve plusieurs fois dans le volume, et il en a chargé les marges d'un certain nombre d'indications peu importantes ou même fautives, du moins dans la réduction en style moderne des dates exprimées à la manière romaine [1].

Ce manuscrit fut également connu de Dumège, qui, comme nous l'avons dit plus haut, en publia une pièce dans le tome VI de son édition de l'*Histoire de Languedoc*. Ce dut être à l'époque où le volume se trouvait encore à Toulouse entre les mains de M. Soulages, son dernier possesseur, et avant qu'il entrât à la Bibliothèque nationale. Acquis, en effet, par cet établissement en 1835, il y fut inscrit sous le n° 1789 des nouvelles acquisitions [2].

---

1. Parmi ces indications sans valeur, il en est une cependant qu'il faut relever. C'est la suivante, qui est peut-être, comme les autres, de l'abbé Magi. « Ce registre était appelé *Libre vite*. Voir l'*Histoire de l'Inquisition* par Percin. *Martyres Avenionenti*, pp. 201, 202. » F° 2 A.
On chercherait vainement une histoire de l'Inquisition dans la série des ouvrages de Percin. Toutefois, le renseignement dont il s'agit se trouve réellement dans son opuscule des *Martyrs d'Avignonet*. (Voir apud Monum., p. 201, c. 1, n° 21.) Il est vrai qu'il constitue une erreur grossière. En voici d'ailleurs l'explication, qui ne sera pas inutile pour montrer jusqu'où l'historien des Frères Prêcheurs pousse quelquefois l'inadvertance.
Guillem Pelisson, après avoir rapporté dans sa Chronique les exécutions ordonnées en 1237 par Guillem Arnaud et Pierre Cella à Toulouse et dans les environs de cette ville, termine par les paroles que voici : *Eorum nomina non sunt scripta in Libro vitae; sed corpora hic cremata, et animae cruciantur in inferno*, p. 16. Percin, transcrivant ce passage, y a intercalé, après les mots *in Libro vitae*, le commentaire suivant : *Id est in registris Inquisitionis*. Il n'a pas reconnu là l'expression mystique, si fréquente dans le langage de l'Église pour désigner le livre où l'on suppose que se trouvent inscrits les noms des élus, et qui se retrouve, d'ailleurs, de nouveau dans la seconde partie du manuscrit de Guillem Pelisson, p. 17.
2. Indication marquée au f° 1 papier.

Après cette description un peu minutieuse, mais qu'on nous pardonnera sans doute, en raison de l'importance d'un tel recueil, examinons quelle en est la nature, et ce qu'on peut en tirer pour l'histoire de la justice inquisitoriale.

Nous avons déjà vu que les auteurs des sentences contenues dans le manuscrit qui nous occupe étaient les inquisiteurs dominicains Bernard de Caux et Jean de Saint-Pierre. Voici ce que Percin dit du premier : « Il fut, à ce que l'on rapporte, inquisiteur de l'année 1243 à l'année 1249... Les registres de l'Inquisition renferment beaucoup de renseignements qui le concernent, ainsi que frère Jean de Saint-Pierre. Dans le premier de ces registres, du f° 45 au f° 169, se trouvent des jugements et des pénitences prononcés par eux contre des condamnés abjurant l'hérésie[1]. »

Ainsi, en admettant l'exactitude de l'indication que nous donne Percin dans ce passage, ce dont rien ne nous conduit à douter, les feuillets composant le manuscrit de la Bibliothèque nationale, et numérotés, comme nous l'avons vu, de CLI-CLXII, rentreraient dans le nombre de ceux que l'historien des Dominicains de Toulouse nous affirme avoir contenu les sentences de Bernard de Caux et de son collègue. Nous aurions donc dans le recueil dont il s'agit un fragment de ce registre original, le premier d'une série qui devait en

1. Percin, *Monum. conv. Tolos.*, p. 54, n° 11. Ces indications sur la vie d'un des juges les plus célèbres de l'Inquisition méridionale ne sont rien moins que complètes et même absolument exactes. Ce sont, d'ailleurs, à peu près les seules que nous donne Percin. Nous avons essayé d'y ajouter quelque peu, et surtout de les préciser, dans une note jointe à l'étude que nous faisons un peu plus loin du ms. 153, 1re série, de la bibliothèque de Toulouse, dans lequel Bernard de Caux se montre avec son activité extraordinaire, plus encore que dans le recueil qui nous occupe maintenant. Voir cette note, à la fin de l'étude en question.

contenir plusieurs autres, et qu'a feuilletés Percin.

Ce qu'étaient ces volumes de sentences, et quelle place ils occupaient dans les archives très-complètes et surtout méthodiquement ordonnées des tribunaux d'Inquisition, nous ne l'examinerons pas pour le moment. Ce sont là, en effet, des indications qui nous semblent devoir être mieux placées dans une étude à part sur les archives inquisitoriales, étude que nous n'aborderons pas, d'ailleurs, dans le cours de ce travail, parce qu'elle nous entraînerait à des développements assez longs.

Quoi qu'il en soit, ces quelques feuillets de parchemin composant le recueil qui nous occupe, sont bien certainement un des restes les plus précieux et les plus vivants de ces archives aujourd'hui perdues. Ce n'est pas seulement de leur authenticité inattaquable qu'ils empruntent une si haute valeur. Ils la doivent aussi au nombre et parfois à l'importance des jugements qui y sont consignés, à l'époque où se placent ces jugements, aux rapports intimes qui les relient à d'autres documents originaux, que nous avons conservés du même temps, et dont ils forment la suite naturelle, enfin au nom des inquisiteurs qu'on y voit figurer, car l'un d'eux au moins, Bernard de Caux, semble avoir été le plus actif et le plus terrible des juges d'Inquisition du treizième siècle, si l'on en excepte pourtant le *martyr* d'Avignonet, le redoutable Guillem Arnaud.

Ces différents points mériteraient d'assez longues explications, que ne nous permettent pas les limites nécessairement étroites de cette étude. Aussi nous bornerons-nous à quelques indications rapides.

Les sentences, que renferme le recueil qui nous occupe, sont prononcées dans des assemblées solennelles, composées du haut clergé de Toulouse ou des environs, en présence de dignitaires laïques, membres du Chapitre (*capitularii*) viguiers ou bailes du comte Raimond VII, devant le peuple convoqué à cette occasion. Ce sont déjà les *actes de foi* ou *sermons publics*, moins solennels que ceux dont Bernard Gui nous a donné, pour ainsi dire, le programme dans la troisième partie de son *Traité pratique d'Inquisition*, et dans ses *Sentences* publiées par Limborch, mais ayant dès cette époque tous leurs caractères principaux.

Le premier de ces *actes de foi* est du 18 mars 1246; le dernier, du 14 juin 1248. C'est donc une durée d'environ deux ans et trois mois qu'embrassent ces deux dates extrêmes. Or, dans ce temps assez court, nous trouvons trente-sept de ces séances publiques. Deux cents hérétiques environ y sont condamnés, parmi lesquels plus de quarante femmes. Quelques-uns de ces *actes de foi* comprennent un assez grand nombre de sentences. Il y en a trente-cinq de prononcées le 25 mars 1246; dix-huit le 13 mai, onze le 10 juin de la même année, neuf le 25 août 1247. Beaucoup de ces sentences seraient à noter pour les considérants curieux qui les accompagnent; mais cela nous entraînerait trop loin. Nous citerons seulement les suivantes, comme particulièrement intéressantes, et pouvant donner une idée générale de la plupart des autres :

25 mars 1246 : trente-cinq hérétiques, dont trois femmes, sont condamnés à la prison perpétuelle ou temporaire [1].

6 mai 1246 : adoucissement curieux de peine [2].

---

1. F° 2.
2. F°° 2 B, 3 A.

24 juin 1246 : condamnation d'une religieuse à l'*in pace*[1].

19 janvier 1248 : condamnation d'Alaman de Roaix, en présence de l'évêque et du comte de Toulouse[2].

29 mars 1248 : condamnation d'hérétiques qui se sont enfuis de prison[3].

Le théâtre de ces solennités de la justice inquisitoriale est d'ordinaire le cloître de l'église Saint-Sernin (*claustrum Sancti Saturnini*), à Toulouse. Les exceptions à cette règle presque constante sont peu nombreuses ; en voici le relevé.

Le 2 février 1248, l'*acte de foi*, présidé ce jour-là par Bernard de Caux et Jean de Saint-Pierre réunis, a lieu, non pas dans le cloître que nous venons d'indiquer, mais dans l'église dont il dépend[4]. Le 16 février de la même année, la scène se transporte dans la maison de l'abbé de Saint-Sernin[5]. Le 7, le 13 octobre 1247, elle se place au monastère de Saint-Sernin, si c'est ainsi qu'il faut interpréter, comme il nous le semble, l'indication *in domo Sancti Saturnini*[6], qui nous est donnée pour ces deux séances.

Jusque-là, c'est en somme l'église Saint-Sernin avec ses dépendances, qui demeure le théâtre du prononcé de ces sentences inquisitoriales. Mais, le 28 mai 1248, c'est au cloître de l'église Saint-Étienne qu'elles sont signifiées aux condamnés[7]. Le 6 juillet 1246, le 19 janvier 1248, les inquisiteurs célèbrent leurs *actes de foi*

---

1. F° 6 A.
2. F° 11 A. C'est la sentence publiée par Dumége. Voir plus haut, pp. 15 et 16, note 1.
3. F° 12.
4. F° 11 B.
5. *Ibid.*
6. F° 10 A.
7. F° 13 B.

non plus dans un édifice religieux, mais à l'Hôtel de ville (*in domo communi*). Enfin, à deux reprises différentes, nous les trouvons présidant une de ces cérémonies hors de Toulouse. C'est, le 4 novembre 1247, à Escalquens[1], le 20 août 1244, à Cahors, dans l'église Saint-Étienne[2].

Quant à la forme même de ces sentences, nous ne nous y arrêterons pas, parce qu'elle est toujours la même, et qu'en citer une, ce serait les citer toutes. Nous voulons toutefois en noter le début, toujours le même aussi, et cela non-seulement dans ces jugements du milieu du treizième siècle, mais dans tous ceux qu'a prononcés l'Inquisition à toutes les époques. « Au nom de Notre-Seigneur Jésus-Christ, amen. L'an du Seigneur 1245, le xv des kalendes d'avril, nous, frères de l'ordre des Prêcheurs, Bernard de Caux et Jean de Saint-Pierre, délégués par autorité apostolique comme inquisiteurs de la perversité hérétique dans la ville et le diocèse de Toulouse, attendu que..., etc.[3] »

Nous n'en dirons pas davantage à ce propos. Deux points nous paraissent plus curieux à étudier : c'est la nature des témoins de ces sentences et celle des peines prononcées.

Comme nous le remarquions à l'instant, si les *actes de foi* présidés par Bernard de Caux et Jean de Saint-Pierre ont peut-être moins de solennité que ceux dont

---

1. *Escalquens*, Escalquens, dép. de la Haute-Garonne, arr. de Villefranche, cant. de Montgiscard. F° 11 A.
2. F° 7 A.
3. *In nomine Domini nostri Jhesu Christi, amen. Anno Domini M.CC.XL quinto, XV kalendas aprilis, Nos fratres ordinis Predicatorum, B. de Caucio et Johannes de Sancto Petro, inquisitores heretice pravitatis in civitate et diocesi Tholosana auctoritate apostolica deputati. Cum.....* F° 2 A.

Bernard Gui nous a donné à la fois la théorie et la pratique au début du quatorzième siècle, ils n'en diffèrent pas réellement au fond. Ce sont déjà des cérémonies publiques. Le nom est le même, *sermo publicus, sermo generalis*. La composition de l'assistance est absolument identique. Elle se trouve, en tout cas, indiquée de la même manière pour la portion de cet ensemble qu'on peut appeler la foule, c'est-à-dire la réunion des gens du peuple et des ecclésiastiques de rang inférieur, attirés à ces cérémonies par la curiosité ou l'appât des indulgences promises en pareil cas par les souverains pontifes[1].

À côté de ces témoins de moindre importance, et que le rédacteur des sentences désigne d'un nom collectif, il en est d'autres qu'il indique expressément. Ce sont de hauts personnages ecclésiastiques ou laïques. Leur présence rehausse l'éclat de la cérémonie, et ajoute à la gravité des décisions inquisitoriales. Il nous faut relever le nom de quelques-uns d'entre eux.

Nous citerons d'abord l'évêque de Toulouse, Raimond du Fauga (25 mars 1246 et 19 janvier 1248)[2], puis

---

1. Voici les termes par lesquels se trouve indiquée cette partie de l'assistance dont nous parlons : *Actum Tholose... in presentia... et coeterorum aliorum de clero et populo Tholosano in generali sermone*. F° 1 A. Voir la même formule, f°° 1 B, 3 A, etc. Cf. Limborch, f°° 1 A, 3 B, 16 B, etc. — Quant aux faveurs accordées à ceux qui assistent aux *actes de foi*, voir la bulle d'Alexandre IV du 10 décembre 1258, Pott, t. XXXI, f°° 241, 242. Elle concède quarante jours d'indulgence à ceux qui répondront à l'appel des inquisiteurs.

2. F°° 2 B et 11 A. Sur Raimond du Fauga, qui avait d'abord appartenu à l'ordre des Dominicains et qui fut un protecteur ardent de l'Inquisition à Toulouse, dans la première moitié du treizième siècle, Bernard Gui nous fournit les indications suivantes : *Frater Raymundus de Falgaria, de Miramonte, castro dyocesis Tholosane... gracia fuit hereticis et molestus. Hic fuerat beati Dominici socius itineris atque comes. Hic fuit electus in episcopum Tholosanum in festo sancti Benedicti abbatis, anno Domini M.CC.XXXI. Erat autem tunc prior provincialis in provincia Provincie, ut dicitur... Hic obiit Tholose in conventu Fratrum, ubi sepultus est in*

l'évêque d'Agen (24 mai 1248)¹. A côté d'eux, il faut nommer le prieur du couvent des Dominicains de Toulouse (19 janvier 1248)², et l'official de la même ville, maître Arnaud de Gouzens (18 mars 1246)³, qui paraît quelques années plus tard comme inquisiteur dans le manuscrit des Archives de la Haute-Garonne.

Chacun de ces grands dignitaires de l'ordre ecclésiastique ne figure généralement qu'une fois parmi les témoins des sentences qui nous occupent. Leur présence, ces jours-là, était motivée sans doute par l'importance ou le nombre des condamnés. C'est, du moins, ce qui semble pour Raimond du Fauga et le prieur des Domi-

---

cedes a, XIIII *kal. novembris, media nocte decimina, in ecclesia Sancti Le..., anno Domini* M.CC.LXX, *episcopatus vero sui anno* XXXIX. Bibl. de Toul., ms. 273, 1ʳᵉ série, fᵒ 24 A.

Voir encore, sur Raimond du Fauga, même ms., fᵒˢ 15 B et 235 A. A ce dernier fᵒ Bernard Gui indique qu'il avait été prieur du couvent de Montpellier. C'est lui également qui figure comme acteur principal dans l'exécution sommaire d'une femme hérétique en 1234, le jour même de la canonisation de saint Dominique. Nous avons déjà noté ce fait dans la Chronique de Guillem Pelisson, où il se trouve rapporté. Voir plus haut, p. 11, note 3. Voir aussi, sur ses démêlés avec l'archevêque de Narbonne de 1264 à 1266, *Hist. de Lang.*, édit. orig., t. III, Pr. CCCXLIX, et Boutaric, *Saint Louis et Alfonse de Poitiers*, pp. 172-184.

1. Fᵒ 13 A.

2. Fᵒ 11 A. Il n'est désigné que par son prénom de Raimond. C'est évidemment Raimond de Foix que Bernard Gui indique comme septième prieur du couvent des Dominicains de Toulouse. *Frater Raymundus de Foxo*, dit-il, *nobilis genere, conversacione laudabilis. Hic sexual fecit se electi, et immediate fuit rebelatus et confirmatus. Prior fuit in universo annis circiter* XVI, *priorque Tholosanus existens obiit Tholose vi kalendas augusti, post capitulum generale Tholose celebratum, anno Domini* M.CC.LVIII. (Bibl. de Toul., ms. 273, 1ʳᵉ série, fᵒ 119 B.) Raimond de Foix ne dut être prieur du couvent de Toulouse que vers la fin de 1242, car son prédécesseur frère Colomb l'était encore la même année, lors du massacre des inquisiteurs à Avignonet (jour de l'Ascension, 29 juin). — Voir encore sur ce personnage, même ms., fᵒ 115. Quant à Percin, il n'indique Raimond de Foix comme prieur qu'à l'année 1244. Il lui donne le neuvième rang dans la série des prieurs du couvent de Toulouse, et ne sait même pas s'il faut l'appeler Raimond ou Bernard. Voir *Tabula priorum conventus Tolosani, apud. Monum.*, p. 181.

3. Fᵒ 2 A.

nicains, qui se trouvent réunis le même jour, à l'Hôtel de ville, avec le comte Raimond VII, pour entendre la condamnation portée contre un membre d'une des plus grandes familles de Toulouse, Alaman de Roaix [1].

D'ordinaire, ces hauts personnages cèdent la place à des représentants moins considérables du clergé. Les indications suivantes donneront une idée des témoins habituels de ces solennités de la justice inquisitoriale. Voici, par exemple, ceux qui figurent dans l'*acte de foi* célébré le 18 mars 1246, et le premier du recueil [2]. Ce sont : Arnaud d'Aragon, prieur de la Daurade; Hélie, prieur de Saint-Pierre-des-Cuisines; maître Arnaud de Gouzens, official de Toulouse; Arnaud, prieur de Saint-Sernin; Arnaud Begon, Athon Durban et P. de Drudas, chanoines de la même église; Bertrand Rainaud, G. de Saint-Paul, moines de la Daurade; Raimond de Ferrières, curé de l'église du même nom; Fort, curé de Saint-Sernin.

A côté de ces témoins appartenant tous à l'ordre ecclésiastique, citons également les notaires ou scribes d'Inquisition. Il y en a un assez grand nombre de nommés. On en voit paraître jusqu'à cinq dans l'*acte de foi* du 25 mars 1246 [3] : B. de Ladinhac, Niepce de Davinia, B. de Gaurs, appelé aussi ailleurs de Gaus [4], P. Frezapa et P. Aribert. Tous ces personnages, auxquels il faut joindre encore un certain Jean de Saint-Gaudens [5], sont qualifiés simplement de scribes. P. Aribert est le seul qui partage le titre de notaire avec un religieux, frère Jean de Cambalhols,

1. 19 janvier 1246, f° 11 A.
2. F° 2 A.
3. F° 2 B.
4. F° 3 A.
5. F°° 12 B, 13.

dont il est dit qu'il remplit les mêmes fonctions auprès de l'évêque Raimond du Fauga.[1]

Quant aux personnages laïques expressément indiqués comme assistant aux *actes de foi*, ils se rangent dans deux catégories. Ce sont, ou bien des fonctionnaires du comte de Toulouse, ou bien des magistrats municipaux, membres du Chapitre à Toulouse, consuls à Cahors, comme on le voit à l'occasion du jugement prononcé dans cette dernière ville le 26 août 1244[2]. Les membres du Chapitre figurent même dans une sentence rendue hors de Toulouse, dans un bourg, il est vrai, peu éloigné, à Escalquens, où deux d'entre eux se sont rendus[3]. On les voit, du reste, prêter toujours l'appui de leur présence aux décisions de la justice inquisitoriale. Les représentants du comte Raimond VII ne semblent pas y mettre la même complaisance. Lui-même ne paraît qu'une fois, et dans l'occasion solennelle que nous avons notée plus haut. Il en est de même de son viguier Bérenger de Promilhac[4], du sous-viguier B. de Canavès[5], du baile Guillem Adam[6].

Après ces indications au sujet des personnages ecclésiastiques ou laïques assistant aux *actes de foi*, une question curieuse, il nous semble, est celle-ci. Les inquisiteurs cherchaient-ils, par des raisons que l'on comprend sans peine, à faire figurer dans ces cérémonies des témoins empruntés au lieu d'habitation ou de naissance des condamnés ?

Au premier abord, on serait tenté de le croire. Ainsi,

---

1. Il est qualifié de *notarius domini episcopi Tolos.* F° 2 B.
2. F° 7.
3. F° 11 A.
4. 10 février 1248, f° 11 B.
5. 18 juin 1248, f° 13 B.
6. 18 mars 1246, f° 2 A; 5 mai 1246, f° 3 B.

le 18 mars 1246, les condamnations prononcées frappent des prévenus tous désignés comme Toulousains, et les témoins de *l'acte de foi* sont exclusivement de Toulouse[1]. Le 25 mars 1246, à côté de douze condamnés de la même ville, se trouvent quatre condamnés de Verfeil[2], et parmi eux, un chevalier. Au nombre des témoins, avec des prêtres de Toulouse, avec l'évêque de Toulouse lui-même, se trouve le curé de Verfeil[3]. Le 16 juillet 1246, la sentence portée contre un chevalier de Puy-Laurens[4] est publiée en présence d'un chanoine de cette ville, ainsi que d'un certain nombre d'autres personnages[5]. Enfin, le 18 août 1247, l'archiprêtre de Laurac[6] assiste à la condamnation d'Ermengarde, femme de Pons de la Tour, habitant du même lieu[7].

Nous pourrions fournir encore un certain nombre d'exemples du même fait, mais sans avoir le droit de résoudre affirmativement la question que nous avons posée. En effet, les exemples contraires sont au moins aussi nombreux. Ainsi, le 13 mars 1246, pour la condamnation d'habitants de Toulouse, de Lavaur, de Gourvielle, de Roquesserrière, de Saint-Martin-la-Lande[8], de Fanjeaux, nous ne trouvons que des témoins empruntés à la première de ces localités,

---

1. F° 2 A.
2. *Viridefolium*, ch.-l. de cant., arr. de Toulouse.
3. F° 2 A et B.
4. *Podium Laurentii*, ch.-l. de cant., arr. de Lavaur, dép. du Tarn.
5. F° 6 A.
6. *Lauracum*, dép. de l'Aude, arr. de Castelnaudary, cant. de Fanjeaux.
7. F° 8 A.
8. *Godercilla*, dép. de l'Aude, arr. de Castelnaudary, cant. de Salles-sur-l'Hers; *Rocacercira*, dép. de la Haute-Garonne, arr. de Toulouse, cant. de Montastruc; *Sanctus Martinus de Landa* ou *de la Landa*, dép. de l'Aude, arr. et cant. de Castelnaudary.

clercs ou laïques[1]. Le 17 mai de la même année, pour des condamnés de Toulouse et de Montastruc[2], nous avons des témoins qui sont, outre ceux de Toulouse même, Alfonse, prieur de Montauban; Arnaud Bégon, prieur de Grisolles; Simon, prieur de Blagnac; B., chanoine de Ladinhac[3]; Silvestre, chanoine de Verfeil; mais pas un seul n'est de Montastruc[4]. Sans insister davantage, nous croyons pouvoir conclure de ces indications contradictoires, que c'était le hasard, en somme, qui rassemblait tous ces personnages divers, et que, sauf de rares exceptions, on n'a aucun motif de voir dans le fait de leur rapprochement une intention formelle des inquisiteurs.

Des faits plus significatifs que ceux dont nous venons de parler sont, à ce qu'il semble, les suivants. Nous trouvons certains personnages, figurant comme témoins de sentences portées contre des coupables, qui sont évidemment de leur famille. Ainsi, le 17 mai 1246, Étienne de Roaix est condamné à la prison perpétuelle en présence de prieurs, de chanoines, de clercs et de six membres du Chapitre, parmi lesquels Hugues et Grif de Roaix[5]. Ces derniers sont, sans aucun doute, parents du prévenu. Le 13 juillet de la même année, pareille condamnation est signifiée à Bernarde, femme de Bonmacip Maurand, de Toulouse. Or, un membre

1. F° 3 B.
2. *Montastrug*, ch.-l. de cant., arr. de Toulouse, dép. de la Haute-Garonne.
3. *Glisola*, ch.-l. de cant., arr. de Castelsarrasin, dép. de Tarn-et-Garonne; *Blanhacum*, *Blaniscum* ou *Blanacum*, dép. de la Haute-Garonne, arr. et cant. de Toulouse; *Ladinhacum*, dép. du Cantal, arr. d'Aurillac, cant. de Montsalvy (?).
4. F° 4 A.
5. F° 3 B. Un Hugues de Roais ou Roaix figure au nombre des otages garantissant la démolition des murs de Toulouse (Paris, avril, avant Pâques, 1229). *Layettes du Tr. des Ch.*, t. II, n° 1994.

7

du Chapitre du même nom que ce dernier, figure parmi les témoins de la sentence définitive[1]. N'y a-t-il pas quelque raison de croire que c'est le mari lui-même de la femme condamnée? Ainsi, la parenté et même la plus proche n'aurait pas dispensé d'assister à ces solennités de la justice inquisitoriale, ceux que leur rang ou leur fortune désignaient tout naturellement pour en rehausser l'éclat.

Voici maintenant quelles sont les peines dont le manuscrit que nous analysons nous fournit des exemples. Le nombre en est très-restreint. Elles se bornent à deux : la prison toujours perpétuelle, sauf dans un petit nombre de cas, et la confiscation. En dehors de ces châtiments, les croix, ainsi que les amendes et des compensations, que l'on pourrait qualifier de dommages-intérêts, ne se présentent qu'une seule fois.

La prison s'applique à deux ordres de délits : aux croyances hérétiques et au fait d'avoir fréquenté ou soutenu des individus excommuniés par l'Église. Comme nous le disions à l'instant, c'est sous forme d'incarcération perpétuelle qu'elle est décrétée d'ordinaire contre les coupables[2]. Nous n'avons trouvé que deux cas d'emprisonnement à temps. Dans le premier, cet emprisonnement, prononcé contre une femme, est de quinze ans. Dans le second, il est de moindre durée, de dix ans seulement. Six prévenus, parmi lesquels une femme, sont cette fois l'objet d'une pareille faveur, assez rare, si nous en jugeons par · mble des sentences dont nous faisons l'examen.

1. F° 6 B. Il figure également avec cinq autres capitouls dans une sentence du 13 mai 1246. (Voir f° 3 B.)
2. En voici la formule toujours la même : ..... *Ad peragendam condignam penitentiam in perpetuum carcerem retrudi volumus, et precipimus ibidem comorari.* (F° 3 C.)

Un exemple curieux de condamnation à la prison perpétuelle, est celui que nous offre la sentence portée contre une religieuse du couvent de Lespinasse[1], Jeanne, veuve de Bernard de la Tour, de Toulouse. Cette femme a été convaincue d'avoir partagé les croyances des hérétiques, d'avoir eu des relations avec eux, de leur avoir fait l'aumône. Elle doit être enfermée dans l'enceinte du couvent de Lespinasse, dans une chambre séparée. Personne ne pourra l'approcher ; on lui passera du dehors les aliments nécessaires à sa subsistance. L'abbesse du monastère veillera à ce que ces prescriptions soient observées strictement. On le voit, c'est une véritable condamnation à l'*in pace*[2].

Quant à la seconde des peines dont le manuscrit de la Bibliothèque nationale nous donne des exemples, c'est-à-dire la confiscation, elle ne s'applique qu'à une seule catégorie de coupables, les contumaces, et cela sans tenir compte du plus ou moins de gravité des délits qui leur sont imputés. Ils peuvent avoir refusé absolument de répondre aux appels de la justice inquisitoriale, ou bien, après y avoir répondu pour les interrogatoires, ils ont négligé de le faire ensuite, afin d'entendre leur sentence définitive. Ils peuvent n'avoir eu affaire qu'une seule fois aux inquisiteurs, ou bien, étant retombés dans leurs erreurs, se voir qualifier de

---

1. Couvent du diocèse de Toulouse dépendant de l'ordre de Fontevrault.
2. Voici cette pièce curieuse, que nous croyons devoir donner tout entière : *Item, anno et die predictis* (21 juin 1246), *quia Joanna, uxor quondam B. de Turre de Tholosa, monialis nunc de Lespinassa, vidit et adoravit plures hereticos et in pluribus locis, predictiones eorum audivit, pluries recepit eos, dedit eis de suo, credidit eos esse bonos homines, dedit elemosinas Valdensibus, et negavit veritatem contra proprium juramentum, includatur infra septa monasterii de Lespinassa, in aliqua camerula separata, ne alii ad ipsam nec ipsa ad alios accedat, sed ibidem extrinsecus sibi necessaria ministrentur. Et mandamus priorisse de Lespinassa quod sibi juxta predictum modum faciat provideri.* (F° 6 A.)

relaps. Ils peuvent enfin ne pas s'être rendus dans les cachots de l'Inquisition, comme ils y étaient invités, ou bien, après avoir obéi à cette invitation, s'être enfuis plus tard, contrairement à leur serment, et *au péril de leurs âmes*[1]. La peine sera toujours la même, malgré la disproportion manifeste existant entre ces différents délits, disproportion marquée par la jurisprudence inquisitoriale elle-même. « Après leur avoir adressé des citations suivant toutes les formes légales, disent les juges, puisqu'ils persistent à ne pas se présenter, nous les condamnons comme hérétiques par sentence définitive, et nous prononçons la confiscation de leurs biens. Nous les excommunions également, ainsi que tous ceux qui leur accorderaient sciemment conseil, aide ou faveur[2]. »

Comme nous l'avons dit, la pénalité inquisitoriale, telle que nous la montrent les sentences de Bernard de Caux et de Jean de Saint-Pierre, n'a guère que ces deux châtiments qu'on peut qualifier d'extrêmes : la prison, presque toujours perpétuelle, et la confiscation. Deux autres apparaissent cependant à côté de ceux-là ; mais les exemples en sont si rares, qu'ils comptent à peine. En effet, il n'y en a pas plus de deux, un pour chaque sorte de peines. Ces peines secondaires sont les croix et les amendes.

Le 6 mai 1246, les inquisiteurs rendent la sentence suivante au sujet d'un certain Raimond Sabbatier, qui figure dans un *acte de foi* avec cinq autres prévenus, dont une femme, tous condamnés à la prison perpé-

---

1. — *Carcerem exierunt in magnum periculum animarum...* (F° 11 P.)
2. — *Ipsos legitime citatos, sed per contumaciam absentes, per diffinitivam sententiam, tanquam hereticos condempnamus, et bona ipsorum decernimus occupari, excommunicantes eos et omnes, qui deinceps scienter eis dederint consilium, auxilium vel favorem.* (F° 2 A.)

tuelle : « Nous accordons à Raimond Sabbatier la permission de rester avec son père, qui est infirme, bon catholique et pauvre, à ce que l'on dit, aussi longtemps que celui-ci vivra. Pendant ce temps, il portera un manteau de couleur noire ainsi qu'une croix avec deux branches transversales sur tous ses vêtements, et il pourvoira aux besoins de son père, comme il le pourra[1]. »

Voilà pour les croix. Quant aux amendes et aux compensations pécuniaires, qui se présentent comme une sorte de dommages-intérêts, nous les trouvons dans le jugement rendu le 19 janvier 1248 contre Alaman de Roaix[2]. Ce personnage, membre d'une des plus nobles familles de Toulouse, mais hérétique obstiné, et peut-être évêque de la secte cathare, est condamné à la prison perpétuelle en présence de l'évêque Raimond du Fauga, du comte Raimond VII et du prieur des Dominicains. Les inquisiteurs ajoutent à son châtiment qu'il devra pourvoir à la nourriture et à l'habillement d'un certain Pons, ancien compagnon de Raimond l'Écrivain[3], aussi longtemps que ce Pons

---

1. — *Decernimus licentiam Raimundo Sabbaterii quod maneat cum patre suo, qui est infirmarius et est catholicus et pauper, ut dicitur, quandiu vixerit pater suus, et interim portet mantum nigrum et cruces in omni veste sua de duabus brachiis transversalibus, et procedat sicut poterit patri suo.* (F° 3 A.)

2. Un certain nombre de dépositions contenues dans le ms. 135, 1ʳᵉ série, de la Bibl. de Toulouse, dont nous parlerons plus loin, nous montrent la vie qu'avait menée pendant quelque temps cet Alaman de Roaix avant sa condamnation définitive. C'est celle d'un proscrit, errant sans cesse sur les grandes routes, contraint d'arracher sa subsistance les armes à la main, qui se rapproche, si on nous permet cette assimilation, comme l'existence d'un bandit corse ou sicilien. Plusieurs habitants des bourgs de Tarabel et de Pompertuzat (H.-Gar.), et parmi eux un certain nombre de ses vassaux, avouent l'avoir reçu après sa première condamnation, lui avoir fourni des vivres, du blé, de l'avoine, avoir soigné son cheval. (F°ˢ 205 A, 206 A.) L'un d'eux, Bernard de Noueilles ajoute, il est vrai, qu'il l'a fait par crainte plutôt que par sympathie, *plus timore quam amore*. (F° 207 A. Voir également Sembat, t. I, p. 315.)

3. Ce Raimond l'Écrivain (*Scriptor*), chanoine de la cathédrale de Tou-

vivra, jusqu'à concurrence de cinquante sous de Toulouse par année. De plus, il indemnisera les Hospitaliers de Saint-Jean de Jérusalem pour les pillages qu'ils ont eus à subir de sa part. Il en sera de même pour tous ceux à qui il a porté préjudice [1].

Telles sont les indications, reproduites ici, bien entendu, d'une façon très-sommaire, que nous offre sur les tribunaux d'Inquisition et sur la pénalité qui y était en usage vers le milieu du treizième siècle le manuscrit de la Bibliothèque nationale, dont nous avons essayé de donner une analyse. Ce sont là, sans aucun doute, des renseignements d'une haute valeur. Mais ce qu'il y a de plus précieux dans ces sentences dont la teneur, il faut bien l'avouer, est en général assez uniforme, c'est que, rapprochées d'autres documents de la même époque, qui heureusement nous ont été conservés, elles nous donnent le tableau complet de la période la plus intéressante peut-être de l'histoire des tribunaux d'Inquisition, celle de leurs débuts.

En effet, nous venons de dire à l'instant qu'il existait des textes du même âge, reliés à ceux-ci par des rapports intimes. Ces textes, les plus abondants et les plus variés peut-être que nous ayons sur la justice inquisitoriale, ce sont les confessions d'habitants du Lauragais, recueillies en 1245 et 1246 par les auteurs des sentences qui nous occupent, Bernard de

---

louse et archidiacre de Lezat, figure au nombre des inqui-iteurs massacrés à Avignonet en 1242. Voir Percin, *Martyr. Arcuion.*, cap. IV, n° 1, et cap. V, n° 1.

1. — *Injungimus etiam eidem, quod præcidat Poncio, qui olti (sic) quondam cum Raimundo Scriptore, pro victu et vestitu, quandiu ipse Poncius vixerit, in quinquaginta solidos Tholosanos annuatim. Item quod satisfaciat Hospitalariis sancti Johannis super rapina quam ab ipsis habuit, et aliis omnibus quibus dampna et injurias irrogavit.* (F° 11 A.)

Caux et Jean de Saint-Pierre. Nous en parlerons tout à l'heure. Elles se trouvent aujourd'hui à la bibliothèque de la ville de Toulouse, et forment un répertoire qu'on peut qualifier d'inépuisable, non-seulement pour l'histoire de l'Inquisition, mais aussi pour celle des mœurs méridionales vers le milieu du treizième siècle, pour la filiation des familles hérétiques, pour la géographie, pour la statistique même d'une partie du Languedoc durant la même période. Or, ces confessions sont, en bien des cas, comme le premier acte d'un drame, dont les sentences de la Bibliothèque nationale nous donnent le dénoûment, car nous y trouvons interrogés par Bernard de Caux et Jean de Saint-Pierre, en 1245 ou 1246, des accusés dont eux-mêmes prononcent peu après la condamnation.

Ainsi se forme pour nous le tableau d'un des moments les plus curieux de l'histoire de l'Inquisition, celui où ce tribunal en est encore à sa forme primitive. Il y a, en effet, douze ans à peine que la bulle de Grégoire IX l'a constitué véritablement, en investissant les Dominicains des fonctions inquisitoriales, et tout se réunit pour entraver son développement. Il a contre lui, non-seulement le petit nombre de ses années d'exercice, qui empêche qu'il ait jeté encore de profondes racines, mais de plus la coalition de toutes les classes, de tous les ordres, exaspérés jusqu'à ne pas reculer devant le meurtre des juges qui le composent. Les princes le haïssent comme une diminution de leur pouvoir laïque. Beaucoup d'évêques l'attaquent comme un empiétement sur leur juridiction ordinaire. Les uns et les autres ne désespèrent peut-être pas d'en venir à bout à force de mauvais vouloir et d'hostilité.

Contre toutes ces attaques, l'Inquisition n'a alors

aucune des armes qu'elle possédera plus tard, et dont elle terrassera ses ennemis. Elle n'a pas encore les bulles accumulées d'Innocent IV, d'Alexandre IV, de Clément IV, de Grégoire X, de Nicolas IV, d'où sortira sa législation particulière, formidable arsenal où elle trouvera toujours un privilége à opposer à toute loi civile ou canonique. Elle n'a pas non plus ces traditions de procédure, ces précédents qui font la force d'une juridiction, mais que peut seule fournir une longue suite d'années, sinon de siècles. Elle n'est pas même absolument sûre de ses fondateurs, les souverains pontifes, qui peuvent céder à la manifestation d'une haine aussi universelle, et dont rien en tout cas ne donne à prévoir alors la faveur inébranlable, continuée pendant près de soixante et dix ans, sous dix ou douze pontificats.

Tant de difficultés et même de périls véritables, sous lesquels ce tribunal peut succomber à peine constitué, n'épouvantent pas les Dominicains, qui en sont les juges en quelque sorte titulaires. Ils luttent avec une énergie égale aux obstacles qu'on leur oppose. C'est l'époque où paraissent leurs plus redoutables champions, et, comme s'ils pressentaient que l'avenir leur appartient malgré tout, sans attendre les décrets de la cour de Rome, qui viendront comme par surcroît, ils fondent leur tradition au moins dans ses principes généraux. Ces principes sont fort simples. Procédure sommaire, pénalité bornée mais terrible, de plus, un nombre restreint de formules assez brèves, que ne changeront pas, du reste, sensiblement, les amplifications de Bernard Gui, voilà toute l'Inquisition primitive, telle que la fondent, vers le milieu du treizième siècle, Guillem Arnaud par sa mort et Bernard de Caux par son activité infatigable. N'est-ce pas aussi, avec la différence des dates, et surtout avec celle qu'il y a entre la lutte et la domination presque incontestée, l'Inquisition telle que l'exercera soixante ans plus tard l'auteur de la *Practica* et des *Sentences* publiées par Limborch?

CHAPITRE II

LE PROCÈS DE L'INQUISITION D'ALBI (1299-1300)

(Bibliothèque nationale, ms. latin 11847.)

Indications préliminaires sur la date, la nature et l'importance du manuscrit qui va être étudié; c'est un procès d'Inquisition. — Description. — Analyse rapide de l'ensemble : noms des juges d'Inquisition qui s'y trouvent mentionnés; lieu, dates et nombre des interrogatoires; véritable nature de ce recueil, sa place dans les anciennes archives inquisitoriales. — Sa valeur toute particulière au point de vue historique. — L'Inquisition et l'hérésie albigeoise à la fin du treizième siècle. — Les prévenus impliqués dans le procès; ils ont formé une sorte de petite église hérétique; ils sont parents ou amis pour la plupart d'adversaires de l'Inquisition soulevés contre elle en 1301. — Les inquisiteurs juges du procès, Nicolas d'Abbeville, Foulques de Saint-Georges, Bernard de Castanet; leur caractère. — Conclusion hâtive du procès et condamnation des prévenus. — Clément V intervient inutilement plus tard, en 1310, pour régulariser la situation de quelques-uns d'entre eux. — Suites du procès (1301-1336) : transactions diverses auxquelles donnent lieu les biens des condamnés d'après les comptes du procureur des encours, Pierre Raoul (1301-1310). — Interrogatoires subis encore par plusieurs d'entre eux (1303). — Enquête ordonnée par Clément V sur le régime des prisons d'Inquisition à Albi et à Carcassonne, et dont bénéficient quelques-uns (1305-1306). — Dernières indications sur le sort des condamnés; nouveaux interrogatoires de deux d'entre eux (1319). — Les noms d'un certain nombre figurent encore dans les comptes du procureur des encours, Arnaud Assalit (1322-1323). — Les biens de deux d'entre eux font l'objet d'un procès entre le roi de France et l'évêque d'Albi d'une part, et Alienor de Montfort, comtesse de Vendôme, de l'autre (1326-1336).

Le manuscrit dont nous allons nous occuper maintenant est le second des documents originaux d'Inquisition que possède la Bibliothèque nationale. L'intérêt et le prix qu'il peut avoir au point de vue de l'étude de la justice inquisitoriale ne semblent pas moindre que pour le recueil dont nous venons de faire l'examen; mais c'est par de tout autres raisons.

D'abord, la date n'en est plus la même : plus de cinquante ans se sont écoulés depuis les sentences prononcées par Bernard de Caux et son collègue Jean de Saint-Pierre. Pour une période d'un siècle seulement, comme celle à laquelle nous devons nous borner, c'est beaucoup, on en conviendra, et il est à croire que, dans cet espace de temps assez long, l'Inquisition a subi plus d'un changement considérable. Elle en a subi, en effet, dans sa jurisprudence, dans son organisation; mais le principal, c'est que, violemment contestée à l'époque des inquisiteurs célèbres que nous avons vus à l'œuvre, elle apparaît triomphante et abuse de son triomphe dans le procès, dont le manuscrit que nous avons à examiner maintenant nous donne les détails.

C'est, en effet, un procès, ou plutôt l'instruction d'un procès, que le recueil dont nous allons essayer de présenter une idée rapide. Ainsi, après avoir vu dans le volume précédent l'Inquisition prononcer ses sentences, et nous révéler de la sorte une partie de sa pénalité, nous serons mis à même de juger ici des voies suivies par elle pour arriver à ses conclusions définitives. Nous connaîtrons une partie de sa procédure, et la plus importante, celle où elle s'attachait à faire parler les prévenus traduits devant ses tribunaux, car le manuscrit en question est un ensemble considérable et complet de dépositions recueillies dans une affaire d'hérésie[1].

1. Nous n'avons pas cependant l'intention, disons-le tout de suite, d'utiliser ces renseignements pour tracer ici un tableau de la procédure inqui-

La différence est grande, on le voit, avec le premier document que nous avons déjà étudié. Par la date, par la nature des renseignements, l'Inquisition va se présenter à nous sous un aspect nouveau. Mais ce n'est pas tout. Ce procès n'est pas un procès ordinaire. Il se rattache par des liens intimes et incontestables à certains faits historiques de premier ordre, et notamment à cette agitation profonde, qui, dans les premières années du quatorzième siècle, faillit arracher le Midi à la domination de la couronne de France pour le faire passer entre les mains de la maison d'Aragon. Nous n'insisterons pas, d'ailleurs, sur ces indications générales, et nous commencerons tout de suite l'analyse du manuscrit que nous voulons examiner.

Ce manuscrit[1] se divise en deux parties. La première renferme sept feuillets non numérotés. Du premier au recto du septième inclusivement, se trouve une liste d'individus nommés par les accusés, dont les interrogatoires forment le corps du volume[2]. Le manuscrit

sitoriale, ni même de la marche suivie par les inquisiteurs dans les interrogatoires qu'ils faisaient subir aux accusés. Les limites nécessairement étroites de cette analyse ne nous le permettent pas. Nous nous contenterons de mettre en lumière certains faits caractéristiques, dont le manuscrit que nous allons étudier nous fournit, du reste, un grand nombre. Ils en disent plus, à notre sens, sur ce sujet, que ne le ferait l'indication de la qualité des témoins, du nombre et de la nature des juges, et même du genre de questions adressées aux prévenus.

1. Bibl. nat., latin 11847. In-f°; hauteur : 305mm; largeur : 217mm; parchemin; début du quatorzième siècle. Écriture diplomatique nette et assez facile. Reliure en parchemin. A la partie inférieure du premier f° r°, même inscription sur bande de papier collée qu'au ms. de la Bibl. nat., lat. 11843, dont nous avons déjà parlé. (Voir plus haut, p. 30, note 3.) Les deux volumes ont donc appartenu à la même collection, celle du duc de Coislin, évêque de Metz, léguée par lui au monastère de Saint-Germain-des-Prés, et le n° 305, écrit au f° 1 r°, est vraisemblablement le numéro d'inscription du ms. dans la bibliothèque du couvent.

2. Ces noms sont rangés sur deux colonnes et par localités, sous le nom de chacun des accusés, de la façon suivante :

des Archives de la Haute-Garonne contient trois listes du même genre, dont l'une de près de six cents noms. Celui de la bibliothèque de Clermont en contient une aussi, disposée à peu près de la même manière que celle du recueil que nous allons étudier. Les inquisiteurs se réservaient d'interroger en temps et lieu les individus dont les noms s'y trouvaient inscrits. Ce sont de véritables listes de suspects.

Une autre liste encore occupe le verso du feuillet par lequel se termine cette première partie du manuscrit : c'est celle des prévenus dont les dépositions sont rapportées plus loin. Ils y sont rangés par localités. Celles-ci se suivent dans l'ordre que voici : Albi, Réalmont, Lescure, Cordes, Lautrec[1]. Les prévenus sont au nombre de trente-cinq en tout : vingt-cinq pour la première des localités indiquées, six pour la deuxième, deux pour la troisième, un pour chacune des deux dernières. En face du nom de chacun d'eux se trouve l'indication en chiffres romains du feuillet où se trouve l'interrogatoire correspondant.

La seconde partie se compose de quarante-quatre feuillets portant une numérotation ancienne. Ils sont précédés d'un feuillet laissé en blanc, et suivis d'un autre non numéroté et couvert d'écriture au recto seulement.

Guillelmus de Mauriano de Regali monte deponit contra istos :

De Albia :
Guillelmus de Landas,
Berengarius Bresc,
Magister R. Agulho, etc., f° Aa.

---

[1]. *Albia*; *Regalis mons*, ch.-l. de cant., arr. d'Albi; *Scuria*, arr. et cant. d'Albi; *Cordua*, ch.-l. de cant., arr. de Gaillac; *Lautricum*, ch.-l. de cant., arr. de Castres. Toutes ces localités, on le voit, appartiennent au département du Tarn.

Ces quarante-quatre feuillets constituent le corps du volume. Ils contiennent une série de dépositions faites dans l'affaire d'hérésie où ils sont impliqués, par les prévenus dont nous venons de donner le nombre, devant le tribunal d'Inquisition d'Albi. Cette ville n'est pas un centre inquisitorial, et dépend de Carcassonne pour la poursuite et la condamnation des hérétiques[1]. Aussi est-ce l'inquisiteur de la circonscription de Carcassonne, Nicolas d'Abbeville, que nous voyons siéger à Albi auprès de l'évêque de cette ville, le célèbre Bernard de Castanet. A côté d'eux, et parfois pour suppléer l'inquisiteur en titre, siège aussi le prieur du couvent des Dominicains d'Albi, Foulques de Saint-Georges, qualifié dans ce cas de lieutenant de l'inquisiteur de Carcassonne. On voit paraître également quelquefois, avec Nicolas d'Abbeville, Bertrand de Clermont[2]. Enfin, deux pièces détachées nous donnent les

1. Voir Haureau, *Bernard Délicieux*, pp. 15, 16.
2. Par exemple aux f°s 31 A, 35 A, 37 B, 38 A, 39 B, 41, c'est-à-dire vers la fin du volume. Percin, dans sa liste des inquisiteurs (*Inquis.*, pars III, p. 109), cite ce même personnage à l'année 1292, ce qui est juste, si on traduit cette date dans le nouveau style, et ce qui donne 1293; mais il lui attribue le prénom de Bernard, ce qui est une des mille inexactitudes dont fourmille son livre. Bernard Gui, dans le ms. 273, 1re série, de la bibl. de Toulouse, auquel nous avons déjà fait de nombreux emprunts, et dont Percin a dû se servir lui-même, nous offre pour une biographie de Bertrand de Clermont des éléments d'autant plus sûrs, qu'il déclare à deux reprises différentes (f°s 112 A et 151 B) avoir été en relation avec lui.
Bertrand de Clermont, natif de Bergerac, est trois fois prieur du couvent des Dominicains de cette ville, de 1271-1272, de 1283-1284, de 1285-1292. Ce n'est pas toutefois à Bergerac qu'il reçoit, vers le carême de l'année suivante, en 1293, sa nomination d'inquisiteur à Toulouse. Il est à ce moment prieur du couvent de Narbonne. (F^{os} 193 B-199 A et 256 A.) Plus tard, de 1301-1304, nous le trouvons investi de la même dignité à Carcassonne, où il a succédé à Bernard Gui lui-même; c'est sous lui qu'a lieu le soulèvement de cette ville contre l'Inquisition et les Frères Prêcheurs suscité par Elie Patrice (F^o 151 B.) En 1305, il est prieur provincial de la province de Toulouse. (F^o 133 B.) Il meurt assez âgé au couvent de Bergerac, le 5 novembre 1312, après avoir passé cinquante-six ans dans l'ordre des Dominicains. (F^o 199 A.)

noms de Sicard Fabre, lieutenant d'un autre inquisiteur de Carcassonne, Geoffroi d'Ablis, successeur de Nicolas d'Abbeville, et celui de Jean de Beaune, juge de la même circonscription inquisitoriale, mais à une date un peu postérieure [1].

Les séances tenues par le tribunal ainsi composé ont lieu presque toutes dans le palais de l'évêque Bernard de Castanet. Elles sont au nombre de vingt-huit en tout. Les vingt-cinq premières donnent l'instruction complète du procès. Elles vont du 2 décembre 1299 au 30 mars 1300, avec une interruption assez considérable dans leur suite. Il n'y en a pas, en effet, du 20 décembre 1299 au 17 janvier 1300, peut-être à cause des cérémonies de Noël et des fêtes assez nombreuses dans la première partie du mois suivant. Elles embrassent soixante et un interrogatoires, très-inégalement répartis entre elles. Les trois dernières séances complémentaires du 17 janvier et du 6 août 1303, du 5 mars 1319, ne modifient pas sensiblement les données primitives de l'instruction, close depuis longtemps déjà. Mais par leur date, surtout la dernière, elles nous révèlent le caractère de ténacité particulier à la procédure inquisitoriale, qui n'admettait pas de prescription.

Quant à la forme sous laquelle se présentent ces interrogatoires, c'est celle que leur donnaient les tribunaux d'Inquisition, avant de les faire entrer définitivement dans leurs archives. Écrits d'abord sur papier par le notaire ou le scribe du tribunal, à mesure que l'accusé parlait, et pour ainsi dire sous sa dictée, tels enfin que nous les montrent deux recueils que nous décrirons plus loin, le manuscrit latin 4269 de la Bibliothèque nationale et le manuscrit de la biblio-

1. F° 41 B.

thèque de Clermont, ils étaient mis ensuite au net sur parchemin.

C'est bien évidemment une de ces rédactions définitives, faites pour rester, pour être consultées au besoin, que nous possédons dans le manuscrit qui nous occupe en ce moment. Mais ce n'est pas la seule, et nous devons considérer comme un recueil du même genre le volume des Archives de la Haute-Garonne. L'unique différence qu'il y ait entre eux, c'est que le premier renferme des dépositions se rattachant les unes aux autres et formant un tout, qui est l'instruction d'une affaire où se trouvent compromis plusieurs prévenus, tandis que le second ne contient que des témoignages vraisemblablement isolés.

Ainsi donc, dans ces archives de l'Inquisition, telles que nous les ont laissées tant de désastres, mais moins pauvres qu'on ne les croit généralement, nous pouvons placer à côté des sentences du manuscrit 9992 de la Bibliothèque nationale, ces interrogatoires du tribunal d'Albi. Toutefois, ce volume n'a pas seulement le mérite de combler un vide, qui sans cela eût été presque irréparable. Il faut ajouter qu'il nous fournit une somme considérable de renseignements sur les mœurs de la bourgeoisie méridionale, et sur celles des hérétiques albigeois à la fin du treizième siècle. Mais ce n'est pas tout encore. Rapproché de pièces assez nombreuses que nous a conservées la collection Doat, il nous donne, nous le répétons, l'ensemble d'un grand procès d'Inquisition, tel que nous n'en avons point de pareil, de sorte que le hasard, on peut le dire, en sauvant ce débris d'archives si éprouvées, a servi l'histoire aussi bien qu'aurait pu le faire un choix intelligent et réfléchi.

II* PARTIE. — CHAPITRE II.

A l'époque où s'ouvre cette affaire importante[1], dont l'exposition ferait la matière d'un curieux volume, l'Inquisition est parvenue dans le midi de la France au comble du pouvoir. Ce pouvoir est même assez solide pour qu'aucun des périls qui vont l'assaillir à ce moment même ne l'ébranle véritablement. Elle va, en effet, avoir à subir les assauts furieux de la haine populaire, attisée par l'inimitié d'ordres rivaux des Dominicains, les attaques politiques et plus mesurées, mais au moins aussi dangereuses, de la cour de France, et surtout l'abandon momentané du Saint-Siége avec Clément V. Cependant, elle en sortira victorieuse et plus brillante que jamais dans les vingt années qui suivront.

Quant à l'hérésie, bien que fort réduite après tant de coups qui lui ont été portés, il s'en faut qu'elle soit morte encore. Sur ce point, il nous est impossible de penser autrement que les inquisiteurs, sans admettre, bien entendu, la conclusion qu'ils en tirent et qui est

---

1. Notons tout de suite qu'elle se trouve très-nettement indiquée, avec son influence sur les troubles ultérieurs du Languedoc, dans le passage suivant de Bernard Gui (bibl. de Toul., ms. 273, 1re série, f° 217 B-218 A) : *Notandum autem est hic præsentibus et posteris, ne abhorrescant propter adversos casus, quod temporibus et annis istis insurrexerunt multi hereticales aut de genere hereticalium de Albia et de Cordua confederati cum Carcassonensibus in malum, concenceruntque in unum contra officium Inquisicionis et contra inquisitores heretice pravitatis, necnon contra Bernardum de Castaneto, episcopum Albiensem, occasione et causa quia condempnaverant quosdam de Albia et de Cordua et de quibusdam locis aliis dyocesis Albiensis pro crimine heresis, de quo confessi fuerant et convicti, calumpniantes et impugnantes multipliciter sentencias et judicium eorumdem, opponentesque difficultates et obstacula ne procederent amplius contra quosdam alios de dictis locis, qui restabant et erant accusati et suspecti de heresi vehementer, totis conatibus inhiantes, ut processus inquisitorum et episcopi infeciarent et diffamarent, totamque patriam contra ipsos inquisitores et episcopum cum multis falsis suggestionibus et diffamationibus concitarunt, etc.* (Voir ce même morceau dans les *Historiens de France*, où il a été publié, t. XXI, p. 717, C-E.)

la nécessité de redoubler leurs rigueurs. Il ne semble pas, en effet, que, comme on l'a dit, les croyances albigeoises, rejetées par les hautes classes, se soient réfugiées exclusivement dans le cœur des petits, des paysans et des ouvriers[1]. Peu de nobles, il faut le reconnaître, paraissent avoir professé à cette époque ces doctrines si poursuivies. Mais, de ces nobles, combien sont des Français implantés de vive force dans le Midi par la conquête septentrionale? Le reste, écrasé, appauvri par des confiscations, dont beaucoup n'ont pas été réparées, forme une classe singulièrement déchue.

Il n'en est pas de même de la bourgeoisie, qu'elle s'occupe de négoce, ou se livre à l'étude et à la pratique du droit fort en honneur chez elle, ou même cultive simplement ses terres. Comme c'est une classe riche, fière, active, par conséquent puissante, surtout dans un pays qui a eu de très-bonne heure le sentiment de l'égalité démocratique, tant que cette classe conserve les croyances albigeoises, on ne peut pas dire qu'elles soient devenues la foi des petites gens. On ne peut même pas prétendre qu'elles soient près de succomber. Car, si elles n'ont plus pour elles, comme par le passé, l'épée et les châteaux-forts des seigneurs, elles peuvent compter avec la bourgeoisie sur deux choses, qui ont toujours tenu une grande place dans le monde, l'intelligence, redoutable même sans titres nobiliaires, et la richesse.

C'est justement à cette classe qu'appartiennent les prévenus qui comparaissent devant le tribunal de l'In-

---

[1]. Guibal, *le Poëme de la croisade contre les Albigeois*, 4ᵉ partie, ch. III, pp. 591 et suiv.

quisition d'Albi. Six sont des légistes de profession, et parmi ces six personnages, l'un, maître Raimond Constans, est notaire de la cour de l'évêque, un autre, Raimond Calvière, de la cour du roi. En outre, la plupart sont riches. Le procureur des encours dans la sénéchaussée de Carcassonne, maître Arnaud Assallit, en sait quelque chose, lui dont les comptes annuels de 1322 à 1323 font encore mention des biens de dix-huit d'entre eux vingt-trois ans après leur condamnation. L'évêque Bernard de Castanet ne l'ignore pas non plus, sans doute, et s'il n'y a pas eu là une raison pour qu'il commençât ce procès, il ne paraît pas davantage qu'il y en ait une pour qu'il ne le pousse pas jusqu'au bout. Enfin, la plupart comptent parmi les plus notables citoyens d'Albi. Sept figurent ainsi qualifiés comme témoins d'une condamnation à mort en 1290. Un huitième, Pierre Rigaud, est indiqué dans la même sentence comme un des consuls administrant la ville[1].

Or, depuis longues années, il semble, ces hommes, qui ne sont les derniers ni de leur cité ni de leur province, ont formé avec un grand nombre d'autres bourgeois d'Albi ou des environs une sorte d'église hérétique. Ils sont groupés autour de deux prêtres de la secte, deux *parfaits*, Raimond del Boc et Guillem Didier, condamnés solennellement à Carcassonne dès 1276 par les inquisiteurs, Étienne de Gâtine et Hugues de Boniols, en même temps qu'un troisième personnage du nom de Hugues de Condat[2]. Ces ministres

1. Bibl. nat., *Armoires* de Baluze, t. 87, f° 67.
2. C'est ce qu'indique la note suivante du ms. (f° 7 non numéroté v°) : *Notandum quod in libro sententiarum inquisitorum apud Carcassonam, scribitur et habetur, quod Hugo de Condat, Raimundus del Boc et Guillelmus Deiderii de Albia, dyocesis Albiensis, fuerunt sententialiter con-*

accomplissent pour eux les cérémonies albigeoises et les soutiennent de leurs prédications. Eux pourvoient à leur besoins et à leur sûreté. Nous voyons ces prêtres sans cesse errants voyager la nuit, et passer le jour dans la maison des champs où les a reçus quelqu'un de leurs fidèles, et où s'empressent d'accourir aussitôt pour les voir et les entendre tous les membres de l'association qui se trouvent avertis à temps.

Mais ce n'est pas à ces pratiques furtives que se borne l'activité de tout ce monde. Ennemis naturels de l'Inquisition, il est à croire que la plupart complotent contre elle. S'ils ne figurent pas dans le soulèvement qui éclate en 1301 à la voix de Bernard Délicieux contre ce tribunal détesté, c'est qu'ils ont de bonnes raisons pour cela. Presque tous, en effet, sont enfermés à ce moment même au fond des cachots de l'évêque Bernard[1]. Mais il est à croire que libres ils n'auraient pas manqué de s'y joindre. Un des consuls d'Albi, Guillem Fransa, député par ses concitoyens auprès de Philippe IV pour l'intéresser, s'il est possible, aux misères du Languedoc, pourrait bien être le frère d'un des condamnés, Gaillard Fransa. En tout cas, un docteur ès-lois, Pierre Pros, de Castres, qui doit accompagner Guillem Fransa, est proche pa-

---

dempnati et declarati esse heretici fugitivi et esse heretici consolati et perfecti per definitivam sentenciam fratris Stephani Vastinensis et fratris Hugonis de Boniolis, de ordine Predicatorum, inquisitorum heretice pravitatis. Lata sentencia in coopertura mercati Burgi Carcassone, die mercurii ante portam Latinam, anno Domini M.CC.LXXVI. — Percin indique Hugues de Boniols comme inquisiteur à l'année 1275 (*Inquis.* III° part, p. 109). Il nomme Étienne de Gâtine *Stephanus Vastini*, et le place en 1273 (*ibid.*). Bouges (*Hist. de Carc.*, p. 170) l'appelle Étienne de Vastine.

1. *In muro Bisbie ecclesie.* Ms. 11847, f° 11 R. La *Bisbia*, en latin *Bisbia*, était le nom qui dans le langage populaire désignait le palais de l'évêque.

rent de Jean Baudier, condamné lui aussi. Enfin, un autre condamné, Raimond Garsia, a pour frère Arnaud Garsia[1], que les habitants d'Albi ont adjoint à Guillem Fransa et à Pierre Pros pour cette ambassade sur laquelle on fonde tant d'espérances[2].

Il faut reconnaître qu'en supprimant d'un seul coup tant de recrues certaines d'une insurrection qu'on pourrait déjà prévoir, l'Inquisition a fait preuve à Albi d'une singulière perspicacité. Peu de ses tribunaux du Midi pourraient, il est vrai, montrer de tels juges. Nicolas d'Abbeville, l'inquisiteur de Carcassonne, hautain, méprisant, dédaigneux de toute réclamation, incapable de reconnaître aucun droit à ceux qui se sont déclarés ses adversaires ou qu'il regarde comme tels[3]; Foulques de Saint-Georges, son lieutenant, audacieux et inflexible; enfin l'évêque d'Albi lui-même, le

---

1. A propos de ces deux frères, M. Hauréau dit, dans le livre que nous avons déjà cité plusieurs fois, p. 9) : « L'Inquisition menace déjà le frère d'Arnaud, Raymond Garcia, dont elle doit confisquer plus tard tous les biens. » Il y a là une légère erreur, car à ce moment le récit en est au courant de l'année 1301. Raimond Garcia a été condamné à la prison perpétuelle, avec onze autres accusés, dès le 7 mars 1300. (Voir Doat, t. XXXV, f° 63-78.) Que ses biens aient été confisqués immédiatement, il n'y a pas à en douter. L'Inquisition se montrait d'ordinaire expéditive en pareil cas, au point de procéder quelquefois à la confiscation, avant même que la condamnation eût été prononcée, comme nous le montrerons tout à l'heure.

2. Voir Hauréau, *Bernard Délicieux*, pp. 29 et 30, et pièces justificatives, II, p. 181. — Nous pourrions ajouter que, pour quelques-uns des prévenus qui nous occupent, l'attachement aux croyances hérétiques semble un héritage de famille. Le fragment annexé à la chronique de Guillem Pelisson, et où se trouve le récit du soulèvement de la ville d'Albi contre l'inquisiteur Arnaud Catala au mois de juin 1234, cite parmi les plus acharnés à frapper le moine dominicain un certain Athémar Bros, un personnage du nom de Bernard Fumet, trois autres portant le nom de Fenasa, et enfin un certain Jean de Poissens. (Bibl. de Carc., n° 6119, p. 17.) Ne serait-ce pas les ancêtres de cinq des habitants d'Albi incriminés en 1299, et qui portent les mêmes noms?

3. Voir Hauréau, pp. 6, 7, et pièces justificatives, I, p. 167.

noble Bernard de Castanet, violent et infatigable dans sa haine de l'hérésie.

Ces deux derniers sont encore à tout prendre les plus terribles. Foulques, auquel ses services vaudront en l'année 1300 le titre d'inquisiteur à Toulouse, rappelle les juges des premiers jours de la persécution par son fanatisme impitoyable, sinon par l'austérité de ses mœurs, que la médisance populaire a cru pouvoir incriminer[1]. Soutenu aveuglément par l'ordre des Dominicains tout entier, il méritera la haine en quelque sorte personnelle de Philippe IV, et arrachera à ce prince si politique et si réservé des paroles de colère, telles que rarement, sans doute, il dut lui en échapper. Il ne disparaîtra qu'après s'être donné la joie de braver pendant plus d'un an les menaces et l'inimitié royales[2].

---

1. Hurtaut, pp. 30, 31.
2. Voir *ibid.*, et *supra*, pp. 13, 16, 37-41. — Voir aussi Schmidt, t. I, pp. 330, 331, et *Hist. de Lang.*, édit. orig., t. IV, liv. XXVIII, pp. 105, 106. Bernard qualifie Foulques de Saint-Georges de *Venascasia*. (*Inquis.*, pars III, p. 109.) Suivant Bernard Gui (Bibl. de Toul., ms. 273, 1ʳᵉ série), il a été prieur du couvent des Dominicains de Rodez, de 1296-1297. Il y a remplacé Guillem Bernard de Gaillac (f° 223 B). Sur son rôle comme inquisiteur et sur sa mort, le même écrivain nous donne les renseignements suivants : *Decimus prior* (du couvent d'Albi), dit-il, *frater Falco de Sancto Georgio succesit fratri Bonomancipio... fueruntque in Albia per episcopum et inquisitores plures pro crimine heresis condempnati usque ad XXV. Prior fuit anno uno et mensibus tribus* (depuis 1299): *priorque inde existens, factus fuit inquisitor Tholosanus circa festum sancti Michaelis anno Domini M.CCC. Fuit autem absolutus a prioratu Albiensi paulo post sequens natale Domini in Tholosa. Hic obiit Carcassone die mercurii infra octabas Epiphanie, IIII ydus januarii, anno Domini M.CCC.VII.* F° 217 B.

Guillem de Morières (*de Morreriis*), de Toulouse, remplace Foulques de Saint-Georges comme prieur du couvent d'Albi, et plus tard comme inquisiteur à Toulouse. Voici ce que Bernard Gui dit de ce personnage : *Prior fuit* (du couvent d'Albi) *anno uno et dimidio, fuitque inde prior existens factus inquisitor Tholosanus anno Domini M.CCC.II, in festo beati Petri martiris, fratre Falcone ab inquisicionis officio absoluto, fuitque absolutus a prioratu Albiensi in sequenti provinciali capitulo Carcassonensi, anno Domini M.CCC.II. Hic, inquisitor existens, obiit apud Perusium in curia ubi tunc agebat pro officio et negocio Inquisicionis contra cicedo-*

Quant à Bernard de Castanet, plein de la morgue féodale, doublée de la rigueur d'un légiste [1], il a soulevé contre lui, moins d'une année après son élévation à l'épiscopat, en 1277, une formidable révolte des habitants d'Albi exaspérés [2]. Son palais a été envahi, il a failli périr; mais cette épreuve ne l'a pas adouci. Jamais prince de l'Église n'a servi l'Inquisition avec plus de zèle. Lui-même s'est donné et porte avec orgueil le titre de *vice-inquisiteur* [3].

Il est vrai qu'il y trouve avantage pour la poursuite de ses desseins. Parmi ceux-ci, il en est un surtout qu'il doit avoir à cœur de pousser activement. C'est l'achèvement de cette cathédrale de Sainte-Cécile, qu'il a commencée en 1282 [4], sur un plan gigantesque. Ce monument, moitié église, moitié forteresse, dont l'abside oppose un mur formidable aux colères de la ville rebelle, doit lui coûter des sommes prodigieuses. Mais l'Inquisition, dont il est un des juges, lui offre des ressources, s'il sait en user. En effet, par un contrat passé avec Louis IX en 1264, l'évêque d'Albi reçoit une part des biens des hérétiques [5]. Aussi, malheur à eux !

---

nimum Albiensem et alios qui se oppendant inquisitoribus, IIII nonas julii, anno Domini M.CCC.IIII. F° 217 B.

1. A l'époque de sa nomination à l'évêché d'Albi (mars 1276), il remplissait les fonctions d'auditeur du palais apostolique à Rome. (Voir Compayré, p. 75.)

2. Voir Percin, *Inquis.*, pars III, p. 108, n° 2.

3. Voir Hauréau, *Bernard Délicieux*, pp. 20, 21.

4. La première pierre de ce monument fut posée le 15 août 1282. (Voir Compayré, pp. 75, 76.)

5. Ce curieux partage auquel chacun trouve son profit, l'Église comme la royauté, se trouve réglé dans trois actes du *Registrum Curie Francie*, Bibl. nat., lat. 9013, littera C, XI-XIII, f° 33 B-40. — Voir aussi Dont. t. XXXIV, f° 131-133; — Hauréau, pp. 20 et 21, note 1; — Compayré, où se trouve reproduite la transaction primitive entre Louis IX et l'évêque Bernard de Combret (déc. 1264), pp. 150-157; — *Layettes du Tr. des Ch.*, t. III, n° 4311, 4132, 4152, 408. Ces dernières pièces sont, du reste,

l'évêque ne sera pas tenté pour cela de condamner des innocents, nous le croyons du moins ; mais il est douteux qu'il accorde quelque pitié aux coupables.

Voilà les juges, et tels que nous les connaissons maintenant, les accusés n'auront pas sans doute à craindre avec eux de voir leur sort bien longtemps en suspens. En effet, comme nous l'avons déjà dit, les interrogatoires commencés le 2 décembre 1299 se terminent dès le 30 mars suivant, malgré une interruption de près d'un mois dans leur cours. Pour trente-cinq prévenus de cette importance, on conviendra que c'est aller assez vite en besogne. Mais il y a plus : cette hâte ne paraît pas encore suffisante aux inquisiteurs. Ils n'attendent même pas pour porter leur sentence que l'instruction soit absolument terminée, ce qui semblerait pourtant assez juste dans une cause où les juges eux-mêmes ont eu à cœur d'établir une étroite solidarité entre tous les prévenus. A mesure qu'un certain nombre de ceux-ci leur paraissent suffisamment convaincus des crimes qu'on leur impute, ils procèdent sans plus tarder à une condamnation partielle. Ces malheureux sont expédiés *par fournées*, pour ainsi dire. Le 28 janvier 1300, les inquisiteurs Nicolas d'Abbeville et Bertrand de Clermont en condamnent huit, parmi lesquels Jean Constans et Raimond Calvière, tous deux d'Albi, à la prison perpé-

antérieures à la convention principale et définitive sur laquelle s'appuyaient les droits de l'évêque d'Albi.
Voir également sur cette matière, *Reg. Cur. Franc., ibid., ut supra*, VII-X, f° 33 B-33 B, pour les prétentions de l'archevêque de Narbonne en fait d'censures ; — *Lay. du Tr. des Ch.*, t. II, n° 2086, pour celles de l'évêque de Béziers, n° 2286, pour celles de l'évêque d'Agde ; t. III, n° 1078, 1097, pour celles de l'abbé de la Grasse. Voir enfin, *ibid.*, n° 4051, une lettre des prélats de la province de Narbonne à Alfonse de Poitiers toujours sur le même sujet (26 mai 1253).

tuelle dans toute sa rigueur[1]. Le 7 mars suivant, l'instruction, comme nous venons de le voir, n'étant pas encore absolument finie, onze autres accusés sont frappés de la même peine. Au nombre de ceux-ci, il faut compter trois autres bourgeois d'Albi, Jean Baudier, Gaillard Fransa et Raimond Garsia[2].

Quant aux autres prévenus, au nombre de seize, il faut distinguer. Quelques-uns, bien que le texte de leur condamnation expresse ne nous soit pas parvenu, durent avoir cependant les honneurs de cette formalité peu coûteuse. Mais d'autres, moins bien traités, ce qui pourrait paraître impossible après une procédure aussi sommaire, se virent refuser jusqu'à cette ombre de justice. Il va sans dire qu'ils n'en furent pas moins considérés comme atteints d'une condamnation formelle, et frappés en conséquence des mêmes peines que leurs compagnons, la prison et la perte de leurs biens.

On croirait difficilement à un déni de justice aussi audacieux, si on n'avait pour cela un témoignage indiscutable, qui n'est pas moins que celui du pape Clément V. Dix captifs de l'Inquisition, parmi lesquels quatre des prévenus de l'affaire qui nous occupe[3], lui ont représenté que, depuis huit ans et plus, ils se trouvent détenus soit à Albi, soit à Carcassonne, sans avoir été réellement condamnés. Dans des supplices plusieurs fois renouvelées, ils lui ont demandé d'être enfin condamnés une fois pour toutes, ou bien acquittés.

---

1. — *Ad perpetuam carcer. m stricti muri, ubi panis doloris in cibum, et aqua tribulationis in potum, in vinculis et cathenis ferreis, solummodo ministrentur.* (Doat, t. XXXV, f° 70 [1-73].)

2. Doat, t. XXXV, f° 73-75.

3. Ce sont Isarn Colli, Guillem Salavert, Guillem de Laudas et Isarn de Cardaillac.

Le pape ordonne en conséquence, dans une lettre adressée à l'évêque d'Albi, Bertrand de Bordes[1], et aux inquisiteurs de l'Albigeois, et datée du 8 février 1310, de procéder au jugement que réclament ces malheureux[2].

Après cela, nous n'insisterons pas davantage sur les péripéties de ce curieux procès. Les limites de cette étude ne nous le permettent pas. Nous nous contenterons d'en indiquer les suites, jusqu'au moment où elles s'éteignent définitivement, ce qui n'a lieu, du reste, qu'après plus de trente-cinq ans. Dans ce but, nous rangerons d'après l'ordre chronologique les pièces assez nombreuses, que nous fournissent quelques-uns des volumes de la collection Doat[3].

En 1301, c'est-à-dire l'année même qui suit immédiatement la condamnation des prévenus jugés par Bernard de Castanet, Nicolas d'Abbeville et Foulques de Saint-Georges, nous entendons parler de trois d'entre eux. C'est à propos de transactions concernant leurs biens, qui ont été confisqués.

Le 20 février de cette année, P. de Pradines, recteur de l'église Saint-Étienne de Toulouse, receveur et gardien des confiscations pour le fait d'hérésie dans la province dont cette ville est le centre[4], et le procureur de l'évêque d'Albi, vendent à Marque Colombe, moyen-

---

1. Ce Bertrand de Bordes est le successeur de Bernard de Castanet. Il l'avait remplacé à Albi en 1303, et devait mourir cardinal, le 21 septembre 1310. Quant à Bernard de Castanet lui-même, transféré d'abord à l'évêché du Puy, créé ensuite cardinal et évêque de Porto en 1316, il meurt à Avignon, le 14 août de l'année suivante. (Voir Compayré, p. 76.)

2. *Datum Avenione, sexto idus februarii, pontificatus nostri anno quinto.* Hauréau, *Bernard Délicieux*, pièces justificatives, VI, p. 191 et suiv.

3. Les tomes XXXII-XXXV.

4. *Receptor et custos incursuum haeresis in comitatu Tholosano.*

nant 47 livres 1/2 tournois, une vigne et un pré ayant appartenu à Pierre Rigaud[1], son mari, condamné pour hérésie[2].

Quatre jours plus tard, le même procureur de l'évêque d'Albi[3] donne quittance à Raimond Leclerc de 100 livres tournois noires, que celui-ci a payées à Pierre Raoul, procureur du roi pour les *encours* dans la sénéchaussée de Carcassonne et de Béziers[4]. Cette somme de 100 livres est le prix des biens de Raimond Hugues et de Bérenger Adhémar[5], confisqués au profit du roi et de l'évêque d'Albi pour cause d'hérésie, et que l'évêque a voulu avoir en entier[6].

À l'année suivante 1302, nous devons rapporter des indications du même genre que les précédentes au sujet des prévenus, dont nous cherchons à connaître le sort depuis le jour de leur condamnation. Quelques-unes de ces indications sont même postérieures de plusieurs années à 1302, et elles ne concernent pas moins de dix-sept des personnages jugés par les inquisiteurs d'Albi[7]. Nous les trouvons dans les comptes présentés

---

1. Pierre Rigaud, personnage notable d'Albi, un des deux consuls de cette ville en 1290, ainsi que nous l'avons vu, est de ceux qui ne figurent dans aucune des deux sentences de condamnation, qui nous ont été conservées au sujet des prévenus dont nous nous occupons.

2. Doat, t. XXXIII, f° 196-197.

3. Il se nomme Pierre Milha, et porte le titre de *procuraire et fag de la encorsa e la heretgia e la villa d'Albi*.

4. Pierre Raoul ou Raols est ainsi qualifié : *Procuraire dels encorsas per nostre senhor lo Rey en la senescalquia de Carcassona et de Bezers*.

5. Bérenger Adhémar ne figure pas plus que Pierre Rigaud dans les deux sentences indiquées précédemment.

6. Doat, t. XXXIII, f° 189-191, en provençal avec traduction. — Le droit sur lequel se fondait l'évêque d'Albi datait, comme il a été dit, de Louis IX. Philippe IV devait le confirmer, le 17 août 1306. (Voir plus haut, p. 91, note 5.)

7. Nous citerons parmi eux Gaillard Franza, Pierre Rigaud, Raimond Hugues, Raimond Garcia, tous quatre d'Albi.

de 1302-1310[1] par ce Pierre Raoul dont nous venons de parler au sénéchal Jean d'Aunay et à maître Tancrède, trésorier du roi à Carcassonne[2]. Les créances d'un certain nombre des condamnés y sont mentionnées comme ayant été recouvrées pour le compte du roi par Pierre Raoul, le procureur des *encours*, ou par son substitut[3].

L'année 1303 nous fournit des renseignements d'une autre nature. Nous y voyons, à trois ans de distance, l'instruction se poursuivant, du moins pour deux des individus incriminés. En effet, le mardi 17 janvier, Guillem de Maurian subit un dernier interrogatoire[4] à Albi, dans le palais épiscopal, devant Bernard de Castanet et les inquisiteurs Nicolas d'Abbeville et Foulques de Saint-Georges[5]. Le 6 août suivant, Guillem Salavert de Cordes ratifie les aveux faits antérieurement par lui, dans la prison de l'évêché[6], en

1. Cette période comprend trois redditions de comptes : 1302-1303, 1303-1309, 1309-1310, de l'octave de la Saint-Jean d'une année à la même date de l'année suivante.

2. Doat, t. XXXIII, f° 207 et suiv.

3. Voici le début de ces indications : *Primo, de debitis Guillelmi Penassa Claudi de Albia, ad murum condemnati, levatis per dictum procuratorem tanquam ad manum superiorem, sunt hec videlicet* :

A Petro Gauterii de Marsal, XII, s., etc.

4. Il a été cependant interrogé déjà à trois reprises différentes (2, 20 décembre 1299, 18 janvier 1300), et dès le début de l'instruction. Aucun prévenu ne l'a même été aussi longuement que lui. (Voir ms. 11847, f° 1-7.)

5. *Ibid., et supra*, f° 42 B-44 A. Le texte porte au début : *Coram...... venerabilibus ac religiosis viris fratribus Nychelao de Abbatisvilla et Falcone de Sancto Georgio ordinis Fratrum Predicatorum, inquisitoribus heretice pravitatis*, etc., (f° 42 B). Le titre d'inquisiteur est donc appliqué à Foulques de Saint-Georges aussi bien qu'à Nicolas d'Abbeville. Il y aurait lieu, par conséquent, de rectifier l'assertion de M. Hauréau, quand il dit que le premier de ces deux juges d'Inquisition fut remplacé à Toulouse le 29 juin 1302. (*Bernard Délicieux*, p. 44.) On le voit, il était encore en fonctions au début de l'année 1303. Ce n'est pas, il est vrai, ce que paraît indiquer le passage de Bernard Gui que nous avons cité sur son successeur Guillem de Morières. (Voir plus haut, p. 91, note 2.)

6. *In muro Biblie veteris*. Le premier interrogatoire de Guillem Salavert est du 21 février 1300. (Voir ms. 11847, f° 30 B, 31 A.)

présence de frère Sicard Fabre, de l'ordre des Frères Prêcheurs, lieutenant de l'inquisiteur de Carcassonne, Geoffroi d'Ablis[1].

L'année 1304 ne nous apporte aucune indication nouvelle sur le sort des condamnés d'Albi, et l'on pourrait croire que l'oubli les a déjà enveloppés. Mais ce silence ne dure pas longtemps. C'est même d'une façon éclatante qu'il est rompu dans les deux années qui suivent.

Bien que les soulèvements populaires du début du quatorzième siècle n'aient pas réussi à déraciner l'Inquisition, elle n'en est pas moins demeurée chancelante. Le dominicain Benoît XI vient de mourir[2]; Clément V l'a remplacé. C'est un pape conciliant, à ce qu'il semble, d'un esprit assez libre et dégagé d'idées préconçues, très-porté d'ailleurs à servir le roi de France, qui n'aime ni les Frères Prêcheurs ni les tribunaux dont ils sont les juges privilégiés. Le 13 mai 1305, à la demande des habitants et d'une partie du clergé d'Albi et de Carcassonne, le souverain pontife ordonne une enquête sur l'exercice de l'Inquisition dans ces deux villes. Elle est faite par deux cardinaux que le pape a délégués à cet effet, et qui en font rédiger le procès-verbal à Carcassonne, le 15 avril 1306. Dans les cachots de cette dernière ville, les cardinaux ont découvert quarante-deux prisonniers. Vingt-sept appartiennent à l'affaire développée dans le manuscrit qui nous occupe. Parmi eux, nous retrouvons Jean Baudier, Raimond Calvière, Guillem Fenassa, Pierre

---

1. Ms. 11847, f° 44 B.
2. Voir, sur la vie de ce pape, une des illustrations de l'ordre de Saint-Dominique, sur ses travaux, sur les miracles qui se font à son tombeau après sa mort, Bernard Gui, bibl. de Toul., ms. 273, 1re série, f°s 16-20, 21 B, 59 B-60 B.

Rigaud, Raimond Garsia, Raimond Hugues, Guillem de Maurian de Réalmont[1].

Treize ans se passent ensuite, sans que nous entendions parler de nouveau des condamnés interrogés dix-neuf années plus tôt par l'évêque d'Albi et Nicolas d'Abbeville. Dans ce long intervalle, nous n'avons de renseignements sur quelques-uns d'entre eux que par la lettre de Clément V datée de 1310, et dont nous avons parlé plus haut. La plupart ont dû mourir pendant ce temps. Toutefois, il en reste deux dont l'Inquisition, à ce qu'il semble, croit pouvoir obtenir encore quelque chose. C'est Guillem Salavert de Cordes et cet Isarn Colli que nous venons de nommer. Le premier, tiré de sa prison, le 5 mars 1319, et amené devant l'évêque d'Albi, Béraud de Fargues[2], et l'inquisiteur Jean de Beaune, confirme toutes ses dépositions précédentes[3]. Le second rétracte le même jour et devant les mêmes juges les aveux que Bernard de Castanet et l'inquisiteur Guillem de Morières lui avaient arraché par la torture (*et tormentorum*)[4].

1. Doat, t. XXXIV, f° 42-80. Voir aussi Compayré, pp. 240-245. Comme nous l'avons dit plus haut (p. 15, note 2), l'original de l'enquête se trouve aux Archives municipales d'Albi.
2. Évêque de 1311 à 1334. Voir Compayré, pp. 76-78.
3. Ms. 11847, f°° 44 B-45 A. Nous avons ici un des exemples les plus frappants de l'arbitraire dont usaient les inquisiteurs dans leur procédure. Guillem Salavert a été interrogé pour la première fois le 21 février 1300. (Voir ms. 11847, f°° 9 B-31 A.) Emprisonné depuis, sans avoir été jamais définitivement jugé ni condamné, il a réclamé en vain une sentence formelle. Rien n'a pu la lui faire obtenir, pas même l'intervention directe de Clément V en 1310. Nous le voyons tourmenté encore par l'Inquisition en 1319. Ce n'est que le 30 septembre de la même année, qu'il obtient enfin à Toulouse, de Bernard Gui et de Jean de Beaune, le jugement qu'il implore depuis si longtemps. Ceux-ci, reconnaissant qu'il a souffert une détention de dix-neuf années, le condamnent par miséricorde à porter des croix doubles et à faire un certain nombre de pèlerinages. (Limborch, f°° 102 B, 103 A, et 107 B, 108.)
4. Ms. 11847, f° 45 A. Isarn Colli ne figure pas autrement au nombre des prévenus dans le ms. 11847.

A partir de cette époque, tout paraît bien réellement fini pour ces malheureux. Ils ne donnent plus signe de vie, et il est à croire qu'ils disparaissent peu après jusqu'au dernier. Si quelques-uns résistent encore aux rigueurs d'une captivité si longue, sans doute ils ont renoncé à ces réclamations, il est vrai peu suivies d'effet, mais qui pourraient malgré tout être adressées à Clément V, et auxquelles ils se rattachaient dans leur désespoir. Depuis 1316, un autre pape occupe le trône pontifical : c'est Jean XXII. Sa haine pour les hérétiques est impitoyable. Il vient de faire condamner Bernard Délicieux. Il poursuit par le bûcher l'extinction de la secte des *béguins*[1]. Toute plainte auprès de lui demeurerait inutile, si même elle n'entraînait pas une aggravation de peine. C'est ce que comprirent probablement les derniers survivants du procès d'Albi, à supposer toutefois qu'après tant d'années il en restât encore quelqu'un dans les cachots de l'Inquisition. En tout cas, leur souvenir, mais non pas la trace de leur existence, ne se retrouve plus que dans les comptes du procureur des *encours* et dans un grand procès débattu au sujet de biens confisqués sur deux d'entre eux.

Les comptes se rapportent aux années 1322 et 1323[2].

---

1. Quatre religieux de l'ordre de Saint-François, accusés de faire partie de cette secte, furent brûlés à Marseille le 7 mai 1319. Voir Hauréau, *Bernard Délicieux*, pp. 133, 134. Voir aussi Bernard Gui, *Practica*, IIIᵉ pars, fᵒ 42 D : — *Item quod illi Fratres Minores qui, propter hujusmodi inobedienciam et rebellionem, fuerunt per inquisitores heretice pravitatis apud Massiliam judicati heretici et relicti brachio seculari, fuerunt injuste et contra Deum et veritatem puniti et condempnati, et quod propter hoc fuerunt veri martires effecti.* (Forma sententie alicujus heretici obstinati de secta seu heresi quorumdam, qui se dicunt beguinos seu pauperes Christi, seu de ordine penitencium appellato, et profitentur terciam regulam Sancti Francisci, separantes se a communitate aliorum, et potestatem pape et Ecclesie enerevantes.)

2. Ils vont de la Saint-Jean 1322 à la même fête de l'année suivante.

Ils sont présentés par maître Arnaud Assallit[1], procureur du roi pour les *encours* d'hérésie dans la sénéchaussée de Carcassonne et de Béziers, au sénéchal Hugues Guiraud, chevalier, et à Lambert Philippe, trésorier du roi dans la première de ces deux villes[2].

On y voit figurer encore, vingt-trois ans après leur condamnation, les noms de dix-sept des prévenus d'Albi, parmi lesquels ceux d'Isarn Colli, de Raimond Garsia, de Pierre Rigaud, de Jean Baudier[3]. Les biens de ces condamnés ne semblent pas, même à cette date, avoir été tous vendus. Ils donnent encore lieu à diverses transactions, et maître Arnaud Assallit doit en rendre un compte exact aux fonctionnaires royaux dont il relève. Leurs débiteurs aussi sont poursuivis pour quelques-unes de leurs créances, dont le fisc prétend toucher la valeur[4].

Quant au procès, il ne dure pas moins de neuf ans. Commencé en 1326, il a pour origine une contestation qui s'est élevée entre le roi et l'évêque d'Albi d'une part, et de l'autre, Aliénor de Montfort, comtesse de Vendôme, au sujet des biens confisqués sur Raimond Calvière et Jean Baudier. Il ne se termine que le 13 octobre 1335, par un accord intervenu entre le procureur de Philippe VI et celui de l'évêque d'Albi d'une part, et d'autre part, le procureur de la comtesse de Vendôme. Une lettre du roi, datée du mois

---

1. Arnaud Assallit figure comme témoin, avec le titre de *procurator incursuum heresis in senescallia Carcassonensi*, dans une sentence rendue à Toulouse, le samedi 6 mars 1316. (Limborch, f° 84 B.) Il figure également, comme notaire et comme juré d'Inquisition, dans le recueil que nous allons étudier après celui-ci.
2. Doat, t. XXXIV, f° 111 et suiv.
3. Doat, t. XXXIV, f° 112 A.
4. Voir, sur ce point curieux, *ibid.*, *et supra*, même tome, même f°.

de février de l'année suivante, confirme cette transaction[1].

Un certain nombre d'actes curieux, contenus dans les tomes XXXII et XXXV de la collection Doat, nous donnent les détails de cette dernière phase de l'affaire inaugurée vingt-sept ans plus tôt. Ce sont les suivants :

Le 30 janvier 1327, Barthélemi Adalbert, notaire royal à Carcassonne, sur l'ordre que lui en a donné le juge ordinaire du roi dans la même ville, Bernard de Montjuif, fait l'extrait de deux actes de vente, concernant, l'un les biens meubles et immeubles de Raimond Calvière, l'autre ceux de Jean Baudier. Le premier de ces deux actes est du 17 février 1300 (nouv. st.), l'autre du 29 janvier de la même année (samedi avant la Purification de la Vierge)[2].

Le 6 février 1327, le juge de Carcassonne et celui de Villelongue[3] procèdent à l'exécution des ordres contenus dans une lettre du roi Charles IV, datée du 3 avril 1326. Cette lettre leur a donné commission de faire une enquête sur les raisons proposées par le pro-

---

1. Doat, t. XXXV, f° 10) B.
2. Doat, t. XXXII, f° 300 B-323. — La sentence de condamnation de Raimond Calvière est du 23 janvier 1300; la vente de ses biens n'a donc guère tardé. Quant à Jean Baudier, le rapprochement des dates qui le concernent donnent la curieuse conclusion que voici. Il est interrogé pour la première fois, le 20 janvier 1300 (nouv. st.), pour la seconde fois, le 5 février suivant, et condamné, le 7 mars de la même année. Or, la vente de ses biens se fait avant le 2 février, date de la Purification de la Vierge, par conséquent non-seulement avant la sentence de condamnation dont se dispensaient parfois les inquisiteurs, ainsi qu'on l'a vu, mais même avant la fin de l'instruction, entre le premier et le second interrogatoire, ou plutôt sans aucune instruction, du moins fondée sur les aveux du prévenu. En effet, le premier interrogatoire du 20 janvier n'a donné aucun résultat, l'accusé ayant déclaré n'avoir rien à dire, et ses juges ayant renoncé à le faire parler ce jour-là.
3. Dép. de l'Aude, arr. et cant. de Limoux.

cureur du roi à Carcassonne, et celui de l'évêque d'Albi contre les prétentions d'Aliénor de Montfort[1].

Enfin, le 14 mai de la même année, un extrait de la sentence de condamnation portée contre Jean Baudier et Raimond Calvière est fourni par le lieutenant de l'inquisiteur Jean Deprat[2] au procureur fiscal de la sénéchaussée de Carcassonne et au procureur de l'évêque d'Albi, qui doivent le produire dans le procès sou-

1. Doat, t. XXXV, f⁰ˢ 49 B-69.
2. Jean Deprat est cité dans la liste des inquisiteurs de Carcassonne donnée par Bouges, et à laquelle nous nous sommes déjà rapporté, mais seulement à l'année 1335. Il manque dans celle que fournit Percin. (*Inquis.*, pars III, pp. 109 et 110.) Celui-ci indique seulement un Arnaud Deprat de Condom à l'année 1305, et donne un certain nombre de détails sur ce personnage. (Voir *Monum. conv. Tolos.*, p. 67, n° 3, et p. 182. — Voir aussi *Opusc. de Acad. Tolos.*, pars IV, cap. VI, p. 196.)

Quant à Bernard Gui, auquel ces détails sont empruntés probablement, il ne parle nulle part de Jean Deprat dans son *Histoire des Dominicains* (bibl. de Toul., ms. 273, 1ʳᵉ série), ni comme inquisiteur, ce qui n'est pas étonnant, car à la date de 1327, où nous voyons ce juge en fonctions, il devait avoir renoncé à toute continuation de son livre, ni même comme religieux de l'ordre de Saint-Dominique. Il ne cite que son homonyme Arnaud, qu'il dit avoir connu (f° 161 B), et sur lequel il nous fournit les éléments d'une biographie assez complète. Nous les résumerons ici, pour ne pas laisser passer l'occasion de parler d'un personnage qui fut, comme inquisiteur et aussi comme écrivain, un des Dominicains les plus remarquables du commencement du quatorzième siècle.

Arnaud Deprat, prieur du couvent de Toulouse, est relevé de cette charge en 1299, après l'avoir exercée un an. (F° 121.) Il remplit les mêmes fonctions au couvent de Condom, de la fête de saint Luc 1303, à l'octave de l'Épiphanie 1304. (F° 190.) Lecteur en théologie pendant plus de trente ans à Toulouse, à Montpellier et ailleurs, il compose des vers et notamment un office de saint Louis, diurne et nocturne, adopté à la cour de Philippe IV. (F° 121.) Sur ses fonctions d'inquisiteur et sur sa mort, Bernard Gui s'exprime de la manière suivante : *Hic factus fuit inquisitor Tholosanus hereticæ pravitatis anno Domini M.CCC.IIII, in principio mensis marcii. Hic inquisitor existens prope Burdigalam, ubi in curia ratione et causa summi pontificis domini Clementis papæ V, exi notus et acceptus erat plurimum, tunc temporis morabatur, obiit apud Cadilacum, feria VI*ᵃ, *in festo beate Eufemie virginis, XVI kal. octobris, anno Domini M.CCC.VI, ab ingressu vero ordinis anno LI.* (F° 121.) Bernard Gui répète ces indications à peu près dans les mêmes termes au f° 190 B, mais en ajoutant, cette fois, qu'Arnaud Deprat fut porté à Condom et enseveli dans l'église

tenu par eux contre la comtesse de Vendôme[1]. La sentence où se trouve le nom de Raimond Calvière, à côté de celui d'un certain nombre de prévenus, est du 28 janvier 1300 (nouv. st.), celle où se trouve le nom de Jean Baudier du 7 mars de la même année. Toutes deux sont empruntées aux archives de l'Inquisition de Carcassonne[2].

Tels sont les derniers renseignements que nous ayons sur les suites de ce grand procès, qui, avec ses péripéties diverses, embrasse près de quarante ans. Un ensemble aussi considérable et aussi complet de faits curieux mériterait peut-être que nous en tirions quelques conclusions. Mais nous nous sommes déjà trop attardé dans cette analyse, pour que nous l'allongions encore de considérations même rapides. Aussi, nous contenterons-nous de dire en terminant, que les ar-

---

des Dominicains de cette ville. Il donne également l'inscription gravée sur son tombeau et que voici :

CONDITUR HIC FRATER ARNALDUS, CUI PIA MATER
SUBVENIAT CHRISTI. PRATUM FUIT NOMEN ISTI.
GRATUS, AMANS, PLACIDUS, FULGENS VELUT ETHERE SYDUS,
MUNDA FUIT VITA, MENS CELITA, LINGUA POLITA ;
LUMEN VASCONIE, DECUS ORDINIS, ARCHA SOPHIE,
ETERNI REGIS RESERAVIT DOGMATA LEGIS.
HIC UBI COMPLEVIT ANNOS TER IN ORDINE DENOS,
NEC NON VICENOS, MORIENS IN PACE QUIEVIT.

Voir également, sur Arnaud Deprat, Quétif et Échard, I, 499. — Ajoutons aussi qu'il figure dans l'enquête de 1305, dont nous avons parlé plus haut. Le 15 mai de cette année, dans la maison de l'Inquisition, à Toulouse, Geoffroi d'Ablis lui confie par procuration, ainsi qu'à deux autres personnages, la mission de la représenter dans la suite de cette enquête (Arch. munic. d'Albi, série GG, n° 1, feuilles 6 et 7.)

[1]. Les inquisiteurs n'accordaient que fort rarement de pareils extraits de leurs registres à d'autres qu'aux officiers du roi de France. Voir Bernard Gui, *Practica*, II° pars, f. 2) B, C : *Forma scribendi littere* (sic) *testimonialis de actis publicis, que in libris Inquisitionis continentur ; quod raro et non sine magna et rationabili causa fiat.*

[2]. Doat, t. XXXV, f° 64-73.

chives d'Inquisition, si mutilées, ne nous ont guère laissé de suite de documents d'une telle importance, et nous espérons que l'étude, dans laquelle nous avons essayé d'en marquer la nature et la valeur, suffira, malgré sa brièveté, pour qu'on nous croie sans trop de peine.

CHAPITRE III

LE REGISTRE DE GEOFFROI D'ABLIS (1308-1309)

(Bibliothèque nationale, ms. latin 4269.)

Place occupée par le manuscrit qui va être étudié dans l'ensemble des documents d'Inquisition subsistant encore aujourd'hui. — Son importance : il la doit aux personnages qui y sont mentionnés, et surtout aux indications concernant le dernier des chefs célèbres de l'hérésie albigeoise, Pierre Autier. — Sa nature véritable : c'est la minute originale d'interrogatoires d'hérétiques. — Nombre et qualité des prévenus. — Liens d'amitié et de parenté qui unissent la plupart d'entre eux. — Juges d'Inquisition qui les interrogent : Geoffroi d'Ablis, inquisiteur en titre; Jean de Faugoux et Gérard de Blomac, ses lieutenants; leur biographie, leur caractère, leur part respective dans l'exercice de la justice inquisitoriale au tribunal de Carcassonne de 1308 à 1309. — Officiers d'Inquisition attachés à ce tribunal : notaires, *jurés*, geôliers. — Indications sommaires sur la procédure qui s'y trouve appliquée : nombre des interrogatoires, lieux divers où ils se font, phases successives de la procédure. — Biographie rapide de Pierre Autier : situation du midi de la France, au moment où il y reparaît, vers 1298; — son existence jusqu'à cette époque; — sa famille, ses relations dans le comté de Foix; — dévouement que déploient en sa faveur ses parents et ses compatriotes; — sa vie errante pendant plus de dix ans; — ses compagnons et ses disciples; — efforts de l'Inquisition pour se saisir de sa personne; — son arrestation; — sa captivité, sa condamnation.

Si peu avancée encore que soit cette étude, nous croyons, cependant, avoir déjà prouvé dans une certaine mesure ce que nous disions en la commençant. Nous affirmions que non-seulement les archives d'Inquisition n'avaient pas péri tout entières, mais qu'il en restait encore des débris assez importants pour nous faire connaître toutes les phases par lesquelles est passée la justice inquisitoriale dans les cent premières années de son existence. Ce point nous semble avoir été mis hors de doute par l'analyse qui vient d'être faite des deux premiers manuscrits de la Bibliothèque nationale. Le troisième, qui va être examiné maintenant, doit, à notre avis, fournir de nouvelles preuves de ce que nous avons avancé.

En effet, ce manuscrit, avec les interrogatoires qu'il renferme, complète les *Sentences* publiées par Limborch. Il en est pour ainsi dire le commentaire, à peu près au même titre que les interrogatoires faits par Bernard de Caux et Jean de Saint-Pierre, et que le manuscrit 155 de la bibliothèque de Toulouse nous a conservés, préparent et expliquent les sentences rendues par les mêmes juges, et qui se trouvent consignées dans le manuscrit 9992 du fonds latin de la Bibliothèque nationale.

La différence entre ces divers documents se réduit en quelque sorte à un fait matériel. Ici, ce sont les interrogatoires qui sont incomplets, tandis que les sentences correspondantes nous ont été transmises tout entières, bien que sous une forme de moindre valeur, pour ainsi dire, puisque nous ne les possédons qu'à l'état d'imprimé. Dans le premier cas, au contraire, ce sont les sentences dont nous n'avons gardé qu'un fragment, tandis que les interrogatoires nous sont parvenus très-probablement en totalité.

Quoi qu'il en soit, de ces documents, les uns mutilés, les autres encore intacts, ressort très-nettement une chose, que nous voulons établir dès à présent, pour ne plus la perdre de vue. C'est l'ensemble des différentes périodes de la justice inquisitoriale durant le siècle, auquel nous avons dit que nous bornerions cette étude.

Divisés en trois groupes bien distincts, ces manuscrits nous les donnent toutes. Pour ce qui concerne les débuts des tribunaux d'Inquisition, nous en trouvons la trace dans le premier des recueils de la Bibliothèque nationale, que nous avons déjà examinés, et dans le volume de la bibliothèque de Toulouse, qui s'y rattache tout naturellement. La période intermédiaire d'accroissement et de progrès vers une puissance presque sans bornes nous est présentée, par le manuscrit de la bibliothèque de Clermont, par celui des Archives de la Haute-Garonne, et enfin par le second des recueils de la Bibliothèque nationale, dont nous venons de faire l'analyse. Le triomphe enfin d'une juridiction, toujours combattue et longtemps tenue en échec, nous apparait dans le volume qui va nous occuper maintenant.

Ce n'est pas, d'ailleurs, à tenir simplement sa place chronologique dans la suite des documents d'Inquisition, que se bornent la valeur et l'importance, qu'on ne peut refuser à ce recueil. A la vérité, les personnages qui figurent dans les interrogatoires, que nous y trouvons consignés, ne sont pas plus illustres que la plupart de ceux dont les registres d'Inquisition nous ont gardé le souvenir. Habitants de petites localités et de hameaux perdus au fond des montagnes du comté de Foix, et vraisemblablement sans importance au moyen âge, aussi bien qu'aujourd'hui, la plupart n'appartiennent même pas à des familles bourgeoises, comme les accusés du procès d'Albi, que nous venons d'étudier. A coup sûr, leur rôle a été nul dans l'histoire générale, et il ne fallait pas moins que les investigations minutieuses de la procédure inquisitoriale pour sauver leurs noms de l'oubli.

Mais à côté de ces prévenus obscurs, dans les dépositions que leur arrachent les juges par une sorte de torture morale très-savante, à défaut de la torture matérielle et brutale, qu'ils se défendent hautement d'avoir jamais employée [1], d'autres accusés apparaissent en même temps. Ils ne figurent qu'indirectement dans ces interrogatoires; mais ils en sont les personnages principaux par leur influence sur leurs contemporains, et la place qu'ils tiennent dans l'histoire religieuse de la fin du treizième siècle et du commencement du quatorzième. Ce sont des ministres albigeois, travaillant avec un zèle infatigable à prolonger l'existence de leur église, déjà frappée à mort.

---

1. C'est, en effet, une chose curieuse que l'insistance des juges d'Inquisition sur ce point, et il semblerait qu'ils aient essayé d'établir comme la réalité ce qui en est exactement le contraire. C'est aussi une véritable dérision de leur part, que d'exiger de prévenus, dont plus d'un sûrement a été torturé par leur ordre, une déclaration destinée à confirmer ce mensonge.

— *Interrogata*, dit le procès-verbal des dépositions de Blanche, femme de Guillem de Rolés de Tarascon, *si premissa seu aliquid premissorum dixit seu confessa fuit, propter minas sive metum tormentorum, item, si inducta prece, precio, odio vel amore, timore seu favore cujusquam, dixit et confessa est quod non. Item, si premissa confessa fuit vel dixit, edocta vel informata per aliquem, dixit quod non. Item, interrogata si fuerunt facta seu illata sibi tormenta aliqua ad extorquendum confessionem et depositiones seu addiciones predictas quas fecit, respondit quod non, sed omnia supradicta et singula predictorum dixit et confessa fuit, non per deceptionem seu errorem aliquem, sed quia sic se habet veritas in omnibus et singulis supradictis, et propter exonerationem sue conscientie et salutem anime sue.* (Bibl. nat., lat. 4269, f° 25 B.) — Voir également l'interrogatoire de Guillem de Rolés (*ibid.*, f° 13 A) et *passim*.

Mais nous ne sommes forcé d'en croire sur parole, ni les inquisiteurs qui étaient intéressés, ni les prévenus qui n'étaient pas libres. Nous ne prétendons pas que la justice inquisitoriale abusât réellement de la torture, comme c'était le bruit populaire, mais elle ne l'avait pas bannie de sa procédure, comme voudraient le faire croire, à ce qu'il semble, les juges d'Inquisition. Nous avons, pour le soutenir, le témoignage de deux inquisiteurs, Bernard Gui et Nicolas Eymeric, devenus les théoriciens d'un art qu'ils avaient longtemps pratiqué, celui de faire parler, quoi qu'ils en eussent, les prévenus qui leur tombaient entre les mains. Les indications qu'ils nous fournissent à ce sujet sont au moins aussi nettes que curieuses.

Leur chef est un vieillard, natif d'Ax, dans le comté de Foix, Pierre Autier. C'est lui dont parlent sans cesse les accusés dans leurs aveux. C'est pour lui qu'ils se sont dévoués, pour le recueillir et entendre ses prédications qu'ils se sont compromis, pour le sauver de complots ourdis contre sa liberté qu'ils se sont décidés parfois à des exécutions impitoyables, à cause de lui enfin qu'ils ont à redouter la prison perpétuelle ou même la mort. D'ailleurs, Pierre Autier ne paraît pas avoir été indigne d'un pareil dévouement. Pendant plus de dix ans, il tient en échec l'Inquisition et la foi romaine dans les vallées de l'Ariége, de l'Aude et de la Garonne, se hasardant parfois jusque dans Toulouse même. Il est le dernier des apôtres fameux de la secte albigeoise, qui végète et s'éteint misérablement après lui.

Ces indications préliminaires, que nous compléterons plus loin, suffiront à donner une idée générale de la valeur du manuscrit qui va être étudié[1]. L'analyse

[1]. Ce volume est trop important pour que nous n'en donnions pas une description sans aller plus loin. La voici avec tous ses détails, que nous rassemblons ici pour ne pas en embarrasser le corps de notre analyse.

Bibl. nat., lat. 4269 (reg. 5101). Grand in-4°; hauteur : 311mm; largeur : 253mm. Papier de coton de fabrication orientale, très-épais; premières années du quatorzième siècle. Écriture diplomatique cursive, tout entière du même caractère, mais de plusieurs mains différentes; abréviations nombreuses, cependant sans difficultés véritables.

Reliure du dix-huitième siècle en veau fauve; armes de France sur les plats. Plusieurs titres : 1° au dos du volume : *Acta inquis. Carcass.*, 1308-1309, ms.; — 2° à l'intérieur, sur le feuillet de garde : *Acta Inquisitionis Carcassonensis contra Albigenses ann. 1308. et 1309. Desunt plurima*; — 3° sur le f° 1 A, en tête du f°, à droite : *Acta Inquisitionis Carcasson. contra hereticos an. 1308. et 1309.* Le même f° 1 A porte en tête le n° 5101 et l'indication *Paq. 16*, et en bas le n° 4269.

Cinquante-cinq folios, sans y comprendre les folios de garde, qui sont modernes. Ce n'est qu'un fragment d'un registre plus considérable. Les folios qui nous ont été conservés ne suivent pas toujours. La pagination en chiffres romains, contemporaine de la rédaction du manuscrit, s'étend de II à LXVI. Il manque, par conséquent, onze folios. Ce sont les sui-

sommaire, que nous allons en présenter maintenant, avec les remarques qui l'accompagneront, marquera ce qu'il ajoute de renseignements à l'histoire encore peu connue, que nous essayons de débrouiller dans ce travail.

Des sept manuscrits originaux d'inquisition qui semblent nous avoir été seuls conservés, quatre renferment exclusivement des interrogatoires, et celui-ci est du nombre. Mais ils ne les présentent pas tous sous la

---

vants : I, VII, VIII, IX, XX, dont il reste la moitié écrite au recto seulement, XXV, XXXVIII, XLVIII, LV, LXI, LXV. Ces folios disparus ont été notés, au dix-septième siècle, à la place même qu'ils avaient occupée. De plus, un certain nombre d'indications, inscrites sur les marges du volume, nous font connaître qu'il devait comprendre primitivement 145 à 150 folios au moins. Voici ces indications : *Infra CXXX, Item CXXXII* (f° 4 A); — *Infra CXXXI* (f° 13 B); — *Infra CXLII* (f° 21 B); — *Infra fol. CXLI* (f° 25 B); — *Infra CXXVIII* (f° 29 B).

Trois folios blancs; ce sont les f° 41, 42, 43. Un certain nombre couverts en partie seulement d'écriture; ce sont les suivants : 4, 13, 16, 27, 29, 31, 38, 44, 48, 50, 54. Quelques folios tachés d'humidité; nombreuses piqûres de vers.

Certaines dépositions, mais en petit nombre, portent en tête une sorte de titre courant : *Geraldus de Rodesio de Tarascone* (f° 1-4, au recto seulement); — *Arnaldus Piquerii loquitur* (f° 14 A); — *Confessio Athonis de Castro* (f° 13 A), etc.

De plus, un assez grand nombre d'annotations couvrent les marges. Ce sont celles que portent tous les registres d'Inquisition, et qui permettaient aux inquisiteurs de se retrouver au milieu de ces dossiers fort compliqués. Dans les recueils d'interrogatoires, elles étaient plus spécialement destinées à leur faciliter la rédaction définitive des sentences. Voici quelques exemples des plus ordinaires : *Visio et receptio, errores, concentio, visio, receptio, errores* (f° 15 A); — *hereticatio, hereticatio de audito, hereticatio seu receptio, visio, errores, dubitat* (f° 15 A), etc. Quelques-unes, du genre des suivantes, se rencontrent moins fréquemment : *Contra Arnaldum Mathei, contra Arnaldum Martini* (f° 2 B); — *As, Sacardanum, Larnatum* (f° 3 A), etc.

Quant à la provenance du volume que nous venons de décrire, elle est inconnue. Il fut consulté, dans les dernières années du dix-septième siècle, par les auteurs des *Scriptores ordinis Praedicatorum*. Ils le citent dans leur article sur Geoffroi d'Ablis, sous la cote reg. n° 5104, qu'il porte encore et qui doit être celle du catalogue de 1682. (V. *Script. ord. Praedic.*, I, 532-533.) Il fut connu également plus tard de D. Carpentier, qui y a pris des citations pour les mots *apulinet, balcina, embesare* de ses additions au *Glossaire* de Du Cange, et qui le désigne sous le titre de *Acta mss. Inquis. Carc. anno* 1308.

même forme. Trois nous les donnent sous forme de transcription, c'est-à-dire plus ou moins abrégés ou même arrangés, dans une rédaction en quelque sorte officielle. C'est le cas pour le manuscrit de la Bibliothèque nationale que nous venons d'étudier, ainsi que pour le recueil des Archives de la Haute-Garonne, dont nous parlerons plus loin. On en peut dire autant du registre le plus considérable qui nous soit resté de la justice inquisitoriale : nous voulons parler des enquêtes de Bernard de Caux et de Jean de Saint-Pierre, que possède la bibliothèque de Toulouse. Un seul, au contraire, nous offre des dépositions telles qu'elles sont sorties réellement de la bouche des prévenus, et c'est justement le volume qui nous occupe en ce moment.

On comprend, d'après cela, que, parmi ces débris des archives d'inquisition, il ne nous en ait pas été conservé de plus profondément original[1]. Nous avons là, en effet, la minute même des interrogatoires, écrite d'autant de mains différentes qu'il y a eu de notaires appelés à prêter leur concours aux inquisiteurs dans les diverses séances, dont ce manuscrit nous donne le procès-verbal[2]. Il y a plus : dans un certain cas, l'ac-

---

1. Il faut excepter cependant le manuscrit de la bibliothèque de Clermont. C'est, d'ailleurs, un volume exactement de la même nature que celui dont nous faisons maintenant l'étude, et la seconde partie en est consacrée à des interrogatoires tout semblables à ceux dont nous venons de noter le caractère.

2. La preuve de ce fait ne se trouve pas seulement dans la diversité des écritures, très-faciles à distinguer les unes des autres, malgré un caractère de ressemblance générale qu'on ne peut méconnaître. Elle est aussi dans certaines indications qui ne peuvent nous laisser aucun doute.

Voici, en effet, ce qu'écrit le notaire, au début de la troisième comparution de Guillem de Rodès : « *Supradicta confessio ipsius Guillelmi fuit eidem Guillelmo intelligibiliter recitata et perlecta de verbo ad verbum, sicut confitetur et est in presenti libro Inquisitionis conscripta per me*

cusé, notaire lui-même, a consigné de sa propre main sur le registre deux longues dépositions, qui, primitivement, ne remplissaient pas moins de quatre folios[1]. En somme, nous avons là toute une série de véritables autographes, dont quelques-uns peuvent être regardés comme d'autant plus précieux, qu'ils appartiennent à des personnages qui, comme notaires, ou à d'autres titres, figurent très-souvent dans l'histoire de l'Inquisition au début du quatorzième siècle[2].

Guillelmum Raimundi, notarium supradictum. (F° 12 B.) — Une indication toute semblable se trouve à la fin de la première déposition de Pierre de Gaillac. (Voir f° 47 B.)

1. Les dépositions dont il s'agit sont celles de Pierre de Gaillac de Tarascon. (F°° 46, 47 et 48 B, 49.) Dans ces dépositions, écrites d'une écriture bien reconnaissable, et dont il n'y a pas d'autre spécimen dans tout le volume, en tout cas impossible à confondre avec celle du notaire, qui prend la plume immédiatement après, le prévenu parle à la première personne. *Anno Dominice Incarnationis M.CCC.VIII. x kalendas novembris. Ego Petrus de Galhaco, notarius, de Tarascone*, etc. (F° 46 A.) — Il termine sa première déposition par la déclaration suivante : *Que omnia et singula supradicta per me Petrum de Galliaco predictum confessata et manu mea scripta in presenti libro*, etc. (F° 47 B). Le notaire ajoute ensuite (même folio) : *Petrus de Galliacho predictus... predictam ejus confessionem manu sua scriptam legit de verbo ad verbum, prout continetur et scripta est superius per eundem.* La seconde déposition du même Pierre de Gaillac se conclut par une attestation toute semblable à la précédente. *Que omnia et singula suprascripta per me et dictata...*, dit le prévenu ; et le notaire confirme la chose en ces termes : ... *Petrus de Galhacho notarius de Tarascone predictus... dixit et confessus est ac deposuit, prout in dicta sua confessione seu addicione, sua propria manu scripta, plenius continetur.* (F° 49 B.)

2. C'est ce qui arrive pour les notaires Arnaud Assallit, Jacques Marquès et Pierre Raoul. Chacun de ces trois personnages ne figure, il est vrai, qu'une fois dans le volume que nous étudions ; mais on les retrouve très-souvent ailleurs dans des documents contemporains.

Arnaud Assallit (*Assaliti*) paraît comme témoin, ainsi que nous l'avons remarqué, dans plusieurs des *Sentences* éditées par Limborch. Il est vraisemblablement le même que ce procureur des *encursus*, dont nous avons mentionné les comptes de 1322 à 1323, à propos du ms. lat. 11847 de la Bibliothèque nationale.

Jacques Marquès (*Marquesii*) est un des quatre notaires, auxquels est due la rédaction des *Sentences* publiées par Limborch, et dont il a reproduit les seings au début de son édition.

Quant à Pierre Raoul (*Radulphi*), il ne prend, à la vérité, que le titre

Mais ce n'est là, pour ainsi dire, qu'un point de vue tout matériel. Pour donner une idée exacte de la valeur du recueil que nous analysons, nous croyons avoir des indications plus importantes à présenter.

Les prévenus, dont les interrogatoires composent le volume qui nous occupe, sont au nombre de dix-sept. Dans ce nombre, il y a trois femmes[1]. Tous appartiennent à l'ancien comté de Foix et au diocèse de Pa-

de notaire d'Inquisition (*publicus auctoritate apostolica officii Inquisitionis notarius*), dans l'interrogatoire unique où il prête son ministère aux juges de Carcassonne, et qui est de l'année 1304. Cependant, il pourrait bien se faire que lui et ce procureur des *encours*, dont nous avons cité les comptes de 1301 à 1310, à propos des condamnés du procès d'Albi, ne fussent qu'un seul et même personnage.

Enfin, ce que nous venons de dire pour Arnaud Assalit, Jacques Marquès et Pierre Raoul, s'applique également à Pierre Boyer (*Buerii*), bien plus souvent employé à Carcassonne que les notaires précédents. Nous le voyons à Castres, en février 1304, écrire les dépositions du prêtre Jean de Recoles par-devant l'inquisiteur Geoffroi d'Ablis (Voir Hauréau, *Bernard Délicieux*, pièces justificatives, II, pp. 170-177.) Nous le trouvons aussi à plusieurs reprises comme témoin dans les *Sentences* éditées par Limborch. (Voir f°s 42 B, 43 B, 84 B, 85 B, 111 B.)

1. Voici les noms de ces prévenus, dans l'ordre où se trouvent rangés leurs interrogatoires. Nous y joignons l'indication des folios où ces interrogatoires sont inscrits.

Géraud de Rodés (*de Rodesio*), de Tarascon, domicilié à Pamiers (f°s 1-4) ;
Philippe de Larnat, damoiseau (f° 5) ;
Raimond Autier (*Auterii*), d'Ax (f°s 6-8) ;
Guillem de Rodés, de Tarascon (f°s 9-13) ;
Arnaud Piquier (*Piquerii*), de Tarascon (f°s 14-15) ;
Guillemette ou Guillamone (*Guillelma alias vocata Guillamona*), fille de feu Raimond Garsen, d'Ax (f°s 16 B-19) ;
Raimond Vaulserre (*Valsieyra ou Valserra*), d'Ax (f°s 20, 21) ;
Blanche, femme de Guillem de Rodés (f°s 22-23) ;
Alamande, veuve d'Arnaud de Fos, de Tarascon (f°s 24, 27) ;
Pierre Tinhac, d'Ax (f°s 28, 29) ;
Raimond Issaure (*Issaura ou Eyssaura*), fils d'Arnaud Issaure, de Larnat (f°s 30-31) ;
Pierre Issaure, fils d'Arnaud Issaure (f°s 32-34) ;
Arnaud Issaure (f°s 39, 40) ;
Athon de Castel (*de Castro*), fils de feu seigneur Assalhit Bardoyn, de Quéille (f°s 43, 44) ;
Pierre de Gaillac (*de Galhaco*), notaire, de Tarascon (f°s 46-50) ;
Jacques Garsen (*Garsendis*), fils de feu Raimond Garsen, d'Ax (f° 51) ;
Pierre de Luzenac, clerc, de Luzenac (f°s 52-55).

miers, c'est-à-dire au département actuel de l'Ariége. Ils habitent, presque sans exception, quelques petites localités, situées dans la vallée du fleuve, entre Tarascon et Ax, et comprises dans sa partie la plus étroite et la plus profonde, sur la route même qui s'élève au milieu des montagnes, pour redescendre ensuite et atteindre le territoire espagnol à Puycerda[1].

Leur condition est en général inférieure, et leur fortune, dans un pays d'ailleurs assez pauvre, semble médiocre. Leur influence, par conséquent, doit être fort restreinte. Il est vrai qu'ils y suppléent par une activité et un zèle à toute épreuve. Quoi qu'il en soit, ce ne sont pas des accusés tels que ceux dont nous venons de voir le procès à Albi en l'année 1300, bourgeois riches et éclairés pour la plupart, assez puissants

---

1. En résumé, comme on a pu le voir, d'après la liste que nous venons de dresser, l'ensemble des prévenus, dont les interrogatoires composent le recueil qui nous occupe, se répartit de la manière suivante :

Cinq sont une femme, sont d'Ax (*Ax*, ch.-l. de cant., arr. de Foix). Nous comptons parmi eux Raimond Vaulserre, dont le lieu d'habitation ne nous est pas connu d'une manière certaine, le début de ses interrogatoires ayant disparu, mais qui est bien probablement de la même localité. Quatre sont de Larnat (*Larnatum* ou *Lernetum*, arr. de Foix, cant. des Cabannes). Un est de Luzenac (*Luzenacum*, même arr., même cant.); un de Quéille (*Calha*, arr. de Pamiers, cant. de Mirepoix, dépendance de la commune de Saint-Quintin). Dix, enfin, dont deux femmes, sont de Tarascon (*Tarascao*, ch.-l. de cant., arr. de Foix). Par conséquent, seize sont de l'arrondissement de Foix et de trois cantons de cet arrondissement. Le dix-septième est de l'arrondissement de Pamiers. Tous appartiennent à l'ancien évêché dont cette ville était le centre.

Ces indications sont également vraies pour les individus nommés par les accusés dans le cours de leurs interrogatoires. Voici, en effet, les noms de lieux que nous donne une liste, véritable liste de suspects, comme nous en avons déjà fait la remarque pour d'autres documents de ce genre, insérée dans la première déposition de Pierre de Gaillac et dressée par lui-même :

Montaillou (*Alio*, *Mons Alio*, arr. de Foix, cant. d'Ax; Larnat, Lordat (*Lordatum*), Luzenac, Unac (*Unacum*), arr. de Foix, cant. des Cabannes; Quié (*Querium*), Rabat (*Rabatum*), arr. de Foix, cant. de Tarascon. (Voir f° 17 A.)

pour pousser une ville tout entière à des résolutions de la plus grande importance. Parmi ces habitants des montagnes de l'Ariége, à peine si nous en trouvons deux qui appartiennent à la petite noblesse. Les plus considérables après ceux-ci sont deux notaires d'une assez petite localité, Tarascon, et un avocat à la cour du comte de Foix, peu estimable, à ce qu'il semble, et toujours besoigneux, si l'on en croit ses aveux à lui-même. Viennent ensuite quelques petits propriétaires ou cultivateurs aisés, presque des paysans, sans grande éducation ni même intelligence, autant du moins qu'on peut en juger d'après leurs dépositions. Le reste se compose vraisemblablement d'artisans, parmi lesquels un ouvrier tailleur, gens qui se disent eux-mêmes pauvres, et dont les inquisiteurs n'arrivent pas, malgré tout leur art, à tirer des renseignements qui puissent leur servir et qui nous intéressent à notre tour[1]. Il faut ajouter, enfin, quelques femmes, évi-

---

1. Les deux prévenus de race noble, que nous venons d'indiquer, sont Philippe de Larnat et Athon de Castel. Ce dernier semble se présenter devant les inquisiteurs avec la recommandation du sénéchal du comte de Foix, Arnaud de Château-Verdun, qui assiste à son premier interrogatoire au couvent des Frères Prêcheurs de Pamiers. (Voir f° 43 R.)

Les deux notaires sont Guillem de Rodes et Pierre de Gaillac, le plus intelligent de tous les accusés, sans aucun doute. Ainsi que nous l'avons vu, il rédige lui-même ses dépositions, dont certaines parties, les conclusions notamment, peuvent être considérées comme une sorte de plaidoyer. C'est le seul également qui paraisse avoir compris quelque chose aux raisonnements théologiques des ministres albigeois, et qui les reproduise devant les inquisiteurs. Du reste, il a étudié à l'Université de Toulouse, et il nous donne, en passant, de curieuses indications sur l'incrédulité de ses anciens condisciples. (Voir f° 50 A.)

L'avocat, dont nous avons parlé, est Pierre de Luzenac, de famille riche, à ce qu'il semble, puisque tout jeune il a un précepteur ecclésiastique attaché à sa personne. Étudiant à Toulouse, comme Pierre de Gaillac, il a dû y mener une vie fort irrégulière. Nous le voyons emprisonné dans cette ville, et obligé de n'y pas reparaître d'un an entier. Frappé d'une amende par la cour de l'évêque, laissant ses livres en gage aux mains des usuriers, toujours à court d'argent, il en demande aux hérétiques, à Pierre Autier

demment toutes dévouées à la cause de l'hérésie et fort remuantes, mais frivoles, manquant de bon sens, et dont l'une paraît même avoir été de moralité quelque peu douteuse[1].

A voir ces personnages, dont nous venons d'indiquer

surtout, qui lui en donne ou du moins lui en promet pour l'attirer dans la secte. En retour, il prête aux ministres albigeois le secours de ses connaissances juridiques comme avocat, soit à la cour du comte de Foix, soit à celle du roi à Toulouse. (Voir ses dépositions, *passim*.)

Quant aux petits propriétaires compris dans le nombre des prévenus, dont nous avons donné la liste, nous pourrons citer Arnaud Issaure, et surtout Raimond Autier, le propre frère du célèbre hérétique. Ce Raimond Autier n'a pas l'esprit entreprenant de la plupart des membres de sa famille, de son autre frère Guillem, de son neveu Jacques. Il s'occupe tranquillement de ses affaires, conduisant lui-même son bétail aux foires pour l'y vendre (f° 10 A); ce qui ne l'empêche pas de contribuer de toutes ses forces à la propagation de l'hérésie, et surtout de donner asile aux ministres albigeois toutes les fois qu'il en est prié.

Comme artisans enfin, nous citerons Jacques Garsen, tailleur de son métier (f° 51 B), et dont le père est mort à l'hôpital.

Tout ce monde, ainsi que nous l'avons remarqué, ne compose pas un ensemble de personnages ni bien riches, ni bien éclairés, ni par conséquent bien influents.

1. C'est parfois au sortir de la messe que ces femmes vont voir les prêtres hérétiques. — *Alamanda, uxor quondam Arnaldi de Fos de Tarascone d'yocesia Appamiensis, — dixit quod III vel IIII° anni possunt esse, ut sibi videtur, cum ipsa testis et Matheldis, soror sua, uxor Arnaldi Figuerii de Tarascone, in die Pasche mane venirent de ecclesia, et cum ipsa testis in domo sua, dicta Matheldis dixit sibi, si vellet videre pulcras gentes valde. Cui ipsa testis respondit quod libenter; et statim dicta Matheldis duxit ipsam testem ad domum suam, et ibi ostendit sibi duos homines, quos ipsa testis, ut dicit, non cognovit tunc, nec alias viderat ipsos. Interrogata si salutavit vel vel locuta fuit cum eis, dixit quod non, sed statim rediit ad domum suam, quia ibi erat prandendi.* (Déposition d'Alamande, veuve d'Arnaud de Fos, de Tarascon, f° 28 A.)

Les ministres albigeois exploitent à leur profit cette frivolité et cette vanité des femmes. Ils les gagnent par des cadeaux faits à elles-mêmes ou à leurs enfants. *Item dixit, quod habuit a dictis hereticis* (Guillem et Jacques Autier) *jocalia, vid-licet pertinas et cultellos, et quadam vice miserunt cuidam filio suo parvo unum blaveolum.* (Première déposition de Blanche, femme de Guillem de Rodès, f° 23 B.) — La moins raisonnable de toutes ces femmes, que nous fait connaître le manuscrit dont nous nous occupons, Guillemette ou Guillamone, fille de feu Raimond Garsen, à sa seconde entrevue avec Guillem Autier et Pons d'Ax, reçoit d'eux *pertinas et unum agulium*. (F° 17 A.) Ces mêmes hérétiques, exposant devant elles leurs théories sur une sorte de métempsycose, lui disent, pour flatter sa vanité,

rapidement la condition, ainsi groupés dans un petit nombre de localités très-voisines les unes des autres, on serait tenté de croire au premier abord qu'ils forment entre eux une sorte de petite église hérétique, perdue dans les montagnes, et dont Pierre Autier est le chef spirituel principal[1]. Nous ne croyons pas cependant qu'il faille s'arrêter à cette opinion. Nous avons d'abord un trop petit nombre d'interrogatoires entre les mains pour en juger en toute connaissance de cause, et, par conséquent, pour nous prononcer sans réserve. De plus, Pierre Autier, avec son titre de

---

qu'elle a été peut-être reine dans une existence antérieure, *quod forte ipsa totis fuerit regina*. (F° 18 A.)

Leur frivolité n'empêche pas ces femmes de servir avec passion l'hérésie et ses ministres, à la fois par un besoin instinctif de dévouement et par un penchant, dont elles ne se rendent pas compte, pour les choses défendues et clandestines. Elles s'emploient ardemment à propager les croyances de la secte. Elles y font entrer leur famille tout entière. Une femme a sept filles, dont six mariées : toutes sont attachées aux croyances albigeoises. (Déposition de Guillemette, f° 19 B.) Poussées par leur soif d'amour et de vénération, elles semblent sur le point d'introduire le culte des reliques dans une église fière avant tout de la simplicité et de l'austérité de ses pratiques, qui la rapprochent, dit-elle, du christianisme primitif. (Voir Limborch, f° 37 B.) Les hommes, ceux-là mêmes que les inquisiteurs appellent dans leur langage *nuncii hereticorum*, et qui se sont consacrés absolument au service des prêtres hérétiques, sont froids auprès d'elles. Pour ces prêtres errants et proscrits, destinés au bûcher comme à une fin inévitable, elles se dépouillent de leurs biens, affrontent tous les périls, acceptent tous les sacrifices. À eux et aux croyances qu'ils leur ont prêchées, elles font, avec plus de courage peut-être que les hommes, un sacrifice encore, celui de leur vie. Quand elles ont reçu de leurs mains le sacrement suprême de la secte, l'*hérétication*, pour ne pas le profaner sans doute, en continuant une existence où leur âme contracterait de nouvelles souillures, elles se soumettent à la terrible épreuve de l'*endura*, et se laissent mourir patiemment de faim et de consomption. (Voir f° 21 A et 24 A et B.)

1. Nous voulons parler d'une association comparable à celle que nous a montrée le volume de la Bibliothèque nationale qui vient d'être étudié, à celle aussi que nous révélera la deuxième partie du manuscrit de la Bibliothèque de Clermont, et dont les membres, pour le dire en passant, ont beaucoup de rapports, par leur condition et leur situation de fortune, avec les prévenus que nous montre le recueil, dont nous faisons en ce moment l'analyse.

parfait et d'*ancien*[1], avec le souvenir de ses voyages en Italie, qui l'avaient rapproché des docteurs les plus illustres de la secte, réfugiés alors pour la plupart dans la péninsule, ne pourrait évidemment se contenter d'un rôle aussi restreint. Il aurait suffi à un homme moins énergique que lui-même, à un de ses disciples, par exemple; mais pour lui, à défaut de son autorité, dont nous avons les preuves les plus certaines[2], son activité lui en imposait un bien autrement considérable.

En effet, dans les années mêmes auxquelles se rapportent les interrogatoires dont nous faisons l'étude, s'il vivait la plupart du temps confiné dans la vallée de l'Ariége, son pays natal, où le dévouement de ses compatriotes et de ses parents, ainsi que la nature des lieux, lui offraient un refuge plus sûr que partout ailleurs, il étendait cependant son influence au loin. Le diocèse de Carcassonne, celui de Toulouse, voyaient l'hérésie se ranimer à la suite de ses prédications et de celles des missionnaires qu'il y envoyait. Lui-même, quittant parfois les montagnes où il se cachait, descendait hardiment dans la plaine, et pénétrait jusque dans Toulouse[3]. Tenus par lui en échec, les juges des deux grandes circonscriptions inquisitoriales du Languedoc réunissaient contre cet ennemi opiniâtre leurs efforts

---

1. *Anciens.* C'était le titre que portaient, avec celui de *parfait*, les ministres de la secte renommés par leur autorité ou par leurs lumières.

2. Cette autorité de Pierre Autier sur ses coreligionnaires semble s'être exercée jusque dans sa prison. Un certain Perrin Maurel, de Belpech, dans l'Agarnaguès, le dernier qui lui ait donné asile avant son arrestation, se trouve lui-même dans les cachots de la justice inquisitoriale. Il y est déjà depuis assez longtemps, sans qu'on ait pu réussir à le faire parler. Il ne s'y décide que le jour où Pierre Autier, par pitié sans doute pour lui et pour sa famille, l'engage à faire des révélations. (Voir Limborch, f° 45 A.)

3. Voir la première déposition de Pierre de Luzenac. (F° 52.)

et leurs malédictions. Dans des appels véhéments adressés à tous les catholiques, ils les invitaient à lui courir sus, et le désignaient comme le fléau du Midi[1].

Quoi qu'il en soit, ce n'est pas à des relations de voisinage ou à une communauté de croyances religieuses, que se bornent les liens qui rattachent les uns aux autres les prévenus dont nous nous occupons en ce moment. Pour beaucoup d'entre eux, il s'y ajoute des rapports plus étroits, ceux de parenté. Nous ne parlons pas des rapports de ce genre, qu'indique à première vue la liste des accusés, où nous remarquons tout de suite trois membres de la famille de Rodès, trois de la famille Issaure, deux de la famille Garsen. Nous voulons parler de ceux que nous fait connaître le corps même des dépositions. Celles-ci nous fournissent les indications suivantes : Géraud et Guillem de Rodès sont les neveux d'un autre prévenu,

[1]. Geoffroi d'Ablis, successeur à Carcassonne de l'inquisiteur Nicolas d'Abbeville, dans les premiers mois de l'année 1303, avait écrit, dès son arrivée, à ce qu'il semble, deux lettres, l'une à l'official de la ville où il s'installait, l'autre aux archiprêtres et recteurs de la même ville et des villes de Toulouse et d'Albi, pour leur enjoindre de surveiller les fauteurs d'hérésie. (Voir Doat, t. XXXII, f° 103, 107.)

Deux ans plus tard, dans une lettre datée de Lyon, le même inquisiteur, se jugeant sans doute incapable de lutter tout seul contre l'hérésie renaissante, déléguait une portion de ses pouvoirs à deux Dominicains, Jean de Faugoux et Géraud de Blomac. (Voir Doat, t. XXXIV, f° 83, et Hauréau, *Bernard Délicieux*, pièces justificatives, V, pp. 122, 123.) Pierre Autier, n'est pas nommé dans ces différentes lettres; mais Geoffroi d'Ablis ne pouvait manquer de penser à lui en les écrivant. En effet, il n'avait pas à ce moment même d'ennemi plus redoutable dans le ressort d'inquisition qui lui était confié.

Enfin, le 10 août 1309, dans une pièce dont nous avons déjà fait mention, l'inquisiteur de Toulouse, Bernard Gui, désignant cette fois expressément le ministre albigeois et ses deux compagnons habituels, Pierre Sanche et Sanche Mercadier, exhortait tous les fidèles à lui venir en aide pour s'emparer de leur personne. (Voir *Practica*, 1ᵉ part., f° 3 A.) Pour Pierre Autier du moins, cet appel devait être suivi immédiatement d'effet.

Raimond Autier, et, par conséquent, de l'hérétique Pierre Autier lui-même, par leur mère Raimonde, sœur de ces deux personnages. Le même Raimond Autier a pour gendre un autre accusé, Pierre Tinhac. Sa femme Esclarmonde a pour neveu Pierre de Gaillac, marié à une fille issue du premier mariage de Blanche de Rodès avec un certain Raimond Lombard. Alamande, veuve d'Arnaud de Fos, est la belle-sœur d'Arnaud Piquier, qui a épousé la sœur d'Alamande, Mathilde[1].

---

1. Voir f⁰ˢ 7 A, 9 A et B, 10 A, 22 B, 23 A, 25 A, 50 A.

Les indications de parenté qui viennent d'être marquées ne concernent que les individus dont nous avons les interrogatoires. Mais ces interrogatoires mêmes nous révèlent l'existence autour d'eux de proches parents ou d'amis intimes, leurs coreligionnaires en hérésie, que les inquisiteurs se réservaient bien certainement de faire comparaître plus tard à leur tribunal.

En effet, à côté de Philippe de Larnat, nous voyons sa mère Sibille; à côté de Raimond Autier, outre sa femme Esclarmonde, ses trois filles, Gaillarde, Marquise, sa *Mentaule*; à côté de Gérard et de Guillem de Rodès, leurs deux frères Pons et Raimond, ce dernier Dominicain au couvent de Pamiers; à côté de Guillemette, fille de Raimond Garsen, et outre son frère Jacques, cité comme elle-même par-devant les inquisiteurs, sa sœur Ermesende et sa marâtre Raimonde; à côté de Raimond Vaulserre, sa femme Guillemette; à côté de Blanche, femme de Guillem de Rodès, sa fille Raimonde, sa cousine *Gaya*; à côté de Pierre Tinhac, sa femme Marquise; à côté d'Arnaud Issaure, et outre ses deux fils Raimond et Pierre, incriminés contre lui, ses trois filles, Guillamone, Marguerite, Sibille, ses deux belles-filles *Cerdana* et Ermengarde; à côté d'Athon de Castel, ses deux frères Bernard et Guillem-Arnaud, sa sœur Condors; à côté de Pierre de Gaillac, sa mère Gaillarde, son frère Bertrand, ses sœurs Alissende et Raimonde; à côté de Pierre de Luzenac, sa mère Raimonde, son frère Guillem.

De plus, à défaut des liens de parenté, de très-anciennes relations d'amitié et de bon voisinage unissent entre elles toutes ces familles, par exemple, celle des Autier et celle des Luzenac. Pierre de Luzenac a connu Pierre Autier dès son bas âge. La sœur de Pierre Autier, Raimonde, est l'amie, à ce qu'il semble, de Guillemette, fille de Raimond Garsen.

Enfin, ce qui ajoute encore à l'union existant entre ces différentes familles, beaucoup ont eu quelques-uns de leurs membres *hérétiqués*, c'est-à-dire reçus dans la secte albigeoise au moment de leur mort par les mêmes ministres, Pierre Autier et son frère Guillem, ou bien par un de leurs disciples. C'est le cas, par exemple, pour les Larnat, les Garsen, les Issaure, les Gaillac.

Ces indications, selon nous, sont loin d'être indifférentes. Elles peuvent nous mettre à même de soupçonner la nature et le but véritable des interrogatoires, dont nous n'avons qu'un petit nombre entre les mains. Subis par des individus habitant tous un même territoire assez restreint, qui est justement le pays natal de Pierre Autier, par des prévenus rattachés pour la plupart les uns aux autres et au ministre albigeois lui-même par les liens de parenté les plus étroits, ces interrogatoires prennent un caractère tout particulier. Il semble qu'on puisse y voir une enquête ayant un but spécial. Évidemment, les juges d'Inquisition ne pouvaient ignorer, ni la présence dans ces lieux de l'hérétique, qu'ils recherchaient avec passion depuis tant d'années, ni ses relations de toute nature avec les accusés nombreux qu'ils faisaient comparaître dans l'espace de quelques mois seulement à leur tribunal. Avant de faire au concours des fidèles un appel direct, ils essayaient une dernière fois de traquer, pour ainsi dire, Pierre Autier dans les retraites où il se croyait le plus en sûreté, de l'y saisir peut-être, en tout cas de l'empêcher d'y demeurer plus longtemps. En fait, comme nous le verrons, ce ne fut pas sur le territoire du comté de Foix, mais dans le diocèse de Toulouse, que le ministre albigeois fut arrêté enfin peu après[1].

Après ces indications sur les prévenus, dont les interrogatoires constituent le recueil qui nous occupe,

---

1. Voici, à ce qu'il nous semble, une nouvelle preuve de la supposition que nous venons de faire. A sa troisième comparution (23 octobre 1308), Guillem de Rodès, le propre neveu de Pierre Autier, est sollicité par l'inquisiteur Geoffroi d'Ablis en personne, de déclarer où peuvent se cacher dans le moment même son oncle et les autres ministres albigeois dont les noms ont figuré dans ses aveux. (Voir f° 13 B, 13 A.)

voyons quels sont les juges devant lesquels ils comparaissent.

Cinq sont nommés : Geoffroi d'Ablis, Bernard Gui, Jean de Beaune, Géraud de Blomac et Jean de Faugoux. Mais nous n'avons à nous occuper réellement que de trois d'entre eux, du premier et des deux derniers. En effet, Bernard Gui ne paraît qu'une seule fois¹, et n'est pas, d'ailleurs, inquisiteur à Carcassonne, mais à Toulouse. Quant à Jean de Beaune, bien que juge dans la première de ces circonscriptions inquisitoriales, comme Geoffroi d'Ablis lui-même, il ne paraît qu'une fois aussi, et à une date tout à fait postérieure à celles de 1308 et de 1309, entre lesquelles se placent tous les interrogatoires que nous étudions².

Des trois juges d'Inquisition, dont nous avons à dire quelques mots, comme étant ceux qui dirigent exclusivement ces interrogatoires, un seul porte réellement le titre d'inquisiteur ; c'est Geoffroi d'Ablis. Les deux autres, Géraud de Blomac et Jean de Faugoux, n'exercent leur ministère qu'en vertu d'une délégation du premier : ils sont ses lieutenants³.

---

1. C'est le 30 janvier 1309, à Carcassonne, *in domo Inquisitionis*, lors de la seconde déposition de Raimond Vaulserre. (Voir f° 21 B.)
2. Le samedi 23 juin 1319, Athon de Castel confirme devant cet inquisiteur, *in domo Inquisitionis Carcassone*, la déposition faite autrefois par lui, le 11 mai 1308, à Pamiers, dans le couvent des Frères Prêcheurs de cette ville, par-devant Géraud de Blomac et Jean de Faugoux. (Voir f° 43.) Il avait déjà confirmé une première fois ses aveux, le 6 août 1309, au couvent des Dominicains de Carcassonne, en présence de Geoffroi d'Ablis. (Voir f° 43 B et 44 A.)
3. Geoffroi d'Ablis porte le titre d'*inquisitor heretice pravitatis in regno Francie auctoritate apostolica*, ou bien *a sede apostolica deputatus*. C'est le titre commun à tous les juges investis de la plénitude de la puissance inquisitoriale. Géraud de Blomac et Jean de Faugoux en ont un, qui est également toujours le même pour les fonctions qu'ils remplissent. Ils sont qualifiés de *tenentes locum religiosi viri, fratris Gaufridi de Abli-*

Le rôle de Geoffroi d'Ablis semble avoir été considérable, au début du quatorzième siècle, dans l'histoire de la justice inquisitoriale, et même dans celle des agitations politiques qui troublèrent le midi de la France à cette époque. Mais cela tient peut-être plus à l'importance des évènements, auxquels il se trouva mêlé, qu'à son caractère même, sur lequel nous avons, d'ailleurs, moins d'indications encore que sur son existence même. Ce n'est pas qu'il paraisse avoir été plus doux que ses prédécesseurs ou ses collègues. Le peu d'actes qui lui appartiennent en propre nous le montrent aussi ardent et aussi décidé qu'eux tous contre l'hérésie[1]. Son activité ne dut pas être moindre que la leur.

Il semble, toutefois, que ses efforts n'aient pas été toujours couronnés du même succès que ceux, par exemple, de son contemporain, l'inquisiteur de Toulouse, Bernard Gui, qui lui prêta plus d'une fois son concours, et dont le talent fut de n'user dans tous les cas que d'une violence savamment calculée. Peut-être aussi se trouva-t-il dépaysé en quelque sorte dans le Languedoc, dont les passions ne devaient lui être connues que par ouï-dire.

Geoffroi d'Ablis n'était pas, en effet, un Méridional, comme la plupart des inquisiteurs célèbres du treizième

---

sis. (Voir, dans le ms. que nous étudions, *passim.*) Quant à la délégation en vertu de laquelle ils agissent, si l'on s'en rapporte à la pièce que nous venons de mentionner plus haut, elle daterait de l'année 1306. Avant cette époque et en l'année 1303, c'est-à-dire l'année même de son installation à Carcassonne, Geoffroi d'Ablis aurait eu pour lieutenant le Dominicain Sicard Fabre. (Voir Bibl. nat., ms. lat. 11847, f° 11 B.)

1. Par exemple, la lettre adressée en 1305 à Gérard de Blomac et à Jean de Faugoux, et que nous venons de rappeler. Il y a dans les termes de cette lettre une âpreté et une haine qu'on retrouve, à la vérité, chez tous les inquisiteurs, mais que peu d'entre eux, il semble, ont dépassées.

et du quatorzième siècle. Né aux environs de Paris, il était profès au couvent des Dominicains de Chartres, quand il fut choisi, au début de l'année 1303, pour remplacer Nicolas d'Abbeville comme inquisiteur à Carcassonne. Savant homme, du reste, et l'un des docteurs que l'ordre de Saint-Dominique pouvait citer alors avec orgueil, il aurait écrit des commentaires sur les *Sentences* de Pierre Lombard, et dressé en 1304 une attestation des miracles du pape Benoit XI, Dominicain comme lui-même. De plus, agréable aux princes ainsi que Bernard Gui, initié aux secrets de leur politique, négociant, en compagnie de Pierre de Belleperche, chanoine de l'église de Chartres, la réconciliation de Philippe IV avec le Saint-Siège, en 1303; assez influent sur ce roi pour le décider à construire le couvent des Frères Prêcheurs de Poissy[1].

1. Ces renseignements biographiques sont empruntés au livre des *Scriptores ordinis Praedicatorum* (I, 532, 533). Voici maintenant quelques indications destinées à préciser le rôle de Geoffroi d'Ablis comme inquisiteur. Percin (*Inquis.*, p. 110, *apud Nonum.*) ne le fait figurer dans sa liste des juges d'Inquisition qu'à l'année 1312, entre Bernard Gui et Jean Desmoulins. Le même auteur prétend (*Nonum*, p. 69, n° 2), qu'en 1312 aussi il fut adjoint comme collègue au premier des inquisiteurs qui viennent d'être nommés. C'est une erreur, à ce qu'il semble. Bernard Gui et Geoffroi d'Ablis agissaient chacun dans une circonscription judiciaire distincte. S'ils se réunissaient parfois, comme le montrent les *Sentences* publiées par Limborch et le manuscrit même dont nous faisons l'analyse, c'était évidemment pour donner plus d'éclat aux actes de la justice inquisitoriale. C'était aussi peut-être lorsqu'il s'agissait de juger ou de condamner des individus, recherchés d'abord dans le ressort particulier de l'un d'eux, et qui se trouvaient arrêtés ensuite dans la circonscription voisine. Quant à la date de son installation à Carcassonne, Quétif et Échard, ainsi que le P. Bouges, dans sa liste des inquisiteurs de Carcassonne (*Hist. de Carcass.*, pp. 170, 171), la placent à l'année 1300, ce qui ne parait pas exact, à moins d'admettre que Geoffroi d'Ablis ait été assisté pendant quelques années de son prédécesseur, Nicolas d'Abbeville. Celui-ci, en effet, interroge encore un prévenu à Albi, le 17 janvier 1303. Le 6 août suivant, dans la même ville, frère Sicard Fabre fait comparaître devant lui un autre accusé. Il est qualifié, à cette occasion, de lieutenant de Geoffroi d'Ablis, auquel on donne expressément le titre d'inquisiteur de Carcas-

En somme, quels qu'aient été le caractère et surtout le succès de Geoffroi d'Ablis comme inquisiteur, au début du quatorzième siècle et au milieu des plus graves périls qui aient jamais menacé la justice inquisitoriale, ses confrères, en lui confiant des fonctions chaque jour

sue ne. (Voir Bibl. nat., ms. lat. 11847, f⁰ 43 B, 44 B.) Selon nous, c'est entre ces deux dates, par conséquent au début de l'année 1308, qu'il faut placer l'arrivée du juge d'inquisition dont nous essayons de retracer la biographie, au chef-lieu de sa circonscription. C'est aussi, si nous ne nous trompons l'avis de M. Hauréau. (Voir *Bernard Délicieux*, pp. 48-49.)

Au surplus, les actes qui le concernent sont assez peu nombreux. Nous avons cité déjà sa lettre de 1305 à Géraud de Blomac et à Jean de Faugoux. Le manuscrit que nous étudions nous le montre en fonctions, du 10 mai 1308 au 27 septembre 1309. Dans cet intervalle, il dirige en personne vingt interrogatoires, et toujours à Carcassonne, la première fois le 22 octobre 1308, la dernière le 6 août 1309. En dehors de ces séances, il est suppléé par ses lieutenants, qui siègent, d'ailleurs, toujours expressément en son nom.

Le cartulaire municipal de Foix, déposé aux Archives de cette ville, le cite parmi les témoins d'un accord pour le payement de la dîme, passé le 23 novembre 1311, à Pamiers, dans le couvent des Frères Prêcheurs, entre l'évêque de cette ville, l'abbé de Saint-Volusien de Foix, les curés de l'archiprêtré du Sabartès d'une part, et les communautés de ce pays de l'autre. On l'appelle dans cet acte *Gaufredus de Amblisiis, inquisitor hereticæ pravitatis*. Avec lui figure, également comme témoin, Géraud de Blomac, dont le nom est écrit *de Blamou*, et que l'on qualifie aussi d'inquisiteur. (*Cartul. munic. de Foix*, pièce n° 3, f⁰ˢ VII et XI.)

Les *sentences* publiées par Limborch nous le montrent assistant Bernard Gui à Toulouse dans trois *actes de foi*. Ce sont les 3ᵉ, 4ᵉ et 7ᵉ du recueil, (dimanche de la Passion, 5 avril 1311; dimanche, fête de saint Georges, 23 avril 1313; 2ᵉ dimanche de Carême, 7 mars 1316.)

Quétif et Échard, suivis en cela par U. Chevalier (*Répert. des sources hist. du moyen âge*, I, 832), le font mourir à Lyon entre 1316 et 1319. Il est certain que le huitième des *actes de foi* donnés par Limborch, et qui est du dimanche, 30 septembre 1319, se fait sous la présidence de Bernard Gui, assisté non plus de Geoffroi d'Ablis, mais d'un juge nouveau, Jean de Beaune, que nous savons avoir été lui aussi inquisiteur à Carcassonne. Un peu plus tard, le 2 août 1321, une sentence condamnant un relaps rappelle une ancienne procédure entamée autrefois *coram bone memorie fratre Gaufrido de Ablisiis, quondam inquisitore Carcassonense*. (Limborch, f⁰ 145 B.)

Mais nous n'en sommes pas réduit à ces indications approximatives. Une lettre de Bernard Gui, insérée par lui dans sa *Practica* (bibl. de Toul., ms. 121, 1ʳᵉ série, f⁰ 33 C, et ms. 287, même série, f⁰ 21 A), nous donne la date exacte de la mort de Geoffroi d'Ablis. Dans cette lettre, Bernard Gui annonçant la mort de son collègue, qu'il qualifie de *pugilem*

plus difficiles, ne semblent pas s'être départis de la règle qui avait toujours guidé leur choix en cette matière, et qui leur faisait désigner invariablement pour un pareil poste les membres de leur ordre les plus recommandables par leurs lumières et leur intelligence, ou simplement leur courage à toute épreuve. Les lieutenants de cet inquisiteur en titre ne paraissent avoir eu ni la même valeur, ni surtout la même célébrité.

Sur l'un d'eux, Jean de Faugoux[1], les renseignements nous font absolument défaut. Nous ne le connaissons que pour la part prise par lui à l'exercice de la justice inquisitoriale. Geoffroi d'Ablis lui délègue une partie de ses pouvoirs, en même temps qu'à Géraud de Blomac, par sa lettre de 1305, que nous avons déjà citée plusieurs fois. Le manuscrit, dont nous faisons l'analyse, nous le montre occupant toujours le même poste, en vertu sans doute de cette délégation primitive, qui s'est trouvée ainsi continuée indéfiniment. Nous y rencontrons de plus l'indication expresse qu'il appartenait alors au couvent des Do-

---

contra *hostes fidei strenuum et athletam*, commet, en vertu de son autorité d'inquisiteur en titre, le prieur et le lecteur du couvent des Dominicains de Carcassonne pour remplacer le juge défunt dans toute l'étendue des sénéchaussées de Carcassonne, de Béziers et de Beaucaire, qui avaient formé son ressort particulier, et pour y exercer provisoirement la justice inquisitoriale. La pièce est datée de Lyon et du 11 septembre 1316, lendemain de la mort de Geoffroi d'Ablis. Elle a été reproduite par M. L. Delisle dans sa notice sur les manuscrits de Bernard Gui, p. 397.

Voir également sur Geoffroi d'Ablis et sur son rôle à la fois comme inquisiteur et comme homme politique, au moins dans le Midi, Schmidt, t. I, pp. 314, 330-331; — Hauréau, *Bernard Délicieux*, à partir du chap. IV, p. 46, *passim*. Remarquons toutefois que M. Schmidt commet l'erreur de faire de Geoffroi d'Ablis un inquisiteur de Toulouse, et de le donner comme successeur à Foulques de Saint-Georges, qui fut remplacé par Guillem de Morières. (Voir pp. 316, 330.)

1. La forme latine de son nom est *de Falgosio* ou *Felgosio*.

minicains de Carcassonne[1], ce qu'il était, d'ailleurs, tout naturel de supposer. Quoi qu'il en soit, si l'on s'en rapporte au même document, des deux lieutenants que s'est donnés Geoffroi d'Ablis, c'est le plus actif, ou du moins le plus souvent occupé. Non-seulement il assiste toujours son collègue dans les onze interrogatoires où nous voyons paraître celui-ci, mais il en est encore dix autres où il figure tout seul[2].

Géraud de Blomac nous est mieux connu. Ainsi que nous l'apprennent les interrogatoires auxquels il préside en compagnie de Jean de Faugoux, dans la première moitié de l'année 1308, il est à cette époque prieur du couvent des Dominicains de Carcassonne[3]. C'est ce que confirme le témoignage de Bernard Gui, qui nous fait connaître que le priorat de Géraud de Blomac dans cette ville prit fin à la suite d'une décision du chapitre provincial de Rieux, tenu le jour de la fête de sainte Marie-Madeleine (22 juillet 1308)[4]. Le même religieux est, après cela, toujours d'après Bernard Gui,

1. F° 3 A.
2. Ces onze interrogatoires, où Jean de Faugoux et Géraud de Blomac siègent tous les deux ensemble, appartiennent exclusivement à l'année 1308. En voici les dates : 10, 11, 21 mai; 12, 13, 15 juin; 9 juillet; 12, 16 août. A ces interrogatoires il faut en ajouter un, dont ni le mois ni le jour ne sont indiqués. De plus, le 13 juin, il y en a deux et non pas un seul. Quant aux dix interrogatoires, où Jean de Faugoux n'est pas assisté de Géraud de Blomac, ils ont lieu les 21, 23 et 25 juillet, ce dernier jour en comprenant trois, les 2 et 21 août, le 23 octobre 1308; le 21 mai, le 27 septembre 1309.
3. Voir, par exemple, la première déposition de Géraud de Rodés, faite à Pamiers, le 10 mai 1308. (F° 1 A.) — Remarquons, en passant, que la dignité de prieur d'un couvent de Dominicains dans une ville où se trouve établi un tribunal d'Inquisition, semble tout naturellement destiner le titulaire aux fonctions de vice-inquisiteur. Il en est ainsi pour Foulques de Saint-Georges, à Albi, dans les dernières années du treizième siècle. (Voir Bibl. nat., ms. lat. 11847, passim.)
4. *Decimus octavus prior*, dit Bernard Gui *frater Geraldus de Blomaco succedit fratri Poncio predicto* (Poncio de Torrellis) ... *Fuit autem absolutus in capitulo provinciali Rivensi, anno Domini M.CCC.VIII.* (Bibl. de

prieur du couvent de Montauban de 1309 à 1310. Il est relevé de ces dernières fonctions au chapitre provincial de Pamiers (22 juillet 1310)[1]. On le met avec le même titre à la tête du couvent de Rieux, vers la fin de la première moitié de l'année 1312; mais il n'accepte pas cette nouvelle dignité, et la résigne définitivement au mois de septembre suivant[2]. Né aux environs de Carcassonne, probablement dans le village dont il porte le nom, c'est aussi à Carcassonne qu'il meurt en 1313. Ses funérailles ont lieu la veille de la fête de l'Assomption de cette année[3].

Comme nous l'avons remarqué dès l'abord, les trois juges d'Inquisition, dont nous venons de tracer rapidement la biographie, sont loin de posséder un égal pouvoir. Il s'ensuit que la part respective de chacun d'eux dans l'exercice de la justice inquisitoriale au

Toul., ms. 273, 1re série, f° 153 B.) — Sur le chapitre tenu à Rieux, voir *ibid.*, f° 400 A.

Bernard Gui note au même endroit, que le priorat de Géraud de Blomac à Carcassonne est contemporain de la découverte du complot tramé par des bourgeois de cette ville et de la ville de Limoux contre la domination du roi de France et de leur punition (août et septembre 1305).

1. *Frater Geraldus de Blumaco Carcassonensis successit fratri Raimundo Maurelli, paulo ante festum Marie Magdalene confirmatus. Prior fuit anno uno, fuitque absolutus in capitulo provinciali Appamiensi, anno Domini M.CCC.X.* (*Ibid., ut supra*, f° 171 A.) — Sur le chapitre tenu à Pamiers, voir *ibid.*, f° 407 A.

2. *Sextus decimus prior frater Geraldus de Blumaco Carcassonensis successit fratri Bernardo Ademarii, confirmatus in priorem paulo post festum sancti Jacobi, anno Domini M.CCC.XII. Non tamen iit ad conventum, fuitque paulo post absolutus, circa festum Nativitatis beate Marie virginis in septembri.* (*Ibid., ut supra*, f° 211 A.)

3. *Hic frater Geraldus obiit Carcassone, anno Domini M.CCC.XIII, sepultus in vigilia Assumptionis beate Marie.* (*Ibid., ut supra*, f° 153 B.)

Ajoutons à ces renseignements sur Géraud de Blomac, qu'il figure comme témoin dans deux sentences prononcées, le 23 avril 1312, à Toulouse par Bernard Gui. Il assiste également, le lendemain de ce jour, au même titre et dans la même ville, à un *acte de foi* que préside encore Bernard Gui, auquel s'est adjoint pour cette occasion Geoffroi d'Ablis. (Voir Limborch, f° 42 B, 43 B.)

tribunal de Carcassonne est loin d'être la même. A la vérité, on aurait quelque peine à établir une différence à ce point de vue entre Géraud de Blomac et Jean de Faugoux. Mais, entre ces deux lieutenants de l'inquisiteur en titre et cet inquisiteur lui-même, la diversité des rôles est trop nettement accusée, pour qu'on puisse la méconnaître ou ne pas la noter.

Les deux premiers sont constamment et exclusivement chargés de recevoir les aveux préliminaires des inculpés, d'entamer, par conséquent, la procédure. Ils ne vont jamais au delà. Ce sont des juges d'instruction dans le sens le plus strict du mot. S'ils reparaissent quelquefois dans le cours de certaines affaires, qu'ils ont ainsi préparées, c'est simplement comme témoins des procès-verbaux que les notaires dressent pour de nouveaux interrogatoires, dont la direction ne leur appartient plus[1]. Quant à Geoffroi d'Ablis, l'inquisiteur en titre, il reçoit les confirmations solennelles, que les prévenus font devant lui, des dépositions reçues d'abord par ses lieutenants, après qu'il les leur a fait relire en langue vulgaire et sans y changer un mot[2]. Il clôt par là, sinon les affaires, qui n'ont pas leur conclusion véritable et définitive dans le document qui nous occupe, du moins l'instruction proprement dite. C'est là son rôle dans presque tous les cas. Deux fois seulement, on le voit prendre en main cette instruction

---

1. C'est ce qui arrive à la fois pour Géraud de Blomac et Jean de Faugoux réunis, dans les interrogatoires des 22, 23, 24 octobre 1308; des 19 janvier, 18, 19 avril 1309 (f° 8 A, 13 A et B, ancien XX demi-déchiré et compris entre les f° 15 et 16, 25 B, 48 A, 49 B, 51 B); — et pour Jean de Faugoux tout seul, dans ceux des 29 novembre 1308; 30 janvier, 4, 8 avril, 27 septembre 1309. (F° 21 B, 27 A, 33 A, 50 B, 53 A.)

2. — *De verbo ad verbum, intelligibiliter, in vulgari*... (Deuxième comparution de Raimond Autier, f° 7 B, et *passim*.)

dès son début, et la conduire lui-même tout entière[1].

A côté des juges d'Inquisition dont nous venons de parler, se montrent, dans le document qui nous occupe, un certain nombre d'autres personnages. Réunis à ces juges, ils composent le personnel ordinaire du tribunal de Carcassonne à cette époque. Il nous faut relever au moins leurs noms et l'indication de leur office.

Ce sont d'abord les notaires. Nous ne reviendrons pas sur leurs fonctions dans les cours inquisitoriales. Ces fonctions ont été déjà définies par nous à plusieurs reprises. Nous en trouvons six employés à recueillir les dépositions dont nous faisons l'étude. Mais sur ces six, trois ne paraissent qu'une fois chacun, au moins dans le ministère dont il s'agit. Ce sont Arnaud Assallit, Jacques Marquès et Pierre Raoul[2]. Les trois autres, à cause du nombre des interrogatoires où ils tiennent la plume, peuvent être considérés comme les notaires habituels du tribunal de Carcassonne. Le plus occupé d'entre eux, Guillem Raimond d'Alayrac, chanoine de l'église Saint-Aphrodise de Béziers, ne reçoit pas moins de dix-huit dépositions. Des deux autres, Barthélemi Adalbert et Pierre Boyer, le premier se montre cinq fois, le second dix[3].

1. C'est dans l'affaire de Jacques Garsen et dans celle de Pierre de Luzenac. — Remarquons, pour conclure sur le point dont nous venons de nous occuper, que le ms. lat. 11847 de la Bibl. nat. nous donne des indications absolument semblables à celles qui viennent d'être relevées dans celui-ci. La distribution des rôles, en fait de justice inquisitoriale, y est exactement la même entre l'inquisiteur en titre Nicolas d'Abbeville et ses divers lieutenants qu'entre Geoffroi d'Ablis et les siens.
2. Arnaud Assallit figure dans un interrogatoire du 25 juillet, Jacques Marquès dans un autre du 11 mai, Pierre Raoul dans un troisième enfin du 10 du même mois. Ces trois interrogatoires sont de l'année 1308. Le premier a lieu à Carcassonne, les deux autres à Pamiers.
3. Pour Guillem Raimond (Raimundi), les interrogatoires où il figure sont ceux des 12, 13, 15 juin, 9, 23, 26 juillet, 2, 12, 16 août, 22, 23, 24 oc-

A côté de ces notaires, il faut placer deux autres sortes d'officiers : les *jurés* d'Inquisition et les geôliers.

Les *jurés (jurati Inquisitionis)* ont pour mission principale de citer au tribunal des inquisiteurs les individus que ceux-ci veulent y faire comparaître. Nous trouvons dans le manuscrit qui nous occupe trois personnages, auxquels ce titre est attribué. Ce sont d'abord Arnaud Assallit et Barthélemi Adalbert, que nous venons de voir comme notaires. Il faut ajouter un certain Gérard Maubert, que Geoffroi d'Ablis charge, le 28 août 1308, en même temps qu'Arnaud Assallit, d'aller porter une citation à Pierre de Luzenac, dont on lui a fait savoir la présence à Carcassonne[1].

Quant aux geôliers d'Inquisition *(custodes muri)*, deux sont nommés, maître Barthélemi *de Arlalo* et maître Jacques *de Poloniacho,* curé de l'église des Caunettes-en-Val, dans le diocèse de Carcassonne. Jacques *de Poloniacho* est gardien du *mur* de cette

---

tobre 1308 ; 30 janvier 1309. Nous ferons remarquer que plusieurs de ces dates sont celles non pas d'un interrogatoire unique, mais de plusieurs interrogatoires compris dans une même journée et où paraît le même notaire. Il y a, en effet, deux interrogatoires le 13 juin et le 21 octobre; il y en a trois le 25 juillet. A tous ces interrogatoires, il faut en ajouter un qui ne porte aucune indication de mois. Quant à Barthélemi Adalbert, les dates où il se montre sont celles des 19 janvier, 21 mars, 4, 8, 9 avril 1309. Pierre Boyer enfin apparaît les 23, 24 octobre, 27, 29 novembre 1308; 18, 19 avril, 6 août, 27 septembre 1309; 23 juin 1310. Le 23 octobre 1308, ce n'est pas une seule déposition, mais deux dépositions différentes qu'il est appelé à recevoir.

Pour ce qui concerne les titres portés par ces différents personnages, le premier, Guillem Raimond, prend celui de *auctoritate Sedis apostolice publicus officii Inquisitionis notarius* (f° 7 B), ou simplement de *publicus notarius officii Inquisitionis.* (F° 12 A.) Barthélemi Adalbert est ainsi désigné : *Barthelomeus Adalberti de Carcassona, publicus auctoritate regia notarius et officii Inquisitionis juratus.* (F° 54 B.) Pierre Boyer figure sous la mention suivante : *Petrus Boerii de Carcassona, clericus, publicus regia et imperiali auctoritate et officii Inquisitionis notarius.* (F° 8 A.)

1. F° 52 A.

ville; son collègue remplit les mêmes fonctions à Toulouse. Tous les deux figurent dans les interrogatoires que nous étudions à titre de témoins des procès-verbaux qui en sont dressés[1].

Ces indications rapides sur le personnel d'un tribunal d'Inquisition au début du quatorzième siècle nous conduisent tout naturellement à dire quelques mots de la procédure qui s'y trouve mise en pratique. Nous en parlerons d'ailleurs très-brièvement.

Les interrogatoires consignés dans le manuscrit dont nous nous occupons sont au nombre total de quarante-deux. Tous, sauf un qui est du 23 juin 1319, sont compris entre les dates extrêmes du 10 mai 1308 et du 27 septembre 1309. Il y en a vingt-huit pour la première de ces deux années, et treize pour la seconde[2].

La majeure partie a pour théâtre Carcassonne, où

---

1. Barthélemi de *Arlato*, que mentionne, remarquons-le en passant, l'enquête de 1305, dont nous avons parlé à plusieurs reprises, ne se montre qu'une seule fois dans le manuscrit qui nous occupe. (V. f° 27 A.) Maître Jacques de *Poloniacho* figure, au contraire, dans presque tous les interrogatoires. Ajoutons, à propos de ce personnage, qu'il faudrait peut-être l'appeler Jacques de Pouillonnac, du nom d'une localité de l'arrondissement de Carcassonne et du canton de Capendu. De *Poloniacho* serait, en ce cas, pour *de Boloniacho*, comme nous avons vu plus haut *de Plumaco* écrit pour *de Blumaco*.

C'est aussi à titre de témoins que reparaissent un certain nombre de personnages que nous avons déjà vus comme notaires, Pierre Boyer et Jacques Marquès, avec d'autres que nous avons trouvés joignant à l'office de notaire celui de *juré*, Arnaud Assallit et Barthélemi Adalbert. Comme témoin figurant aux séances du tribunal de Carcassonne, le premier est nommé dans six dépositions, le deuxième dans une seulement, le troisième dans trois, le quatrième dans deux.

2. En voici le tableau. 1308 : 10, 11, 21 mai; 12, 13, 15 juin; 9, 21, 25, 26 juillet; 2, 12, 16, 21 août; 22, 23, 24 octobre; 27, 29 novembre. — 1309 : 19, 26, 29, 30 janvier; 21 mars; 4, 8, 9, 18, 19 avril; 21 mai; 6 août; 27 septembre. — Nous ferons remarquer encore une fois qu'à certaines de ces dates il y a plusieurs interrogatoires. Il y en a deux le 13 juin et le 24 octobre, trois le 26 juillet et le 23 octobre 1308. De plus, il faut en ajouter deux, l'un de 1308, l'autre de 1309, celui-ci postérieur au 19 janvier, dont le mois n'est pas indiqué.

l'on en compte trente-six. Deux se placent à Pamiers; quatre, enfin, dans un endroit qui ne peut être déterminé.

A Carcassonne, ils ont lieu, soit au couvent des Frères Prêcheurs de cette ville (*in domo Fratrum Predicatorum*), où siègent, rarement, il est vrai, Géraud de Blomac et Jean de Faugoux, seuls ou bien réunis, et où nous voyons une fois Geoffroi d'Ablis lui-même; soit dans la chambre de maître Jacques *de Poloniacho*, le geôlier d'Inquisition dont nous venons de parler (*in camera magistri Jacobi de Poloniacho, custodis muri Carcassone*), et où nous ne rencontrons jamais que les lieutenants de l'inquisiteur en titre; soit enfin dans deux autres endroits particuliers. Ceux-ci, qui semblent réservés à peu près exclusivement au chef de la circonscription inquisitoriale, sont la maison de l'Inquisition, à la Cité de Carcassonne (*domus* ou *hospitium Inquisitionis Civitatis Carcassone*), ou bien, dans cette maison, un lieu qui porte le nom d'*audience* (*audientia*)[1]. Quant à Pamiers, les interrogatoires s'y font dans une salle du couvent des Frères Prêcheurs de cette ville (*in quadam camera, in quadam aula conventus Fratrum Predicatorum*)[2].

La procédure qui se déroule dans les interrogatoires, dont nous venons d'indiquer le nombre et les théâtres différents, est de tous points conforme à celle que nous

---

[1]. Quatre interrogatoires ont lieu au couvent des Frères Prêcheurs de Carcassonne, douze dans la chambre de maître Jacques *de Poloniacho*, quinze dans la maison de l'Inquisition, cinq dans l'endroit désigné sous le nom d'*audience*. (Voir, pour la première de ces indications, f° 5 A; pour la deuxième, 6 A et *passim*; pour la troisième, 7 B et *passim*; pour la quatrième enfin, 12 B.)

[2]. F°° 1 A, 43 B.

font connaître tous les documents d'Inquisition. Elle se rapproche surtout de celle que nous présente le recueil étudié immédiatement avant celui-ci. Remarquons, d'ailleurs, que nous en avons la première phase seulement, c'est-à-dire l'instruction[1]. Celle-ci se divise elle-même en quatre parties, nous dirions volontiers quatre actes : la comparution, l'interrogatoire, la réconciliation, la confirmation des aveux faits dans l'interrogatoire.

Les prévenus comparaissent devant leurs juges, ou bien sans avoir été cités au préalable par eux (*non citati, venientes non citati nec vocati, sed gratis et sponte*), ou bien après avoir reçu une citation formelle (*citati, vocati, mandati*), ou bien encore en état d'arrestation (*adducti capti*).

Le premier de ces trois cas est le plus rare, et le manuscrit qui nous occupe n'en fournit que trois exemples[2]. En réalité, le plus ordinaire est le troisième de

---

1. Ajoutons de plus, pour que ce soit un fait acquis, et sur lequel nous n'ayons plus à revenir, qu'aucun document, en dehors de celui dont nous faisons l'analyse, ne nous conduit au delà. Que deviennent, après leurs dépositions et les confirmations répétées qu'ils en ont fournies, les dix-sept prévenus interrogés par Geoffroi d'Ablis et ses lieutenants, nous l'ignorons absolument, sauf pour l'un d'entre eux.

Le dimanche, 2 juillet 1322, Bernard Gui et Jean de Beaune, dans un *acte de foi* célébré au cimetière de Saint-Jean martyr, à Pamiers, accordent à Blanche, femme de Guillem de Rolès, la permission de déposer les croix qui lui ont été imposées comme pénitence. Le même jour et le lendemain, pareille concession est faite à deux autres femmes, mentionnées simplement dans les dépositions qui nous occupent, mais rattachées à deux des prévenus par les liens de parenté les plus étroits. Ce sont Guillemette, femme de Raimond Vaulserre, et Marquise, femme de Pierre Tinhac. Cette dernière, comme nous l'avons remarqué, est également fille de Raimond Autier, et par conséquent nièce du ministre hérétique du même nom. Le dimanche aussi, grâce est faite des croix qu'il porte à un personnage sans cesse cité dans notre manuscrit, Guillem d'Aire (*de Area*), de Quié. (Voir Limborch, fº 148 B, 149 A.)

2. C'est dans les interrogatoires de Philippe de Larnat, de Pierre Tinhac et de Jacques Garsen.

ceux que nous avons indiqués. Non-seulement il est marqué expressément comme celui où se trouvent un certain nombre de prévenus[1], mais il faut considérer presque toujours comme s'y trouvant aussi les inculpés, dont il est dit simplement qu'ils sont constitués en jugement (*constituti in judicio*), sans indication plus précise[2]. Pour ceux-là, en effet, la suite de leurs interrogatoires montre, le plus souvent, qu'ils ont subi une détention préventive, qui probablement n'avait pas toujours cessé, quand ils ont comparu pour la première fois devant leurs juges. Si ces mêmes accusés se représentent plus tard sur une citation formelle, c'est que, sans doute, à la suite de leur première comparution, les juges avaient ordonné leur élargissement. Un seul comparait de prime abord sur une citation qui lui a été adressée, c'est-à-dire jouissant de sa liberté[3].

Nous n'insisterons pas sur les interrogatoires, dont nous aurons occasion de noter plus loin, dans le cours de cette étude, le caractère toujours le même, minutieux et subtil[4]. Il nous suffira de remarquer, qu'au

---

1. Il en est ainsi pour Guillem de Rodès, pour sa femme Blanche, pour Alamande, veuve d'Arnaud de Fos. Guillem de Rodès nous apprend de plus, lors de sa troisième comparution, *quod ipse stetit captus, tam in l'uro quam Appamiis quam et Carcassone, in muro, XV dies, antequam faceret suam confessionem predictam.* (F° 12 B.)

2. C'est ce qui arrive, par exemple, pour Raimond Autier. *Item dixit, quod, quando predictam confessionem suam fecit coram dictis locum tenentibus domini inquisitoris predicti, fuerat detentus captus pro facto heresis, tam Pasi quam Appamiis, quam etiam in muro seu carcere Carcassone, per mensem vel circa.* (Deuxième comparution de Raimond Autier, f° 7 B, 8 A.) — L'interrogatoire de Pierre Issaure fournit la même indication (f° 37 A), ainsi que la première déposition de Pierre de Gaillac écrite par lui-même. (F° 46 A.)

3. Ce prévenu est Pierre de Luzenac. Il y a même cela de curieux, que nous avons, dans une sorte de préambule à ses dépositions, toutes les péripéties pour ainsi dire de la citation qui lui est adressée, le 29 novembre 1308, à Carcassonne, par l'inquisiteur Geoffroi d'Ablis. (Voir f° 52 A.)

4. Il ne serait cependant pas sans profit de nous arrêter un peu, si nous

moins dans le recueil dont nous faisons l'analyse, les inquisiteurs n'en font généralement pas subir plus d'un à chaque prévenu. Ils tirent en une seule fois des accusés tout ce qu'ils peuvent en obtenir, de sorte que les additions ou modifications faites à la déposition primitive, dans les comparutions postérieures, sont ordinairement nulles ou à peu près insignifiantes[1].

La conséquence naturelle des aveux faits par le prévenu semble être sa réconciliation immédiate avec l'Église. Les inquisiteurs n'attendent même pas, pour la lui accorder, que l'instruction soit arrivée à sa fin. Cette réconciliation a lieu, en effet, le plus souvent dès la première comparution. Elle se place, dans tous

en avions le temps, sur ces interrogatoires. Nous y verrions, non-seulement la pratique inquisitoriale en matière d'instruction, mais quelque chose d'au moins aussi intéressant. Nous voulons parler des sentiments qu'inspiraient les juges d'Inquisition aux prévenus amenés devant eux. A vrai dire, autant qu'on peut s'en rendre compte, ces sentiments paraissent se fondre dans un seul, une crainte profonde. C'est la crainte qui les pousse à retarder, jusqu'au jour où on les interroge, des aveux qu'on leur reproche ensuite de ne pas avoir fait au moment même de leur arrestation. (Voir déposition des frères Raimond et Pierre Issaure, f° 33 B, 37 A.) C'est la crainte qui les paralyse lorsque le moment de parler est venu, et qui donne à leurs dépositions ce caractère embarrassé, qu'il est impossible de méconnaître, malgré la sécheresse des procès-verbaux.

Cela n'empêche pas qu'ils ne donnent parfois, au sujet des actes dont on leur fait un crime, des raisons toutes simples, qui les excuseraient absolument auprès de juges moins décidés à sévir. On demande à Guillem de Rodès pourquoi il n'a pas arrêté lui-même, ou du moins fait arrêter les hérétiques Pierre et Guillem Autier, ses oncles, les frères de sa propre mère, ainsi que son cousin Jacques Autier, avec lesquels il se trouvait sans cesse en relation. Il répond qu'il ne l'a pas fait, parce que c'étaient ses parents, *quia erant de parentela sua*. (Première déposition de Guillem de Rodès, f° 11 B.) La même raison est donnée une seconde fois par le même prévenu dans sa troisième déposition. (F° 13 A.)

1. Le contraire de ce que nous disons n'arrive guère que pour les aveux obtenus des femmes. Les inquisiteurs eux-mêmes paraissent avoir quelque peine à régler la loquacité et l'incohérence de cette catégorie de prévenus, qui semblent prendre à tâche le plus souvent de contredire dans une déposition nouvelle les assertions les plus expresses de leur déposition précédente. (Voir à ce sujet les interrogatoires de Blanche, femme de Guillem de Rodès, et surtout ceux de Guillemette, fille de Raimond Garsen.)

les cas, avant la confirmation que l'accusé doit faire de ses aveux, et qui est le couronnement de l'instruction tout entière[1].

En effet, leurs dépositions une fois terminées et leur réconciliation opérée avec l'Église, les prévenus n'en ont pas fini, cependant, avec la justice inquisitoriale. A une date plus ou moins rapprochée de leur dernière déposition, ils sont invités à se représenter devant leurs juges pour donner confirmation de leurs aveux. La chose se fait avec solennité. En présence de l'inquisiteur en titre, qui siège toujours en pareil cas, et de témoins de plus haut rang que d'habitude[2], le notaire

---

1. Raimond Autier, Guillemette, fille de Raimond Garsen, Raimond Vaisserre, Blanche de Rodés, Alamande, veuve d'Arnaud de Fos, Pierre Tinhac, Raimond et Pierre Issaure, Athon de Castel, Pierre de Luzenac, sont réconciliés avec l'Église dès leur première comparution; Gérard et Guillem de Rodés, Pierre de Gaillac, à leur seconde comparution seulement.

Les notaires d'Inquisition indiquent cette formalité de la manière suivante : *Juravit et abjuravit omnem heresim, et fuit reconciliatus.* (F° 7 B.) La première déposition de Pierre de Luzenac nous donne les termes complets de l'abjuration : *Et ibidem, anno et die quibus supra, dictus Petrus de Luznacho abjuravit omnem heresim, fautoriam, deffensionem, receptationem, commendationem secte, ritus et fidei, consentionem et omnem aliam participationem heresis et hereticorum, quocumque nomine censeatur.* (F° 53 A.)

Leur réconciliation avec l'Église n'exempte pas, bien entendu, les accusés du châtiment, ou, pour parler le langage des inquisiteurs, de la *pénitence salutaire*, que ceux-ci se réservent de leur imposer plus tard. Les prévenus le savent si bien, que, pour faire preuve de bonne volonté sans doute, quelques-uns réclament eux-mêmes cette pénitence. Le manuscrit qui nous occupe nous montre l'un d'entre eux, Raimond Issaure, au bout de ses interrogatoires, *petens et supplicans de et pro predictis tibi injungi penitentiam salutarem.* (F° 34 B.) La même indication se trouve à la fin des dépositions de Blanche de Rodés. (F° 23 B.)

2. C'est toujours, d'ailleurs, comme on l'imagine, en présence de témoins plus ou nombreux, que se passent les actes de la justice inquisitoriale, les dépositions aussi bien que les confirmations d'aveux, dont le manuscrit qui nous occupe nous fournit des exemples.

Voici les noms de quelques-uns de ces témoins. Nous citerons d'abord, dans l'ordre ecclésiastique, des religieux dominicains : Guillem d'Anhans (*de Anhanis*), vicaire de la province de Toulouse et prieur du couvent de

lit aux prévenus, en langue vulgaire et sans y changer un mot, le procès-verbal de leurs dépositions. Ils les reconnaissent pour exactement conformes à la vérité, et promettent par serment de s'y tenir. Ils affirment en même temps que ni tortures, ni menaces, ni prières, ni argent, ni crainte, ni haine, ni affection, ne les ont poussés à faire ces aveux. Ils s'en remettent ensuite au jugement et à la miséricorde de l'Église et des inquisiteurs[1]. Ils s'engagent aussi d'ordinaire à pour-

la même ville; Étienne Laurel et Guillem Pierre, l'un prieur, l'autre sous-prieur du couvent de Carcassonne; Guillem Séguier, lecteur au même couvent; Germain, Sixte de Lézat, l'un prieur, l'autre visiteur du couvent de Pamiers; Arnaud Jean, Dominique, l'un prieur, l'autre sous-prieur du monastère de Prouille; Jean Étienne, compagnon (*socius*) de Geoffroi d'Ablis; — puis des prêtres réguliers : Arnaud Salvaire, Pierre Sicre, Guillem de Villaspassans, chanoines de l'église de Carcassonne; Pierre Raoul, Guillem Raimond, recteurs, le premier de l'église de Mauléon au diocèse de Pamiers, le second de l'église de Cazilhac au diocèse de Carcassonne.

Parmi les laïques, nous indiquerons : Jean d'Aunai, chevalier, sénéchal de Carcassonne et de Béziers; Mayol *Robutini*, chevalier, viguier de Carcassonne pour le roi de France; Pierre de Macherin, chevalier, connétable de la Cité de Carcassonne; Pierre-Arnaud de Château-Verdun, chevalier, sénéchal du comte de Foix; Pierre Peitavin, professeur de droit, juge-mage du roi de France; Aimeri de Cros, chevalier, et Pierre Rocha, juges, l'un du pays de Sault, l'autre du Minervois; Raimond Barrot, Guillem Gosin, Géraud Manent, Guillem Touratier, consuls de Carcassonne; Pierre Guila, Pierre Vidal, jurisconsultes de la même ville.

1. *Interrogatus si aliquid aliud vult vel intendit addere, minuere, declarare, corrigere vel mutare (sic) circa confessionem suam predictam, per quod possit a commissis et confessis per ipsum super facto heresis relevari vel etiam excusari, dixit quod non; sed dixit quod ipsam confessionem, declarationem et alia suprascripta, prout scripta sunt et sibi recitata intelligibiliter in vulgari, approbat, innovat, ratificat et confirmat, tanquam vera et nullam continentia falsitatem, et in ipsis et ipsorum singulis promisit per juramentum suum perseverare et in nullo contravenire, renuncians ex nunc omni deffensioni juris et facti, et omnibus per que dicta ejus confessio posset infringi, annullari vel in aliquo irritari, et pro omnibus et singulis predictorum, supponit se judicio et misericordie Ecclesie et inquisitoris predicti et successorum suorum in officio memorato.* (Deuxième comparation de Raimond Autier, f° 8 A). — Voir également deuxième comparation de Blanche de Rodès. (F° 25 B.) Il s'y trouve une formule de ratification très-complète, conforme, d'ailleurs, à la précédente. Quant à l'engagement de s'en remettre sans réserve au jugement de l'Église et de la justice inquisitoriale, la première déposition de Pierre de Luzenac nous en fournit le développement pour ainsi dire en termes expressifs. (Voir f° 53 A.)

suivre les hérétiques et leurs fauteurs[1]. Telle est cette ratification de leurs aveux, qui peut être imposée aux prévenus non pas une fois seulement, mais à plusieurs reprises, et, dans certains cas, après un nombre d'années assez considérable[2].

Ces indications sur la procédure inquisitoriale se trouvent absolument conformes, ainsi que nous en avons fait la remarque, à celles qui nous sont fournies par tous les documents d'Inquisition de même nature que celui dont nous faisons l'analyse. C'est à peine si le même manuscrit nous offre quelques détails, que l'on peut considérer, dans une certaine mesure, comme rares ou même uniques en leur genre. Nous citerons, par exemple, les deux dépositions écrites de sa propre main sur ce registre par Pierre de Gaillac, et les trois autres que Pierre de Luzenac apporte tout écrites, et qu'il lit lui-même devant ses juges[3].

Si brèves que soient les remarques qui viennent d'être présentées[4], nous insisterons moins encore sur

---

1. Voir *ibid.*, et *supra*.

2. Athon de Castel a été interrogé à Pamiers par Gérard de Blomac et Jean de Faugoux, le 3 mai 1308. Il confirme ses aveux à Carcassonne pardevant Geoffroi d'Ablis, le 6 août 1309. Il renouvelle cette confirmation dans la même ville, en présence de Jean de Beaune, le 23 juin 1319. (Voir f⁰ˢ 13, 14 A.)

3. F⁰ˢ 16, 17, 18 B, 19; — f⁰ˢ 32-35. — La déposition apportée tout écrite par Pierre de Luzenac au tribunal d'Inquisition et lue par lui est qualifiée de *cedula papiri*.

4. Voici encore une indication que nous ne croyons pas pouvoir passer sous silence. C'est celle des dépositions qui nous paraissent les plus importantes à tous les points de vue. Huit sur dix-sept sont de ce nombre, à notre sens. Cinq malheureusement ne nous ont pas été conservées en entier, par suite de la disparition de feuillets intermédiaires. Ce sont celles de Guillemette, fille de Raimond Garsen, de Raimond et d'Arnaud Issaure, de Pierre de Gaillac, et enfin de Pierre de Luzenac. Les trois que nous possédons tout entières sont celles de Raimond Autier, de Guillem de Rodés, de Pierre Issaure. Parmi ces huit dépositions, celle de Guillem de Rodés nous semble pouvoir être considérée comme une sorte de type en

une autre espèce de renseignements, dont le recueil qui nous occupe peut être considéré cependant comme une source particulièrement riche. Il s'agit de notions sur les croyances et les pratiques religieuses de la secte albigeoise, ainsi que sur les mœurs et l'existence de ses ministres. Ces notions abondent, nous le répétons, dans le volume que nous étudions maintenant. Aucun autre ne les présente même, à notre sens, aussi variées et aussi complètes. Quoi qu'il en soit, nous nous contenterons d'en noter l'existence[1], et nous

---

fait de procédure inquisitoriale. C'est, d'ailleurs, la plus longue de toutes et l'une des plus importantes, à cause de la parenté du prévenu avec Pierre Autier.

1. Les indications suivantes permettront de retrouver à leur place une partie au moins des renseignements dont il s'agit :

Croyances et doctrines albigeoises : existence de deux dieux (f°s 18 A, 30 A); — le démon créateur du monde (f° 52 D); — sorte de métempsycose (f°s 18 A, 19 B); — railleries contre le baptême (f°s 15 B, 21 A); — condamnation du mariage (f°s 18 A, 23 A); — argument singulier contre la présence réelle (f° 3 B); — mépris pour la croix (f°s 21 A, 30 A, 46 B, 52 B); — invectives contre l'Église romaine (f°s 14 A, 46 B); — prétention des hérétiques de se donner pour les successeurs des Apôtres (f°s 3 B, 6 A, 22 A); — exposé assez complet et accompagné de raisons théologiques des doctrines albigeoises. (F^{os} 46 A et B.)

Pratiques religieuses des albigeois : ordination des ministres hérétiques (f° 39 B); — adoration ou *melioramentum* (f°s 1 A, 51 A, 52 B et *passim*); — bénédiction du pain (f°s 52 B, 55 B); — hérétication (f°s 7 A et B, 15 B, 25 B, 27 A, 36 B, et *passim*); — *endura* (f°s 19 A, 21 A, 21 A et B, 33 A); — traductions des Livres Saints en langue vulgaire. (F^{os} 1 A, 54 A.)

Existence et mœurs des ministres hérétiques : leur vie errante et périlleuse (f°s 9 A, 12 A, et *passim*); — leurs voyages fréquents en Lombardie (f° 5 A, et *passim*); — leur régime (f°s 6 A, 17 A, 22 A, 25 B, 29 A, 35 B, 39 B); — legs qui leur sont faits. (F^{os} 29 B, 51 A.)

Nous ne pourrons naturellement pas donner ici aucun de ces textes curieux. Remarquons seulement que ceux dont nous avons fait mention en première ligne nous révèlent assez nettement, outre les principales croyances albigeoises, la méthode employée par les prêtres de la secte dans l'exposition de leurs doctrines. Simples et familiers jusqu'à la plaisanterie, quand ils s'adressaient à des gens du peuple, visant à les convaincre par des arguments aussi brefs que possible et en apparence dénués de tout artifice, ils se piquaient aussi de science théologique et savaient, pour les esprits éclairés, opposer les textes aux textes, ainsi que l'interprétation qu'ils en avaient imaginée à celle qu'enseignait l'Église romaine

passerons aux dernières indications, qui doivent être la conclusion de ce chapitre.

Ces indications concernent le ministre albigeois Pierre Autier. Nous avons dit plus haut que son nom figurait à chaque page du document que nous étudions. Il n'est pas, pour ainsi dire, une seule des *Sentences* publiées par Limborch où on ne le retrouve également. C'est pour l'avoir vu, pour avoir écouté ses prédications, pour l'avoir secouru dans sa vie errante et sans cesse menacée, enfin pour ne pas l'avoir livré à la police inquisitoriale, que tant d'individus du Midi tout entier sont frappés de condamnations plus ou moins dures par Bernard Gui, Geoffroi d'Ablis et Jean de Beaune. Au moment où la secte cathare, après une renaissance éphémère, va disparaître pour toujours, il en est le chef reconnu, au moins en France, le soutien pendant plus de dix ans, à force d'activité et de courage.

Nous n'avons pas l'intention de retracer ici la situation du Languedoc vers l'année 1300, c'est-à-dire à peu près vers l'époque où commence véritablement le rôle religieux de Pierre Autier[1]. Qu'il nous suffise

La chose n'est pas étonnante. On ne saurait oublier, en effet, qu'ils eurent, de l'aveu même des écrivains catholiques, de véritables docteurs, au moins en Italie.

1. Voir, sur cette situation, le livre tout entier de M. Hauréau, *Bernard Délicieux*. Voir également celui de M. Schmidt, t. I, pp. 339-359. C'est la partie de cet ouvrage que nous avons déjà indiquée plus haut, à propos de la biographie de Geoffroi d'Ablis. Le tableau rapide que trace l'auteur de la situation du Midi, dans les dernières années du treizième siècle et les premières du quatorzième, est aussi juste et complet que possible, et même assez vivant. Nous n'y relèverons qu'une indication douteuse, celle d'un second exil de Pierre Autier en Lombardie, en 1305 ou 1306, à la suite des rigueurs déployées par Philippe IV contre les conspirateurs de Carcassonne et de Limoux, et qui répandirent dans tout le Languedoc une terreur, dont l'Inquisition profita pour se relever. (Voir p. 353.) Si l'on s'en rapporte au manuscrit que nous analysons, Pierre Autier ne paraît pas avoir quitté la France, depuis son retour d'Italie jusqu'à son arrestation.

de rappeler qu'à ce moment la révolte est partout dans ce pays. L'Inquisition protégée, ou du moins tolérée pendant le treizième siècle, dans un intérêt tout fiscal, par les rois de France, a lassé enfin les populations du Midi, qui s'insurgent contre elle et conçoivent même un instant l'espoir de la faire disparaître. Carcassonne s'est déjà soulevé en 1295 ; il se soulèvera encore en 1303, cette fois sur l'exemple d'Albi, révolté dès l'année précédente. Les esprits échauffés vont aller jusqu'aux résolutions les plus extrêmes. On compte encore sur le roi de France pour délivrer le Midi de ses tyrans. Mais, s'il ne le fait pas, on s'adressera ailleurs, et c'est ainsi qu'au mois d'avril 1304, l'auteur principal de ces agitations, celui qui les entretient avec son éloquence et sa haine contre l'ordre des Frères Prêcheurs, Bernard Délicieux, s'en ira en Roussillon proposer la couronne de Languedoc à l'un des fils du roi de Majorque.

À peine ces mouvements, qui doivent durer près de dix années entières et qui ne seront étouffés que par la terreur et les supplices, ont-ils commencé, que le bruit s'en répand, à ce qu'il semble, parmi les proscrits de la secte cathare réfugiés dans les villes lombardes. Leurs relations sont, d'ailleurs, constantes avec leurs coreligionnaires du midi de la France, et ils n'ont jamais dû perdre l'espoir de venir les retrouver un jour. Pleins d'illusions que l'exil n'a fait qu'accroître, ils repassent en foule les Alpes. Les premiers à donner l'exemple du retour, ce sont peut-être les plus compromis, ceux que l'Inquisition a marqués depuis longtemps pour le bûcher, et qu'elle y enverra sur l'heure, si elle peut jamais les saisir. Il est vrai que ce sont les plus intrépides, les chefs mêmes de la secte, d'autant plus ardents à recommencer la lutte contre l'Inquisition, qu'elle paraît cette fois devoir se terminer par leur triomphe. Car, ils n'en doutent pas, la justice qu'ils exècrent a fait son temps, et sur ses ruines l'église cathare va refleurir aussi prospère qu'elle l'était il y a un siècle.

Pierre Autier semble avoir été du nombre de ces émigrés, résolus à regagner leur patrie sans attendre plus longtemps. Peut-être même a-t-il été le plus empressé de tous à le faire, car les premières indications de sa présence dans son pays natal, que nous fournit le manuscrit qui nous occupe, remontent à l'année 1298[1]. Ces mêmes indications nous prouvent également, qu'une fois revenu dans le Languedoc, il n'en est plus sorti. Elles se continuent, en effet, sans interruption, d'année en année, jusqu'en 1307 inclusivement, c'est-à-dire jusqu'au jour même où les prévenus, dont les aveux nous fournissent ces renseignements, commencent à paraître devant le tribunal de l'Inquisition de Carcassonne.

Quoi qu'il en soit, à l'époque de son retour dans le midi de la France, Pierre Autier doit être déjà d'un âge assez avancé. C'est ce que nous indiquent, du moins, les documents d'Inquisition, qui le représentent

---

[1]. A la vérité, nous trouvons dans le même manuscrit la mention d'une date antérieure de trois ou quatre ans, comme celle d'un séjour plus ou moins long fait à Larnat par Pierre Autier, en compagnie de son frère Guillem. Raimond Issaure, parlant de ce fait dans sa première déposition, qui est du 12 août 1308, dit *quod XIII anni vel circa sunt elapsi* (f° 30 A) ; ce qui nous reporterait à peu près à l'année 1295. En ce cas, le fait en question serait antérieur au départ de Pierre Autier et de son frère pour leur exil, dont la durée se trouverait enfermée de la sorte entre ces deux dates de 1295 et de 1298. Ainsi qu'on va le voir, cela s'accorde justement avec le nombre d'années passées par les deux ministres albigeois hors de leur pays.

à plusieurs reprises comme un vieillard[1]. Il ne paraît pas avoir été moins infatigable pour cela, ni moins décidé à conserver ses croyances et à les propager jusqu'à la mort[2]. La justice inquisitoriale ne l'a pas traité, d'ailleurs, plus doucement qu'aucun autre de ses ennemis. Elle a confisqué ses biens, ruiné et dispersé sa famille[3]. Le séjour de quatre ans qu'il a fait en Lombardie[4] a dû encore exalter sa foi. Établi dans ce pays avec sa fille Mathilde et le mari de celle-ci, Pierre Eugène, qui l'ont accompagné[5], il s'est trouvé

---

[1]. Voir, dans Limborch, les sentences prononcées contre Perrin Maurel et Bernard d'Hugues (de Hugonibus). (F° 45 A, 59 A.) Pierre Autier, qui a eu des relations avec les deux condamnés, y est qualifié de senex. Peut-être même faut-il le regarder comme déjà affaibli par l'âge et de médiocre santé. Vers 1298, à l'époque même de son retour en France, il demeure près d'un mois très-gravement malade à Larnat, dans la maison d'Arnaud Issaure, où l'a conduit le frère de Pierre de Luzenac, Guillem. Mal rétabli encore, il est mené ensuite à Mérens, chez P. Amiel. C'est le manuscrit que nous analysons qui nous fournit ce détail. (Voir f° 32 A.) — Voir également dans Limborch, f° 21 B, l'indication d'une autre maladie de Pierre Autier.

[2]. Un des neveux de Pierre Autier, Guillem Hugues, fils de Jacques Hugues, de Savenlun, a raconté aux inquisiteurs qu'il avait exhorté son oncle à abandonner l'hérésie : *Set hereticus respondit sibi, quod nullo modo eam dimitteret, etiamsi omnes amici sui excoriarentur viri coram ipso.* (Limborch, f° 103 B.) Ce Guillem Hugues et sa femme Astrugue sont condamnés tous deux à porter des croix, le 30 septembre 1319.

[3]. C'est ce qu'indique le propre frère de Pierre Autier, Raimond, dans son deuxième interrogatoire (f° 7 B) : *Interrogatus per dictum inquisiterem (G. de Ablusiis), quomodo scivit vel sciebat predictos Petrum et Guillelmum esse et fuisse hereticos, dixit quod tunc primo scivit ipsos recessisse de terra propter factum heresis, quando vidit et scivit, quod gentes comitis Fuxi occupabant et applicabant sibi bona Petri et Guillelmi predictorum hereticorum.*

[4]. Il semble, en effet, que telle ait été la durée de l'absence de Pierre Autier. *Postea per aliquod tempus*, dit Pierre de Luzenac dans sa première déposition (f° 52 A), *idem Petrus Auterii recessit a Sarartesio cum Guillelmo fratre suo, et, ut dicebatur, pro facto heresis. Postea per aliud tempus, scilicet per quadriennium a tempore recessus ipsorum vel circa, fama fuit in terra quod ipsi revenerant et quod erant heretici.*

[5]. Voir Limborch, f° 103 B, 104 A. — Le manuscrit dont nous nous occupons nous donne, en outre, au sujet des compagnons de Pierre Autier dans son exil, le renseignement suivant, qui nous fait pénétrer dans la vie

en relation avec les ministres célèbres de la secte, dont presque aucun ne semble avoir habité la France à cette époque, et notamment avec l'un des plus illustres d'entre eux, un *ancien*, Bernard Audoyn de Montaigu[1]. A Côme, il a reçu de leurs mains l'ordination, en même temps que son frère Guillem, exilé comme lui[2]. Bientôt son autorité a grandi : il est devenu un *ancien* à son tour[3], un des chefs les plus actifs et les plus influents de la secte cathare.

Originaire du diocèse de Pamiers et de la petite ville d'Ax, où il a été notaire[4], avant d'embrasser les croyances albigeoises, c'est là qu'il reparaît à son retour d'Italie. Sa famille s'y trouve encore tout entière[5]. Elle est nombreuse. Son frère Raimond, qui n'aura que plus tard des démêlés avec la justice inqui-

---

intime du ministre albigeois. *Dixit etiam, quod audivit ab hereticis, videlicet Petro et Guillelmo Auterii, quod dicta Moneta* (uxor quondam Rauzini, soror Raimundi Calhani, notarii de Ax), *que erat amica seu druda Petri Auterii heretici, antequam esset hereticus, quod ipsa debebat recedere cum dicto Petro, quando primo recessit de terra; et postquam redierunt ipsi heretici, audivit eos dicentes, quod dicta Moneta debebat cum eis recedere et sequi eos.* (Deuxième déposition de Guillemette, fille de Raimond Garsen, f° 19 B.)

1. Voir Limborch, f° 32 B, sentence de Bernarde Germain, veuve de Guillem de Montaigu et nièce de Bernard Audoyn.

2. *Postea dictus testis, ut dixit, interrogavit dictos fratres suos, ubi steterant et fuerant tanto tempore. Qui responderunt quod in partibus Lombardie, et quod in Como fuerunt recepti in sectam bonorum hominum, videlicet hereticorum.* (Premier interrogatoire de Raimond Autier, f° 6 A). — Voir également premier interrogatoire de Blanche, femme de Guillem de Rodés. (F° 22 A.)

3. Voir Limborch, f° 35 B. Un hérétique condamné comme relaps a servi de guide à Pierre Sanche, *qui volebat ire tunc ad Petrum Auterii, ancianum suum.* Amiel de Perles lui a donné hautement, à ce qu'il paraît, ce même titre devant ses juges, et a déclaré n'avoir pas d'autres croyances que celles dont Pierre Autier lui-même faisait profession. (Voir sa sentence, Limborch, f° 16 B).

4. *Notarius quondam et habitator de Ax in Sabarteio Appamiensis dyocesis.* C'est ainsi que s'exprime sa sentence. (Voir Limborch, f° 40 A).

5. Elle pourrait bien n'être pas encore éteinte aujourd'hui.

sitoriale, est établi à Ax même. Une de ses sœurs est mariée à Saverdun, une autre à Tarascon, où habite également un de ses gendres. Il a une foule de neveux et de nièces, ainsi que de parents par alliance[1]. Ses relations ne sont pas moins étendues, et quelques-unes très-anciennes et très-sûres, à ce qu'il semble. Un certain nombre même peuvent lui faire espérer l'aide de la petite noblesse du pays[2].

1. Voici, pour compléter ces indications et celles que nous avons déjà données plus haut, une sorte de tableau de la famille de Pierre Autier. Nous en empruntons les éléments au manuscrit qui nous occupe et aux *Sentences* éditées par Limborch.

Sa femme porte le nom d'Alazaïs. Il a trois fils légitimes : Jacques, ministre de la secte comme son père, Arnaud et Jean; un fils naturel, Bon Guillem (*Bonus Guillelmus*), *hérétiqué* au moment de sa mort (voir Limborch, f° 33 A), et qui paraît lui avoir servi de *nuncius* (première déposition de Raimond Autier, f° 6 A); deux filles légitimes : Mathilde, femme de Pierre Eugène, et Gaillarde, mariée probablement à un certain Raimond, natif de Sorèze, et tailleur à Toulouse (première déposition de Pierre de Luzenac, f° 52 B, et Limborch, f° 29 B); une fille naturelle, Guillemette ou Guillamone, mariée à Guillem ou Guillamon de Carramat, de Tarascon.

Ses frères sont au nombre de deux : Guillem et Raimond. Guillem, ministre de la secte albigeoise, son compagnon fidèle en France comme en Italie, a pour femme Gaillarde, fille d'Arnaud Benet d'Ax. Nous ne lui connaissons pas d'enfants. Raimond, marié à Esclarmonde, a trois filles : Marquise, *sa Montanla* et Gaillarde. La première a pour mari Pierre Tinhac, d'Ax; la deuxième, Jean Laurens. Nous n'avons pas de renseignement de ce genre pour la troisième.

Outre ses deux frères, Pierre Autier a encore deux sœurs. L'une, dont le nom ne nous est pas connu, a épousé Jacques Hugues, de Saverdun. Elle a pour fils Guillem Hugues. (Voir Limborch, f° 103.) L'autre, du nom de Raimonde, a épousé Guillem de Rodés le vieux. Elle a quatre fils, Gérard, Guillem, Pons, Raimond, ce dernier moine dominicain au couvent de Pamiers. (Voir première déposition de Guillem de Rodés, f° 11 B.)

Notons enfin l'existence d'un certain Guillem Autier de Montaillou, condamné, le 2 août 1321, à Pamiers, par Bernard Gui et Jean de Beaune, à être enfermé dans la prison que la justice inquisitoriale possède aux Allemans (Ariège, arr. et cant. de Pamiers), *ad carcerem muri castri de Alamannis*. (Voir Limborch, f° 145 B.) Il ne semble pas qu'on puisse le confondre avec son homonyme, frère de Pierre Autier; mais il pourrait bien être un de leurs parents.

2. Nous citerons, par exemple, la famille des Issaure, ainsi que celles des Luzenac, des Larnat et des Castel. Si les premiers ne sont guère autre chose, à ce qu'il semble, que de petits propriétaires aisés, il n'en est pas de

La nature des lieux ajoute à sa confiance. Le Sabartès, comme on appelle le territoire arrosé par le cours moyen et supérieur de l'Ariége, est une contrée des plus montueuses et des plus difficiles, au moins dans sa partie méridionale, à partir de Tarascon. Les routes y sont rares, les villages disséminés au fond de gorges profondes, ou bien à de grandes hauteurs, au milieu des rochers. Les grottes où l'on peut trouver un refuge abondent partout. Elles ont servi, dit-on, aux réformés du seizième et du dix-septième siècle; leurs prédécesseurs, les hérétiques du treizième, ont bien pu en user quelquefois[1]. L'ensemble donne l'idée d'un couloir immense, se rétrécissant de plus en plus, à mesure que les montagnes s'élèvent; mais ce n'est pas une impasse. Au col de Puymorens, on entre en Roussillon, ce qui est déjà l'Espagne à cette époque. Pierre Autier semble avoir compris tout cela, et prévu la nécessité où il pourrait être de se réfugier au sud, en Cerdagne, si on le poursuivait trop vivement au nord. Dans ses courses errantes, il a dû visiter la Tour-de-Carol, sur la route de Puycerda, s'y abriter quelquefois et s'y créer des intelligences[2].

même des autres, les Larnat et surtout les Castel, qui, par leurs titres et leurs relations, appartiennent incontestablement à la noblesse du comté de Foix.

1. Telle est, par exemple, la grotte fortifiée appelée les Églises, *las Gleyzas* dans le langage du pays, tout près d'Ussat.

2. Pierre de Gaillac, après avoir indiqué les localités où se cachent ordinairement Pierre et Guillem Autier dans le Sabartès, ajoute les renseignements suivants qui concernent les lieux de refuge fréquentés par ces mêmes hérétiques, en dehors de cette partie du comté de Foix : *Item dixi quod aliquociens, prout auditi dici, predicti heretici habitant apud Carol, in domo d'en Beito, et aliquando apud Migranesium in Donazano, et aliquando apud Acelanetum in Mirapiscio.* (F° 47 A.)

Carol est évidemment la Tour-de-Carol actuelle (dép. des Pyrénées-Orientales, arr. de Prades, cant. de Saillagouse), dans l'ancienne province de Roussillon. *Migranesium* répond à Mijanès (dép. de l'Ariége, arr. de

Il ne paraît pas, d'ailleurs, qu'il ait été trompé dans son attente. Aidés par la configuration du pays, qui déroute les recherches de la police inquisitoriale, ses parents, ses amis, s'emploient pendant dix ans avec un zèle infatigable à veiller sans cesse sur lui, à l'accompagner quand il change de retraite, à lui trouver chaque jour un asile nouveau. Une foule d'individus, des femmes même, et leur dévouement n'est pas le moins exalté, en font autant. Aucun lien de parenté ne les rattache à sa personne; mais ils vénèrent en lui un des représentants les plus autorisés de leur foi[1]. Il semble même que leur exemple ait été imité par plus d'un seigneur, qui n'aurait pas dédaigné de recevoir dans

---

Foix, cant. de Quérigut), dans le Donnezan, petit pays, qui a formé le canton actuel de Quérigut. Quant à *Avelanetum*, c'est Lavelanet (ch.-l. de cant., arr. de Foix), dans la contrée dont Mirepoix était le centre.

1. Parmi ces individus qui se consacrent absolument au service de Pierre Autier et de ses compagnons, qui sont leur *nuncii*, on peut citer les deux prévenus Pierre et Raimond Issaure. On peut citer également au même titre deux femmes, dont l'une figure comme accusée dans les interrogatoires qui nous occupent, tandis que l'autre, sans être moins active pour cela, y est simplement nommée. La première est Guillemette, fille de Raimond Garen, la seconde Sibille Baile (*Batle* ou *Balle*, en latin *Bajuli*), mère de Pons Baile d'Ax, prêtre albigeois, l'un des compagnons habituels de Pierre Autier. Mais le type de ces personnages dévoués corps et âme au service de l'hérésie et de ses ministres, nous est fourni, à ce qu'il semble, par les *Sentences* de Limborch. C'est Raimond de Verdun, dit Monet, condamné au *mur* en mai 1309. Ce Raimond de Verdun est allé jusqu'à quatre fois en Lombardie pour le compte des hérétiques. Il y a accompagné à un certain moment Amiel de Perles, et l'en a ramené. Il a été sur le point d'aller jusqu'en Sicile. (Voir f˚ 6 B, 7 A.)

Citons encore, mais pour des services d'un tout autre genre rendus aux ministres albigeois, un certain Arnaud Sicard. Celui-ci paraît avoir été en quelque sorte leur barbier en titre. Il rase Pierre Autier et lui coupe les cheveux. Il en fait autant à Pierre Sanche, pour lequel il répare aussi une tunique et des chausses. Sanche Mercadier se fait également raser par lui. En même temps, il sert à plusieurs reprises de messager aux hérétiques, et leur paie en partie un legs que leur a fait sa mère. Son frère a été emmuré. Lui-même finit par être arrêté à son tour. On le retient longtemps en prison, et plus tard la mort ne l'exempte pas d'une condamnation qui doit entraîner la confiscation de ses biens, s'il en a laissé. (Voir Limborch, f˚ 73 B, 74 A.)

son château le ministre errant, comme cela se faisait un siècle plus tôt[1].

C'est ainsi que pendant près de dix ans Pierre Autier peut parcourir en tous sens le comté de Foix, toujours poursuivi sans doute, mais demeurant toujours insaisissable. Ces déplacements perpétuels, que lui impose le soin de sa sûreté, profitent naturellement au réveil des croyances albigeoises, et il est à croire qu'il s'y soumet, non moins pour répandre partout ses prédications que pour échapper à ses ennemis. Il en juge même à un certain moment l'effet assez considérable pour s'aventurer en dehors de la vallée de l'Ariége. Il paraît dans celle de l'Aude, à Limoux; dans celle de la Garonne, à Toulouse même, où sa présence est bien nettement constatée, mais sans que la date en puisse être fixée d'une manière à peu près certaine[2]. Quoi

---

[1]. *Item dixit quod audivit dici a dicto Petro Auterii heretico, quod dominus Philippus de Planissollis, miles de Caussou, recepit eos in domo sua apud Caussou, et hoc idem audivit dici a Guillelmo de Area.* (Première déposition de Gérard de Rodès, f° 2 B.) *Carm* répond actuellement à Caussou (dép. de l'Ariége, arr. de Foix, cant. des Cabannes).

[2]. Voici les indications approximatives, bien entendu, que nous fournissent les interrogatoires dont nous faisons l'étude sur ces déplacements perpétuels de Pierre Autier.

Ils nous le montrent, en 1298, successivement à Ax, à Larnat, à Luzenac, à Tarascon; en 1299, à Ax, d'abord à l'époque du Carême, puis en été, à Tarascon; en 1300, à Ax, à Larnat, à Quié, à Tarascon; en 1301, à Ax, à Château-Verdun, à Quié au moment du Carême, à Rabat vers la fin de l'année, à Larnat, à Limoux, à Tarascon; en 1302, à Ax dans la deuxième semaine de Carême et en été, à Tarascon au mois de juin, à Larnat au mois d'août, à Quié et de nouveau à Tarascon au mois de septembre; en 1303, à Larnat vers le Carême, à Quié le soir de Pâques, à Limoux au mois d'août, à Ax vers Noël, à Tarascon; en 1304, à Ax dans le temps pascal et en été, à Larnat, à Limoux, à Quié en automne, à Tarascon; en 1305, à Ax, à Quié, à Tarascon; en 1306, à Tarascon; en 1307, à Larnat.

Sauf Limoux, toutes ces localités appartiennent à un seul département, celui de l'Ariége; à un seul arrondissement de ce département, celui de Foix, et à trois cantons de cet arrondissement, ceux d'Ax, des Cabannes et de Tarascon.

Le passage suivant, extrait du troisième interrogatoire de Guillem de

qu'il en soit, Bernard Gui interroge plus tard une foule d'individus, qui ont accueilli et écouté le ministre hérétique, qui ont reçu de ses mains les divers sacrements de l'église cathare. Leurs condamnations fournissent une matière, pour ainsi dire, inépuisable aux *actes de foi* présidés par lui de 1308 à 1323. Comme nous l'avons déjà remarqué, on peut dire sans exagé-

---

Rodès (f⁰ˢ 12 B, 13 A), complète les indications que nous venons de donner. Il nous fournit les noms des individus chez qui Pierre Autier était recueilli d'ordinaire dans chacune des localités mentionnées ci-dessus et dans quelques autres : *Interrogatus, si credit quod heretici predicti vel alii sint nunc in terra Sicarterii vel circa, dixit quod credit quod sic, tum quia non est auditus aliquis rumor de recessu eorum, tum quia habent multos amicos et receptatores in terra. Interrogatus de nominibus receptatorum et locorum cum quibus et in quibus receptantur, vel credit nunc receptari vel receptatos fuisse, dixit quod Guillelmus et Bernardus et Raimundus de Arca fratres apud Querium, in quorum domo est quedam archa ad reponendum bladum, et in eadem archa, subtus bladum, est repositorium quoddam seu latibulum, in quo heretici consueverunt abscondi; item Petrus et G. de Luzenacho fratres apud Luzenachum; item P. Martini senior, P. et Arnaldus Martini fratres, filii dicti Petri apud Ugenachum; item P. et Raimundus Issaura, et Philippus de Lernoto apud Lernotum; item Raimundus Sabaterii apud Lordatum; item apud Ax Raimundus Valseyra, G. Mathei et ejus mater, B. Arqurateria et* (1) *Gembertus, nepotes B. Arqurateria, Arnaldus Auterii, filius Petri Auterii heretici; item Petrus Amelii de Merencho; item, apud Merancalum in Damazano, Raimundus Terreni; item, apud Montem Alionem, Raimundus Azemarii. Dixit etiam, quod credit quod Raimundus Auterii, frater hereticorum predictorum, videlicet Petri et G. Auterii, melius posset procurare quod heretici caperentur, quam aliquis alius.*

Quant au séjour du ministre albigeois à Toulouse, il est mentionné dans la première déposition de Pierre de Luzenac. Celui-ci raconte qu'il a occupé dans cette ville, pendant une année entière, mais sans dire à quelle époque époque au juste, une maison située *apud Bazaclum, ante balnea vetera*. Demeuré seul au moment des vacances, c'est-à-dire à la Saint-Jean, par le départ de ses compagnons, il quitte la maison et la loue à un certain Raimond, *Raimundo sartori, oriundo de Sorene, ut dicebat*. Il y revient quelques jours plus tard, et trouve dans la cour Pierre Autier qui l'invite à dîner. Il accepte et mange en compagnie de Pierre Sanche, avec qui il est en relations depuis quelque temps, de son locataire Raimond qui est probablement le gendre de Pierre Autier, de la femme de Raimond et d'un certain nombre de personnes. A ce récit, Pierre de Luzenac ajoute le détail suivant, qui se comprend mal : *Post prandium ipse* (Pierre Autier) *recessit cum Petro Sancii cum quadam furca ferrea in collo*. (F⁰ 52 B.)

ration que le nom de Pierre Autier remplit véritablement le livre des *Sentences* éditées par Limborch.

Il n'est pas seul, d'ailleurs, à endurer tant de fatigues et à affronter tous ces périls. Autour de lui se groupent un certain nombre de prêtres albigeois, ses disciples et ses acolytes. Il faut d'abord citer son frère Guillem, qui l'accompagne presque toujours. Viennent ensuite Pons d'Avignon, Pons Baile, appelé aussi Pons d'Ax, dont la mère Sibille est célèbre dans la secte pour son dévouement aux ministres poursuivis, Raimond Fabre, André de Prades, Pierre Raimond de Saint-Papoul, renommé pour sa beauté; Philippe de Talayrach, du diocèse de Narbonne, Prades Tavernier, natif de Prades, dans le comté de Foix, Amiel de Perles, qui semble avoir été un instant en suspicion dans l'église albigeoise, mais qui effacera jusqu'au souvenir de ce qu'on a pu lui reprocher par une mort pleine de courage[1].

---

1. Pons d'Avignon et Pons d'Ax reçoivent tous deux l'ordination des mains de Pierre et de Guillem Autier, dans la maison d'Arnaud Issaure, à Larrat, le premier vers 1300, le second vers 1301, en même temps que Jacques Autier, fils de Pierre. (Déposition d'Arnaud Issaure, f° 39 B.)

Raimond ou Raimonet (*Ramonetus*) Fabre, dont le lieu de naissance ne nous est pas connu, a été ordonné par Pierre Autier, Pierre Sanche et Philippe de Talayrach dans la maison de Pierre de Clayrac, de Verlhac-Tescou, condamné au mur avec sa femme en 1311. (Voir Limborch, f° 22 B.)

André de Prades donne, vers la Toussaint de l'année 1305, l'*hérétication* à Mathilde, fille de Raimond Autier et femme d'Arnaud Piquier. Voir, dans le manuscrit que nous étudions, f° 13 A. — Voir également, sur cet hérétique, Limborch, f° 5 A.

Pierre Raimond de Saint-Papoul a séjourné à Côme en Italie. Il a deux frères, Bernard et Bertrand, ainsi qu'une sœur, Raimonde Barrère, condamnés par l'Inquisition. Voir, sur ces faits et sur sa beauté, Limborch, f° 33 A, 47 A, 86 A.

L'indication *de Constantiano*, de Coustaussa (dép. de l'Aude, arr. de Limoux, cant. de Couiza), accompagne ordinairement le nom de Philippe de Talayrach. Deux autres personnages, hérétiques comme lui-même, men-

Ce ne sont pas là pourtant les plus remarquables parmi les compagnons de Pierre Autier. A côté de lui, se placent au premier rang, dans la vénération des hérétiques et la haine des inquisiteurs, son propre fils Jacques et ses deux disciples de prédilection, Pierre Sanche de la Garde et Sanche Mercadier de Born, auxquels il a conféré lui-même l'ordination et le titre de *parfait*.

Jacques Autier, tout jeune encore, est le plus audacieux de tous ces ministres. A Toulouse, où il s'est introduit, sans crainte de la police inquisitoriale, il lui arrive de prêcher une nuit dans l'église de Sainte-Croix, devant une assemblée de femmes hérétiques [1]. Pierre Sanche et Sanche Mercadier n'ont pas donné, à ce qu'il semble, eux et leur famille, moins de gages à la cause de l'hérésie. Une sœur du premier est condamnée aux croix en 1312. Son frère Raimond est brûlé comme relaps en 1313 [2]. Les quatre frères de

---

tionnés dans le manuscrit qui nous occupe, Pons et Raimond de Talayrach, pourraient bien être ses frères.

Amiel de Perles est appelé aussi Amiel d'Auterive (*de Alta Ryppa*). Lui et un certain Martin François de Limoux, qui reçoit fréquemment les hérétiques dans sa maison, sont allés en Lombardie vers Bernard Audoyn, qualifié d'*hereticus ancianus, ut reconciliaret dictum Amelium, qui peccaverat in secta*. Ce voyage a été précédé d'une réconciliation du même Amiel avec Pierre Raimond de Saint-Papoul à Born. (Voir Limborch, f° 29 B.) — Arrêté, il refuse toute nourriture, si bien que les inquisiteurs sont obligés de hâter sa condamnation, afin de pouvoir le faire monter sur le bûcher. Sa sentence est dans Limborch (f° 16), et dans la *Practica* (III° pars, f° 39 D, 40 A). Elle est prononcée par Bernard Gui, le jeudi 23 octobre 1309, à Toulouse, dans l'église Saint-Étienne. Parmi les témoins figurent quelques-uns des personnages que nous trouvons au même titre dans les interrogatoires qui nous occupent : Aimeri de Cros, juge du pays de Sault; frère Guillem d'Anhans, prieur provincial de l'ordre des Dominicains; frère Arnaud Jean, prieur du monastère de Prouille.

1. Voir Limborch, f° 73. — Sur l'âge de Jacques Autier, voir le manuscrit que nous étudions, f° 5 A. Il y est qualifié de *juvenis*, vers 1300.

2. Pierre Sanche a commencé par être simplement *credens et ductor*

Sanche Mercadier, sa belle-sœur, son neveu, subissent aussi des condamnations diverses[1].

Mais tout de suite l'Inquisition s'est émue d'une propagande, dont il n'y avait plus d'exemple depuis au moins un quart de siècle. Pour l'arrêter, elle met en œuvre toutes ses rigueurs et toutes les ressources dont elle dispose, et l'on comprend à peine comment Pierre Autier arrive à déjouer si longtemps tous les pièges qu'elle dresse autour de lui. Dès l'année 1300, à ce qu'il semble, un complot s'organise pour livrer aux inquisiteurs le ministre albigeois. Un *béguin*, du nom de Guillem Jean, a eu occasion de le voir à Mérens. Il propose aux Dominicains de Pamiers de le faire tomber entre leurs mains. Guillem de Rodès en est informé par une indiscrétion de son frère Raimond, religieux au même couvent, et fort inquiet de le savoir en relations avec les hérétiques. Il en informe à son tour Guillem d'Aire. Quinze jours plus tard environ, le frère de celui-ci, Pierre et Philippe de Larnat rencontrent Guillem Jean pendant la nuit, au pont d'Alliat, sur l'Oriège. Ils le saisissent, le bâillonnent, l'entraînent dans les montagnes, au-dessus de Larnat, et,

---

hereticorum. (Voir Limborch, f° 25 A.) — Voir *ibid.*, f°s 45 B et 73 B, les considérants des sentences prononcées contre sa sœur et contre son frère Raimond. Celui-ci, après avoir comparu une première fois au tribunal de l'Inquisition, rapporte à Pierre Sanche, *quod inquisitores multum desiderabant habere dictum Petrum Sancii, et incantavit eum quod caveret sibi ne caperetur per inquisitores.* (F° 73 B.)

1. Voir, pour ces condamnations, Limborch, f°s 21 A, 35 B, 95. — Sanche Mercadier porte le titre d'*hereticus perfectus et restitus*. Pierre Autier le lui a conféré dans la maison de Bertrand Salas, auprès de Verlhac-Tescou. Une sentence de démolition est prononcée contre cette maison par Bernard Gui et Geoffroi d'Ablis, le 5 avril 1311. Elle s'applique également à la maison de Durand de Beauvoir, près de Tauriac, et à celle de Pierre de Clayrac, près de Verlhac-Tescou, où Pierre Sanche et Raimond Fabre ont reçu l'ordination. (Voir *ibid., et supra,* f° 35 A.)

après lui avoir arraché l'aveu de sa trahison, le jettent dans un précipice[1].

Toutefois, ces exécutions impitoyables ne doivent sauver ni Pierre Autier, ni ses compagnons. Au mois d'août ou de septembre de l'année 1306, son fils Jacques est arrêté en même temps que Prades Tavernier. Il s'échappe de prison; mais il est à croire qu'il y est enfermé de nouveau un peu plus tard, et qu'il s'y trouve en même temps que son père, vers 1310[2]. Quoi qu'il en soit, le sort auquel il a échappé momentanément présage aux ministres hérétiques celui qu'ils auront bientôt à subir. En 1308, en 1309, se place l'enquête dont nous étudions les fragments, et qui semble, comme nous l'avons remarqué, avoir eu pour but spécial de connaître tous les lieux de refuge où l'on pouvait à ce moment même espérer de saisir Pierre Autier. Le propre neveu du ministre albigeois, Guillem de Rodès, ainsi que Pierre de Gaillac fournissent; peut-être sous le coup de la torture, bien que le procès-verbal de leurs aveux dise formellement le contraire, les renseignements précis que la justice

---

1. Le récit détaillé de ce fait très-curieux et significatif se trouve dans la première déposition de Guillem de Rodès (F° 11 B, 12 A.) Le même prévenu y revient encore dans son troisième interrogatoire. (F° 12 B.) Raimon et Pierre Issaure en parlent également dans leurs dépositions. (F° 32 A, 37 B.) Le premier d'entre eux y fait participer leur frère Guillem et deux habitants de Tarascon. Le second place l'événement vers 1302 et non 1300, comme le fait Guillem de Rodès.

2. L'arrestation de Jacques Autier et sa fuite des prisons de l'Inquisition se trouvent mentionnées dans le manuscrit dont nous faisons l'analyse. (Voir f° 25 B, 17 A.) Quant à notre supposition qu'il est repris un peu plus tard et qu'il se trouve incarcéré cette fois en même temps que son père, nous croyons pouvoir l'appuyer sur l'indication suivante que nous fournit Limborch (f° 25 A) : *Predictus Geraldus* (de Artigiis) *accusatur de pluribus aliis per Jacobum Auterii et Petrum Auterii que celavit*. Ce Gérard d'Artigues est condamné au mur le jour de la Passion (5 avril) de l'année 1310, c'est-à-dire dans le temps même où Pierre Autier se trouve encore en prison.

inquisitoriale attend avec tant d'impatience[1]. En 1308 également, Bernard Gui commence à agir comme inquisiteur[2]. Il apporte à la poursuite des hérétiques une vigueur et une habileté, qui semblent avoir été inconnues à Geoffroi d'Ablis. Enfin, l'année qui suit son installation définitive, le 10 août 1309, il lance contre Pierre Autier et ses deux compagnons les plus actifs, Pierre Sanche et Sanche Mercadier, l'appel véhément dont nous avons déjà parlé, et qui doit soulever contre eux tous les catholiques du Midi[3].

Cette sorte de mise hors la loi semble avoir été le dernier coup pour Pierre Autier. Il dut tomber entre les mains de l'Inquisition quelques jours plus tard. Les considérants d'une sentence prononcée le 23 avril 1312 contre un certain Perrin Maurel, de Belpech, dans l'Agarnaguès[4], le dernier qui donna asile au ministre

---

[1]. Nous avons reproduit plus haut les deux passages où se trouvent ces renseignements. (Voir p. 149, note 2, et p. 151, note 2.)

[2]. Il est pourvu de ce titre depuis le 16 janvier 1307, époque de sa nomination; mais il ne semble pas être entré réellement en exercice avant le début de l'année 1308. (Cf. L. Delisle, *Notice sur les manuscrits de Bernard Gui*, p. 179.)

[3]. Nous reproduisons ici tout au long cette pièce curieuse. Elle a été insérée par Bernard Gui dans la première partie de sa *Practica*. (Voir bibl. de Toul., ms. 121, 1re série, f° 3 v°, et 267, même série, f° 3 v°.)

Littera generalis ad capiendum perfectos hereticos et fautores.

Omnibus fidei Christi cultoribus frater Bernardus Guidonis ordinis Predicatorum, inquisitor Tholosanus, eterne vite premium et coronam. Accingite vos, filii Dei, consurgite mecum, milites Christi, contra inimicos crucis ejus, veritatis ac puritatis fidei catholice corruptores, Petrum Auterii hereziarcham Petrumque Sanccii ac Sanccium Mercaterii cohereticos et consocios. Quos ... Istantes in abditis et perambulantes in tenebris perscrutari et capi ad meque perduci precipio in virtute Dei, ubicumque potuerint reperiri, capientibus et perducentibus eternam mercedem a Deo promittentes ac remunerationem condignam etiam temporalem. Vigilate itaque, pastores, animo, ne lupi rapiant et rabie subripiant oves gregis. Viriliter agite, fidei zelatores, ne adversarii fidei fugiant et evadant. Datum Tholose in festo beati Laurentii, anno Domini M.CCC.IX.

[4]. *Bellum podium de Garnesio*, aujourd'hui chef-lieu de canton de l'arrondissement de Castelnaudary et du département de l'Aude. L'Agarnaguès était une division de l'ancien diocèse de Toulouse.

albigeois, nous permettent de nous rendre compte très-précisément des circonstances dans lesquelles eut lieu son arrestation [1].

L'emprisonnement de ses parents les plus proches en 1308, les aveux qu'ils avaient été contraints de faire, lui avaient rendu sans doute impossible un plus long séjour dans le pays où il s'était caché jusque-là. Peut-être se décida-t-il à se réfugier à Toulouse, une grande ville, où il avait déjà paru et où il devait avoir encore des relations; mais nous ne le croyons pas. Toulouse, centre d'Inquisition, toute dévouée au catholicisme, n'avait jamais dû être un asile bien sûr pour lui, et l'était moins que jamais. Nous penserions plutôt que, si la nécessité le poussa vers la plaine de la Garonne, ce fut vers la campagne, où il était moins connu, et non pas vers les villes, qu'il songea à se diriger.

S'il en fut ainsi, il marcha vraisemblablement vers le nord, à travers les montagnes fort élevées, qui séparent le cours moyen de l'Ariége du cours supérieur de l'Hers. Il dut passer non loin de Montségur, cet ancien refuge des proscrits albigeois, s'arrêter peut-être à Lavelanet, où il avait des amis fidèles, traverser tout le pays de Mirepoix, et franchir enfin l'Hers lui-même. Il était là dans la plaine du diocèse de Toulouse, aux confins des départements actuels de l'Ariége, de l'Aude et de la Haute-Garonne.

Vers la Saint-Jean de l'année 1309, Perrin Maurel vit arriver dans la métairie où ils demeuraient lui et son frère Arnaud, ainsi que leurs femmes à tous deux, un vieillard qui lui dit son nom et se fit connaître à lui comme hérétique. C'était Pierre Autier. Il vécut là en-

[1]. Voir Limborch, f° 15 B.

viron cinq semaines. Huit jours après son arrivée, survint un jeune homme de bonne mine, à cheveux roux, qui déclara s'appeler Sancho ou Sanchet. Vint ensuite un frère de ce Sanche, qui finit par l'emmener avec lui. Enfin, arriva à son tour une fille de Pierre Autier, du nom de Guillemette. Elle resta assez peu de temps en cet endroit auprès de son père. Tous deux quittèrent ensemble la métairie, et le jour suivant Pierre Autier fut arrêté. On devait être alors dans la seconde moitié du mois d'août.

Sa détention dura près de deux ans. Les inquisiteurs ne pouvaient brusquer la conclusion d'un pareil procès. Ils avaient trop de choses à apprendre, s'ils pouvaient réussir à le faire parler, d'un personnage aussi important, initié depuis tant d'années à tous les secrets de l'église albigeoise. Peut-être espéraient-ils aussi vaincre son obstination par une captivité prolongée, et obtenir de lui une abjuration qui aurait découragé plus de sectaires qu'une exécution solennelle.

Quoi qu'il en soit, la sentence de condamnation fut enfin prononcée par Bernard Gui et Geoffroi d'Ablis, le jeudi d'avant les Rameaux, 9 avril 1311, dans l'église Saint-Étienne, à Toulouse, en présence d'une foule de témoins de haut rang, abbés, fonctionnaires civils, docteurs en droit, membres du Chapitre, religieux de l'ordre de Saint-Dominique. Pierre Autier était abandonné au bras séculier; mais on lui promettait encore à ce dernier moment, que, s'il voulait se convertir, sa vie serait épargnée. On se contenterait de lui imposer une pénitence en proportion de ses fautes [1].

---

[1]. Voir la sentence dans Limborch, f° 40. Elle est aussi dans la troisième partie de la *Practica*, mais avec des différences de rédaction très-considérables. (Voir bibl. de Toul., ms. 267, 1re série, f° 38.)

Une pareille alternative n'avait pas été offerte à son compagnon Amiel de Perles, exécuté impitoyablement deux ans plus tôt. D'où venait cette différence de traitement ? Pierre Autier, infidèle à ses protestations oublieux de sa vie tout entière, avait-il faibli devant ses juges, au point de leur donner l'espoir d'une abjuration devant le bûcher ? Nous ignorons quelle fut réellement son attitude devant eux : ses interrogatoires ne nous sont par parvenus ; mais les termes mêmes de la sentence suffisent à nous instruire. Ils disent formellement que le vieux ministre albigeois avait refusé avec obstination de se convertir, qu'il avait renié toutes les croyances de l'église romaine, affirmé, au contraire, hautement celles dont il avait servi la cause pendant la moitié de sa vie.

Qu'espéraient donc Bernard Gui et Geoffroi d'Ablis, en insistant de la sorte jusqu'à la dernière heure ? Sans doute, ils voulaient toujours croire à la possibilité d'une faiblesse, qui aurait fait tant de bruit dans tout le Midi hérétique, qui aurait amené d'eux-mêmes à leur tribunal tant de sectaires encore inconnus, qui leur aurait remis entre les mains, grâce au ministre converti, une foule d'indications précieuses et inépuisables. En effet, que Pierre Autier consentît à vivre, on lui arracherait toute une série de révélations. Il ne pourrait se dispenser de payer ainsi les quelques jours d'existence dont on lui faisait l'aumône.

Il faut bien le reconnaître, l'ardeur extraordinaire que montrent le plus souvent ces agitateurs politiques ou religieux à pousser leurs disciples au martyre, ne suppose pas toujours chez eux un égal désir d'y courir eux-mêmes. Pierre Autier accepta-t-il le salut qui lui était offert ? On n'en sait rien, l'exécution de la sentence n'étant notée nulle part. Quoi qu'il en soit, tout nous porte à le croire, il demeura fidèle à ses convictions, et ne consentit pas à les renier. Chef de la secte qu'il avait ranimée à son dernier jour, il ne voulut pas sans doute être moins courageux qu'Amiel de Perles, que tant d'hommes ou même de femmes, qui s'étaient exposés à la prison et au dernier supplice pour lui et les doctrines dont il leur avait transmis la tradition. Il imita ceux qui l'avaient précédé sur le bûcher, et donna l'exemple du courage à ceux qui devaient l'y suivre[1].

[1]. La Bibliothèque nationale possède encore un manuscrit, que nous n'avons pas voulu mettre à côté de ceux dont nous venons de donner un aperçu. Nous devons cependant le noter, au moins ici, parce qu'il contient une série de renseignements précieux pour l'histoire de la persécution des hérétiques albigeois dans la première partie du treizième siècle, et surtout pour la filiation des familles persécutées. C'est le volume du fonds latin 11013 (suppl. lat. 877). Ce manuscrit, composé de soixante-douze folios in-8° en papier, d'une écriture cursive fort abrégée, porte pour titre : *Inquesta de Albigensibus*. C'est, en effet, une enquête exécutée de 1259 à 1262 par les clercs du roi Louis IX, sur les demandes d'anciens proscrits ou de parents et descendants de proscrits, qui réclamaient la restitution de biens confisqués antérieurement. Pour s'éclairer dans des questions aussi embrouillées, sans doute presque toujours en l'absence de preuves écrites, les enquêteurs s'en sont rapportés au témoignage de quelques hommes du pays, dans la sincérité desquels ils avaient foi, entre autres d'un certain Arnaud de Laure (*de Laurano*), que son grand âge mettait à même de les renseigner sur des événements déjà à demi-oubliés. La majeure partie de ce document a été reproduite dans le tome VII de l'*Histoire de Languedoc*, édition Privat, II° partie, cc. 331-395. Une copie, exécutée pour Baluze (Bibl. nat., ms. lat. 5954 A), nous a conservé les sentences rendues par les enquêteurs à la suite de ces dépositions. Ce dernier recueil est également publié dans l'ouvrage qui vient d'être indiqué, même tome, cc. 197-339.

CHAPITRE IV

LES ENQUÊTES DE BERNARD DE CAUX ET DE JEAN DE SAINT-PIERRE (1245-1246)

(Bibliothèque de la ville de Toulouse, ms. 155, 1re série.)

Des trois manuscrits d'Inquisition que possède la bibliothèque de Toulouse (n°s 121, 155, 267, 1re série), nous étudierons d'abord le second, comme le plus ancien en date. — Description de ce manuscrit. — Conjectures sur sa provenance. — Sa nature véritable : c'est une transcription faite d'après les registres originaux des notaires d'Inquisition. — Juges qui y figurent. — Dates des interrogatoires qui y sont reproduits, témoins de ces interrogatoires et notaires qui les ont rédigés. — Lieux où ils se sont faits; les individus cités par la justice inquisitoriale, sont-ils venus les subir à Toulouse même, centre d'Inquisition, ou bien les inquisiteurs se sont-ils transportés dans les diverses localités de leur ressort ? — Ce qu'il faut penser des tournées accomplies à certaines époques par les juges d'Inquisition en dehors du chef-lieu de leur tribunal. — Indications rapides sur le contenu de ce recueil, sur son importance pour l'histoire des doctrines albigeoises et de la justice inquisitoriale, pour la filiation des familles hérétiques; nombre pour ainsi dire infini des détails qui y sont consignés; activité de Bernard de Caux, qui les a recueillis.

Après avoir étudié les documents originaux d'Inquisition que possède la Bibliothèque nationale, nous passons à ceux qui sont conservés dans les dépôts publics de la ville de Toulouse.

Nous avons déjà dit que ces documents étaient au nombre de trois. Deux se trouvent à la bibliothèque de la ville; le troisième est aux Archives départementales de la Haute-Garonne. Nous parlerons d'abord de ceux qui font partie de la bibliothèque de la ville.

En réalité, cet établissement possède trois volumes originaux concernant l'histoire et l'organisation de la justice inquisitoriale. Ils portent les n°ˢ 121, 155 et 207 de la 1ʳᵉ série[1]. Mais le premier et le dernier ne sont que les deux exemplaires d'un même ouvrage. Nous les réunirons par conséquent sous un même chef, et nous en parlerons après le manuscrit numéroté 155, que nous examinerons tout de suite comme le plus ancien des trois.

Nous avons déjà dit quelques mots de ce recueil à propos du volume de sentences que possède la Bibliothèque nationale, et qui en est la suite naturelle[2]. Si brièvement que nous en ayons marqué à cette occasion la nature, l'étendue et l'importance, cela nous dispensera pourtant d'y revenir ici, et nous en commencerons immédiatement l'analyse, sans autre préambule.

L'ensemble des feuillets composant le manuscrit que nous allons étudier[3] se répartit de la manière suivante :

1° Trois feuillets de parchemin non numérotés ;
2° Deux cent cinquante-quatre feuillets de papier,

---

1. Nous donnons ces numéros, bien qu'ils doivent être sans doute changés prochainement, car il s'imprime en ce moment même un catalogue des manuscrits de la bibliothèque de la ville de Toulouse. Ce catalogue a été exécuté et est publié aux frais du gouvernement.
2. Voir plus haut, pp. 71, 73.
3. Bibliothèque de la ville de Toulouse, n° 155, 1ʳᵉ série. Grand in-4°; hauteur : 290ᵐᵐ; largeur : 230ᵐᵐ. Parchemin et papier de coton glacé, de provenance orientale; seconde moitié du treizième siècle, entre 1250 et 1260. Écriture diplomatique cursive de l'époque de Louis IX; abréviations très-nombreuses, mais sans difficultés réelles. Reliure peut-être du temps; plats formés d'un cuir de bœuf recouvert d'une peau primitivement blanche, aujourd'hui à demi déchirée. L'ensemble du volume est généralement bien conservé; cependant un certain nombre de feuillets altérés à la fin du premier tiers. L'encre a pénétré le papier, auquel elle a donné une teinte de rouille assez foncée. Parfois même, ainsi qu'on l'observe pour les dessins à la plume du seizième et du dix-septième siècle, elle en a rongé certaines parties, qui se sont détachées.

portant une double numérotation, l'une du treizième siècle, en chiffres romains, l'autre moderne[1];

3° Cinq feuillets de papier, comme les précédents, restés en blanc et non numérotés.

Les titres sont au nombre de trois :

Le premier consiste dans l'indication suivante : *Hic sunt duo volumina confessionum, de libris fratris Bernardi de Caucio transcripta, scilicet de Lauragesio et de multis aliis locis dyocesis Tholosane, per fratres Guillelmum Bernardi et Reginaldum de Carnoto inquisitores*[2].

Le deuxième est ainsi conçu : *Confessiones de V° libro Lauragesii fratris Bernardi de Caucio, transcripte in hoc libro usque ad CLXXII folium; item a dicto folio et deinceps de quarto libro dicti fratris Bernardi*[3].

Enfin, le troisième est celui-ci : *Confessiones anni 1245 et 1246 coram fratre Bernardo de Caucio inquisitore*[4].

---

1. Cette numérotation ancienne est fort irrégulière. Jusqu'au f° CX inclusivement, elle se trouve au recto. Pour les f°° CXI et CXII, elle se trouve à la fois au recto et au verso. A partir du f° CXIII, elle se trouve au verso seulement, et cela jusqu'à la fin du volume. Toutefois, dans cette dernière partie, il y a encore quelques irrégularités à noter. Dix folios CLXXIV, CLXXXIII, ne portent pas la suite de cette numérotation générale, mais des numéros à part, de I-X, placés, les trois premiers au recto, les sept autres au verso. Pour le f° CLXXXIV, la numérotation reparaît au recto. Enfin, le f° CCXLVI n'en porte pas de trace.

2. Cette indication, d'une écriture gothique et de la fin du treizième siècle, se trouve sur une bande de vélin, pliée par le milieu et placée entre le premier et le second feuillet de parchemin, au début du volume.

3. Ce second titre, d'une écriture diplomatique cursive, de la seconde moitié du treizième siècle, assez semblable à celle du manuscrit lui-même, se trouve au verso du troisième feuillet de parchemin.

4. Écriture du dix-septième ou du dix-huitième siècle, de la même main que le titre inscrit sur la couverture en parchemin de l'exemplaire in-f° de la *Practica*. (Bibl. de Toul., n° 267, 1re série.) Ce dernier titre se trouve sur le même feuillet de parchemin que le titre précédent, et au-dessous

Les annotations sont nombreuses sur les marges. On en distingue de trois sortes et de trois époques différentes.

Il y en a d'abord du même temps et de la même écriture que le reste du manuscrit. Elles constituent des explications ou des compléments du texte lui-même. Assez fréquentes dans les cent cinquante premiers feuillets, ces annotations deviennent fort rares, au contraire, et disparaissent presque à partir de ce point. De plus, celles qu'on rencontre encore sont en général d'un intérêt médiocre, car elles ne consistent plus guère que dans l'indication du lieu de naissance ou de séjour des individus nommés dans un interrogatoire. Il n'en est pas de même des annotations que porte la première partie du volume. Presque toutes sont instructives; beaucoup sont véritablement piquantes[1].

Celles dont il nous faut parler en second lieu sont écrites d'une encre qui a beaucoup blanchi, et sont aujourd'hui presque effacées. Elles se rapportent à des

---

1. Nous en citerons quelques exemples :
De Tholosa (f° 202 B); — Contra quosdam de la Garda (f° 131 A).
Cruces habet (f° 1 B); — Suspectus (f° 19 A); — Relapsus (f° 72 B); — Penitentiam habuit (f° 131 A); — Hic ad uxorem relinquatur (f° 21 B); — In muro est (f° 30 B); — Immuratus (f° 235 B); — Non fuit confessus tempore gratie (f° 31 A); — Iste fugiit (sic) (f° 32 A).
Hic dicitur esse catholicus (f° 9 B); — Ist et uxor ejus Sauriæ unda sunt projecta omnibus de Vauro, ut dicitur (f° 16 B); — Dicitur quod hic adult pedem pro fide (f° 19 B); — Heretica induta, tamen dicitur quod bene tenit ad ecclesiam quandoque (f° 20 A); — Heretica induta, cetula est, sed non unquam bene correcta (f° 20 B); — Suspecta est ista, et potest multa dicere (ibid.). — Hic est vere catholicus (f° 36 B); — Usque hic est correctus (f° 159 B); — Prope partum est (f° 168 B); — Leprosa (f° 143 A).
Archipresbiter de Lauraguez dixit quod R. Barcka miles suspendit duos servientes suos, quia ceperunt matrem dicti Raimundi et alias VI hereticos (f° 75 B); — Dicitur quod hic interfuit nec fratrum Inquisitorum (ibid.). — Le massacre dont il s'agit dans cette dernière note est celui des inquisiteurs tués à Avignonet en 1242.

parties du texte qui ont été soulignées. Ces annotations, qui sont, à ce qu'il semble, du dix-septième siècle, consistent surtout en une remarque très-fréquemment répétée sous la forme suivante : *Inq.*, c'est-à-dire *Inquisitores* ou *Inquisitio*. Cette indication, qu'on retrouve jusqu'à la fin du volume, se rencontre lorsque l'individu interrogé rapporte qu'il a déjà subi un examen de la part d'un autre inquisiteur que Bernard de Caux, auteur principal des interrogatoires qui remplissent le manuscrit. Les inquisiteurs dont on rappelle ainsi le souvenir, sont presque toujours le célèbre Guillem Arnaud ou son compagnon, le frère mineur Étienne de Saint-Tibéri, tous deux tués à Avignonet en 1242, ou bien encore frère Ferrier, longtemps inquisiteur à Carcassonne[1]. De plus, la date de l'interrogatoire an-

---

[1]. C'est le *Ferrarius Catalanus* de la liste des inquisiteurs donnée par Percin (*Inquis.*, pars III, p. 103, *apud* Monet.) qui le désigne comme étant en fonctions en 1242. Il en parle encore ailleurs (*Mon. conv. Tolos.*, p. 54, n° 5). — C'est le Ferrier Catalan, classé à l'année 1237 parmi les inquisiteurs de Carcassonne, à côté d'un certain Pierre d'Alais, par Bouges (*Hist. de Carcass.*, p. 150).

Pour rectifier et compléter ces indications, nous donnerons sur ce religieux dominicain, qui fut un des plus rudes persécuteurs de l'hérésie dans la première moitié du treizième siècle, le passage suivant de Bernard Gui, dont on remarquera le ton singulièrement énergique.

Primus prior in conventu fratrum Praedicatorum Carcassonensi fuit frater Ferrarius, oriundus catalanus, oriundus de Villalonga prope Perpinianum (sans doute, Villelongue-de-la-Salanque, arr. et cant. de Perpignan), *institutus in capitulo provinciali Montispessulani, anno Domini M.CC.XLIII. Praefuit annis duobus, translatusque fuit inde ad prioratum Biterrensem infra annum. Hic fuit inquisitor et persecutor haereticorum constans et magnanimus, in eripiendo terra malleans et confringens eos cum fautoribus et credentibus eorumdem, adeo quod nomen ejus quasi gladiosum in auribus haereticorum sonaret. Ille obiit et quiescit in Perpiniano, ut audivi dici.* (Bibl. de Toul. ms. 263, Ire série, f° 156 A. Voir aussi *ibid.*, f° 299 A. — Voir également Bibl. de Clermont, ms. 151 a, 2e partie, f° 6 A.)

Sous le juger, la chronique de Guillem Pelisson résume les actes du même frère Ferrier à Albi, dans des termes qui font comprendre la haute opinion qu'a de lui Bernard Gui. *Postmodum vero* (après le soulèvement des habitants d'Albi contre l'inquisiteur Arnaud Catala en juin 1234), *venerunt eis multa infortunia, tempore fratris Ferrarii inquisitoris, qui*

térieur dont il s'agit se trouve parfois mentionné[1]. Enfin, quelques-unes de ces annotations ont un autre caractère, et un certain nombre se rapportent au massacre de 1242[2].

Nous ne dirons qu'un mot de la troisième espèce de notes que nous avons à relever. Elles sont plus modernes encore que les précédentes, et vraisemblablement du dix-huitième siècle. Du reste, elles ne dépassent pas les dix-sept premiers feuillets, et sont sans importance. La partie correspondante du texte est généralement soulignée[3].

Nous ajouterons, pour terminer cette description que nous aurions voulu faire plus brève, mais dont les détails se justifient, il semble, par l'importance du manuscrit qui en est l'objet, les deux remarques suivantes. En tête de chaque feuillet, au recto et au verso, se trouve écrit en titre courant le nom du lieu d'origine ou d'habitation des individus interrogés[4]. Un trait enferme cette indication de trois côtés et la sépare du texte. Enfin, entre le deuxième et le troisième feuillet de parchemin, se trouve une table sur papier, en deux feuillets, donnant les noms modernes des localités auxquelles appartiennent les individus interrogés par les inquisiteurs, l'indication des départements où elles sont situées, et renvoyant aux feuillets du manuscrit

---

scriptos ex eis cepit et immuravit et etiam comburi fecit, justo Dei judicio operante. (Bibl. de Carc., n° 61,9, p. 4.)

1. Par exemple : *Inq. an. 1241.* (F° 1 A.)

2. Nous citerons les suivantes : *Mulier combusta propter heresim* (f° 67 B); — *Notandum de morte inquisitorum* (f° 83 B). — *Quidam interfuerunt neci inquisitorum* (f° 86 A); — *Fugit propter interfectionem inquisitorum* (f° 91 A).

3. En voici quelques exemples : *Fr. Ferrarius inquisitor* (f° 1 A); — *Duo errores* (ibid); — *Quattuor* (sic) *errores* (f° 1 B); — *Quinque errores* (f° 2 A); — *Errores confessi.* (F° 15 A.)

4. Par exemple : *De Manso Sanctarum Puellarum.* (F° 1 A.)

où se trouvent les interrogatoires qui se rapportent à chacune d'elles[1].

Quant à la provenance d'un recueil aussi important, nous n'avons rien pu découvrir, et nous en sommes réduits à la conjecture que voici. Comme nous l'avons remarqué en passant, ce manuscrit et l'exemplaire in-4° de la *Practica* de Bernard Gui portent tous deux un titre de la même main, et vraisemblablement du dix-septième siècle. Or, Percin n'a pas connu l'exemplaire de la *Practica* dont nous parlons, puisqu'il a même avancé que cet ouvrage était absolument perdu de son temps. Pour qu'il s'exprimât ainsi, il fallait bien certainement que ce volume ne fût pas, du moins à l'époque où il écrivait, dans la bibliothèque des Dominicains de Toulouse. Il est probable qu'il était demeuré au tribunal de l'Inquisition de cette ville, qui ne fut supprimé que sous le règne de Louis XVI[2]. En ce cas, il y a lieu de croire qu'avec la *Practica* se trouvaient aux mêmes archives le manuscrit des enquêtes de Bernard de Caux, et en général tout ce qui restait encore des registres de l'ancienne Inquisition.

Mais, comment le manuscrit d'enquêtes entra-t-il à la bibliothèque de la ville où il est aujourd'hui, c'est ce qui paraît encore plus obscur. Peut-être, après la suppression de la justice inquisitoriale, fut-il

---

1. Cette table a été dressée par M. A. Baudouin, archiviste de la Haute-Garonne, à qui est due également la pagination moderne du manuscrit. Elle est ainsi intitulée : *Table alphabétique des localités citées par les inquisiteurs de 1245 à 1253*. Nous transcrivons ce titre purement et simplement, sans discuter l'assertion qui s'y trouve implicitement comprise, parce qu'elle a trait à une question fort importante que nous examinerons plus loin, du mieux qu'il nous sera possible.

2. Voir, sur cette suppression, Archives de la Haute-Garonne, travée H, Dominicains, n° 100.

remis aux Dominicains, qui l'auraient placé alors dans leur bibliothèque[1]. Supprimés à leur tour, ainsi que tous les ordres religieux de France, en 1790, ils l'auraient vu passer avec leurs autres manuscrits entre les mains de l'État, qui aurait versé le tout à la bibliothèque de la ville de Toulouse.

Nous donnons ces suppositions pour ce qu'elles valent, en regrettant de n'avoir à fournir rien de plus certain sur une question si intéressante, mais qui, malheureusement, est presque toujours pour les documents du même genre à peu près impossible à éclaircir.

Ces considérations préliminaires épuisées[2], voyons maintenant de quels livres d'Inquisition il nous faut rapprocher le volume qui nous occupe, et quel genre de renseignements on peut y puiser pour l'étude de la justice inquisitoriale.

Suivant le premier des titres dont nous avons donné le texte plus haut, les deux cent cinquante-quatre feuillets, dont se compose cet immense recueil, renfer-

---

1. Telle est l'opinion la plus probable. Entre autres numéros, le manuscrit en porte un, en effet, qui est celui que les Dominicains du couvent de Toulouse apposaient sur leurs livres. C'est le n° 58 ; ce qui fait que le volume en question se trouvait dans la bibliothèque des Frères Prêcheurs tout près du ms. 273, 1re série, lequel porte le n° 59. Remarquons, d'ailleurs, que ces numéros s'appliquaient, selon toute vraisemblance, non pas à un volume en particulier, mais à une série de volumes formant une section de l'ensemble dont il s'agit.

2. Ajoutons encore, que Dumège a connu le manuscrit dont nous avons fait la description. Il le mentionne dans son édition de l'*Histoire de Languedoc* (t. VI, additions et notes du livre XXV, p. 5, note 6), en le désignant comme inscrit à la bibliothèque de la ville de Toulouse sous le n° 129, ce qui est inexact, ainsi qu'on l'a vu. C'est là aussi qu'il donne le second des titres que nous avons reproduits, non sans l'altérer, suivant son habitude. De plus, cet écrivain a inséré encore, toujours dans le même ouvrage (additions et notes du livre XXV, notes 6, 7, 8), une sorte d'analyse du volume qui nous occupe, et une liste des ministres allégeois et des seigneurs hérétiques, dont les noms figurent dans les interrogatoires recueillis par Bernard de Caux.

ment une série d'interrogatoires faits par Bernard de Caux dans le Lauragais et dans un certain nombre de localités du diocèse de Toulouse. Les inquisiteurs Guillem Bernard et Rainaud de Chartres auraient extrait ces interrogatoires des registres, où ils avaient été consignés d'abord par les notaires d'Inquisition. Le second de ces titres ajoute, que les mêmes interrogatoires jusqu'au f° 172 ont été empruntés au cinquième livre, contenant les dépositions recueillies par Bernard de Caux dans le Lauragais. A partir de ce point, ils ont été tirés au quatrième livre des mêmes dépositions. Enfin, le troisième titre, d'ailleurs moderne, complète ces indications en nous donnant les deux dates de 1245 et de 1246 comme celles de tous les interrogatoires.

Dans ces renseignements, il y a lieu de distinguer ceux que nous ne pouvons contrôler, et qu'il nous faut accepter tels quels, et ceux que le texte même du manuscrit nous permet de vérifier, que nous pouvons rectifier ou compléter, si cela est nécessaire.

Les premiers consistent dans cette indication, que le recueil qui nous est parvenu est une transcription faite d'après certains registres et d'après certaines portions de ces registres. C'est là un renseignement dont nous ne pouvons mesurer exactement la valeur; mais aussi rien ne nous conduit positivement à le révoquer en doute. Comme le prouve l'écriture, l'indication est ancienne et peut-être contemporaine du manuscrit lui-même. Si près du fait, ce renseignement ne pouvait qu'être exact, surtout si l'on songe au soin avec lequel les tribunaux d'Inquisition composaient et conservaient leurs archives dès cette époque.

De plus, les noms des juges, désignés comme les auteurs de la transcription, rendent l'authenticité de ce travail à peu près indiscutable. Guillem Bernard, natif de Dax [1] en Guyenne, exerce, suivant Percin, le ministère d'inquisiteur en 1258 [2]. Suivant le même historien, il est prieur du couvent des Dominicains de Toulouse en 1265, et succède à Étienne de Salagnac [3]. Il meurt prieur du couvent de Bordeaux en 1268 [4]. Quant à Rainaud de Chartres, toujours d'après Percin, il s'acquitte de ses fonctions conjointement avec Jean de Saint-Pierre, lequel est associé, dans les années 1245 et 1247, à Bernard de Caux [5]. Ainsi donc, contempo-

---

1. S.-préf. du dép. des Landes.
2. *Inquis.*, pars III, p. 100, apud *Monum.*
3. *Tabula priorum conventus Tolosani*, apud *Monum.*, p. 182.
4. *Monum. conv. Tolos.*, p. 59, n° 8. — Ces renseignements fournis par Percin sur le juge d'Inquisition qui nous occupe sont exacts. Le témoignage de Bernard Gui nous permet de les confirmer et de les compléter, en ajoutant que Guillem Bernard fut deux fois prieur du couvent de Bayonne, en 1242 et 1257. Au reste, voici le passage consacré à ce religieux par l'historien des Frères Prêcheurs : *Frater Guillelmus Bernardi Aquensis, de predicatione Baionensi, successit fratri Stephano de Salanhaco. Vir fuit sensatus et persona veneranda. Præfuit annis quasi duobus. Fuit autem absolutus in capitulo generali Montispessulani, anno Domini M.CC.LXV. Hic fuit inquisitor Tholosanus heretice pravitatis. Hic prior Burdegalensis existens obiit Burdegalis, anno Domini M.CC.LXVIII.* (Bibl. de Toul., ms. 273, 1re série, f° 119 B.) Voir, sur le même personnage, *ibid.*, f° 138 A et 146 B.
    Disons aussi qu'il figure comme inquisiteur, en compagnie d'un certain Jean de Saint-Benoît, dans une pièce, d'ailleurs sans date, jointe avec quelques autres à un petit traité anonyme de procédure inquisitoriale, que Martène et Durand ont inséré dans leur *Thes. nov. anecdot.*, sous ce titre : *Doctrina de modo procedendi contra hæreticos.* Voir t. V, cc. 1795-1822, et pour la pièce en question, c. 1809. Ajoutons enfin qu'il ne faut pas confondre ce Guillem Bernard de Dax avec un Dominicain du même nom, presque son contemporain, mais natif de Gaillac. Ce personnage, qui était prieur du couvent d'Albi à l'époque où Bernard Gui y était lecteur, c'est-à-dire de 1292 à 1294, vécut plusieurs années à Constantinople à partir de 1299, et y acquit une connaissance du grec suffisante pour traduire en cette langue les ouvrages de saint Thomas d'Aquin ; mais il n'exerça jamais les fonctions d'inquisiteur. (Voir bibl. de Toul., ms. 273, 1re série, f° 217 A, et *Hist. littér. de la France*, t. XVI, p. 112.)
5. *Inquis.*, pars III, p. 100, apud *Monum.*, et *Monum.*, p. 51, n° 4. — Rainaud de Chartres figure comme inquisiteur, en compagnie de Guillem Bernard de Dax, dans un certain nombre d'actes relatifs à la recons-

rains et successeurs de ce juge célèbre, il était naturel qu'ils se chargeassent d'un pareil travail, ne fût-ce que pour y trouver les indications nécessaires à l'achèvement des procédures, qui leur avaient été transmises à demi ébauchées.

Enfin, et ceci est une raison de plus à l'appui de ce que nous venons de dire, rien de plus fréquent que des transcriptions pareilles parmi les livres d'Inquisition. Comme nous l'avons remarqué à propos du manuscrit latin 11847 de la Bibliothèque nationale, que nous avons examiné, elles étaient dans les habitudes des inquisiteurs. Sans doute, il y a une grande dissemblance entre le recueil d'interrogatoires qui nous occupe et celui que nous avons décrit précédemment. Mais cela tient uniquement à la différence des époques, et aussi à ce que les interrogatoires relatés dans le manuscrit de la bibliothèque de Toulouse constituent, non pas l'instruction d'un procès en particulier, comme ceux de l'Inquisition d'Albi, en 1299, mais une grande enquête embrassant tout un pays. À cela près, nous avons dans les deux cas des recueils du même genre, c'est-à-dire des transcriptions destinées à prendre place dans des archives régulièrement ordonnées, afin d'y être consultées au besoin, et de servir de répertoire aux inquisiteurs futurs.

Pour ce qui est des autres indications, tirées aussi des titres du manuscrit, comme nous l'avons dit, elles peuvent être contrôlées, et elles ont besoin de l'être,

---

truction de l'église de Najac (ch.-l. de cant., arr. de Villefranche, dép. de l'Aveyron). Les 5, 24, 26 avril 1258, lui et son collègue convertissent les pénitences infligées à un certain nombre d'habitants de cette localité en amendes applicables à la construction du nouvel édifice. (Doat, t. CXLVI, f° 19, 22, 24.) — Voir également, sur le même personnage, Edg. Boutaric, *Saint Louis et Alfonse de Poitiers*, pp. 152 et suiv.

en effet. Ce n'est pas qu'elles soient positivement inexactes; mais elles sont au moins assez incomplètes.

D'abord, si Bernard de Caux est le principal auteur de ces interrogatoires mis exclusivement sous son nom, si on n'en voit qu'un assez petit nombre qui se fassent sans lui, tandis qu'il en est beaucoup qu'il dirige tout seul, il n'est pas vrai pour cela qu'il n'y figure pas d'autre juge. L'inquisiteur Jean de Saint-Pierre[1] l'assiste fréquemment, et procède même parfois en son absence. On nous pardonnera de demander au sujet de ces divers points à en être cru en quelque sorte sur parole. Les preuves, si nous voulions les donner, nous entraîneraient à des détails aussi longs que fastidieux.

A côté de Jean de Saint-Pierre, nous trouvons encore les noms de deux autres juges, qualifiés eux aussi

---

1. Nous n'avons que fort peu de renseignements sur ce juge d'Inquisition, et encore sont-ils contradictoires. Percin (*Inquis.*, pars III, p. 109, *apud Menum.*) ne le mentionne qu'à l'année 1231. Suivant Bernard Gui, qui le fait mourir à Bordeaux, sans nous dire en quelle année, il n'exerce les fonctions d'inquisiteur qu'en 1255. (Bibl. de Toul., ms 273, 1re série, f° 116 A.) Ni l'un ni l'autre de ces deux écrivains, on le voit, ne tient compte des indications que fournit le manuscrit dont nous faisons l'analyse. Il est difficile de croire cependant qu'ils les aient ignorées. L'incertitude est la même pour le lieu de naissance de ce religieux dominicain. Bernard Gui (*ibid., ut supra*) le fait naître dans la même ville où il le fait mourir. Les auteurs de la *Biographie toulousaine* (pp. 373-376) le prétendent issu d'une ancienne famille de Toulouse, mais sans dire sur quelles preuves se fonde leur assertion. Quoiqu'il en soit, c'est aussi notre avis. Un certain Jean de Saint-Pierre, qualifié de *notarius publicus*, transcrit, du mois de février 1194 à l'année 1208, de concert avec un autre notaire du nom d'Arnaud Barrau, toute une série d'actes intéressant la ville de Toulouse. (Voir *Cartulaire du Bourg*, Arch. munic. de Toul., n° 146.) Un personnage du même nom, sans aucun doute le notaire dont il s'agit, figure avec le titre de consul, dans deux actes, l'un de mars 1197, l'autre d'août 1221, et comme témoin dans un troisième, de juin 1229. (Voir *ibid., ut supra*, pièces 88, 90, 94.) — Les *Layettes du Trésor des Chartes* nous montrent également un Jean de Saint-Pierre témoin à Toulouse dans deux actes, dont le premier a été rédigé par lui-même. (Voir I, n°s 856 et 1472; 9 oct. 1202 et 28 oct. 1221.)

d'inquisiteurs[1]. Ce sont Raimond Resplandi[2], dont il est fait mention plusieurs fois dans le manuscrit des archives de la Haute-Garonne, et un personnage désigné simplement sous le nom de maître S., et qui pourrait bien être Étienne de Gâtine[3]. Ces deux inquisiteurs procèdent à part, et à une époque où Bernard de Caux avait quitté le tribunal d'Inquisition, où même il était déjà mort, s'il faut s'en rapporter à la date donnée par Percin et par Bernard Gui[4].

Voilà pour les noms des juges figurant dans ces divers interrogatoires. Ce n'est donc pas un seul qu'il en faut admettre, mais deux au moins presque à titre égal, et à vouloir tous les compter, quatre.

Il en est de même pour les dates. La plupart des interrogatoires se trouvent compris dans les années 1245 et 1246; mais il y en a aussi qui se placent en 1247[5], en 1251[6], en 1253 et en 1255. A la première de ces deux dernières dates se rapportent les interrogatoires dirigés par Raimond Resplandi et maître S., dont nous citions les noms à l'instant[7]. Il y en a six en tout, dont

1. Voir f° 254 A.
2. Ce nom est écrit sous la forme *Resplandi* dans le manuscrit des Archives de la Haute-Garonne, et dans le manuscrit qui nous occupe avec l'orthographe suivante : *Resplandi* (f° 253 B), *Resplandi*. (F° 254 A.) Il se présente également dans le même recueil sous la forme latine et déclinée de *Resplandius*. (F° 253 B.)
3. Voir, sur Étienne de Gâtine, plus haut, p. 88, note 2.
4. *Monum. conv. Tolos.*, p. 54, n° 11, et bibl. de Toul., ms. 273, 1re série, f° 169 A.
5. Interrogatoires subis par des habitants de Mayreville (dép. de l'Aude, arr. de Castelnaudary, cant. de Belpech), et de *Penafea* (lieu inconnu : sans doute, *Petrafea* ou *Peirafta*, Peyrefite-sur-l'Hers, dép. de l'Aude, arr. de Castelnaudary, cant. de Belpech), du reste, sans indication de jour ni de mois (f° 214 A) ; interrogatoire de na Dias, femme de Guillem Faure Feiragat, de Castelnaudary. (F° 253 B.)
6. F° 83 B.
7. F°⁰ 253 B, 254. Le titre de ces interrogatoires est celui-ci : *Confessiones factæ coram magistro S. et R. Resplandi*; et en marge : *De archidiaconatu Lantarensi, scilicet de Auriacho*.

cinq à Auriac[1], et un à Castelnaudary. Enfin, à la date de 1255, nous citerons les additions à ses dépositions antérieures que vient faire à Toulouse, le 28 janvier de cette année, par-devant l'inquisiteur Jean de Saint-Pierre, un prévenu de Fourquevaux[2]. Il avait été interrogé précédemment par Bernard de Caux, le 15 juin 1246[3].

Quant aux témoins de ces interrogatoires, ils sont généralement au nombre de quatre ou cinq, en comptant le notaire ou le scribe d'Inquisition qui tient la plume, et figure lui aussi parmi eux. Parfois, leur nombre est moindre, mais rarement plus considérable, du moins autant que nous avons pu nous en rendre compte.

D'ailleurs, ces témoins varient assez souvent, sans qu'on puisse attribuer ces changements à une règle certaine. On pourrait croire au premier abord, que leur diversité vient de la différence des lieux auxquels appartiennent les individus interrogés. Mais il faudrait admettre alors, qu'une partie des témoins était toujours empruntée à la localité dont les habitants comparaissent devant les inquisiteurs. On comprendrait, en effet, que ceux-ci eussent voulu avoir des témoins de cette sorte, qui auraient été les plus naturels de tous, et dont la présence aurait donné une valeur morale toute particulière aux dépositions recueillies par eux. Mais, si c'est là un fait qui se présente quelquefois[4], il est trop rare pour que nous y trouvions une règle de conduite véritable en matière d'instruction; nous pou-

---

1. Dép. de la Haute-Garonne, arr. de Villefranche, cant. de Caraman.
2. Dép. de la Haute-Garonne, arr. de Villefranche, cant. de Montgiscard.
3. F° 207.
4. Par exemple, f°⁸ 11 A, 62 A, 171 A.

vons y voir bien plus légitimement, à cause de cette
rareté, quelque chose comme un pur hasard. Ainsi, il
nous est permis de conclure, ce que nous nous ferions
fort de démontrer d'ailleurs, si ce n'était là une question hors de propos, que ces témoins sont à peu près
les premiers venus, ceux, pour ainsi dire, que les inquisiteurs avaient sous la main [1].

Du reste, parmi eux se rencontrent certains personnages que nous voyons reparaître fréquemment, par
exemple, B., curé de Ladinhac; Sylvestre, curé de
Verfeil; P., curé de Dreuille [2]; B. de Gaus; Arnaud
Cerda, surtout frère Guillem Pelisson, l'historien du
couvent des Dominicains de Toulouse et de l'Inquisition
à ses débuts. Mais il n'en est pas qui paraisse plus
souvent qu'Arnaud Auriol, prieur de Saint-Sernin [3].

Parmi les notaires en titre qui recueillent les interrogatoires, il faut citer au premier rang P. Aribert, qui
figure dans la plupart des sentences du manuscrit
n° 9992 de la Bibliothèque nationale, et qui est, sans
aucun doute, le même que mentionne aussi le recueil
de la bibliothèque de Clermont. A côté de lui, il faut
placer trois autres notaires ou scribes d'Inquisition,
Barthélemi, Fresapan ou Fresapa, et Bérenger de
Vernet, dont on ne rencontre, d'ailleurs, le nom que
rarement [4].

1. Voir ce qui a été dit plus haut pp. 67-69, à propos des témoins figurant dans les *Sentences* de Bernard de Caux.
2. Ou Druilhe (*Drulha*), dép. de l'Ariège, arr. de Foix, cant. de Lavelanet.
3. Le manuscrit dont nous nous occupons l'appelle simplement *Arnaldus*. Son nom de famille nous est fourni par le ms. 9992 de la Bibl. nat. (Voir P 3.) Les noms des témoins qui viennent d'être cités avant cet Arnaud Auriol, se retrouvent également dans le même volume; ce qui ne doit pas nous étonner, puisqu'il est, comme nous en avons fait la remarque, la suite pour ainsi dire du recueil que possède la bibliothèque de Toulouse.
4. F°° 116 B, 251 B.

Après ces indications, il nous reste à examiner une question assez difficile; c'est celle de savoir où se font les interrogatoires consignés dans le manuscrit qui nous occupe. A notre avis, il n'y a pas de doute que ce soit à Toulouse, ainsi que cela se trouve marqué, du reste, dans un assez grand nombre de cas[1]. Toutefois, le lieu où siége le tribunal d'Inquisition n'est indiqué expressément, et sans que ce renseignement nous manque jamais, que dans deux cas : lorsqu'il s'agit pour un prévenu d'ajouter à des aveux faits précédemment par lui, ou bien de les confirmer et d'en faire dresser un acte notarié[2]. Alors, nous le répétons, le lieu de la seconde comparution se trouve invariablement noté, et c'est toujours la ville de Toulouse. Mais pour les interrogatoires proprement dits, qui remplissent à eux seuls presque tout le volume, il s'en faut que nous ayons toujours une indication pareille. Nous ne pouvons, dès lors, affirmer purement et simplement ce qui est notre conviction, et il nous faut procéder par conjecture.

La première qui se présente, et c'est, en effet, la plus naturelle, consiste à admettre que les interrogatoires ont pour théâtre les diverses localités habitées par les individus interrogés. A voir le nombre de ceux-ci, nombre si considérable parfois qu'on peut supposer avec vraisemblance qu'il représente la totalité de la population de certains lieux, du moins de la population en âge de raison, il ne paraît pas, au premier abord, qu'il puisse en être autrement. Les inquisiteurs n'auraient pas voulu contraindre à se déplacer

---

1. Voir *passim*, et notamment f° 144-156, 189-195, 205 A, 219 B-221 A.
2. Voir, pour le premier cas, f° 251 A; pour le second, f° 166, 167 A, 168 A, 138, 233 B, etc.

ainsi en masse des centaines de personnes, dont la moitié au moins n'avait rien à leur dire, ou devait à peine leur dire quelques mots. Il y aurait eu là vraiment une exigence monstrueuse. Sans doute, ce sont eux, au contraire, qui se déplacent, et qui vont installer temporairement leur tribunal dans les endroits où ils ont l'intention de procéder à une enquête. De la sorte, le dérangement est minime pour les individus qu'ils interrogent, et, sauf la prévention ou même la culpabilité qui se manifestent si facilement en présence d'un tribunal d'Inquisition, du moment qu'on y comparait, ils n'ont pas en réalité de motif sérieux de se plaindre.

D'ailleurs, cette façon d'aller ainsi au-devant des renseignements, de les susciter, de les surprendre même, a été parfois, on ne saurait le nier, un des procédés de la justice inquisitoriale. Ses ministres se sont plu, dans certains cas, à tomber à l'improviste au milieu d'un village, à rassembler devant leur table subitement dressée, devant leurs scribes prêts à écrire, des paysans arrachés à leurs travaux, ignorant ce qu'on leur veut, tremblants devant tout cet appareil, à l'aspect de ces juges dont la robe leur est presque inconnue. L'histoire nous a conservé plusieurs exemples de ces expéditions des inquisiteurs, véritables descentes dans des lieux où ils n'étaient pas attendus[1].

Quoi qu'il en soit, annoncées ou non, ces tournées paraissent avoir été, à un certain moment du moins, le moyen le plus ordinairement employé par les juges d'Inquisition pour découvrir les hérétiques et rassembler les éléments de leurs procédures. Si elles leur ont

---

1. Voir Percin, *Monum. conc. Tolos.*, p. 51, n° 33; *Hist. de Lang.*, édit. orig., t. III, liv. XXV, pp. 111, 112.

été d'abord imposées par les légats, du consentement des souverains pontifes [1], ils semblent s'y être bientôt résignés, et quelques-uns même s'y sont attachés avec passion. Ce fut, à ce qu'il semble, la grande occupation de Guillem Arnaud, le plus ardent des inquisiteurs, et de son compagnon, le frère mineur Étienne de Saint-Tibéri, de frère Ferrier également, dont le nom revient sans cesse à ce propos dans le manuscrit que nous analysons. C'est aussi dans une dernière tournée que les deux premiers trouvèrent la mort à Avignonet. Le recueil des sentences de la Bibliothèque nationale, que nous avons déjà étudié, confirme tout cela [2]. Il en est de même du manuscrit des Archives de la Haute-Garonne [3], et de celui de la bibliothèque de Clermont [4]. Ce dernier surtout nous révèle une foule d'enquêtes exécutées sur les lieux par les inquisiteurs, à peu près à l'époque qui nous occupe [5].

1. C'est ce que fait en 1237 le légat, archevêque de Vienne, avec l'autorisation de Grégoire IX, sur les plaintes des habitants du Languedoc, fatigués de se déranger sans cesse. (Voir Percin, *Monum. conv. Tolos.*, p. 51, n° 38; *Hist. de Lang.*, édit. orig., t. III, liv. XXV, pp. 410, 411.) Il fallait donc, pour provoquer un pareil ordre de la part du Saint-Siège, que les inquisiteurs eussent cité jusque-là les prévenus au chef-lieu de leur juridiction. S'ils le firent de nouveau plus tard, par exemple à l'époque de Bernard de Caux et de Jean de Saint-Pierre, comme c'est notre opinion, ils revenaient simplement par là, sous le coup de certaines nécessités que nous allons dire, à leur première manière de procéder.
2. Voir f° 8 A.
3. Voir f° 86 A.
4. Voir 1re partie, f° 9 B; 2e partie, f°s 2-6 A, 7 B, 9 A, 11 A, 13 B, 15 B, 16 B, 17, 18 B.
5. Quant à la Chronique de Guillem Pelisson, dont le témoignage en pareille matière est de grande valeur, à cause de la date des événements qui y sont consignés, nous n'y trouvons pas les inquisiteurs faisant de véritables tournées, comparables à celles que nous présentent les autres manuscrits d'Inquisition. Pour ne parler que des juges les plus actifs dont elle nous a conservé le souvenir, Pierre Cella et Guillem Arnaud, nous voyons ceux-ci exercer leur ministère, en dehors de Toulouse et de Cahors, qui sont les centres de leur juridiction, dans les villes de Moissac, de Carcassonne, de Montauban. Mais rien n'indique, quand ils condamnent des

Cependant, la conjecture appuyée sur toutes ces indications, bien qu'en apparence très-naturelle et absolument fondée, ne nous semble pas devoir être acceptée en fin de compte. Si impossible et déraisonnable que la chose puisse paraître au premier abord, nous penchons à croire que Bernard de Caux et Jean de Saint-Pierre recueillirent le nombre énorme de dépositions, composant l'ensemble qu'ils nous ont laissé, de la bouche de gens forcés par eux de quitter leur ville et leurs affaires pour les leur apporter.

N'oublions pas d'abord qu'en imposant sans scrupule aux populations ces dérangements extraordinaires, qui nous paraissent à bon droit un abus criant, les inquisiteurs n'agissaient pas autrement que ne le faisait la justice de cette époque et surtout la justice séculière. Pour ce qui est du Midi, par exemple, le parlement de Toulouse ne fut institué qu'en 1447. Jusqu'à cette date, les appels durent être portés du fond du Languedoc au parlement de Paris. C'est dans cette ville, au treizième siècle, qu'Alphonse de Poitiers, qui ne fit que de très-rares apparitions au milieu de ses sujets méridionaux, avait sa cour de justice[1]. On imagine sans peine les voyages singulièrement longs

---

gens de localités moins importantes, qu'ils s'y soient réellement transportés. Un fait prouverait, du moins, qu'ils ne s'y croyaient nullement obligés ; c'est leur sentence contre les seigneurs de Montségur, c'est-à-dire d'un lieu qui était encore à cette époque l'asile inviolable de l'hérésie, et où ils ne pouvaient songer à paraître. (Voir bibl. de Carc., n° 6112, p. 16.) Du reste, il faut le reconnaître, les indications que nous fournit Guillem Pelisson ne peuvent être véritablement concluantes pour la question qui nous occupe, puisqu'elles sont antérieures à l'année 1237, où Grégoire IX imposa aux inquisiteurs les déplacements dont ils ne paraissent pas avoir eu jusque-là l'habitude.

1. Voir, sur ces différents points, dont nous n'avons à parler ici que tout à fait incidemment, Edg. Boutaric, *Saint Louis et Alphonse de Poitiers*, p. 86 et pp. 373 et suiv.

et coûteux qu'entraînait pour les plaideurs une pareille organisation. Heureux encore, lorsqu'arrivés dans la capitale, une des deux parties ne faisait pas défaut le jour de l'audience, rendant ainsi inutiles tant de dépenses et d'ennuis. C'est pourtant ce qui se passait quelquefois, surtout dans les cas où se trouvaient incriminés des représentants du pouvoir royal, trop souvent dédaigneux des intérêts des particuliers, et résolus à étouffer leurs plaintes par n'importe quel moyen [1].

Mais nous avons pour appuyer notre sentiment dans la question qui nous occupe d'autres raisons que celles dont nous venons de parler. Nous les tirons de l'histoire de l'Inquisition et du recueil même que nous analysons.

A notre avis, la considération seule du temps où se font les interrogatoires qui y sont contenus, suffirait à rendre probable ce que nous avançons. Qu'on y songe, c'est au lendemain du massacre effroyable, dans lequel viennent de disparaître Guillem Arnaud et ses compagnons, onze membres en tout du tribunal de l'Inquisition de Toulouse. Pour protéger ceux qui survivent, il n'y a guère à compter sur Raimond VII, toujours frémissant sous la main de l'Église, et qui, d'ailleurs, a manifesté à plusieurs reprises sa haine pour les inquisiteurs. On peut dire, il est vrai, que Montségur [2], la citadelle de l'hérésie, le repaire d'où sont partis quelques-uns des meurtriers d'Avignonèt, a été pris, il

---

[1]. On vit bien, il est vrai, à plusieurs reprises, et cela dès le treizième siècle, par exemple en 1285 et en 1287, des délégations du parlement de Paris parcourir les provinces méridionales, et y transporter pour ainsi dire la justice. Alphonse de Poitiers en avait déjà fait autant pour le Poitou et la Saintonge en 1270. (Voir Le Nain de Tillemont, *Hist. de saint Louis*, V, 273; — Edg. Boutaric, *Saint Louis et Alphonse de Poitiers*, p. 415.) Mais ce n'étaient là que des exceptions fort rares, qui ne remédiaient nullement en somme aux inconvénients que nous avons marqués.

[2]. Dép. de l'Ariége, arr. de Foix, cant. de Lavelanet.

y a un an¹, et que ç'a été un grand coup contre les ennemis de la foi et de l'Inquisition. Mais bien des proscrits errent encore sur les chemins. La misère, le désespoir peuvent leur faire tout oser. Voilà pourquoi, si ce n'est qu'en 1248, que les inquisiteurs recevront d'Innocent IV l'autorisation formelle de faire comparaître les hérétiques dans les lieux qu'il leur plaira et où ils se croiront en sûreté², il est plus que douteux qu'ils n'aient pas pris d'eux-mêmes et à l'avance cette précaution. Certes, tels que nous les connaissons, le dérangement inouï, la perte de temps, d'argent, résultats immédiats de ces citations sans fin, ne les auront pas arrêtés.

D'autre part, la nature des témoins devant qui se font les interrogatoires semblent fournir des preuves à l'appui de notre conjecture.

Ces témoins sont de deux sortes. Tantôt, mais ce n'est pas ce qui se présente le plus fréquemment, ils sont empruntés aux lieux qu'habitent les individus interrogés, et alors ce sont presque toujours les curés desservant ces lieux; tantôt ce sont des ecclésiastiques ou des moines qui y sont absolument étrangers.

La présence des premiers n'autorise nullement à conclure contre notre opinion. Ils pouvaient fort bien être invités, sinon forcés, à paraître dans une procédure où se trouvaient mêlés quelques-uns de leurs paroissiens, et cela, non pas seulement au lieu où habitaient les prévenus et où ils habitaient eux-mêmes, mais pour ainsi dire n'importe où³. Ainsi, le 30 mai

---

1. Mars 1244. (Voir Schmidt, t. I, pp. 324-327.)
2. La bulle est du 9 novembre. (Voir Doat, t. XXXI, f⁰ˢ 112, 113.)
3. Voir, sur l'obligation stricte où se trouvait le clergé séculier, notamment les curés de paroisse, d'assister l'Inquisition, et sur les services qu'elle exigeait d'eux, Bernard Gui, *Practica*, Iʳᵉ pars, *passim*.

1246, Pétronille du Mas-Saintes-Puelles[1] subit devant Bernard de Caux un interrogatoire qui a pour témoins G. (Gaillard), prieur, et G., curé du même lieu, ainsi que le notaire P. Aribert, qui écrit la déposition. Or, l'interrogatoire a lieu, non pas au lieu d'habitation de la femme interrogée et des témoins principaux de son interrogatoire, mais à Toulouse[2].

C'est, d'ailleurs, ce que nous montrent sans cesse le recueil de sentences de la Bibliothèque nationale et le manuscrit de la bibliothèque de Clermont. Dans l'un, nous voyons souvent, comme nous l'avons remarqué, les curés de lieux assez éloignés paraître à Toulouse au nombre des témoins d'une sentence prononcée dans cette ville contre des habitants de leur paroisse. Dans l'autre, pareille chose se passe à Carcassonne, non plus pour des sentences, mais pour des interrogatoires ou des cautions. Dans ce dernier cas, les curés des lieux auxquels appartiennent les inculpés ne sont nullement là pour se porter garants des promesses faites aux inquisiteurs. C'est l'affaire des amis et des parents du prévenu. Eux figurent uniquement comme témoins.

Quant à la seconde catégorie de ces mêmes témoins que nous avons indiquée, il y a lieu de distinguer. Sans doute, des religieux, surtout de l'ordre des Frères Prêcheurs, auraient pu, en effet, suivre d'étape en étape les juges d'Inquisition, bien que plusieurs dussent avoir dans leurs couvents respectifs des occupations, qui se seraient fort mal accommodées de ces déplacements continuels; mais pour les prêtres séculiers,

---

1. Dép. de l'Aude, arr. et cant. de Castelnaudary.
2. Voir f° 42 A.

la chose est absolument inadmissible. Par exemple, pour cet Arnaud Auriol, prieur de Saint-Sernin, dont le nom est celui qui se retrouve le plus souvent à la suite de ces interrogatoires, il est clair qu'il ne pouvait ainsi, avec les soins nombreux que lui imposait la dignité ecclésiastique assez haute dont il était revêtu, passer son existence sur les routes, à suivre de ville en ville les inquisiteurs, afin de prêter l'autorité de son nom aux procès-verbaux de leurs scribes. Cette assistance, il consentait à la leur accorder, mais à Toulouse évidemment, et pas ailleurs, comme il le fait, du reste, dans les sentences du manuscrit de la Bibliothèque nationale, où il figure aussi très-fréquemment comme témoin[1].

Voici maintenant une considération d'un autre genre à l'appui de notre opinion. Ce sera la dernière à propos d'un point sur lequel on nous pardonnera d'avoir insisté, à cause de l'intérêt qu'il offre pour l'histoire de la procédure inquisitoriale.

Si les juges d'Inquisition s'étaient réellement déplacés pour recueillir les dépositions qu'ils voulaient obtenir, il est à croire que celles-ci se trouveraient comprises pour un même lieu dans un nombre de jours assez restreint, et surtout se suivant sans intervalle trop considérable. Ils auraient dû évidemment s'arranger pour en finir d'un seul coup avec les habitants d'une localité, de manière à n'avoir pas à y revenir.

---

1. A la suite d'interrogatoires d'habitants du Mas-Saintes-Puelles, nous voyons figurer Silvestre, curé de Verfeil (f° 3 A); Arnaud Dastarac, curé de Puy-Laurens (f° 11 A), celui-ci, il est vrai, à côté de Gaillard, curé de la première de ces localités. Or, le Mas-Saintes-Puelles appartient au département de l'Aude, Puy-Laurens à celui du Tarn. Peut-on supposer après cela que l'interrogatoire ait lieu ailleurs qu'au centre de la circonscription inquisitoriale, c'est-à-dire à Toulouse?

Supposer qu'ils ne visitaient pas tous les lieux, mais seulement les plus importants, et qu'installés dans ceux-ci comme dans un centre, ils y faisaient venir des lieux voisins tous ceux qu'ils avaient résolu d'interroger, c'est là une opinion plausible, mais absolument hypothétique. Quant à nous, nous n'avons rien trouvé qui nous permît de l'accepter. Ce qui reste, en fin de compte, ce sont des écarts très-considérables entre les dates des divers interrogatoires subis par la population d'un même endroit.

Pour donner une idée de ces écarts, nous prendrons les dépositions recueillies dans trois lieux différents, à Avignonet, à Fanjeaux, au Mas-Saintes-Puelles. Ce sont là des localités importantes à cette époque, et qui jouèrent un grand rôle dans l'histoire de l'hérésie albigeoise ainsi que dans celle de l'Inquisition. Aussi, les interrogatoires y sont-ils nombreux : il y en a environ deux cent trente à Avignonet, cent à Fanjeaux et quatre cent vingt au Mas-Saintes-Puelles.

Pour la première de ces localités, les interrogatoires se trouvent répartis entre six mois différents, et ces six mois, par la place qu'ils occupent dans la série complète des douze divisions de l'année, en embrassent la révolution presque entière. Nous voyons ces interrogatoires commencer en février 1246, pour reprendre successivement le 4 mai, le 1er juin, le 3 juillet, le 8 novembre, le 1er décembre, c'est-à-dire avec des interruptions de deux, de un et de trois mois [1].

Pour la seconde, ils occupent deux années, 1245 et 1246. En 1245, trois jours y sont consacrés au mois de février, et neuf au mois de mai. Ils recommencent

---

[1] Voir f° 130-140.

l'année suivante, le 5 mars, c'est-à-dire après neuf mois d'interruption, embrassent cinq jours de ce mois, reprennent ensuite le 1er mai, se continuent le 12 et le 13, puis sont suspendus de nouveau jusqu'au 1er juin, qui est le dernier jour où ils aient lieu [1].

Enfin, pour la troisième des localités que nous avons choisies comme exemples, ces interrogatoires se répartissent ainsi que pour la seconde entre les deux mêmes années 1245 et 1246. Ils durent deux jours en février 1245, deux jours aussi en mars, les 2 et 11 de ce mois. Puis, ils s'arrêtent pour ne reprendre que le 13 mai, après plus de deux mois d'intervalle. Ils occupent six jours de ce mois et trois des deux qui suivent. Suspendus le 9 juillet, ils ne reprennent qu'après plus de quatre mois d'interruption, le 15 novembre. Six jours de ce mois et deux du mois de décembre y sont consacrés. En 1246, ils se bornent à deux jours du mois de mai [2].

Nous ne soutiendrons pas que le résultat de cette analyse doive être considéré comme absolument péremptoire [3]. Il nous paraît cependant rendre quelque peu douteuse l'existence de tournées des inquisiteurs,

---

1. Voir f° 149 B-163.
2. Vol. f° 1-3) A et 41 B-42 A.
3. Voici, du reste, pour plus de netteté, le tableau des années, des mois et des jours, entre lesquels se répartissent ces interrogatoires.
Avignonet (*Arinio, Avenionetum, Arignonetum*). — 1246 : 7, 8, 13 février; 4 mai; 1er juin; 3, 17 juillet; 8, 13, 16, 17 novembre; 1er, 2, 4, 7, 11, 13 décembre.
Fanjeaux (*Fanum Jovis*, ch.-l. de cant., arr. de Castelnaudary, dép. de l'Aude.) — 1245 : 4, 23, 28 février; 4, 6, 9, 16, 17, 18, 19, 21, 27 mai. — 1246 : 5, 9, 10, 22 mars; 1er, 12, 13 mai; 1er juin.
Le Mas-Saintes-Puelles (*Mansus-Sanctarum-Puellarum*). — 1245 : 23, 26 février; 2, 11 mars; 13, 19, 22, 26, 27, 29 mai; 10, 11, 13 juin; 1er, 6, 9 juillet; 15, 16, 17, 23, 28, 30 novembre; 7, 9 décembre. — 1246 : 13, 30 mai.

même restreintes à un petit nombre de localités choisies parmi les principales.

Nous nous arrêterons là-dessus, sans conclure formellement, parce que nous manquons des renseignements positifs, qui nous permettraient de le faire. Toutefois, avant d'abandonner cette question importante, nous voulons marquer en quelques mots ce qui nous paraît être la stricte vérité sur ces tournées des inquisiteurs.

On ne pensera pas, sans doute, que nous ayons l'intention de nier que ce mode d'instruction de la justice inquisitoriale ait été mis en pratique. Nous en avons relevé nous-même trop d'exemples pour cela. Pourtant, si fréquent qu'ait pu en être l'emploi à certaines époques, il nous paraît après tout n'avoir guère été qu'une exception, qui devait se produire, la plupart du temps, dans des circonstances à peu près semblables à celles que nous allons dire.

Nous voyons, en effet, dans le manuscrit qui nous occupe, que le frère mineur Étienne de Saint-Tibéri reçut à un certain moment commission de son collègue Guillem Arnaud d'aller interroger à Montesquieu [1] les infirmes et les femmes enceintes, c'est-à-dire les habitants de cet endroit à qui leur état de santé ne permettait pas de se déplacer [2]. Mais nous voyons aussi par les dépositions de trois femmes du même lieu, dont deux de famille noble, qu'elles durent à un autre moment comparaître à Toulouse, devant les mêmes inquisiteurs [3].

---

1. *Mons Lupiricus*, dép. de la Haute-Garonne, arr. et cant. de Villefranche.
2. Déposition de dame Blanche, veuve de Companh de Montesquieu, chevalier. (F° 103 R.)
3. Voir f° 103 B.

Ainsi, ces déplacements des juges d'Inquisition nous apparaissent avec le véritable caractère qu'ils durent garder presque toujours. Nous le répétons, c'étaient des exceptions, en somme, qui ne dispensaient guère les gens valides de venir dans le plus grand nombre des cas au centre même de la circonscription inquisitoriale. On comprendrait difficilement après cela, que Bernard de Caux ait éprouvé plus de scrupules que ses prédécesseurs à déranger les habitants même de lieux éloignés, surtout, lorsqu'après l'effroyable boucherie d'Avignonet, la plus simple prudence devait lui conseiller de suspendre ces tournées hasardeuses, qui en avaient été l'occasion.

Il nous faut maintenant donner quelques indications sur le contenu et l'importance du répertoire vraiment étonnant que nous étudions. L'enquête énorme qu'il constitue ne s'étend pas à moins de cent six localités, villes, bourgs, villages, hameaux, oratoires, dépendances de paroisses. Ces localités se répartissent entre quatre départements, l'Aude, la Haute-Garonne, le Tarn, le Tarn-et-Garonne, c'est-à-dire à peu près la moitié du Languedoc [1].

---

1. Voici l'indication de quelques-uns des lieux auxquels se rapportent le plus grand nombre d'interrogatoires :
Aude : Bram (*Bram*), 1246, f° 189; — Fanjeaux (*Fanum Jovis*), 1245, 1246, f° 119 B-169; — Gaja-la-Selve (*Gaianum, Guaianum, Guaianum*), 1245, 1246, f° 121 B-123 et 196-197; — Casalrenoux (*Casalrenolf prope Laurac*), 1245, f° 113 B-115; — Castelnaudary (*Castellum novum Darri*), 1245, 1246, f° 230-253; — Gourvielle (*Godvrrila*), 1245, 1246, f° 62-64; — Labécède (*Breeda, Beseda, La Beseda*), 1246, f° 118 B-121; — Laurac (*Lauracum*), 1245, 1246, f° 71 B-79 et 191-195; — Les Cassés (*Les Cassés*), 1245, 1246, f° 222-227; — Le Mas-Saintes-Puelles (*Mansus Sanctarum Puellarum*), 1245, 1246, f° 1-30 et 41-B-42; — Pexiora (*Podium Suranum*), 1246, f° 172-173 et 189 B-191 A; — Saint-Martin-La-Lande (*Sanctus Martinus de la Landa*), 1245, 1246, f° 30 B-41 et 186-189; — Villepinte (*Villapicta*), 1245, 1246, f° 177-180.
Haute-Garonne : Avignonet (*Avinio*), 1246, f° 130-149; — Baulège

Combien fournissent-elles d'individus interrogés? Nous avouons que c'est là un point sur lequel nous ne saurions répondre d'une manière positive. Nous n'avons pas fait encore pour cela un dépouillement assez complet du manuscrit. Mais les chiffres partiels que nous donnions à l'instant sont fort considérables. Nous indiquions plus de cent interrogatoires à Fanjeaux, et environ deux cent trente à Avignonet, auxquels il faut en ajouter quatre cent vingt pour le Mas-Saintes-Puelles, comprenant, comme on peut le supposer, toute la population du lieu, et cela, du moins en ce qui concerne la dernière de ces villes, dans la seule année 1245. Aussi croyons-nous pouvoir conclure à un chiffre total de personnes interrogées véritablement énorme, qui ne serait guère inférieur à huit ou dix mille.

Rien que cela suffirait, indépendamment de la valeur extraordinaire qu'il a pour l'histoire des doctrines cathares, ainsi que pour la filiation des familles hérétiques, et qui en fait le mérite principal[1], à dé-

---

(*Vazega, Vazzia*), 1245, f⁰ˢ 53-61; — Fourqueraux (*Folcarallis*), 1245, 1246, 1253, f⁰ˢ 207-208; — Gardouch (*Gardouch, Guardogh, Guardok*), 1245, f⁰ˢ 103-113; — Lagarde (*La Garda*), 1245, f⁰ˢ 69-70 A; — Lanta (*Lantarium*), 1245, 1246, f⁰ˢ 199 B-201; — Montégut (*Mons Acutus*), 1246, f⁰ˢ 220-222; — Montesquieu (*Mons Esquivus*), 1246, f⁰ˢ 99-100; — Montgiscard (*Mons Guiscardi*), 1245, 1246, f⁰ˢ 61 B-63; — Odars (*Odarcium*) 1245, f⁰ 203-B; — Préserville (*Presivilla*), 1246, f⁰ 208; — Le Pujol (*Podium de parrochia Sancte Fidis*), 1245, f⁰ 213 B; — Saint-Félix (*Sanctus Felix*), 1245, f⁰ 211 B-218.

Tarn: Hautpoul (*Altus pullus*), 1245, f⁰ˢ 231 B-233; — Lavaur (*Vaurum*), 1245, f⁰ˢ 235-237; — Maurens (*Maurens prope Cambo*), 1246, f⁰ˢ 117-118; — Guitalens (*Guitalens de terra Podii Laurentii*), 1245, f⁰ 217; — Saint-Paul de Cap-de-Joux (*Sanctus Paulus de Cadajous*), 1245, 1246, f⁰ˢ 210-212; — Scopont (*Scaupon*), 1245, f⁰ˢ 215 B-217; — Saix (*Saxum*), 1245, f⁰ˢ 217 B-218.

Tarn-et-Garonne: Montauban (*Mons Albanus*), 1245, f⁰ˢ 201 B-203.

1. Sur les deux points que nous marquons, il y aurait un travail fort intéressant à faire au moyen du manuscrit dont nous présentons l'analyse. On

montrer l'importance du recueil que possède la bibliothèque de Toulouse, si nous n'avions beaucoup d'autres raisons de n'en pas douter. Il nous paraît inutile de revenir sur ce que nous avons déjà dit à ce propos, quand nous avons noté les rapports intimes qui existent entre le volume de sentences de la Bibliothèque nationale et celui qui nous occupe maintenant. Nous rappellerons seulement que le premier de ces recueils est la suite naturelle du second, puisqu'il contient la conclusion des procédures que nous voyons commencer dans celui-ci. Nous rappellerons également que, réunis, ils nous donnent le tableau d'une des périodes les plus curieuses de l'histoire de l'Inquisition méridionale, celle de ses débuts, quand, attaquée par tous, princes, peuples et même évêques, mal soutenue par la papauté, qui ne lui a pas encore accordé toutes les armes dont elle la munira plus tard, elle se soutient contre cette coalition presque universelle, en dépit du massacre de ses ministres, à force d'audace, de persévérance, et surtout d'activité infatigable.

On ne peut, en effet, considérer sans étonnement le labeur extraordinaire dont témoignent ces milliers d'interrogatoires relevés sur les registres mêmes de Bernard de Caux. Si l'on songe, de plus, que dans le court espace de deux ans, qui suffit à cet inquisiteur pour les poursuivre et les achever, il dut en même temps préparer et prononcer toute une série de sentences dont la trace nous reste dans le manus-

---

comprendra que nous nous contentions de l'indiquer, sans y insister davantage, et sans même donner une idée des éléments qui pourraient y entrer. De pareilles recherches ne sont conformes ni à la nature, ni aux limites de l'étude que nous avons entreprise. Pour ce qui est surtout des doctrines albigeoises, nous avons déclaré formellement que nous n'y toucherions en aucune manière.

crit de la Bibliothèque nationale, sans compter les consultations juridiques qui devaient encore lui prendre un certain temps, ainsi que les voyages qu'exigeait son ministère, l'étonnement se change presque en stupéfaction[1].

1. Nous aurions voulu ajouter à cette étude sur un document où il tient une si grande place, sinon une biographie proprement dite de Bernard de Caux, du moins quelques indications à peu près complètes sur son existence. Malheureusement, en dehors de son rôle comme inquisiteur, la vie de ce religieux dominicain est peu connue, et les documents font défaut pour en établir les diverses circonstances. Voici toutefois à ce sujet quelques renseignements empruntés à Percin et à Bernard Gui.

Comme nous avons déjà eu occasion de le dire, Bernard de Caux nous paraît être né dans le diocèse de Béziers. Ainsi que la plupart des inquisiteurs célèbres du treizième et du quatorzième siècle, il serait donc Méridional, et il aurait apporté dans l'exercice de ses fonctions l'emportement et la fougue qui distinguent ses compatriotes.

Quelle est la date de sa naissance ? Nous ne le savons pas, ce qui n'est, du reste, guère étonnant. Nous ignorons également s'il fut prieur de quelqu'un des couvents de l'ordre des Dominicains avant l'époque où nous le voyons inquisiteur. Quand le devient-il au juste ? Il y a encore doute sur ce point. « On prétend, dit Percin, qu'il exerça les fonctions d'inquisiteur de 1243 à 1249. » *Monum. conv. Tolos.*, p. 54, n° 14.

Nous sommes obligé d'accepter sans contrôle la seconde de ces deux dates; mais, pour la première, il pourrait se faire que Percin fût dans l'erreur. La liste des inquisiteurs de Carcassonne dressée par Bouges marque à l'année 1241 trois juges d'Inquisition pour cette ville, Jean de Saint-Pierre, P. Durand et un certain Raimond *de Cunto*. Nous croirions volontiers que ce dernier personnage n'est autre que Bernard de Caux, dont le prénom aurait été changé ou mal lu par Bouges, dont les indications ne sont pas toujours, du reste, aussi exactes qu'on pourrait le souhaiter. Notre conjecture s'appuie sur ce que le manuscrit de Clermont, dont nous ferons plus loin l'analyse, rappelle le souvenir d'un inquisiteur à Carcassonne du nom de frère Bernard, qui ne peut être, à cause de la date, que Bernard de Caux, et qu'il lui donne pour collègue un religieux du nom de frère Jean, dans lequel il nous semble difficile de ne pas reconnaître Jean de Saint-Pierre. (Bibl. de Clermont, ms. 159, 2e partie, f° 6 A.) Ainsi donc, nous aurions à la fois à rectifier l'assertion de Percin, en augmentant de deux ans la durée du ministère qu'il attribue à Bernard de Caux, et à la compléter, en marquant qu'avant d'être inquisiteur à Toulouse, il l'avait été déjà à Carcassonne, et cela en compagnie du collègue dont il devait être encore assisté dans la première de ces deux villes.

Quant à la date de sa mort, s'il faut en croire le même Percin, elle ne serait pas non plus bien certaine. « On place, dit-il, sa mort en l'année 1252. » *Monum. conv. Tolos.*, p. 54, n° 14. Mais Bernard Gui, chez lequel nous ne trouvons, d'ailleurs, à peu près aucun renseignement sur Bernard de Caux,

Aussi comprend-on sans peine que Percin parle de ce juge infatigable dans les termes élogieux qu'il lui a consacrés, qu'il rapporte avec complaisance les prodiges qui accompagnèrent l'instant de sa mort, et les miracles qui illustrèrent son tombeau. C'est bien là, en effet, l'héritier et le digne successeur des juges impitoyables qui inaugurent, vers l'année 1230, l'exercice de la justice inquisitoriale dans les provinces du midi de la France. Il continue l'œuvre de Pierre Cella, le

en dehors de ceux que nous allons utiliser, nous fournit autre chose que l'indication peu affirmative à laquelle s'arrête l'auteur des *Monumenta*. Il nous rapporte, en effet, que la fondation du couvent d'Agen ayant été décidée en 1252, au chapitre provincial de Montpellier, Bernard de Caux y prit la part principale, et, suivant son expression, en consacra l'emplacement de son corps même. *Frater Bernardus de Caucio*, dit-il, *inquisitor et persecutor acerrimus hereticorum, vir sanctus et Deo plenus, fuit fundator præcipuus et promotor conventus Agennensis, dum vixebat, ipsumque locum suo corpore dedicavit.* (Bibl. de Toulouse, ms. 273, 1re série, fo 160 A; cité par Percin, *Monum. conv. Tolos.*, p. 54, no 14.) Cela donnerait à entendre que Bernard de Caux serait mort l'année même de la fondation du couvent d'Agen. Mais le même historien nous fournit la date que nous cherchons d'une manière si formelle et si précise qu'il n'y a plus de doute à avoir. « Vingt-huit ans plus tard, continue-t-il, le corps de Bernard de Caux fut exhumé et transporté dans l'église du couvent, où il se trouve encore aujourd'hui. Par une faveur spéciale de la bonté divine, on le trouva après tant d'années absolument intact et dans un état de conservation parfaite. » *Ibid., ut supra*, fo 160 A, et *Monum.*, p. 54, no 14. Puis, Bernard Gui rapporte la lettre anonyme d'un moine du couvent d'Agen racontant en détail cette translation, opérée en 1280, le lendemain de la fête de saint Mathieu évangéliste (22 septembre). Cette lettre, assez longue, se termine par le passage suivant : « *Sancte memorie reverendus frater Bernardus de Caucio fuit in medio predictorum duorum* (il s'agit de deux moines dont les restes avaient été exhumés en même temps que ceux de Bernard de Caux) *venerabiliter collocatus. Qui obiit in crastino beate Katerine, VIo Kalendas decembris, anno Domini M.CC.LII.* (*Ibid., ut supra*, fo 161 A.) Ainsi donc, Bernard de Caux serait mort le 26 novembre 1252, et, nous le répétons, il ne nous semble pas qu'on puisse révoquer en doute une indication présentée d'une manière aussi formelle.

Nous ne dirons rien, après cela, du prodige qui accompagne le moment précis de cette mort, prodige que rapporte Percin d'après l'auteur dominicain Léandre Albert, lequel l'a emprunté sans doute à Géraud de Frachet et à son livre intitulé *De vitis Fratrum* (voir Bibl. de Toulouse, ms. 191, 1re série, fo 17 C), non plus que des miracles qui se produisent au tombeau du célèbre inquisiteur. (Voir *Monum. conv. Tolos.*, p. 53, no 12, et p. 54, no 14).

plus ancien des inquisiteurs du Languedoc, du redoutable frère Ferrier, d'Arnaud Catala, des *martyrs* d'Avignonet, Guillem Arnaud et Etienne de Saint-Tibéri, digne successeur des *martyrs* d'Avignonet. Il ne laisse pas déchoir leur puissance, ni s'amoindrir entre ses mains leur autorité inflexible. Contemporain de Pierre de Vérone, de frère Robert, de Luc de Tuy, de Conrad de Marbourg[1], il est bien comme eux de la

---

Nous citerons seulement, pour terminer, une opinion de Percin, que nous donnerons, d'ailleurs, telle qu'il la présente. « Je pense, dit-il, que c'est le même Bernard de Caux qui fut nommé pour procéder à une enquête sur la vie et les mœurs de Raimond VI, comte de Toulouse, bien que dans la bulle pontificale écrite à cette occasion, il soit appelé Raimond de Caux. » *Monum. conv. Tolos.*, p. 54, nº 14, et *Opusc. de hæresi Albigensium*, appendix, pp. 76-81. Percin veut parler de l'enquête confiée en 1247 par Innocent IV à Guillem de Casouls, évêque de Lodève, à frère Bernard de Brive, de l'ordre des Mineurs, et à un religieux dominicain, qu'il croit être le même que Bernard de Caux.

Mais la conjecture formée par l'historien des Dominicains de Toulouse nous parait inadmissible. Il est peu croyable, en effet, qu'une erreur, comme celle qu'il imagine, se soit glissée dans une bulle pontificale de si grande importance ; et c'est là une raison qui suffirait à la rigueur pour nous faire rejeter la supposition hasardée par lui. D'ailleurs, un document conservé aux Archives de la Haute-Garonne (Ordre de Saint-Jean, Toulouse, liasse I, nº 24) nous en fournit, à ce qu'il semble, la réfutation absolue. C'est le relevé, dressé à l'occasion de l'enquête dont parle Percin, des donations et des priviléges accordés de son vivant par le comte Raimond VI à un certain nombre d'églises et de monastères. La pièce, écrite à Toulouse, le 24 juillet 1247, dans la maison de l'Ordre du Temple, se termine par l'indication suivante : *Ego Paulus, publicus Tholose notarius, de mandato venerabilis patris G., Lodovensis episcopi, et fratris R. de Cantiis, ordinis Prædicatorum, et fratris G. de Brira, ordinis Fratrum Minorum, a domino papa delegatorum,* etc. Ainsi, la chose est bien certaine, le personnage que Percin voudrait identifier avec Bernard de Caux ne porte ni le même prénom ni le même nom que lui. Il ne parait pas après cela qu'aucun doute puisse subsister, car on ne saurait soutenir que la même erreur se soit produite dans deux actes différents, d'autant plus que celui dont nous venons d'invoquer le témoignage semble avoir été rédigé avec le plus grand soin. Ajoutons, du reste, que l'existence d'un Raimond *de Cantiis* ou *de Cantio* nous est attestée par un acte des *Layettes du Trésor des Chartres* (II, nº 3241), où il figure comme témoin. Cet acte, rédigé à Toulouse, au Château-Narbonnais, est du 2 février 1245. Le personnage qui nous occupe y est appelé *R. de Cante*.

1. Voir, sur ces différents personnages, les premiers et les plus terribles

raco qui, pendant cent ans, poursuivra contre l'hérésie une lutte implacable. Comme eux, il semble avoir fait le serment de l'anéantir à force de coups redoublés. Lui aussi mérite le surnom qu'ils ont si bien gagné dans l'histoire. Le bras toujours levé, frappant sans trêve ni merci, il a été comme eux un *marteau des hérétiques*.

représentants de l'Inquisition, au treizième siècle, en Italie, en Espagne et en Allemagne, Schmidt, t. I. pp. 139, 370 et 377.

CHAPITRE V

LA PRACTICA DE BERNARD GUI (début du quatorzième siècle).

(Bibliothèque de la ville de Toulouse, mss. 131 et 267, 1ʳᵉ série.)

Indications préliminaires sur la nature et l'importance de l'ouvrage qui va être étudié. — Description des deux exemplaires qu'en possède la bibliothèque de la ville de Toulouse. — Biographie rapide de Bernard Gui; son activité, ses écrits, qualités qui y dominent. — La *Practica* semble être le plus important de tous; raisons de cette supériorité; indications précieuses sur les sectes contemporaines de l'auteur, sur la torture, sur les droits et les privilèges de la justice inquisitoriale, sur la procédure inquisitoriale tout entière. — Comparaison du manuel de Bernard Gui avec un traité célèbre du quatorzième siècle, le *Directorium inquisitorum* de l'inquisiteur catalan Nicolas Eymeric; la méthode est supérieure dans ce dernier ouvrage; mais la *Practica* l'emporte en intérêt et en utilité pour l'histoire proprement dite de l'Inquisition. — Pièces historiques qui s'y trouvent insérées en grand nombre. — Renseignements précieux sur la secte des *béguins*, sur les *Juifs*, sur quelques-unes de leurs cérémonies, sur leurs livres religieux. — Révélations curieuses sur la personnalité de Bernard Gui, sur son caractère comme inquisiteur et sur celui des juges d'Inquisition en général.

Les documents originaux, dont l'analyse fait l'objet principal de ce travail, peuvent être tous qualifiés sans exagération de précieux, parce qu'ils constituent les rares témoignages, qui nous restent sur une institution mal connue encore et singulièrement importante pour l'histoire du midi de la France au treizième et au quatorzième siècle. Il en est cependant quelques-uns, qui l'emportent sur les autres en intérêt et en valeur. Au nombre de ceux-là nous devons compter, à ce qu'il semble, le manuscrit dont nous allons parler maintenant.

Cette supériorité, il la doit à deux raisons. D'abord, si on en excepte le recueil d'interrogatoires dont nous venons de nous occuper, il n'en est pas de plus considérable en étendue parmi les volumes qui nous sont restés de l'Inquisition primitive. Puis, il n'en existe pas non plus, à part le registre de la bibliothèque de Clermont, dont nous ferons plus loin l'analyse, qui nous donne des indications plus variées sur la justice inquisitoriale.

Les enquêtes exécutées par Bernard de Caux et le procès de l'Inquisition d'Albi que nous avons déjà vus, ainsi que le manuscrit des Archives départementales de la Haute-Garonne, dont l'examen viendra tout à l'heure, ne nous présentent qu'une chose, la procédure des tribunaux d'Inquisition, à laquelle s'ajoutent quelques notions sur la manière dont se recrutaient ordinairement les juges qui les composaient. Les sentences que possède la Bibliothèque nationale ne nous fournissent que le tableau, et encore restreint, de la pénalité inquisitoriale. Tout cela se trouve, au contraire, réuni dans le traité, dont nous essaierons de donner une idée.

C'est, en effet, un traité, mais si riche en détails, que nous y rencontrons, comme dans le manuscrit de Clermont, la pratique journalière et le fonctionnement intime d'une cour d'Inquisition. Les principes n'y font pas défaut pour cela. Toute une partie de l'ouvrage est consacrée à l'exposition de la jurisprudence inquisitoriale et des priviléges des inquisiteurs dans l'exercice de leur ministère. Les délits y sont également déterminés par l'indication des doctrines que l'Inquisition avait pour office de poursuivre.

L'ensemble nous donne une idée très-nette de l'institution redoutable, à laquelle l'orthodoxie romaine dut son triomphe, au moins dans le midi de la France. Cette idée répond chronologiquement à une certaine période de l'histoire des tribunaux d'Inquisition, à celle de leur apogée, qui se place entre les années 1310 et 1330. L'ouvrage est, en effet, de cette date ; mais résumant toute une série de précédents et de conquêtes, sa portée est bien autrement grande. Il est, en réalité, comme le code et le manuel de l'Inquisition méridionale, pour les cent années qui limitent son existence véritable, c'est-à-dire pour le temps où elle fut à la fois prodigieusement active et absolument obéie de tous les pouvoirs. Nous savons, d'ailleurs, à n'en pas douter, que c'est là l'opinion qu'on en avait dans les deux siècles qui suivirent l'époque où il fut composé.

Le nom de l'auteur ajoute encore à cette importance. Ce n'est pas seulement le juge des *Sentences* publiées par Limborch, un des hommes les plus autorisés par conséquent pour écrire un pareil livre, et dans lequel se personnifie la justice inquisitoriale au début du quatorzième siècle, comme elle s'est incarnée en quelque sorte dans Guillem Arnaud et Bernard de Caux au milieu du treizième. C'est encore un des écrivains les plus érudits et les plus féconds, une des intelligences les plus actives et les plus judicieuses de son temps, une des gloires de l'ordre de Saint-Dominique, un des prélats les plus goûtés des papes et des princes, qui remirent plus d'une fois entre ses mains les intérêts de leur politique, et n'eurent pas à s'en repentir.

Ces indications générales nous semblaient nécessaires pour donner une idée de la haute valeur du document que nous avons à étudier. Nous allons maintenant en aborder l'analyse. Comme nous l'avons déjà dit, la bibliothèque de la ville de Toulouse en possède deux exemplaires, inscrits sous les n°º 121 et 267 de la 1ʳᵉ série. Nous en ferons la description en commençant par le numéro 267. C'est le plus important des deux à cause de sa provenance, et, d'ailleurs, le plus ancien en date. Le n° 121 pourrait bien même n'en être qu'une copie. Voyons donc d'abord le n° 267.

Le texte même de ce manuscrit[1] ne porte ni titre[2], ni indication qui en tienne lieu, pas même celle qui ouvre, comme nous le verrons, la préface dans le n° 121[3]. Mais, en revanche, il se termine par l'*explicit* suivant, qui manque dans le même numéro : *Explicit tractatus de practica officii Inquisitionis, compositus et compilatus per venerabilem et religiosum virum bone*

---

1. Bibliothèque de la ville de Toulouse, n° 267, 1ʳᵉ série (Haenel, c. 477; Bibl. de la ville de Toulouse, au Collège royal, n° 196; le second exemplaire, n° 121, est catalogué par le même auteur sous le n° 59). In-4°; hauteur : 262ᵐᵐ; largeur : 200ᵐᵐ. Parchemin : seconde moitié du quatorzième siècle. Écriture diplomatique assez nette, mais serrée et parfois assez abrégée; lettres initiales rouges ou bleues très-simples. Exécution, en somme, peu soignée; fautes assez nombreuses, surtout mots fréquemment omis. Deux colonnes. Reliure du temps, composée d'une feuille de parchemin, doublée pour le plat supérieur d'un fragment de livre liturgique du douzième siècle, contenant l'office de saint Martin et des fragments de la vie de ce saint par Sulpice Sévère. Ce manuscrit a souffert : les caractères en ont blanchi ou se trouvent parfois à demi-effacés par le frottement des feuillets les uns contre les autres. Le f° 170 est à peu près perdu. Coins usés et arrondis à force d'avoir été maniés. État de fatigue assez marqué, qui vient évidemment d'un usage continu. Quelques taches d'humidité.

2. La couverture en parchemin porte extérieurement, au-dessous d'un titre fort effacé et devenu à peu près illisible, le second titre que voici, et qui doit être de la fin du dix-septième siècle : *Fr. Bernardi Guidonis tractatus de practica officii inquisitionis.* C'est celui dont nous avons déjà parlé et dont l'écriture est de la même main que celle d'un des trois titres du ms. 133, étudié précédemment. (Voir plus haut, p. 165, note 4.)

3. Il débute par les mots que voici : *Tractatus presens de practica officii Inquisitionis heretice pravitatis, maxime in partibus Tholosanis, Carcassonensibus, Albiensibus, et in provincia Narbonensi et circumvicinis diocesibus. Iste continet quinque partes,* etc. (F° 1 A.)

memorie fratrem Bernardum Guidonis, auctoritate apostolica in regno Francie, maxime in partibus Tholosanis, inquisitorem heretice pravitatis deputatum, qui post modum fuit factus episcopus Lodovensis. Cujus anima requiescat in pace. Amen[1].

La formule *bone memorie* et les mots par lesquels se termine cet *explicit* nous apprennent, que le manuscrit qui nous occupe fut exécuté après la mort de Bernard Gui. Il est, par conséquent, postérieur à 1331, date de cette mort. Quoi qu'il en soit, c'est bien certainement une des plus anciennes reproductions qui aient dû être faites du manuscrit original. C'en était aussi une des plus authentiques et des plus autorisées, à cause de la qualité de ses possesseurs primitifs, et de l'usage auquel elle était affectée. Ausssi semble-t-elle avoir donné naissance à son tour à plus d'une copie nouvelle, et peut-être, comme nous le disions tout à l'heure, à celle que possède la bibliothèque de Toulouse sous le n° 121.

Ces renseignements précieux nous sont fournis d'une manière absolument certaine par une curieuse note datée de 1483, et inscrite au verso du f° 106[2]. Nous y

---

1. F° 103, C.
2. Voici cette note : *Iste liber de practica officii sancte Inquisitionis est domus ejusdem officii Tholose, missus reverendo magistro Je. Pinsonis pro copiando concentus (sic) Burdegale, ordinis Predicatorum, missus inquam (!), per dominum P. Fabri, canonicum regularem, priorem prioratus de Guilhaguoresia, diocesis Petragoricensis, anno MCCCCLXXXIII, presentibus venerabilibus religiosis fratribus P. de Broquerio, in theologia presentato, et Guillelmo de Abbacia, ejusdem gradus seu promocionis, dicti ordinis Fratrum Predicatorum, conventuum Sancti Severi et Bankeriarum. Quem quidem librum, sicut premittitur, mittit supradicto magistro frater A. Th. I., cum intentione quod idem liber redeat ad dictam domum sancte Inquisicionis Tholoze loco et tempore opportunis.* — *Frater A. TH.* — *Frater P. DE BROCARIO.* — *Frater GUILLELMUS DE ABBACIA.*
Une note du quinzième siècle, inscrite au f° 75 B du ms. 273, 1re série, de la bibl. de Toul., nous indique que deux des signataires de la note pré-

voyons que le volume appartenait à la maison de l'Inquisition de Toulouse, et qu'il fut envoyé au couvent des Frères Prêcheurs de Bordeaux pour qu'il en fût fait une copie.

De tous les exemplaires du traité de Bernard Gui, il n'y en a donc pas, on peut le dire, de plus authentique, ni qui ait joué un plus grand rôle dans l'exercice de la justice inquisitoriale, puisque c'est le volume même que les juges devaient avoir entre les mains et feuilleter sans cesse. Il y paraît, du reste, à l'état de délabrement que nous avons remarqué, et aussi aux notes qui couvrent les marges. Ces notes sont, il est vrai, à peu près complétement absentes des trois premières parties ainsi que de la cinquième. Mais elles abondent, au contraire, dans la quatrième partie[1]. La plupart, d'ailleurs, ne semblent pas antérieures au quinzième siècle.

Quant à la numérotation des feuillets, elle est double. Il y en a une ancienne en chiffres romains, et une moderne en chiffres arabes de 1 à 107[2]. La première a dis-

cédente, Guillaume de l'Abbaye et Pierre de Broquier, avaient été, le premier 25ᵉ, le second 26ᵉ prieur provincial de la province de Toulouse. La date exacte manque pour Guillaume de l'Abbaye. Quant à Pierre de Broquier, il est dit qu'il fut élu dans le chapitre provincial tenu au couvent d'Orthez en 1479. Relevé de ses fonctions, après quinze ans d'exercice, par le général de l'ordre, il aurait été réélu presque immédiatement par la province entière, qui avait vu sa retraite avec peine, et serait mort à ce moment même. Pour ce qui est du religieux désigné par les initiales A. Th., il pourrait bien être Antoine de Cirdà, du couvent de Toulouse, 27ᵉ prieur de la même province que Guillem de l'Abbaye et Pierre de Broquier, de 1492 à 1495. (Ibid., ut supra, même f°.)

1. Parfois même, elles ne se bornent pas à occuper les marges. Elles forment du f° 51 r° au f° 53, puis du f° 103 r° au f° 105, un texte continu sur des feuillets laissés primitivement en blanc. La plus longue de ces notes (f° 103-105) consiste dans la reproduction des décrets promulgués par Clément V au concile de Vienne sur l'exercice de la justice inquisitoriale.

2. La numérotation moderne est de la main de M. Léopold Delisle, qui a étudié les manuscrits de Bernard Gui déposés à la bibliothèque de

paru en partie, ou même peut-être n'a jamais existé pour un grand nombre de feuillets [1]. De plus, en tête de chaque feuillet, au recto, se trouve l'indication des parties dans lesquelles se divise le traité. Cette indication est marquée en chiffres romains; mais elle n'existe que pour les trois premières parties.

Après ces renseignements descriptifs, il y aurait quelques mots à ajouter sur les divisions de l'ouvrage de Bernard Gui et sur la distribution des matières qui y sont contenues. Mais c'est un point que nous aimons mieux garder pour l'analyse même, à laquelle nous passerons bientôt. Nous nous contenterons de dire, pour le moment, que les parties constituant l'ensemble du traité sont au nombre de cinq, de longueur fort inégale, du reste, et nous passerons sans plus insister à la description du second des exemplaires que possède la bibliothèque de la ville de Toulouse [2].

Toulouse, pour la composition du travail que nous avons déjà cité à plusieurs reprises.

1. On ne la retrouve bien nette que du f° 5 (ancien IIII) au f° 77 (ancien LXXV), et encore avec des lacunes. Ainsi, elle ne tient pas compte du f° 1. Le n° XXXXVI est répété à deux f°s (47 et 48 modernes); de là l'écart de deux chiffres à partir de cet endroit entre la numérotation ancienne et la numérotation moderne.

2. A défaut d'indications qui feraient ici double emploi avec ce que nous voulons dire plus tard, nous présenterons du moins la répartition des 107 folios dont se compose le manuscrit qui nous occupe. Avant de la donner, nous remarquerons que le texte étant écrit sur deux colonnes, nous indiquerons les deux premières composant le recto par A et B, les deux dernières composant le verso par C et D. Nous remarquerons également, que toutes les citations empruntées dans le cours de ce travail au traité de Bernard Gui se rapportent au texte du n° 267.

Voici maintenant la répartition que nous venons d'annoncer :

F° 1 r° : préface et division de l'ouvrage.
F°s 1 v°, 2 A : table de la Ire partie. La colonne B du f° 2 est en blanc.
F°s 2 C-12 : Ire partie.
F°s 12-13 : table de la IIe partie.
F°s 13-25 C : IIe partie.
F°s 25-26 A : table de la IIIe partie.
F°s 26 B-51 D : IIIe partie.

Cet exemplaire¹ ne porte de titre ni sur la couverture, ni ailleurs; mais le texte débute par les mots suivants : *Practica tradita per fratrem B. Guidonis, de ordine Predicatorum, contra infectos labe heretice pravitatis*². Les feuillets offrent une numérotation du temps en chiffres romains à l'encre rouge placés au recto³. En tête des feuillets se trouve l'indication des différentes parties, marquée en rouge également⁴.

F⁰ˢ 51 D-52 : notes du quinzième siècle.
F⁰ˢ 53-70 A : IV⁰ partie.
F⁰ˢ 70 B-70 D : table de la V⁰ partie.
F⁰ˢ 70 D-103 C : V⁰ partie.
La V⁰ partie elle-même comprend trois divisions :
1⁰ F⁰ˢ 70 D-89 A : V⁰ partie proprement dite.
2⁰ F⁰ˢ 89 B-91 D : trois bulles de souverains pontifes ayant trait à l'exercice de l'Inquisition, et qui sont comme des pièces justificatives de la IV⁰ partie. — A. de Clément IV : *Datum Perusii, III nonas novembris, pontificatus nostri anno primo, sub anno Dominice Incarnationis M.CC. sexagesimo quinto.* — B. de Nicolas IV : *Datum apud Urbem veterem, V kalendas julii, pontificatus nostri anno tertio, sub anno Dominice Incarnationis M.CC. nonagesimo.* — C. du même : *Datum apud Urbem veterem, X kalendas julii, pontificatus nostri anno tercio, sub anno Dominice Incarnationis M.CC. nonagesimo.*
3⁰ F⁰ˢ 91 D-103 C : sorte de supplément à la V⁰ partie. Formules d'abjuration, indications sur l'histoire, les croyances et les pratiques des sectateurs de Gérard Segarelli de Parme, et de Dolcino de Novare, sur le mode d'interrogatoires qu'il faut employer avec eux; formules d'abjuration spéciale pour ces hérétiques; lettre adressée par Bernard Gui, comme inquisiteur, aux prélats et religieux des provinces d'Espagne pour les engager à poursuivre les mêmes hérétiques. (Toulouse, 1ᵉʳ mai 1366.)
4⁰ Folios 103 C-107 : notes du quinzième siècle.

1. Bibliothèque de la ville de Toulouse, n⁰ 121, 1ʳᵉ série. In-folio; hauteur : 315ᵐᵐ; largeur, 230ᵐᵐ. Parchemin; seconde moitié du quatorzième siècle. Écriture gothique moyenne assez nette et assez belle; lettres initiales rouges et bleues très-simples, mais soigneusement exécutées. Deux colonnes. Reliure du temps, en très-mauvais état, composée de plats en bois recouverts à l'extérieur d'une peau primitivement blanche très-délabrée, et à l'intérieur de parchemin.
2. F⁰ 1 A.
3. Néanmoins, les deux premiers folios portent une numérotation en chiffres romains aussi, mais à l'encre ordinaire. Les folios suivants, III-XVIII, en ont une double à l'encre ordinaire et à l'encre rouge, également en chiffres romains.
4. Cette indication est disposée de la manière que voici. Par exemple : « I pars », I au verso du folio précédent, *pars* au recto du folio suivant.

Quelques annotations, mais sans importance, existent dans la quatrième partie. Quant au texte, il est en général correct et conforme, sauf de très-légères variantes à celui du n° 267, sur lequel il pourrait bien, du reste, avoir été pris par un copiste intelligent. Enfin, pour ce qui est de la provenance du volume, le folio I r° porte écrite dans la marge, à droite, la note que voici : *De conventu FF. Minimorum Sancti Rochi prope Tolosam*[1].

Après cette description des deux exemplaires du traité de Bernard Gui que possède la bibliothèque de la ville de Toulouse, nous rappellerons que les tomes XXIX et XXX de la collection Doat renferment une copie du même ouvrage, faite au dix-septième siècle sur le manuscrit des archives de l'Inquisition de Carcassonne[2]. Nous rappellerons aussi que le Musée britannique en possède une quatrième reproduction également ancienne[3].

Pour ce qui est des liens étroits qui le rattachent aux *Sentences* publiées par Limborch, lesquelles n'en

---

1. Nous ajouterons, pour compléter ces renseignements, un tableau de la répartition des cent quatre-vingt-onze folios, dont se compose le volume que nous venons de décrire, entre les différentes parties du traité de Bernard Gui.
F°° 1 A, B, C : sorte de préface et de division de l'ouvrage.
F°° 1 C-2 : table de la I™ partie.
F°° 2 D-18 B : I™ partie.
F°° 18 C-19 : table de la II° partie.
F°° 20-41 C : II° partie.
F°° 41 D-46 A : table de la III° partie.
F°° 46 A-95 A : III° partie.
F°° 95 A-127 : IV° partie.
F°° 128-191 : V° partie. Dans cette partie se trouvent en blanc les folios 161 v°, 162 et 163. Elle comprend aussi trois divisions, comme la partie correspondante du n° 267 : 1° f°° 121-161 A : V° partie proprement dite ; 2° f°° 161-175 A : trois bulles de papes ; 3° f°° 175 C-191 B : supplément à la V° partie. — Voir, pour le contenu de ces deux dernières subdivisions, ce qui vient d'être dit à propos du n° 267.
2. Voir plus haut, pp. 35 et 36.
3. Voir plus haut, p. 36, note 2.

sont, pour ainsi dire, que la mise en pratique, nous les avons déjà notés, et nous n'y reviendrons pas. Il en sera de même pour tout ce que nous avons déjà dit de l'époque où il se place dans l'histoire de l'Inquisition, et dont il nous offre, combiné avec les mêmes *Sentences*, un tableau complet [1]. Nous en présenterons seulement ici un aperçu très-rapide et très-sommaire, afin de donner, s'il est possible, une idée des matières variées qui y sont contenues.

Il est à croire que peu d'hommes, au début du quatorzième siècle, ont eu une existence plus active et plus occupée que Bernard Gui [2]. Né vers 1261 au village de Royères [3], près de la Roche-l'Abeille, en Limousin, il entre dans l'ordre des Frères Prêcheurs en 1279 ou 1280 [4]. De bonne heure, il se fait remarquer parmi les religieux de son ordre, et devient successivement, lecteur du couvent des Dominicains d'Albi en 1292 [5], prieur du même couvent en 1294 [6], puis des couvents

---

1. Voir plus haut, pp. 7 et 8.
2. Inutile de dire que nous n'avons pas l'intention de tracer ici une biographie complète de Bernard Gui. Voir, pour les détails et les citations à l'appui, l'esquisse qu'a donnée de cette biographie M. L. Delisle, dans le travail que nous avons déjà cité bien des fois, pp. 170-188. C'est, bien entendu, à ce travail également que nous renvoyons pour l'ensemble des œuvres du religieux dominicain, dont nous ne dirons qu'un mot, et dans le seul but de marquer son activité extraordinaire.
3. Roeria, dép. de la Haute-Vienne, arr. de Limoges, cant. de Saint-Léonard. — Voir *Recueil des historiens de France*, t. XII, p. XIV, et t. XIX, p. XXIII; — U. Chevalier, *Répert. des sources hist. du moyen âge*, art. *Bernard Guidonis*, I, 911.
4. *Ab anno Domini MCCLXXIX*, dit-il, *quo Predicatorum ordinem intravi...* (Bibl. de Toul., ms. 273, 1re série, fo 63 A.) Lui-même aussi nous raconte qu'il reçut la tonsure des mains de Pierre de Saint-Astier, autrefois évêque de Périgueux, entré dans l'ordre des Dominicains en 1267. (*Ibid., ut supra*, fo 35 A.) En parlant d'Etienne de Salagnac, il ajoute : *In cujus manibus sum professus*. (*Ibid.*, fo 80 A.) Etienne de Salagnac, déjà fort âgé, se trouvait alors au couvent de Limoges, où il mourut en 1290.
5. Voir bibl. de Toul., ms. 273, 1re série, fo 217 A, et *Recueil des historiens de France*, t. XXI, p. 716.
6. Il succède à frère Guillem Bernard de Gaillac. Confirmé dans la dignité

de Carcassonne (1297)[1], de Castres (1301)[2], et enfin de Limoges (1305)[3]. Le 16 janvier 1307, une lettre du provincial de France le nomme inquisiteur à Toulouse [4]. Il exerce ces fonctions jusqu'en 1323, avec le plus grand zèle, comme en témoignent ses *Sentences*, et plus de six cent trente hérétiques brûlés, dit-on, par lui[5]. Des services si longs et si éclatants le font alors élever par Jean XXII à l'évêché de Tuy en Galice, et en 1324 à l'évêché de Lodève[6]. Il meurt, dans un château voisin de cette ville [7], en 1331, non pas le 13 décembre, comme

de prieur le lendemain de la fête de sainte Marie-Madeleine (23 juillet), il fait exécuter diverses constructions au couvent d'Albi. (*Ibid.*, *ut supra*, même folio, même page.)

1. A Carcassonne, il succède au 11ᵉ prieur du couvent des Dominicains de cette ville, frère Eudes de Cancens de Conlom. Confirmé dans ce titre, le samedi après la fête de saint Denis (15 octobre 1297), il est relevé de ses fonctions par le chapitre provincial d'Agen, le jour de la fête de sainte Marie-Madeleine (23 juillet 1301). Son priorat à Carcassonne est marqué par les troubles et le soulèvement de la population contre les Dominicains. La ville est réconciliée en 1297 avec l'Inquisition par Nicolas d'Abbeville. (Voir bibl. de Toul., ms. 273, 1ʳᵉ série, f⁰ˢ 157 B, 158 A.)

2. Il est le 13ᵉ prieur de ce couvent. (Voir *Recueil des historiens de France*, t. XXI, pp. 715, 716.) C'est avec ce titre qu'il figure dans les dépositions du prêtre Jean de Recoles par-devant l'inquisiteur Geoffroi d'Ablis, le 10 février 1313. (Voir Hauréau, *Bernard-Délicieux*, pièces justificatives, II, p. 179.)

3. A Limoges, il succède à frère Étienne Laurel, 18ᵉ prieur du couvent des Dominicains de cette ville. Il est confirmé dans son titre, la veille de la fête de saint Barthélemi (23 août 1305), à Bordeaux. En 1306, le samedi, jour de la fête de saint Georges, martyr (23 avril), il reçoit dans son couvent le pape Clément V. (Voir bibl. de Toul., ms. 273, 1ʳᵉ série, f⁰ 133 B, 134 A, et *Recueil des historiens de France*, t. XXII. p. 712.)

4. Voir bibl. de Toul., ms 273, 1ʳᵉ série, f⁰ 134 A, et Percin, *Monum. conv. Tolos.*, p. 63, n⁰ 10. — En même temps une lettre du maître de l'ordre le relève de ses fonctions de prieur. Il reçoit ces deux lettres, le jour de la fête de saint Marcel, pape (16 janvier), à Limoges. Peut-être a-t-il été déjà inquisiteur en 1305. (Voir *Recueil des historiens de France*, t. XIX, p. XXIII.)

5. Voir *Recueil des historiens de France*, ibid., ut supra.

6. Voir Percin, *Monum. conv. Tolos.*, p. 63 n⁰ 12. La nomination de Bernard Gui à l'évêché de Tuy est de la fin de 1323, sa nomination à l'évêché de Lodève du 20 juillet 1324. (Voir U. Chevalier, *op. cit.*, art. *Bernard Guidonis*, I, 911.)

7. A Lauroux (*Laurosium*, dép. de l'Hérault, arr. et cant. de Lodève).

le marquait l'inscription moderne que lui avaient consacrée les Dominicains de Toulouse, mais en réalité le 30 du même mois, ainsi que l'indiquait l'épitaphe gravée sur son tombeau, dans l'église des Frères Prêcheurs de Limoges, où il avait ordonné qu'on l'ensevelît [1].

— Voir Plantavit de la Pause, *Chronologia praesulum Lodovensium*, p. 298, et U. Chevalier, *ibid, ut supra*.

1. Percin (*Monum.*, p. 70, n° 7) mentionne la mort de Bernard Gui, qu'il place en 1331, mais sans indiquer le mois ni le quantième du mois. Suivant la notice anonyme d'un contemporain publiée par Labbe et par Echard, cette date aurait été le 19 décembre. (Voir *Recueil des historiens de France*, t. XIX, p. XXIII). Le P. Touron (*Histoire des hommes illustres de l'ordre de Saint-Dominique*, t. II, p. 104) la place le 30 décembre 1332, sans doute par inadvertance. Quant à Plantavit de la Pause, il la met le lendemain de la fête de saint Thomas, martyr, c'est-à-dire le 30 décembre, à la date que nous avons adoptée.

Voici le passage de son livre où se trouve cette indication avec l'épitaphe de Bernard Gui, qui la lui a fournie : *Bernardi recessus è seculo contigit in castro de Lauresio ditionis episcopalis anne salutis MCCCXXXI, postridie festi S. Thomae martyris aetatis suae septuagesimo primo. Cujus corpus ad Praedicatorum Lemoricensium cenobium, ut ipse testamento suo praescripsero delatum est: jacetque in illius templi sanctuario sepultum ad altaris majoris cornu sinistrum cum hac epigrapha : Sub hoc humili loco jacet frater Bernardus Guidonis ordinis Praedicatorum, post non nullas per Italiam, Galliam et Flandriam legationes apostolicas, primum Tudensis in Gallaecia, deinde Lodovensis episcopus in Gallia Narbonensi, qui animam coelo reddidit an. Salutis Domini MCCCXXXI, die tricesima decembris. Requiescat in pace. Amen.* (*Chronologia praesulum Lodovensium*, p. 298.)

Nous ajouterons à ces renseignements sur l'existence de Bernard Gui, qu'il eut un neveu du même nom que lui, et du prénom de Pierre. Ce personnage, Dominicain comme son oncle, est mentionné avec le titre d'auditeur *in studio naturarum* à Carcassonne dès 1313. (Voir bibl. de Toul., ms. 273, f° 117 A; actes du chap. provinc. d'Albi.) Il est prieur du couvent de Limoges en 1326, de celui de Carcassonne en 1335 (voir *ibid, ut supra*, f° 159 B), et enfin du couvent de Périgueux. Dans l'intervalle de ces différents priorats, il exerce les fonctions de lecteur à Albi en 1333, suivant Percin, puis de provincial de Toulouse en 1337, et enfin de lecteur de l'école des chanoines de Saint-Étienne dans cette dernière ville. Il est inquisiteur, à Toulouse encore, en 1343 ou 1344, et meurt à Géronce (Basses-Pyrénées), vers 1347. — (Voir Percin, *Monum.*, p. 71, n° 2, et p. 77, n° 7; U. Chevalier, art. *Pierre Guidonis*, I, 941.) Ce dernier auteur donne les dates principales de la vie de Pierre Gui, sans être toujours d'accord, il est vrai, avec Percin, ni même, ce qui est plus grave, avec le ms. 273, 1re série, de la bibl. de

Mais ce n'est pas à cela que se bornent les travaux de Bernard Gui. Prieur successivement de quatre des couvents les plus considérables de l'ordre des Dominicains, inquisiteur des plus actifs pendant seize années[1], évêque de deux siéges différents, il trouve encore le loisir de s'occuper de diplomatie, d'enseignement, d'écrire un nombre énorme d'ouvrages. En 1317, il accepte la mission de pacifier la Lombardie que lui propose le pape Jean XXII, ainsi qu'au provincial des Frères Mineurs, Bernard de la Tour[2]. En 1318, il se charge de réconcilier le roi de France, Philippe V, et le comte de Flandre Robert[3]. La même année, il devient lecteur

Toul; mais il n'indique pas la parenté qui liait Pierre Gui à l'évêque de Lodève. Cette parenté ne peut être cependant l'objet d'aucun doute. Elle se trouve nettement marquée dans le passage suivant du ms. de la bibl. de Toul. (f° 159 B), qui nous donne en même temps une indication curieuse pour l'histoire des manuscrits de Bernard Gui : *Hic etiam fecit scribi de bonis conventus* (le couvent de Carcassonne), *in duobus columnibus vitas sanctorum a domino Lodevensi patruo suo compilatas.*

1. Le P. Touron (*op. cit.*, note de la page 98) doute, il est vrai, qu'il ait exercé ses fonctions d'inquisiteur d'une manière continue de 1307 à 1323. Ce doute est assez juste, si l'on considère les missions importantes remplies dans le même temps par Bernard Gui.

2. Voir Percin, *Monum.*, p. 70, n° 6. Le P. Touron (*op. cit.*, p. 99) donne à la lettre de commission de Jean XXII la date du 1er mars 1317. Ajoutons, pour ne rien omettre dans l'existence si occupée de Bernard Gui, que, la même année, il est élu procureur général de son ordre auprès de la cour de Rome. (Voir Touron, *op. cit.*, p. 98.)

3. Voir Schmidt, t. I, p. 355, note 2. — C'est le 19 septembre 1318, suivant le P. Touron (*op. cit.*, p. 101), qu'il succède dans cette mission au Dominicain Bérenger de Landorre, nommé archevêque de Compostelle, et qui avait déjà fait des tentatives auprès des deux princes dont il s'agissait d'opérer le rapprochement. A ces différentes occupations, en dehors de ses travaux comme inquisiteur, Bernard Gui en ajoute d'autres du genre de celle-ci, par exemple. Le 17 décembre 1307, sur la délégation que lui transmet le prieur provincial, il confirme, comme prieur du couvent d'Agen, Hugues Pélicier, de Toulouse. (Voir bibl. de Toul., ms. 273. 1re série, f° 162 B.) Au mois de juillet de l'année suivante, dans le chapitre provincial tenu à Rieux, on le charge de rechercher s'il y a lieu réellement de fonder un couvent à Saint-Junien, dans le diocèse de Limoges. Il est vrai qu'il refuse cette mission, en alléguant les occupations nombreuses que lui donnent ses fonctions d'inquisiteur. *Ego vero*, dit-il en rapportant le fait, *præfatus frater Bernardus Guidonis, qui hæc scripsi, non potui*

principal du chapitre de Saint-Étienne de Toulouse[1]. Enfin, d'après le catalogue, dressé par Percin, à la fin du dix-septième siècle, ses écrits conservés dans la bibliothèque des Dominicains de cette dernière ville, ne formaient pas moins de dix volumes. Encore ne se trouvait-il pas dans ce nombre d'exemplaire de la *Practica* que Percin croyait perdue, et lui-même ne nous dit pas que ce fût là le compte exact des productions de Bernard Gui[2].

Aujourd'hui, la plupart de ces manuscrits de l'ancien couvent des Dominicains de Toulouse, passés dans la bibliothèque de cette ville, y sont au nombre de douze[3], et composent un des ensembles les plus consi-

cacare circa premissa, tam in inquisicione et investigacione hereticorum et credencium corumdem, quam in punicione ipsorum in partibus Tholosanis totaliter occupatus. (Bibl. de Toul., ms. 273, 1re série, f° 236 A.)

1. Voir Percin, *Monum.*, p. 83, n° 10. Ce sont les fonctions que doit exercer plus tard son neveu Pierre Gui.

2. Voir Percin, *Monum.*, p. 70, n° 7. — Voir aussi, pour la nomenclature des ouvrages de Bernard Gui, Plantavit de la Pause, *Chronol. praesul. Lodov.*, p. 289; — Fabricius : *Bibliotheca latina mediae et infimae aetatis*, édit. de Mansi, t. I, pp. 220, 221; — Touron, *op. cit.*, pp. 105, 106.

La Bibliothèque nationale à Paris, les bibliothèques d'Agen, d'Avignon, de Bordeaux, de Charleville, de Montpellier, de Poitiers, de Toulouse, de Troyes, de Cambridge, de Vienne, de Turin, du Vatican, l'Ambrosienne, possèdent à peu près tous les manuscrits de Bernard Gui existant encore aujourd'hui. Plusieurs ont dû disparaître d'assez bonne heure, et leur disparition a entraîné la perte de quelques-uns des ouvrages du religieux dominicain. (Voir, sur ce point, L. Delisle, *op. cit., passim*.) Pour l'un de ces ouvrages, le grand cartulaire des évêques de Lodève, Plantavit de la Pause indiquait, dès le début du dix-septième siècle, qu'il en restait à peine un volume entier sur cinq avec un abrégé des autres. Tout le reste avait été détruit, selon lui, par les calvinistes à l'époque des guerres de religion. (Voir *Chronol. praesul. Lodov.*, pp. 289, 290.)

Un certain nombre de fragments, extraits des ouvrages de Bernard Gui ont été publiés dans le *Recueil des historiens de France*. Ils se trouvent aux tomes X, p. 313; XI, p. 386; XII, pp. 230 et 372; XIX, p. 225; XXI, pp. 690, 737, 751, 753, 754. Les plus étendus sont au dernier de ces tomes, et ont été empruntés à la *Fleur des Chroniques* (p. 690), et au livre sur l'ordre des Dominicains (p. 737).

3. Il faut observer que deux de ces manuscrits représentent un seul et même ouvrage, la *Practica*, en double exemplaire.

dérables que nous ait laissé aucun écrivain du moyen âge[1]. Histoire de France et du Midi, histoire de l'Église, histoire de l'ordre des Frères Prêcheurs, légendes des Saints, procédure et jurisprudence inquisitoriales, voilà les matières singulièrement variées qu'embrasse cette collection, qu'on peut sans hyperbole qualifier d'énorme. Si l'auteur ne nous y apparaît qu'assez rarement original, s'il n'est même presque toujours, à la façon de la plupart des écrivains de ce temps, qu'un compilateur, du moins c'est un compilateur infatigable, surtout si l'on considère au milieu de combien d'occupations diverses et absorbantes, de voyages même, il a dû poursuivre un pareil labeur. Cependant, avec des défauts, et surtout une manière de travailler, qui sont de son

---

[1]. Outre l'indication que nous donne Percin, vers les dernières années du dix-septième siècle, des volumes de Bernard Gui existant dans la bibliothèque des Frères Prêcheurs de Toulouse, nous en avons une autre un peu antérieure. Elle se trouve dans un manuscrit que possède aujourd'hui la bibliothèque de la même ville, sous le n° 147 de la 3ᵉ série. Ce manuscrit porte le titre suivant : *Repertorium librorum, tam in plateis quam in tabulis hujus bibliothecae, anno 1683, collocatorum.* (F° 1 A). Nous transcrivons ici le passage où se trouve l'indication dont il s'agit :

S. 31. *Libri historiales et alii manuscripti.*

P. 1. *Bernardi Guidonis, episcopi Lodocensis, ordinis Praedicatorum, historiae ecclesiasticae et seculares.*

2. *Ejusdem tractatus de festis Domini, et beatae Virginis et Johannis Baptistae et apostolorum.*

3. *Idem, de sanctis martyribus, episcopis, confessoribus et pluribus sanctis mulieribus.*

4. *Idem iterum de sanctis apostolis et martyribus utriusque sexus.*

5. *Idem, de sanctis pontificibus et confessoribus, doctoribus, Evangelistis et sanctis virginibus.*

6. *Idem, de beata Virgine et de quibusdam sanctis omnis generis.*

7. *Idem, de rebus ordinis Praedicatorum, in-f°...*

P. 1. *Bernardus Guidonis, historia ordinis Praedicatorum, et capitula generalia et alia.*

2. *Ejusdem varii sermones de tempore....*

6. *Stephani de Salhanaco historia ordinis Praedicatorum.* (Verso de l'avant-dernier f° écrit.)

Le P. Touron (*op. cit.*, p. 97) marque également, au dix-huitième siècle, l'existence de nombreux manuscrits de Bernard Gui dans la bibliothèque des Dominicains de Toulouse ; mais il n'en donne pas la liste.

époque, il a, en dehors de sa fécondité même, des qualités supérieures, qu'on ne saurait méconnaître sans injustice. Ces qualités, qui le mettent fort au-dessus de la plupart de ses contemporains, ce sont une sûreté de jugement étonnante, et, pour tout dire, un véritable esprit de critique. Nous le voyons, par exemple, distinguer toujours soigneusement entre les sources diverses dont il use pour la composition de ses ouvrages, ce dont les compilateurs inattentifs et trop peu sévères du même âge n'ont eu que bien rarement l'idée[1].

Mais, de toutes les œuvres que nous a laissées Bernard Gui, il n'en est pas, selon nous, qui égale en importance son histoire de l'ordre des Frères Prêcheurs, ni surtout son traité pratique d'Inquisition. C'est, en effet, dans ces deux compilations qu'on le retrouve tel qu'il a été, un des représentants les plus autorisés du grand corps constitué par saint Dominique, et l'un des juges qui ont le mieux conservé, pour ne pas dire étendu, les traditions de la justice inquisitoriale. Cependant, il existe une différence profonde entre le premier et le second de ces ouvrages, et elle nous paraît être tout à l'avantage de la *Practica*. Pour son histoire de l'ordre des Dominicains, Bernard Gui avait comme point de départ l'exemple et le travail primitif d'Étienne de Salagnac. C'est ce travail remanié, continué, complété enfin, qui est devenu, ainsi qu'il le reconnaît hautement, du reste, son ouvrage à lui-même[2].

---

1. Sur ces qualités des écrits ou plutôt de l'esprit même de Bernard Gui, voir les indications données par M. L. Delisle, dans son chapitre intitulé : *Appréciation générale de l'œuvre de Bernard Gui* (op. cit., pp. 366-371). Voir également les remarques du même auteur à propos du *Sanctoral*, rédigé par le religieux dominicain. (*Ibid.*, pp. 286-291.)

2. Le travail d'Étienne de Salagnac ne nous a pas été conservé sous

Quant au traité pratique d'Inquisition, il ne semble pas, au contraire, qu'il ait eu rien de pareil pour lui en donner l'idée, ni pour le guider dans l'exécution. Assurément, les formules, dont il met le texte avec une telle variété de tournures et de circonlocutions diverses à la disposition des inquisiteurs futurs, ne lui appartiennent pas absolument en propre. On pourrait sans peine en retrouver le fond, et comme le thème général, avec certains membres de phrase caractéristiques, dans les plus anciens documents de ce genre que nous ait transmis l'Inquisition. C'est qu'il y a dans l'histoire de cette justice spéciale, une chose qui à elle

sa forme primitive. Nous ne l'avons que remanié et augmenté par Bernard Gui. Ces remaniements et ces additions se trouvent, il est vrai, si soigneusement indiqués, en général, dans les quatre exemplaires connus de l'histoire des Frères Prêcheurs, qu'il ne serait pas absolument impossible d'en rétablir à peu près le texte original, si une pareille restitution pouvait avoir quelque intérêt et quelque utilité. (Voir, à ce sujet, L. Delisle, *op. cit.*, pp. 38, 39.)

Quant à la biographie de l'auteur, un des plus anciens représentants de l'ordre de Saint-Dominique, en voici les points principaux. Il reçoit l'habit monastique, au couvent de Limoges, des mains de Pierre Cella, vers 1333, et remplit les fonctions de prieur dans le même couvent à deux reprises différentes, en tout durant quinze années. Son second priorat se termine en 1271. Il doit également avoir passé à Limoges la fin de sa vie. En tout cas, c'est dans cette ville et entre ses mains que Pernard Gui prononce ses vœux vers 1280, et que lui-même meurt le 8 janvier 1290, *quasi sexagenarius in ordine*, dit l'historien des Frères Prêcheurs. Mais ce n'est pas à Limoges seulement qu'il exerce les fonctions de prieur. Il régit au même titre les couvents du Puy et de Toulouse, celui-ci, selon toute probabilité, de 1259 à 1263. A cela, il faut ajouter un certain nombre de missions, par exemple, celle qu'il remplit comme visiteur en Angleterre et en Écosse, dans l'année 1261. De plus, il paraît comme docteur au deuxième concile de Lyon, en 1274. C'est dans la dernière partie de sa carrière, et dans cette sorte de retraite à Limoges, où il termine son existence, qu'il compose son ouvrage. Du moins, Bernard Gui nous le donne à penser, lorsqu'en terminant l'éloge qu'il lui a consacré, il affirme qu'il déposa la plume en 1278. Or, à cette époque, Étienne de Salagnac se trouvait certainement à Limoges, et ne devait plus guère en sortir jusqu'à sa mort. — (Voir Bernard Gui, bibl. de Toul., ms. 273, 1ʳᵉ série, f° 50 A, 119 B, 130 B; — *Recueil des historiens de France*, t. XXI, pp. 741, 742; — Percin, *Monum.*, p. 63, n° 13, et pp. 64 et 182; — U. Chevalier, *op. cit.*, I, 676.)

seule mériterait une étude à part. Nous voulons parler
de cette tradition puissante, que rien ne peut faire
dévier, non-seulement dans la jurisprudence et la procédure, mais jusque dans la langue qui lui est particulière, et cela dès le début[1]. Avant même qu'un
long exercice de leur juridiction eût créé un certain
nombre de précédents, les tribunaux d'Inquisition
avaient pris dans leurs actes ce caractère de fixité
traditionnelle qu'on ne saurait méconnaître, comme
si des règles générales leur eussent été prescrites dès
l'abord, ce qui n'est vrai cependant que dans une mesure assez restreinte. Et c'est cette tradition, à la fois
si précoce et si ferme, que toutes les amplifications de
Bernard Gui, que toutes les redondances le plus souvent fastidieuses de son style, ne peuvent obscurcir.
Il a beau accumuler pléonasmes sur pléonasmes, sans
avoir toujours l'excuse d'une formule juridique toute
faite, qu'il faut conserver avec le redoublement de ses
termes, il n'arrive guère à parler autrement que ne
l'avait fait Bernard de Caux, par exemple.

Toutefois, à part ces ressemblances qu'il ne pouvait éviter, bien des choses lui appartiennent en propre, et font de son travail une œuvre, qu'on peut
qualifier sans exagération d'originale. Nous ne par-

[1]. Rien de plus curieux, en effet, que cette persistance de la tradition
inquisitoriale. Les siècles écoulés ne l'affaiblissent pas; ils semblent plutôt
la fortifier. En pleine époque moderne, l'Inquisition a les mêmes principes,
les mêmes prétentions qu'au moyen âge, une procédure, des peines absolument identiques. — Voir, à ce sujet, l'article *Haereticus*, pp. 263-274, et
l'article *Inquisitores*, pp. 311-340, dans le livre intitulé *Practicae resolutiones casuum lectissimorum*, Anvers, Jean Meursius, 1645, et écrit par
un conseiller du Saint-Office, le Sicilien Antonino Diana. Ajoutons,
comme renseignement sur cet ouvrage, que nous croyons assez oublié
aujourd'hui, qu'en raison de leur nature, bon nombre des cas examinés par
l'auteur indiquent chez lui un rare courage pour aborder et traiter à fond
les sujets les plus répugnants.

lons pas de l'idée même d'un pareil traité, que rien, nous le répétons, ne semble avoir pu lui fournir. Nous ne parlons pas non plus des pièces assez nombreuses écrites dans des circonstances toutes particulières, et pour lesquelles les anciens documents d'Inquisition ne pouvaient lui offrir de formules à utiliser. Mais nous citerons la troisième partie du traité, sorte de programme d'un *acte de foi*, qui, avec son développement et ses acteurs variés, donne l'idée d'un drame plein de péripéties émouvantes. Nous citerons encore la cinquième partie, comprenant l'exposition des doctrines et des pratiques d'une foule de sectes, auxquelles un inquisiteur du quatorzième siècle pouvait avoir affaire.

En effet, à cette époque, ce ne sont plus seulement les albigeois et les vaudois qui s'élèvent, comme au temps de Guillem Arnaud, contre l'Église et la foi catholique, et que l'Inquisition doit poursuivre. Les sectes ont pullulé depuis, et, si les vieilles hérésies commencent à s'effacer, d'autres surgissent de toutes parts et prennent leur place. La nomenclature des lois de Frédéric II ne saurait plus les contenir toutes[1]. *Faux-apôtres* communistes, qu'on extermine dans les Alpes, et qui renaissent on ne sait comment dans les Pyrénées[2]; *béguins* mystiques, qui prétendent divaguer à l'aise, qui veulent s'habiller et vivre autrement que ne

---

1. Voir la quatrième des lois de Frédéric II contre les hérétiques dans Limborch, pp. 50, 51, et dans Eymeric, *Direct.*, édit. de Fr. Pegna, à la fin du volume, *Litteræ apostolicæ*, p. 19, dans une bulle d'Innocent IV, du 22 mai 1254.

2. Voir (*Practica*, V° pars, f° 102), la pièce intitulée *Littera directa ad partes Hyspaniæ contra sectatores Dulcini heretici, qui se falso Christi apostolos nominant et fatentur*. Cette lettre est adressée de Toulouse, le 1er mai 1316, par Bernard Gui lui-même aux prélats et religieux de tout ordre des provinces d'Espagne pour les engager à poursuivre les *faux-apôtres*.

le veulent les papes, et qui parfois, moins inoffensifs, descendent jusqu'à des débauches sans nom[1]; juifs relaps ou acharnés à amener des chrétiens au judaïsme, maudissant le Christ et la Vierge le Talmud en main[2]; grecs schismatiques, convertis à grand'peine et d'une foi chancelante qu'il faut toujours surveiller; sorciers prenant jusqu'à l'hostie pour matière de leurs incantations obscures[3], tout cela s'agite, dispute ou complote sourdement. Les hérésies manichéenne et vaudoise, mourantes à cette époque, peuvent se consoler de leur ruine, en reconnaissant que la vieille semence d'insurrection contre Rome germe toujours.

Bernard Gui expose, démêle toutes ces erreurs et ces pratiques damnables. Il fait plus : dans une série d'interrogatoires particuliers pour chaque classe d'hérétiques[4], il enseigne aux inquisiteurs comment s'y prendre pour confondre leurs ruses, pénétrer leurs faux-fuyants, les amener à un aveu sans réticences. Si, « malgré l'habileté de leur main, agissant comme celle d'un médecin qui opère un accouchement difficile, ils ne réussissent pas à tirer de la sentine et de l'abîme d'erreurs où il se cache le serpent au corps sinueux[5] »,

---

[1]. Voir, dans Limborch, f° 196, la sentence de mort prononcée contre Guillem Eoas, de Cintegabelle (ch.-l. de cant., arr. de Muret, dép. de la Haute-Garonne).

[2]. Voir *Practica*, V° pars, f° 84 D-85 D, et notamment la pièce intitulée *De intolerabili blasfemia Judæorum contra Christum et fidem ejus, et contra populum christianum*. (F° 85 B, C, D.)

[3]. Voir (*Practica*, III° pars, f° 47 D, 48 A) la pièce intitulée *Forma sententie immurationis cum signo hostie rotunde contra personam aliquam, que de et cum corpore Christi sortilegium aut maleficium perpetravit.* — Voir aussi V° pars, f°° 85 D et 86 A, les interrogatoires spécialement destinés aux sorciers, aux devins et aux gens qui invoquent les démons.

[4]. Ces interrogatoires remplissent presque toute la V° partie de la *Practica*.

[5]. ...*Et de sentina et abysso errorum, obstetricante manu, educatur coluber tortuosus.* (*Practica*, V° pars, f° 71 C.)

il leur enseigne et leur conseille le moyen suprême, la torture sous ses différentes formes et à ses différents degrés[1].

Cependant, si grande que soit l'importance de ces deux parties de la *Practica*, il ne nous semble pas qu'elles puissent être comparées à la quatrième division du même ouvrage. Nous n'avons plus ici une série de formules détachées, telles que les modèles de sentences de la troisième partie, ni un certain nombre d'interrogatoires tels que ceux de la cinquième. Nous sommes en présence d'un véritable traité théorique et pratique des droits et des privilèges de l'Inquisition, ainsi que de la jurisprudence et de la procédure qui lui sont particulières. Sans doute, la forme en est singulièrement scolastique. « Dans la juridiction ou puissance de l'Inquisition, il faut, dit Bernard Gui, considérer sa grandeur, qui consiste en quatre choses, savoir : hauteur, longueur, profondeur ou solidité et largeur. En effet, l'Inquisition est haute par son origine, qui émane du Saint-Siège apostolique; elle est longue dans sa durée, que perpétue le Saint-Siège; elle est profonde ou solide dans son action ; elle est large dans son étendue[2]. » Puis l'auteur développe

---

1. *Talis* (l'accusé qui ne veut pas parler) *artari seu restringi poterit in dieta, vel alias in carcere seu vinculis, vel etiam questionari de consilio peritorum.* (*Practica*, V° pars, f° 83 D). — Reconnaissons toutefois que, si Bernard Gui ne recule pas devant l'emploi de la torture, il n'y voit malgré tout qu'un moyen extrême de faire parler l'accusé. Tout autre paraît être l'avis du casuiste Diana, dont nous venons de citer le livre. *Inquisitores debent esse proni ad torturam*, dit-il sans détours. (Voir p. 321, art. *Inquisitores*, § *Tortura*.) — Cette opinion se trouve reproduite aussi nettement dans le résumé des doctrines du même auteur, publié sous le titre de *Summa Diana*; Cologne, 1656, in-4°. (Voir p. 495, c. 2, § 101, à l'article *Inquisitorum jurisdictio, quoad torturam*.)

2. *Circa jurisdictionem vero seu potestatem officii Inquisitionis, consideranda est magnitudo ejus, quae consistit in quatuor, videlicet in altitudine, in longitudine, in profunditate seu soliditate et in latitudine. Et*

longuement et complaisamment ce thème plus qu'aride. Les divisions par dix, par vingt, s'enchevêtrent les unes dans les autres, compliquées de subdivisions plus nombreuses encore. Comme pour rendre ce fouillis irrémédiablement inextricable, l'écrivain insère dans son texte une foule de citations empruntées à des jurisconsultes, à des souverains pontifes, à des prélats du midi de la France. Le célèbre Gui *Fulcodi*, plus tard Clément IV, avec ses consultations adressées aux inquisiteurs[1], les papes Innocent IV, Alexandre IV, Urbain IV, Grégoire X, Boniface VIII, avec leurs bulles, les évêques de Languedoc, avec les décisions de leurs conciles provinciaux, sont appelés tour à tour à témoigner en faveur des privilèges de l'Inquisition.

Bernard Gui ne s'arrête pas à noter en passant l'opposition tenace d'une partie de ces mêmes prélats, frustrés par la justice inquisitoriale des droits de leur justice ordinaire[2]. S'il ne peut passer sous silence la

---

enim altum ex sua origine, qua emanat ab apostolica Sede ; est longum in duratione, qua perpetuatum est ab eadem Sede ; est profundum seu solidum in sua operatione seu actione ; est latum in extensione. (*Practica*, IVe pars, f° 53 C, D.)

1. Ces consultations ont été insérées à la suite de l'ouvrage de César Carena intitulé *Tractatus de officio sanctissimae Inquisitionis* (Lyon, 1669, in-folio), avec cette indication, que c'était la première fois qu'elles étaient publiées. Nous ne croyons pas, en effet, qu'elles l'aient été avant cette époque, ni depuis.

2. Il va sans dire que Bernard Gui s'arrête moins encore à l'opposition tout aussi visible des pouvoirs laïques. Cependant, en dehors des grands soulèvements populaires que la justice inquisitoriale eut le privilège d'exciter jusqu'aux derniers jours de son règne dans le Midi, en dehors même de l'animosité systématique et absolue que les princes et les fonctionnaires de l'ordre civil lui avaient témoignée à ses débuts, cette opposition s'était manifestée parfois d'une façon en quelque sorte légale et régulière. Sous cette forme, qui la rendait acceptable pour ainsi dire, et qui prêtait à l'examen et à la discussion, il semble qu'elle eût mérité tout au moins d'être mentionnée par l'auteur de la *Practica*, s'il n'avait été dominé par un parti pris évident. En effet, à Avignon, par exemple, vers le milieu du treizième siècle, les magistrats municipaux, aidés d'un certain nombre de

décision toute récente de Clément V et du concile de Vienne, qui défend aux inquisiteurs de procéder sans le concours des évêques[1], c'est, il semble, avec une hauteur de dédain vraiment étonnante, avec une liberté presque méprisante qu'il en parle et qu'il l'apprécie. Elle ne peut que diminuer leur autorité de juges entre les mains des évêques comme entre celles des inquisiteurs, dit-il en résumé, et il ajoute avec assurance qu'elle ne durera pas, qu'elle sera modifiée par le Saint-Siége lui-même[2].

En ne tenant pas compte de ces divergences, l'auteur vise manifestement à nous donner l'idée d'une sorte d'unanimité de l'Église en faveur des tribunaux d'Inquisition, et les témoignages qu'il accumule dans ce but lui paraissent sans doute invincibles. Cela pouvait être également aux yeux des inquisiteurs, persuadés de leurs droits, avant même qu'on les leur eût si péremptoirement démontrés. Mais nous, après les arguments exposés par Bernard Gui, si nous sommes convaincus de quelque chose, c'est de l'arbitraire absolu, dont prétendait user une juridiction en révolte contre

---

seigneurs, avaient obtenu pendant quelque temps, à ce qu'il paraît, des inquisiteurs dominicains la permission d'assister au développement de leurs procédures contre les accusés soupçonnés d'hérésie. — Voir R. de Maulde, *Coutumes et règlements de la république d'Avignon au treizième siècle*, pp. 382, 383.

1. Voir *Clementin.*, lib. V, *de Haereticis*, tit. III, cap. I, et Eymeric, *Direct.*, secunda pars, pp. 117, 118, et tertia pars, quaest. LVIII et LIX, pp. 633-639.

2. Voici ce curieux passage : *Ex predicta autem ordinatione seu restrictione nonnulla inconvenientia consequntur, que liberum et expeditum cursum officii Inquisitionis tam in manibus dyocesanorum quam etiam inquisitorum diminuunt seu retardant, quod experiencia magis docet. Peteret autem remediari seu aliqualiter moderari predicta restrictio, ac tenor prefate constitutionis et alterius ejusdem Clementis pape tenor in melius commutari, si et quando apostolice Sedi visum fuerit, sicut in fine presentis operis notatum est incidenter.* (*Practica*, IV· pars, f° 57 A.)

bon nombre des lois civiles et même des lois canoniques de l'époque où elle se produisait. Les tribunaux d'Inquisition nous apparaissent, en fin de compte, avec leur caractère éclatant, et du reste hautement avoué, de tribunaux exceptionnels[1]. Une pareille conclusion suffit à les qualifier ; elle dispense de tout commentaire et même de tout jugement.

Sans insister sur ces considérations, qui ne diminuent que l'autorité des assertions de Bernard Gui, et nullement l'importance de cette quatrième partie de son traité, nous devons avouer que c'est, en effet, une œuvre capitale. On le voit à la netteté du début, que ne peut faire méconnaître la confusion de tout ce qui suit. N'oublions pas, d'ailleurs, pour être juste, que cette confusion est le résultat non pas d'un manque, mais tout au contraire d'un excès de méthode. Il n'y a pas jusqu'à ces citations innombrables, que nous avons accusées de porter au comble un désordre déjà très-grand, qui ne concourent à augmenter l'importance du travail en question. Si elles n'arrivent pas à produire, du moins sur nous, l'effet décisif qu'en attendait l'auteur, parce qu'il s'en est tenu absolument à la lettre de leur texte qui le mettait à l'aise, tandis qu'il négligeait l'histoire dont il aurait été souvent embarrassé, elles n'en constituent pas moins un ensemble précieux, que nous sommes heureux de trouver ainsi tout ordonné. Enfin, et ceci n'est pas le moindre mérite d'une œuvre aussi difficile, elle était sans précédent à l'époque qui la vit naître, et dans les manuels d'Inquisition composés depuis, nous chercherions en vain quelque chose qui y ressemble.

---

1. Voir Percin, *Inquis.*, pars. II, cap. IV, n° 9, *apud Nozza*.

Cela nous amène tout naturellement à parler d'un autre traité d'Inquisition, trop célèbre pour qu'on nous pardonnât de n'en rien dire à propos de l'ouvrage de Bernard Gui. Le traité en question est celui que composa vers la fin du quatorzième siècle, sous le titre de *Directorium Inquisitorum*, l'inquisiteur catalan Nicolas Eymeric [1]. C'est là une œuvre capitale, et de plus

[1]. Nicolas Eymeric, né à Girone, en Catalogne, vers 1320, meurt au couvent des Dominicains de la même ville, le 4 janvier 1399. L'époque de sa plus grande célébrité, comme prédicateur, théologien et juge d'Inquisition, se place sous le pontificat d'Urbain V et de Grégoire XI, et sous le règne du roi d'Aragon, Pierre IV le Cérémonieux, qui lui donna à plusieurs reprises des marques de son estime.

Entré dans l'ordre des Frères Prêcheurs dès l'âge de quatorze ans, il est déjà connu pour son éloquence et pour son savoir, quand on le nomme inquisiteur en 1356, en remplacement du Dominicain Nicolas Rosell, créé cardinal de Saint-Sixte par Innocent VI. Ce n'est pourtant, il semble, d'après ce qu'il dit lui-même (voir *Direct.*, secunda pars, quæst. XLVII), que deux ans plus tard qu'il est pourvu définitivement du titre d'inquisiteur général du royaume d'Aragon. Il se trouve de la sorte investi du ministère, qu'il exercera pendant plus de quarante années, sans que la composition d'un très-grand nombre d'ouvrages, et surtout des séjours prolongés à différentes époques hors de l'Espagne, paraissent l'en avoir jamais sérieusement détourné. Il apporte, d'ailleurs, dans l'exercice de ses fonctions un zèle si ardent, qu'en 1360, par une décision du chapitre général de Perpignan, les Dominicains croient devoir momentanément l'en décharger, à cause des haines qu'il a soulevées contre lui, et qui font craindre pour la sûreté de sa personne. Il est vrai que cette interruption dans ses travaux d'inquisiteur dure peu : le cardinal légat, Gui de Bologne, évêque de Porto, l'y ramène presque tout de suite.

En 1371, Eymeric se rend à Avignon, auprès du pape Grégoire XI, qui l'accueille avec une faveur marquée, et lui accorde le titre de chapelain de la cour pontificale, en même temps qu'un certain nombre de privilèges destinés à lui rendre plus facile l'exercice de la justice inquisitoriale. (Voir *Direct.*, tertia pars, quæst. XX.) Il suit le même pape à Rome en 1376, séjourne pendant quelque temps dans cette ville, puis à Anagni, revient ensuite à Avignon, et de là en Espagne. Dans ce dernier pays, il habite tour à tour Barcelone, Valence, Saragosse, et enfin Girone, où il compose ses derniers ouvrages et où il meurt.

Eymeric a, comme on le voit, une existence très-active. Il en emploie la plus grande partie en luttes contre les Juifs de Catalogne, et surtout contre les disciples de Raimond Lulle, dont il condamne un certain nombre. Cela ne l'empêche pas d'écrire une foule d'ouvrages, entre autres des traités de physique et de logique, des commentaires sur les Évangiles, des sermons, un traité sur le schisme qui divisait l'Église à la fin du quatorzième siècle,

fameuse, en dépit de la nature abstruse du sujet. Cette renommée tient beaucoup, il faut le dire, à ce que cet ouvrage a été et est encore aujourd'hui considéré comme donnant seul une idée de l'Inquisition primitive du treizième ou du moins du quatorzième siècle. C'est à ce titre qu'en use perpétuellement Limborch. En un mot, il occupe dans l'histoire de la justice inquisitoriale une place que Bernard Gui, peut-être plus connu qu'Eymeric comme inquisiteur, n'a pu lui disputer, parce que son traité, ainsi que nous l'avons dit à plusieurs reprises, était regardé comme perdu dès le dix-septième siècle, dans le temps même où ses *Sentences* se trouvaient publiées en Hollande.

Au reste, à défaut de la raison que nous venons d'indiquer, les qualités seules de composition du traité d'Eymeric suffiraient à lui donner une haute valeur. Il faut avouer, en effet, qu'à ce point de vue il est bien

---

et surtout son œuvre capitale, son grand manuel d'Inquisition, auquel il semble avoir travaillé avec une prédilection constante pendant de longues années, à travers ses voyages et ses changements nombreux de séjour.

Cet ouvrage, probablement commencé en Espagne, est continué à Avignon, sous les auspices du pape Clément VII, et achevé antérieurement à l'année 1376, si l'on s'en rapporte à l'indication fournie par un exemplaire conservé aujourd'hui à la bibliothèque de l'Université de Bologne (n° 2235; ancien San Salvatore, n° 367; in-f°, parchemin, 113 f°), et qui porte cette date. Il devient très-vite célèbre, à en juger d'après le grand nombre des copies dispersées dans les différents dépôts de l'Europe. Imprimé pour la première fois à Barcelone, en 1503, il l'est de nouveau à Rome, en 1578, par le docteur en droit et en théologie François Pegna, dans une édition reproduite à Rome même, avec de légères différences, en 1585 et en 1587. Cette édition, faite d'après quatre manuscrits, et notamment d'après un manuscrit de l'Inquisition de Bologne, est accompagnée d'un commentaire perpétuel, œuvre de François Pegna. La première édition de Barcelone est presque introuvable aujourd'hui. C'est à l'édition de Rome, et à la réimpression de 1585, que nous avons emprunté toutes les indications extraites par nous du livre d'Eymeric dans le courant de ce travail.

Voir Eymeric, *Direct.*, préface et vie de l'auteur au début du volume; — Touron, t. II, pp. 622-649; — Schmidt, t. II, note quinzième, pp. 303-309; — U. Chevalier, *op. cit.*, I, 705-706; — Brunet, *Manuel du Libraire*.

supérieur au manuel de Bernard Gui. Sans doute, on n'y trouve rien qui approche de la quatrième partie de la *Practica* si intéressante, ni des interrogatoires saisissants de la cinquième, ni toute cette série considérable de formules datées, dont nous parlions tout à l'heure, et qui sont autant de pièces historiques. L'Inquisition enfin ne nous y apparaît pas, comme chez le même auteur, dans son exercice journalier et, pour ainsi dire, toute vivante; mais, en revanche, Eymeric a mis dans son œuvre un ordre dont Bernard Gui n'a pas eu la moindre idée pour la sienne.

Nous n'avons indiqué jusqu'à présent le sujet des différentes parties de la *Practica* que pour les trois dernières de ces parties. Or, la première et la seconde, que nous avons réservées comme moins originales, renferment, celle-ci, une série de formules de pénitences, et celle-là, des modèles de citations pour tous les cas possibles. Il est bien évident, d'après cela, que l'ordre, dans lequel se trouvent rangées ces différentes parties, n'est rien moins que logique. On n'y trouve pas trace, en effet, de la répartition des matières qui s'impose nécessairement dans un ouvrage de ce genre, et qui les classe de la façon suivante : délits, tribunaux, procédure, peines. Dans ce plan, qui ne semble pas pouvoir être beaucoup modifié, la moitié au moins de la cinquième partie de la *Practica*, celle qui consiste dans l'exposition des doctrines hérétiques, deviendrait la première. La quatrième partie, traitant des droits et des privilèges des tribunaux d'Inquisition, deviendrait la seconde. Toute la première, avec les interrogatoires mêlés à la cinquième, passerait au troisième rang. Enfin, la quatrième partie, dans le classement rationnel que nous esquissons, se composerait des matières dont est formée la troisième division du traité original, ainsi que des formules d'abjuration rejetées sans raison apparente à la fin de l'ouvrage tout entier.

Qu'on ne dise pas, d'ailleurs, que nous critiquons Bernard Gui à propos d'un ordre, qui n'appartient peut-être qu'à des copistes. Les trois exemplaires de son œuvre que nous connaissons, c'est-à-dire les deux manuscrits de la bibliothèque de Toulouse et la copie de Doat, le reproduisent sans aucune différence réelle. Dès lors, on peut bien, il semble, le considérer comme lui appartenant.

Ce manque de méthode générale, joint à l'abus des divisions et subdivisions scolastiques dans la quatrième partie, et au classement arbitraire des formules dans toutes les autres, donne à l'œuvre de Bernard Gui un caractère de confusion que nous avons déjà signalé. Le traité d'Eymeric échappe, au contraire, à ce défaut. Il se divise en trois parties : la première contient une exposition complète et raisonnée de la foi catholique ; la deuxième un aperçu historique des hérésies, et une classification des délits relevant des tribunaux d'Inquisition ; enfin, la troisième se compose d'instructions sur l'office d'inquisiteur, sur la procédure et la pénalité inquisitoriales[1]. Il serait difficile de trouver en plein moyen âge un plan à la fois plus simple et plus rigoureux, que l'on croirait presque d'un moderne, et dont nous savons d'autant plus de gré à Eymeric que les

---

[1]. Ces instructions sont aussi minutieuses et aussi détaillées que possible. Eymeric y ajoute encore l'examen de cent trente et un points importants de la jurisprudence inquisitoriale, qu'il désigne sous le nom de *questions*, et qu'il résout l'un après l'autre, en prévision de tous les cas et de toutes les difficultés qui peuvent se présenter. (Voir *Direct.*, tertia pars, pp. 373-744.)

auteurs du même temps nous y ont moins habitués[1].

Mais ce n'est pas à la méthode observée au moins dans l'ensemble, que se borne le mérite de ce traité. La science y est aussi plus généralement répandue que dans l'œuvre de Bernard Gui. Si l'on y rencontre, comme dans cette dernière, un certain nombre de formules pratiques[2], on y trouve plus souvent encore des expositions rationnelles et des discussions de principes. En somme, l'élément juridique, renfermé exclusivement dans la quatrième partie de la *Practica*, et encore n'y tenant qu'une place assez petite, pénètre l'ouvrage d'Eymeric, et lui donne son véritable caractère. Ce caractère, il l'a, bien entendu, en dehors des commentaires abondants de François Pegna, qui le font d'ailleurs singulièrement ressortir.

Un plan méthodique, une exposition rationnelle, de la science en droit et en histoire, et en même temps de la pratique, voilà bien des mérites, et il ne paraît pas qu'on puisse se refuser à les accorder, même dans une large mesure, au *Directorium Inquisitorum*. Cependant, nous n'hésitons pas à regarder le manuel de Bernard Gui comme beaucoup plus intéressant pour nous, et surtout comme beaucoup plus précieux pour l'histoire.

Le livre d'Eymeric a pu être fort utile pour les inquisiteurs. Il y paraît à la vogue, qui en a multiplié les exemplaires manuscrits durant tout le quinzième siècle, qui l'a fait imprimer dès le début du seizième,

---

[1]. L'excellence et la netteté de ce plan semblent avoir frappé la plupart des canonistes, qui ont écrit depuis le seizième siècle sur l'exercice de la justice inquisitoriale. Presque tous s'y sont plus ou moins conformés dans leurs ouvrages. Quelques-uns l'ont même reproduit sans y rien changer, par exemple César Caréna, dans le traité que nous avons indiqué en passant.

[2]. Ces formules se rencontrent dans la IIIe partie du traité d'Eymeric. Elles sont de tous points comparables à celles que renferme la *Practica*.

et réimprimer si soigneusement, avec l'approbation de l'Inquisition romaine par François Pegna, en 1578, tandis que le traité de Bernard Gui tombait dans un oubli profond. Ce n'est pas à dire, que pour avoir été d'un grand secours aux tribunaux d'Inquisition, il ne puisse nous être aussi d'une grande utilité à nous-mêmes. Mais par cela justement qu'il a pu à la rigueur servir durant plusieurs siècles, il n'a pas le mérite d'en représenter bien précisément un en particulier. N'est-ce pas là pourtant le mérite spécial qui fait toute la valeur d'un document historique?

Ce mérite, le manuel de Bernard Gui semble le posséder au plus haut degré. Ce qu'il nous montre, ce n'est pas une Inquisition en quelque sorte idéale, espagnole ou romaine à volonté, aussi bien du quatorzième siècle que du quinzième ou du seizième. C'est une certaine Inquisition, l'Inquisition du midi de la France, et à un moment précis de sa durée. Sous ces formules, que commentent si éloquemment les *Sentences* publiées par Limborch, dans ces interrogatoires d'hérétiques, dont on chercherait peut-être vainement les croyances cinquante ans plus tard, nous la sentons vivre, agir, lutter, mais à un point fixe et bien déterminé de son existence.

En les considérant ainsi, toutes ces formules classées confusément, et que nous aurions prises, sans doute, au premier abord, pour une série de thèmes pleins de banalité, nous apparaissent sous leur véritable jour. Nous y découvrons toute une série de pièces historiques du plus haut intérêt. Il y en a, d'ailleurs, un assez grand nombre, qui, portant une date, ne permettent pas qu'on se méprenne sur leur véritable caractère.

Nous avons déjà indiqué l'existence de formules de

cette espèce dans le traité de Bernard Gui. On peut ajouter qu'elles y sont pour ainsi dire en abondance. Nous citerons comme exemple, dans la première partie de l'ouvrage, une pièce que nous avons déjà mentionnée à plusieurs reprises. C'est l'appel entraînant adressé à tous les catholiques du Midi contre Pierre Autier et ses deux compagnons, Pierre Sanche et Sanche Mercadier. La deuxième partie nous fournit aussi un certain nombre de pièces portant leur date. Cinq, qui se suivent et sont du mois de janvier 1310, ont trait à la recherche et à la destruction des livres juifs à Toulouse, à Rodez et à Agen [1].

Ces sortes de documents, sur lesquels nous n'insisterons pas, indiquent assez comment Bernard Gui composa son traité, et ils confirment ce que nous disions de sa valeur pour l'histoire de l'Inquisition. Évidemment, ces formules étaient écrites, parfois depuis longtemps, quand l'auteur eut l'idée de son œuvre [2]. Elles avaient déjà servi dans l'exercice de la justice inquisitoriale. Elles avaient pour ainsi dire vécu. Il n'eut qu'à les recueillir et qu'à les insérer dans son livre; mais elles lui donnent un caractère qu'il n'aurait pas

1. *Practica*, II⁴ pars, f⁰⁸ 21 B-22 B. Trois de ces pièces, la première, la quatrième, la cinquième sont datées du 4 janvier. La deuxième est datée du 21, et la troisième du 12 du même mois. Il s'y ajoute une sixième pièce, qui a trait au même sujet, mais ne porte pas de date.

2. A quelle date Bernard Gui mit-il cette idée à exécution? C'est ce que nous ne rechercherons pas dans cette étude. La question nous semble, en effet, trop obscure et trop peu susceptible d'être résolue d'une manière à peu près certaine. M. L. Delisle penche pour l'année 1321. (Voir, *op. cit.*, pp. 188, 356 et 357.) Quant à nous, nous croirions volontiers que la *Practica* comme plusieurs des ouvrages du même écrivain, et notamment son *Histoire des Frères Prêcheurs*, fut composée par fragments, sans doute dans le cours des années où il exerça les fonctions d'inquisiteur. Nous reconnaissons, du reste, que c'est là une simple conjecture, dont les manuscrits de la *Practica*, qui nous ont été conservés, et qui ne sont après tout, on ne saurait l'oublier, que des copies, ne nous fournissent aucune preuve matérielle.

reçu de pièces fabriquées dans le cabinet, en quelque sorte imaginaires, et non pas comme celles-là écrites dans la pratique du greffe et du tribunal d'Inquisition.

Il y a plus : ces mêmes pièces, munies de leurs dates, nous avertissent en quelque sorte et nous éclairent sur celles qui n'en portent plus. C'est ainsi que dans quelques-unes de ces dernières nous retrouvons avec vraisemblance un certain nombre des *Sentences* de Limborch, légèrement modifiées sans doute, débarrassées surtout d'indications particulières, sous une forme enfin qui les rend, pour ainsi dire, applicables à tous les cas possibles.

Ces formules curieuses se rencontrent surtout dans la troisième partie du traité, dans celle que nous avons présentée comme le programme d'un *acte de foi*, avec toutes les sentences diverses qu'on pouvait y prononcer. La condamnation de Bernard Délicieux[1], par exemple, nous parait reproduite, avec les changements nécessaires dont nous parlons, dans la formule intitulée *Modèle de sentence contre un religieux condamné à la prison perpétuelle et à la dégradation, pour avoir entravé le ministère des inquisiteurs, en appuyant et en défendant des personnes punies pour crime d'hérésie*[2]. On peut en dire autant de la condamnation d'un prêtre du nom de Jean Philibert, suivie de sa dégradation avec toutes les formalités observées par l'Église en pareil cas [3]. Ici même, il n'y a pas de doute à avoir. Nous retrouvons, en effet, dans la *Practica*[4],

---

1. Rappelons qu'elle se trouve également dans Limborch, f⁰˒ 132-135.
2. *Forma sententie religiosi inmurandi et degradandi, qui se opposuit officio Inquisitionis, in favorem et defensionem personarum condemnatarum pro heresi.* (*Practica*, III⁴ pars, f⁰ 34 A-35 A.)
3. *Practica*, III⁴ pars, f⁰˒ 35 B-35 C, et Limborch, f⁰ 135 B-138 A.
4. III⁴ pars, f⁰ 35 C.

la lettre de Jean XXII, dont Bernard Gui a fait précéder la sentence. Cette lettre, datée d'Avignon et du 6 février 1321, donne commission à l'archevêque de Toulouse de procéder à la dégradation du coupable, avant de l'abandonner au bras séculier.

Il en est de même aussi de la curieuse réconciliation de la ville de Cordes avec la justice inquisitoriale, contre qui elle était depuis longtemps en révolte. Cette réconciliation, opérée à Cordes même, le 21 juin 1321, par Bernard Gui assisté de Jean de Beaune, se retrouve tout entière dans la *Practica*, moins les noms des consuls demandant pardon pour leur ville[1].

Nous citerons enfin, pour clore la série de ces exemples, deux sentences dont nous avons déjà parlé, prononcées, l'une contre Amiel de Perles (23 octobre 1309), et l'autre contre Pierre Autier (9 avril 1311). Modifiées dans la *Practica*[2], ces deux condamnations tiennent comme le milieu, entre les pièces insérées en entier et surtout sans changements dans son traité par Bernard Gui, pièces qui ont conservé leurs dates ainsi que les noms des personnages qui pouvaient s'y trouver mentionnés primitivement, et d'autre part celles d'où toutes ces indications ont disparu. Ici, les noms de Pierre Autier et d'Amiel de Perles ont été effacés, mais non pas les dates, qui sont celles que nous retrouvons dans Limborch[3]. Cela suffirait à nous faire reconnaître les sentences; mais une note marginale, de la même main que le manuscrit lui-même, nous donne les noms des condamnés[4].

1. *Practica*, IIIe pars, f°s 50 B-51 B, et Limborch, f°s 139 B-142 B.
2. IIIe pars, f°s 39-40 A.
3. F[os] 16 et 40.
4. Nous parlons ici du n° 267, in-4°. Du reste, c'est toujours à cet exem-

En dehors de toutes ces pièces expressément datées, et que l'on peut remettre si facilement à leur place chronologique, il en est un grand nombre d'autres d'un intérêt égal, bien que tout différent. Ces pièces sont de deux sortes. Les unes concernent les religieux du tiers-ordre de Saint-François, si célèbres au début du quatorzième siècle sous le nom de *béguins*, et si durement persécutés par la papauté. Les autres ont trait aux Juifs et à la poursuite de leurs livres.

Les premières se trouvent dans la troisième et dans la cinquième partie de la *Practica*. Dans la troisième partie, nous mentionnerons une formule de sentence contre ces *béguins*, où se trouve une exposition abrégée de leurs doctrines [1], mais surtout une réfutation particulière de ces mêmes doctrines, si véhémente et d'un tour oratoire si marqué, qu'on pourrait presque y voir un fragment de sermon [2]. Dans la cinquième partie, nous relèverons, au sujet des *béguins* encore, en premier

---

plaire de la *Practica*, sauf indication contraire, que nous empruntons toutes nos citations, et que se rapportent les indications de folios. — Quant aux renseignements en question, voici d'abord celui qui concerne Pierre Autier : *Iste fuit Petrus Auterii de Ax in Sacartesio Appamiensis dyocesis.* (F° 39 A.) Voici ensuite celui qui concerne Amiel de Perles : *Iste fuit Amelius de Perlis in Sacartesio dyocesis Appamiensis.* (F° 40 A.)

1. *Practica*, IIIe pars, f°s 12 C-13 B.

2. *Ibid.*, IIIe pars, f°s 13 D-15 B. C'est peut-être bien à ce morceau très-remarquable que se rapporte l'indication donnée par le P. Touron dans son catalogue des principaux ouvrages de Bernard Gui : « 2° Un traité de la pauvreté de Jésus-Christ contre l'hérésie des Fratricelles ; un autre intitulé : *la Pratique de l'Office d'Inquisiteur.* » T. II, p. 165. Nous le croirions assez volontiers, à cause du rapprochement que fait le P. Touron en un seul article de ce traité et de la *Practica*. Il faudrait admettre seulement, que le morceau en question a pu être détaché parfois du manuel d'Inquisition, de manière à former un traité à part. Remarquons, d'ailleurs, que telle semble être aussi l'opinion de M. L. Delisle, non pas à propos de l'indication donnée par le P. Touron, mais à propos d'une autre indication toute semblable fournie par Quétif et Échard, au sujet du même morceau de la *Practica*. (Voir, *op cit.*, p. 359, note 7.)

lieu un interrogatoire spécial, plein de subtilité, accompagné d'instructions aux inquisiteurs pour les aider à se défendre contre l'astuce des prévenus appartenant à la même secte[1], puis deux formules d'excommunication contre eux[2], et enfin une curieuse indication sur leurs croyances mystiques et sur leur docteur favori, frère Pierre-Jean Olive, de l'ordre des Frères-Mineurs, né à Sérignan, dans le diocèse de Béziers, et mort à Narbonne au mois de mars 1297[3]. Toutes ces pièces constituent un ensemble précieux. On pourrait, sans aucun doute, en tirer un grand parti pour l'étude d'une secte à la fois mystique et politique, dont l'importance dut être considérable au début du quatorzième siècle, si l'on en juge par la répression impitoyable dont usèrent contre elle les souverains pontifes, et surtout Jean XXII.

Quant aux Juifs, nous avons déjà vu que la deuxième partie de la *Practica* renfermait toute une série de pièces ayant trait à la poursuite de leurs livres et datées de 1310. Il semble, en effet, qu'ils aient tenu une large place dans les préoccupations des inquisiteurs, et notamment de Bernard Gui. Nous le voyons, le 28 novembre 1319, faire brûler à Toulouse un certain nombre d'exemplaires du Talmud, après les avoir fait traîner dans les rues de la ville sur deux chars escortés des sergents et des officiers de la cour du roi[4]. La cinquième partie de son manuel nous donne, après un avertissement préalable sur la perfidie des Juifs, l'indication curieuse des cérémonies usitées par eux, quand il s'agissait de faire rentrer dans le sein de la

---

1. *Practica*, V⁵ pars, f⁰ˢ 81 D-83 D.
2. *Ibid.*, V⁵ pars, f⁰ˢ 83 D-84 B.
3. *Ibid.*, V⁵ pars, f⁰ 84 C, D.
4. Limborch, f⁰ 136 A.

religion israélite un des leurs qui en était sorti et s'était fait chrétien[1], ainsi qu'un modèle particulier d'interrogatoires pour cette catégorie de relaps[2].

Mais, assurément, la pièce la plus curieuse de toute cette série est un morceau intitulé *Blasphèmes intolérables lancés par les Juifs contre le Christ, contre la foi et contre les chrétiens*[3]. Nous y trouvons mentionnées un certain nombre de formules de prières juives, dans lesquelles Bernard Gui voit avec plus ou moins de raison, mais avec une horreur profonde, des imprécations affreuses dirigées contre la chrétienté tout entière. Nous y trouvons cités également un certain nombre de livres ou gloses de la littérature talmudique, avec les noms de quelques-uns des docteurs qui les avaient écrits. Tous ces documents pourraient bien, il semble, accroître d'un chapitre l'histoire de la poursuite des livres hébraïques, continuée avec tant de passion durant tout le moyen âge, et qu'on espérait, au début du seizième siècle, terminer par une destruction universelle et définitive, quand Reuchlin s'éleva contre ces brûleurs fanatiques et dispersa leur bûcher[4].

Voilà, il faut le reconnaître, des renseignements singulièrement précieux, à la fois pour la pratique de l'Inquisition et pour l'histoire proprement dite, que

---

1. Voir (*Practica*, V° pars, f° 84 D-85 A) la pièce intitulée *De modo seu ritu quem Judei in rejudayzando concernere observant*.
2. *Interrogatoria specialia ad Judeos et rejudayzatos*. (Ibid., V° pars f° 85, A, B.)
3. *De intolerabili blasfemia Judeorum contra Christum et fidem ejus, et contra populum christianum*. (Ibid., V° pars, f° 85, B, C, D.)
4. Voir, sur la persécution des livres juifs au moyen âge, et sur l'affaire où parut Reuchlin contre le juif converti Pfefferkorn, l'introduction mise par M. Moïse Schwab en tête de sa traduction du Talmud, § V, pp. XXXVI-XLI.

nous chercherions vainement dans le livre d'Eymeric. C'est que ce livre, qui est par-dessus tout un livre de droit, représente en réalité la justice inquisitoriale dans l'ensemble de ses règles, et, si l'on peut le dire, jusqu'à un certain point dans l'ensemble de sa durée. On comprend, dès lors, qu'il ne nous donne pas les détails historiques si particuliers que nous fournit l'ouvrage de Bernard Gui. On comprend aussi, par suite, que la personnalité de l'écrivain qui l'a rédigé ne s'y dévoile presque jamais. En fait, nous ne pensons pas qu'elle apparaisse plus de deux ou trois fois dans tout le cours de l'ouvrage. Encore Eymeric, dans ces occasions, où il se décide à parler de lui-même, le fait-il une fois seulement à la première personne[1]. Peut-être est-il permis de joindre aux passages que nous indiquons, le curieux chapitre sur la torture, dans lequel se révèle, toujours avec discrétion, mais non sans complaisance, l'âme de l'inquisiteur, vieilli dans la pratique de ses fonctions et sincèrement épris de tout ce qui s'y rattache[2]. Mais à part ces rares instants, où s'efface un peu le caractère impersonnel de l'ouvrage tout entier, on peut dire que dans le reste du livre, la seule chose que l'on voit perpétuellement d'Eymeric, c'est l'expression logique et absolument froide de sa pensée.

Or, après tant de différences signalées déjà entre deux ouvrages, qui ont en principe le même sujet, c'en est une qu'il faut noter encore. En effet, le ma-

---

1. Voir *Direct.*, secunda pars, quaest. XLVI et XLVII, et tertia pars, quaest. XX. C'est dans ce dernier endroit qu'Eymeric parle de lui-même en se servant de la première personne. Ces passages ont été relevés par François Pegna dans la vie de l'auteur, placée par lui au début du *Directorium*.
2. Voir *Direct.*, tertia pars, pp. 516, 517 : *Instructio accuratissima circa quaestiones reorum*.

nuel de Bernard Gui, dans une de ses parties au moins, la cinquième, nous montre la personnalité de l'auteur aussi nettement accusée qu'elle l'est peu dans le livre d'Eymeric. Ce n'est pas que l'inquisiteur français abuse du moi, car on ne le rencontre qu'une seule fois dans cette partie de son œuvre[1], et ses expressions sont toujours pleines de la réserve la plus discrète. Mais, obligé de donner des modèles d'interrogatoires pour les diverses catégories d'hérétiques, il a été amené tout naturellement à y ajouter quelques instructions sur la manière de les conduire. C'était là que son expérience de toutes les subtilités, à la fois du juge et de l'accusé, pouvait se montrer au profit des inquisiteurs futurs. Il n'a pas hésité à consigner alors tout ce qu'elle lui avait appris dans ces interrogatoires dont il a tracé le plan, et dans les instructions particulières ou générales dont il les a fait précéder[2]. Rien de plus curieux que ces interrogatoires avec leurs détours, leurs sous-entendus de la part du juge comme du prévenu[3], avec la lutte sourde poursuivie entre l'un qui s'obstine à arracher l'aveu, et parfois de guerre lasse va jusqu'à la torture pour l'obtenir, et l'autre qui s'efforce de ne pas l'accorder, tout en conservant une attitude qui ne le rende pas suspect de mensonge.

Mais les instructions précédant ces interrogatoires

---

1. Voir *Practica*, V° pars, f° 78, A.

2. Voir, pour les interrogatoires, V° pars, *passim*; pour les instructions, f°* 71 A, B, C, et 73 A.

3. La subtilité, comme on le croira sans peine, est le caractère dominant de ces interrogatoires. Mais c'est une subtilité savante et raffinée, et non pas cette subtilité barbare de quelques-uns des premiers inquisiteurs du treizième siècle, qui, s'il faut en croire les consuls de Narbonne dans leurs plaintes à ceux de Nîmes en 1234, s'armaient sérieusement contre les prévenus des pires sophismes qu'auraient pu imaginer des écoliers par manière de divertissement scolastique. (Voir Ménard, *Hist. de Nismes*, t. I, preuve LIII, p. 74.)

ne sont pas moins curieuses. C'est là, comme dans le chapitre sur la question écrit par Eymeric, que se révèle l'inquisiteur avec les habitudes d'esprit que ses fonctions lui ont fait contracter. Nous le voyons circonspect, défiant à l'excès, à peu près résolu à ne voir qu'une fraude dans le refus de lui faire l'aveu qu'il avait espéré, décidé à l'avance pour obtenir ce qu'il cherche à torturer le corps, et en attendant torturant l'âme. A côté de cela, des confessions d'impuissance étonnantes, quand il nous montre l'habileté des juges et tout leur savoir théologique, mis parfois en défaut par la feinte naïveté des gens du peuple, qui n'est qu'une astuce consommée, au scandale profond des fidèles, et à la grande joie des hérétiques triomphants[1].

Certes, malgré ses défauts, et surtout malgré la forme le plus souvent fastidieuse, sous laquelle il se présente, le traité de Bernard Gui, par ce qu'il nous apprend sur l'histoire et la pratique de l'Inquisition au début du quatorzième siècle, doit occuper un haut rang parmi les documents dont nous avons entrepris de faire l'analyse. Mais, que pouvions-nous espérer d'y trouver, en somme? Le fonctionnement d'un greffe et d'un tribunal d'Inquisition, la marche de la procé-

---

1. Voir *Practica*, V° pars, f° 71 A, B. — C'est ainsi que dans son procès, dont le caractère purement inquisitorial ne saurait être méconnu, Jeanne Darc, par la rectitude de son seul bon sens, aiguisé de finesse naïve, déroute la subtilité de ses juges, maîtres passés cependant dans l'art des raisonnements captieux. La scolastique, aux prises avec l'esprit tout droit de ceux qu'elle appelait dédaigneusement les simples, ne semble pas avoir brillé en général. Il faut rapprocher de ces indications les remarques que nous fournit un opuscule attribué à Etienne de Bourbon, sur les ruses des vaudois de la basse classe. Rien de curieux comme le dépit de ce Dominicain contre les gens de peu qui osent tenir tête à des docteurs, et même les confondre. *Talis ergo etiam vilis persona*, s'écrie-t-il, *quae novit haereticorum fallacias, citius convinceret haereticum, quam magnus theologus qui Parisius diu in cathedra recisset.* (Voir *Thes. nov. anecdot.*, t. V, cc. 1788, 1789.)

dure, un aperçu sommaire de la pénalité, en fin de compte une vue d'ensemble sur la justice inquisitoriale. Cependant, voilà des révélations sur lesquelles nous ne pouvions compter qu'à demi, et qui ajoutent singulièrement à tout cela; car ce n'est plus seulement l'Inquisition qui se révèle à nous dans son exercice, c'est l'inquisiteur lui-même, qui nous livre jusqu'à un certain point les secrets de sa pensée et de sa conscience.

CHAPITRE VI

LE REGISTRE DE L'INQUISITION DE TOULOUSE (1254, 1256)

(Archives départementales de la Haute-Garonne, fonds des Dominicains.)

Provenance et description du recueil qui va être étudié. — Analyse des interrogatoires ou fragments d'interrogatoires contenus dans les dix feuillets qui le composent, et tableau des séances du tribunal de l'Inquisition de Toulouse qui y sont indiquées; noms des juges qui y figurent. — Nature véritable de ce recueil; ses rapports avec d'autres registres d'Inquisition déjà examinés; sa place dans les anciennes archives inquisitoriales. — Indication de ce qu'on peut en tirer pour l'étude des doctrines et des pratiques albigeoises, pour l'histoire des tribunaux d'Inquisition. — Relations constantes des hérétiques du midi de la France avec les chefs de la secte et leurs coreligionnaires réfugiés en Lombardie. — Voyage en Italie de Guillem Fournier, de Toulouse, l'un des prévenus dont les dépositions sont consignées dans ce recueil; ses rapports avec un certain nombre d'exilés du Languedoc, et notamment avec l'évêque cathare Vivent.

Les archives départementales de la Haute-Garonne possèdent une série d'interrogatoires et de fragments d'interrogatoires de la seconde moitié du treizième siècle. Nous en avons déjà parlé et nous en avons indiqué la provenance [1]. Les feuillets qui la composent servaient de couverture à divers registres du contrôle des exploits datés de 1674 et de 1675, et l'un d'entre eux porte même ces deux dates [2]. Ils ne se suivent na-

---

1. Voir plus haut, Introduction, p. XX, et 1re partie, chapitre Ier, pp. 11 et 12.
2. C'est le f° numéroté CXLIIII.

turellement pas ; mais il n'est pas douteux qu'ils aient été détachés d'un même volume. Ces indications devaient être rappelées pour l'intelligence de l'analyse que nous allons donner maintenant.

Le manuscrit en question[1] se compose de cinq feuilles doubles donnant ensemble dix folios, lesquels, comme nous venons de le dire, ne se suivent pas. Huit sur dix ont conservé leur numérotation ancienne en chiffres romains. Le tableau suivant montrera à la fois, l'ordre dans lequel doivent être classées les feuilles constituant le volume, les folios encore numérotés, et les intervalles que laisse entre eux la disparition des folios intermédiaires. Nous y ajouterons l'indication des interrogatoires ou fragments d'interrogatoires contenus dans la totalité du recueil.

Ire feuille (f° 1, numérotation ancienne disparue ; f° 2, numéroté LXXVI).

Les dix premières lignes du f° 1 recto nous donnent la fin d'un interrogatoire. Rien ne nous y fait connaitre le nom de l'individu interrogé ; mais une indication inscrite en tête du folio, et à demi rognée, nous

---

[1]. Archives départementales de la Haute-Garonne, fonds des Dominicains. In-f° ; hauteur : 0,230^{mm} ; largeur : 0,210^{mm}. Ce sont les dimensions actuelles ; mais les feuillets ont été rognés, assez légèrement, d'ailleurs, suffisamment toutefois pour faire disparaître à demi certaines indications écrites en marge. Parchemin ; seconde moitié du treizième siècle. Écriture minuscule diplomatique très-nette, mais fort abrégée. En tête des feuillets, indication du nom des individus interrogés ; par exemple : *Saurine Rigaude*, le premier de ces noms occupant le verso du f° numéroté LXXXIX, et le second le recto du f° numéroté XC ; ou encore : *Confessio Guillelmi Furnerii, de Tholosa, conversi*, au recto du f° numéroté CCI. En marge, indication du lieu d'origine ou d'habitation des individus dont il est fait mention dans le cours d'un interrogatoire ; par exemple : *De Prascila, de Lauragesio, de Lantario*, etc., au recto du f° numéroté CCI. Surcharges en grosse écriture du dix-septième siècle, notamment aux f° numérotés CXLIIII et CXCVI. Quelques feuillets ont souffert : parchemin jauni ou taché, troué même au f° numéroté CXCVI. L'écriture du même f° est fort altérée au recto.

fournit en partie ce renseignement. Nous y lisons : *Petri, de......, conversi.* Cette fin d'interrogatoire est suivie d'une liste de douze personnes, hommes ou femmes, compromises dans la déposition qui précède. Dix sont nommées; deux sont désignées par la simple mention *duas mulieres.* La liste est disposée sur cinq colonnes.

Après ces dix lignes consacrées à un interrogatoire particulier, les f° 1 et 2 de la première feuille nous donnent trois fragments de la déposition d'un même personnage, Guillem Carrère, natif de Montjaux[1], et revenu à la foi catholique. Le premier de ces fragments se termine avec le f° 1 verso; le second remplit le f° 2 tout entier, sans que nous ayons la conclusion de l'interrogatoire. Il est probable qu'il n'y avait pas plus d'une feuille double entre les deux folios qui nous restent, parce que la déposition dont il s'agit est déjà fort longue rien qu'avec ce qui nous en a été conservé.

Cette déposition se fait en un certain nombre de séances.

1° 8 juin 1274. Cette séance comprend le f° 1 tout entier. Nous n'en avons pas la fin, et nous ignorons, par conséquent, le nom de l'inquisiteur devant lequel parle Guillem Carrère.

2° Fin de la séance précédente, ou plus vraisemblablement séance nouvelle. Elle comprend le recto et la moitié du verso du f° 2. Le nom du juge, désigné de la manière suivante : *Magister S. inquisitor,* demeure incertain. C'est le même qui figure à côté de R. Resplandi dans les derniers interrogatoires du manuscrit 155, 1re série, de la bibliothèque de la ville de

---

1. *Mons Jovis,* dép. de l'Aveyron, arr. de Millau, cant. de Saint-Beauzely.

Toulouse [1]. Nous avons dit que nous croyons reconnaître en lui Étienne de Gâtine.

3° 25 juin 1254 (?). Nouvelle séance qui comprend la seconde moitié du f° 2, et dont nous n'avons pas la fin.

II° feuille (f° 1, numéroté LXXXIX; f° 2, numéroté cx).

Le f° 1 et le f° 2 recto, moins douze lignes, sont occupés par la fin de l'interrogatoire d'une femme, Saurine Rigaud. Cet interrogatoire se divise en plusieurs séances.

1° Fin d'une séance dont nous n'avons pas la date. Les inquisiteurs sont au nombre de deux, R. Resplandi et maître Arnaud de Gouzens.

2° 7 novembre 1254 ou 1256, mais plus probablement 1254. L'année n'est indiquée que par la formule : *Anno quo supra*. Arnaud de Gouzens est tout seul.

3° 15 novembre (même année). Arnaud de Gouzens est seul comme dans la séance précédente.

4° 27 novembre (même année). R. Resplandi se retrouve avec Arnaud de Gouzens.

5° 8 décembre (même année). Arnaud de Gouzens est seul de nouveau.

6° 1256; l'indication du jour et du mois a disparu. Nouvel interrogatoire en marge du f° 2 recto, mais incomplet, parce que le parchemin a été rogné.

Après cet interrogatoire, vient une liste, disposée sur quatre colonnes au recto du f° 2, sur trois au verso. Elle renferme les noms de cent soixante-neuf personnes, hommes ou femmes, citées ou compromises dans la déposition de Saurine Rigaud. Ces personnes appar-

---

1. F°⁸ 253 B et 254.

tiennent aux localités suivantes : Arzens, Bram, Fanjeaux, Le Mortier, Preixan, Villesiscle (Aude), Mirepoix (Ariége), Puy-Laurens (Tarn)[1].

IIIe feuille (f° 1, numérotation disparue; f° 2, numéroté CIII).

Le f° 1, recto et verso, contient un fragment d'interrogatoire, dont nous n'avons ni le début ni la fin. Il en est de même du f° 2. Nous ignorons, par conséquent, la date qu'il faut donner à chacun de ces morceaux. Nous ignorerions aussi le nom de l'individu interrogé, s'il n'était indiqué au f° 1 recto. Il s'appelle Sicard. Ce nom ne se trouve pas répété dans le cours du deuxième fragment; mais les personnages désignés dans celui-ci étant en grande partie les mêmes que dans le premier morceau, il est probable que c'est toujours le même prévenu dont se poursuit l'interrogatoire. Quant aux inquisiteurs et aux témoins devant qui se fait cette déposition, ils ne sont indiqués nulle part.

IVe feuille (f° 1, numéroté CXLIIII; f° 2, numéroté CXLV?).

Ces deux folios semblent se suivre, bien que, le second ayant été légèrement rogné, la numérotation CXLV, qu'il porte au coin droit supérieur, demeure un peu douteuse.

Quoi qu'il en soit, tous deux sont occupés exclusivement par une liste de noms semblable à celle que nous

---

1. *Arzincum*, *Bram* ou *Bramium*, *Fanum Jovis*, *Morterium*, *Prichanum*, *Villasiscle*, *Mirapisce*, *Podium Laurencium*. Nous remarquerons que Le Mortier n'est pas une commune, mais seulement une dépendance de commune. A ces localités il faut en ajouter une autre, que nous n'avons pas donnée, parce que nous n'en avons pas découvert, d'une façon certaine, le nom moderne. Cette localité est *Podium de Vilari*, que nous croyons avoir appartenu au diocèse de Carcassonne.

avons notée dans la II⁰ feuille, au f° 2, numéroté xc. Cette liste est rangée sur trois colonnes, et les noms y sont groupés par localités. Il y a en tout plus de cinq cent trente noms d'hommes ou de femmes, et encore n'avons-nous pas la liste tout entière. S'il est possible qu'elle s'arrêtât avec la fin du f° cxlv verso, le début en tout cas manque assurément [1]. Au-dessus d'un certain nombre de noms se trouvent en abrégé des indications accessoires, marquant que certaines personnes comprises dans l'ensemble de la liste sont mortes ou qu'elles ont été *hérétiquées* [2], c'est-à-dire ont reçu, probablement dans une maladie dont elles ne paraissaient pas devoir se relever, l'initiation suprême usitée dans la secte albigeoise, ou bien qu'un certain nombre d'entre elles, hommes ou femmes, appartiennent à cette classe d'hérétiques qu'on appelait *parfaits* [3], ou bien encore que quelques-unes ont subi le dernier supplice. Le nom de ces dernières se trouve alors surmonté du mot *combustus* écrit en abrégé. Dans la liste dont il s'agit, on relève neuf indications de ce genre, dont trois concernant des femmes [4]. Quant aux localités auxquelles appartiennent les individus inscrits dans cette longue nomenclature, elles sont au nombre de cinquante-six [5].

1. On n'y trouve pas, en effet, le mot *contra* (un tel, sous-entendu *deposuit contra...*, puis viennent les noms à l'accusatif), par lequel la liste devrait s'ouvrir, ainsi que toutes les nomenclatures du même genre, et par lequel s'ouvre aussi la liste que nous rappelions à l'instant à propos de celle-ci.
2. Voir, sur l'*hérétication* ou *consolamentum*, Schmidt, t. II, pp. 99 et suiv., 119 et suiv. — Voir aussi, dans le ms. qui nous occupe, la confession de Guillem Carrère, feuille II⁰, f° 1 verso, et dans le ms. lat. 11847 de la Bibl. nat., *passim*.
3. Voir Schmidt, t. II, pp. 91 et suiv.
4. Toutes ces indications spéciales sont communes dans les livres d'Inquisition. On les retrouve exactement sous la même forme dans le ms. lat. 11847 de la Bibl. nat., et dans le ms. de la bibl. de Clermont, dont nous parlerons plus loin.
5. Nous citerons les suivantes, qui sont les plus considérables, et dont

Après cela, resterait à déterminer à quel interrogatoire se rapporte une quantité si considérable de noms; mais c'est chose impossible. Tout ce que l'on peut dire, c'est qu'elle ne se rattache pas, selon toute vraisemblance, à l'interrogatoire précédent. Le nombre des folios intermédiaires empêche de le supposer, car il n'y en a pas moins de quarante et un.

V° feuille (f° 1, numéroté cxcvi; f° 2, numéroté cci).

Le f° 1 recto est occupé par un fragment d'interrogatoire, dont nous n'avons ni le début ni la fin. Nous en ignorons, par conséquent, la date. Le nom de la personne interrogée nous est également inconnu. Nous voyons seulement dans le cours de la déposition que c'est une femme, à la manière dont elle est désignée[1]. Les noms des inquisiteurs devant qui se fait la déposition ne se trouvent également nulle part.

L'interrogatoire inscrit au f° 2 a plus de valeur. On peut même dire que c'est la portion la plus importante de tout le recueil, d'abord parce qu'il est à croire que nous l'avons tout entier, et puis que rien n'y manque, ni le nom de l'individu interrogé, ni les dates des dépositions faites par lui, et qu'enfin nous y trouvons des détails très-précieux sur les mœurs des albigeois, et surtout sur un point spécial de leur histoire, sur les

---

les noms reviennent le plus souvent. Ce sont aussi celles dont nous avons pu établir avec certitude le nom moderne.

Ariège : La Nogarède (*La Nogareda*).
Aude : Laure (*Lauranum*).
Aveyron : Najac (*Najacum*).
Gers : Lombez (*Lumberia*).
Tarn : Brens (*Berenx*); Cadalen (*Cadalonium*); Cahuzac (*Caucucum*); Cordes (*Cordua*); Gaillac (*Galhacum*); Graulhet (*Grauletum*); Hautpoul (*Altus pullus*); Lautrec (*Lautricum*); Milhars (*Milhars*); Penne (*Penna*); Puy-Laurens (*Podium Laurencium*).
Tarn-et-Garonne : Montauban (*Mons Albanus*).

1. Elle est désignée, en effet, à plusieurs reprises par les mots *ipsa testis*.

rapports intimes des églises hérétiques de la Lombardie avec celles du midi de la France, et les voyages perpétuels des croyants du Languedoc dans le nord de l'Italie.

L'interrogatoire tout entier se divise en plusieurs séances.

1° 3 juillet 1256. Le prévenu Guillem Fournier, de Toulouse, autrefois contumace, mais qui a abandonné l'hérésie, comparait devant Amiel, curé de Saint-Étienne et lieutenant des inquisiteurs Jean de Saint-Pierre et Rainaud de Chartres. On lui a donné l'assurance qu'il ne serait pas emprisonné. Cette première déposition a lieu à Toulouse.

2° Lendemain de l'Invention de saint Étienne (4 août 1257). Le même Guillem Fournier confirme ses aveux précédents, et abjure l'hérésie par-devant Jean de Saint-Pierre et Rainaud de Chartres.

Après cela, le prévenu complète sa première déposition dans quatre séances nouvelles : 1° lundi avant la fête de saint Laurent, c'est-à-dire 7 août 1256; 2° lendemain de l'octave de la même fête, c'est-à-dire vendredi 18 août; 3° fête de saint Clément, c'est-à-dire 23 novembre; 4° 20 novembre[1]. Ces trois dernières séances sont, comme la première, de l'année 1256.

Cette analyse minutieuse nous a semblé nécessaire pour faire bien connaître le contenu d'un manuscrit, que la disparition d'un grand nombre de folios intermédiaires rend assez confus[2]. Nous indiquerons maintenant d'une manière rapide à quelle classe de

1. Cette dernière date s'accorde mal avec la précédente; mais le texte porte très-nettement : *XII kalendas decembris*.
2. Nous la résumerons rapidement. Sur les dix folios dont se compose l'ensemble du manuscrit, huit ont conservé leur numérotation ancienne. En

documents d'Inquisition appartient le recueil que nous examinons, et ce qu'on peut en tirer pour l'étude de la justice inquisitoriale.

Par les interrogatoires qu'il renferme, le volume des Archives départementales de la Haute-Garonne se place tout naturellement entre le manuscrit 155 de la bibliothèque de la ville de Toulouse et le manuscrit latin 11847 de la Bibliothèque nationale. Ainsi indiquée, c'est là une assimilation absolument exacte. Mais, cela dit, nous devons noter entre ces trois recueils des différences assez sensibles.

D'abord, si, par la date, les interrogatoires dont nous nous occupons en ce moment prennent une position intermédiaire entre ceux de la bibliothèque de Toulouse et ceux de la Bibliothèque nationale, il est nécessaire toutefois de remarquer qu'ils se trouvent beaucoup plus voisins des premiers que des derniers. En effet, ces

---

tenant compte des folios qui l'ont perdue, ils se groupent de la manière suivante :

F° 1, non numéroté.
F° 2, numéroté LXXVI.
F° 3, numéroté LXXXIX.
F° 4, numéroté CX.
F° 5, non numéroté.
F° 6, numéroté CIII.
F° 7, numéroté CXLIIII.
F° 8, numéroté CXLV (?).
F° 9 numéroté CXCVI.
F° 10, numéroté CCI.

Ces dix folios renferment en somme :

1° Un interrogatoire complet, celui de Guillem Fournier, f° 10 (CCI).

2° Six fragments d'interrogatoires pour lesquels on connaît les noms des individus interrogés. Il y en a trois pour l'interrogatoire de Guillem Carrère, f°* 1 (non numéroté) et 2 (LXXVI); un pour celui de Saurine Rigaud, f°* 3 (LXXXIX) et 4 recto (CX); deux pour celui de Sicart, f°* 5 (non numéroté) et 6 (CIII).

3° Un fragment d'interrogatoire anonyme, qui est celui d'une femme, f° 9 (CXCVI).

4° Trois listes de noms, l'une au f° 1 (non numéroté) recto, l'autre au f° 4 (XC) recto et verso, la troisième aux f°* 7 (CXLIIII) et 8 (CXLV ?).

interrogatoires font passer sous nos yeux des prévenus appartenant à la même région que celle où le manuscrit de Toulouse prend les siens. Il y a plus : dans une certaine mesure, ils peuvent être considérés comme la suite de ce recueil, puisqu'ils contiennent des enquêtes des tribunaux de l'Inquisition toulousaine, prises juste à partir du point où elles s'arrêtent dans le volume mis sous le nom de Bernard de Caux. Les inquisiteurs, autre point de ressemblance, sont pour la plupart les mêmes dans les deux manuscrits. Sur cinq, qu'on voit paraître dans les interrogatoires des Archives de la Haute-Garonne, trois figurent déjà dans le recueil de la bibliothèque de Toulouse, Jean de Saint-Pierre, maître S. et R. Resplandi.

Le manuscrit de la Bibliothèque nationale, au contraire, appartient non plus à l'Inquisition de Toulouse, comme les deux précédents, mais au tribunal d'Albi. Surtout, il est d'une tout autre époque, car on ne saurait oublier qu'il est postérieur de plus de quarante ans. Assez d'événements se sont passés dans une période de temps aussi longue, pour que l'Inquisition, sans avoir changé les formes générales de sa procédure, y ait introduit cependant quelques modifications dont il faut tenir compte. A ne parler que de sa législation, par exemple, c'est justement l'époque où elle s'est constituée régulièrement d'après les bulles des souverains pontifes, c'est-à-dire d'après une série de textes précis, et surtout étroitement enchaînés les uns aux autres, qui lui avaient fait presque absolument défaut jusque-là.

Ainsi, le manuscrit des Archives de la Haute-Garonne se rapproche du recueil de la bibliothèque de Toulouse par des ressemblances de détail, qu'il n'a pas avec le manuscrit de la Bibliothèque nationale. Avec celui-ci, en somme, il n'a pas d'autre rapport que de contenir des interrogatoires, ainsi que l'autre en contient lui-même. Après cela, les uns et les autres doivent être nettement distingués, sinon au point de vue de la nature des documents qu'ils nous fournissent, du moins au point de vue de la forme sous laquelle ils les présentent.

Nous l'avons déjà dit, le registre de la bibliothèque de Toulouse nous paraît être le résultat d'une grande enquête, embrassant une certaine partie du Languedoc, et faite dans un but déterminé. A voir les lieux qui en sont l'objet, et l'époque où elle s'exécute, on pourrait supposer, sans que rien, il faut le reconnaître, démontre la vérité absolue de cette hypothèse, que les inquisiteurs de Toulouse eurent alors le dessein de recueillir sur le drame d'Avignonet, et sur les acteurs ou complices plus ou moins directs de ce drame, tous les renseignements possibles.

Quoi qu'il en soit, nous avons là, il semble, une grande enquête, c'est-à-dire une série d'interrogatoires, en dehors peut-être de l'instruction courante et journalière à laquelle se livraient les tribunaux d'Inquisition. Cette instruction, œuvre ininterrompue en quelque sorte, c'est justement le manuscrit des Archives de la Haute-Garonne qui paraît nous la présenter. Nous y voyons les inquisiteurs dans cette partie de leurs fonctions, à laquelle ils devaient consacrer nécessairement le plus grand nombre de leurs séances, l'audition des témoins et des prévenus. Et ces prévenus, dans le recueil dont nous parlons, selon toute probabilité, n'ont entre eux d'autres rapports que la communauté de croyances.

Quant au volume de la Bibliothèque nationale, l'ensemble en constitue l'instruction d'un grand procès, c'est-à-dire d'une affaire spéciale. Nous avons là un certain nombre d'accusés rattachés les uns aux autres par des rapports d'amitié, d'intérêt, de foi religieuse, par des desseins communs peut-être. Pour ce qui est des liens religieux, au moins, ils ne peuvent être mis en doute. Nous avons montré, en effet, comment ces trente ou trente-cinq bourgeois d'Albi, de Cordes et de localités voisines, se trouvaient groupés autour de deux prêtres hérétiques, entretenus par eux, dérobés par eux aux recherches de la police inquisitoriale, et accomplissant pour eux les rites de la secte albigeoise.

Toutefois, ces différences, essentielles, bien que délicates, ne sont pas les seules à noter. Il en est d'autres qui, toutes matérielles, pour ainsi dire, doivent être relevées également.

Nous avons remarqué que les interrogatoires consignés dans le manuscrit de la bibliothèque de Toulouse étaient écrits sur papier, tandis que ceux des volumes de la Bibliothèque nationale et des Archives de la Haute-Garonne l'étaient sur parchemin. Étant données les habitudes et les traditions des archives inquisitoriales, beaucoup plus rigoureuses qu'on ne pourrait le croire, il y a là un fait qui peut devenir la source d'indications précises.

En effet, les dépositions écrites sur papier, au fur et à mesure que parlaient les témoins et les accusés, étaient ensuite transportées sur parchemin [1]. Sous cette forme définitive, elles prenaient place dans les

---

[1]. Voir Bibl. nat., ms. lat. 11847, f° 42 B, et ms. de Clermont, II° partie f°° 19 B et 20 A.

archives de l'Inquisition, à côté des registres de sentences, tels que le manuscrit latin 9992 de la Bibliothèque nationale, dont nous avons déjà parlé. Les inquisiteurs les avaient ainsi à leur disposition pour les consulter au besoin, et pour en faire dans certains cas des extraits à leur usage, ou même, mais beaucoup plus rarement, à l'usage des cours de justice séculière.

Nous n'insisterons pas sur ces indications spéciales. Ce que nous en avons dit doit nous servir seulement à mettre le recueil des Archives de la Haute-Garonne à sa véritable place. Cette place est à côté du manuscrit de la Bibliothèque nationale, car il est évidemment comme celui-ci une transcription définitive. Par là il se rapproche, matériellement pour ainsi dire, d'un recueil, dont, ainsi que nous l'avons vu, il est séparé sur d'autres points par des différences profondes, et il s'éloigne au contraire du manuscrit de la bibliothèque de Toulouse, auquel nous avons montré qu'il se rattache par la date, par le nom des juges et par le lieu d'origine des accusés.

Ce dernier volume est pourtant bien aussi une transcription. Nous le reconnaîtrions d'une manière irrécusable, et cela sans la note, à peu près contemporaine du manuscrit lui-même, qui l'affirme expressément. Mais c'est une transcription d'un caractère tout particulier, et destinée, sans doute, à un autre usage que les transcriptions ordinaires. Faite, comme l'indique encore la note que nous rappelions à l'instant, par les inquisiteurs qui succèdent directement aux auteurs de tous les interrogatoires transcrits, elle avait probablement pour but de leur fournir les renseignements nécessaires pour continuer une enquête spéciale et immense, qu'on jugeait incomplète encore après deux ans de travail. De là le groupement des dépositions, non point par ordre chronologique, mais par localités, ce qui devait en rendre l'étude plus facile. De là aussi l'emploi du papier, c'est-à-dire d'une matière relativement moins durable, mais suffisante pour des documents qui se trouvaient sans doute conservés ailleurs sur parchemin, et qui ne devaient avoir, du reste, qu'une utilité temporaire.

Après avoir essayé de marquer la nature exacte du recueil des Archives de la Haute-Garonne et la place qu'il doit occuper dans l'ensemble des documents que nous étudions, nous dirons quelques mots du parti qu'on peut en tirer pour l'histoire de l'hérésie albigeoise et pour celle de la justice inquisitoriale.

Nous rappellerons d'abord ce que nous avons noté au début de ce travail. Une partie de ces interrogatoires a été déjà publiée dans les *Mémoires de la Société archéologique du midi de la France*[1], et l'éditeur en a tiré une étude sur les mœurs et sur les croyances des albigeois. C'est, en effet, ce que peut fournir surtout ce manuscrit, comme celui de la bibliothèque de Toulouse, comme celui également de la Bibliothèque nationale, que nous en avons rapprochés. Les pratiques principales de la secte, celles que les inquisiteurs appelaient l'*adoration*, l'*aparelhamentum*, l'*hérétication* ou *consolamentum*, la bénédiction du pain[2], tout cela se trouve décrit dans un grand nombre d'exemples. Il en est de même de la hiérarchie et des mœurs des ministres hérétiques, de leur vie

---

1. Ajoutons qu'un fragment en a été reproduit dans le *Musée des Archives départementales*, planche XXXVI, n° 85. Ce fragment consiste en une partie de la déposition de Guillem Fournier (f° 10, ancien CCI, recto).

2. Voir, sur toutes ces pratiques, Schmidt, t. II, livres III et V.

errante et sans cesse menacée, de leurs rapports le plus souvent clandestins avec leurs fidèles.

Pour ce qui est de l'histoire de la justice inquisitoriale, le manuscrit qui nous occupe mentionne cinq noms de juges. Ce sont ceux de Jean de Saint-Pierre, de Rainaud de Chartres, de R. Resplandi, de l'inquisiteur désigné simplement par l'appellation de maître S., et enfin de maître Arnaud de Gouzens.

Nous connaissons les deux premiers, et l'un d'eux surtout, Jean de Saint-Pierre, digne associé de l'infatigable Bernard de Caux. Nous connaissons aussi R. Resplandi et son compagnon, le juge de nom douteux, qui nous paraît être, ainsi que nous l'avons dit à plusieurs reprises, Étienne de Gâtine [1]. Quant à maître Arnaud de Gouzens, nous le voyons, non pas comme inquisiteur, mais avec le titre d'official de Toulouse dans une sentence du manuscrit latin 9992 de la Bibliothèque nationale [2]. Ainsi nous avons des preuves nouvelles de l'activité d'inquisiteurs fameux, et la confirmation de leur existence pour quelques autres, qui ont laissé un nom moins célèbre dans les annales de l'Inquisition.

Nous devrions peut-être après cela dire quelque chose de la marche suivie dans les interrogatoires, c'est-à-dire d'une des parties les plus importantes de la procédure; mais nous ne pourrons pas nous y arrêter, parce que cela nous entraînerait trop loin. Nous remarquerons seulement qu'elle se trouve de tous points conforme dans ce volume à tous les autres exemples que nous en avons conservés, notamment à ceux que nous fournit le registre de l'Inquisition d'Albi. Or, il y a plus

---

1. Ils figurent, on s'en souvient, aux f°s 253 B et 254 du ms. 155 de la bibliothèque de Toulouse, et à la date de 1253.
2. Voir f° 2 A, 18 mars 1246.

de quarante ans entre ces deux recueils. C'est donc une preuve de plus à l'appui de cette persistance, et aussi de cette précocité, pour ainsi dire, des traditions de la justice inquisitoriale, dont nous avons souvent parlé, et qui n'en est pas le côté le moins curieux.

Mais voici ce qui nous paraît le plus intéressant et le plus précieux dans ce manuscrit des Archives de la Haute-Garonne. Ce sont les rapports constants qu'il nous révèle entre les hérétiques demeurés dans le midi de la France et ceux qui, ayant dû en sortir pour leur sûreté, s'étaient réfugiés en Lombardie[1].

Tant que Raimond VII avait vécu, si abaissé que fût ce malheureux prince à la fois sous la main pesante du roi de France et sous le joug de l'Inquisition, auquel il avait essayé vainement d'échapper, les sectaires avaient espéré un retour de tolérance, peut-être même de fortune. La persécution de plus en plus vive, accompagnée d'un fait non moins alarmant, l'abandon chaque jour plus marqué de la noblesse, n'avait pu leur enlever leurs illusions. Il fallut pourtant bien y renoncer, quand, en 1249, Raimond VII disparaissant, son gendre Alfonse de Poitiers prit sa place. Membre d'une famille profondément orthodoxe, il était évident que ce prince n'aurait pour l'hérésie aucun ménagement. Aussi son arrivée au pouvoir fut, il semble, pour un grand nombre d'hérétiques, surtout pour les prêtres de la secte, plus notoirement désignés aux rigueurs du bras séculier, le signal de l'émigration.

A cette époque l'Italie, et particulièrement l'Italie du nord, avec des périodes de persécution sanglante

---

1. Ce sont là, ne l'oublions pas, des indications que confirme de tous points, et de la manière la plus expresse, le ms. lat. 1260 de la Bibliothèque nationale, dont nous avons fait précédemment l'analyse.

comme ailleurs, avait cependant toujours accordé à ces mêmes hérétiques, dont elle avait un grand nombre chez elle, une demi-tolérance. La cause en était dans l'esprit indépendant et frondeur de ses républiques, et aussi dans les luttes acharnées du sacerdoce et de l'Empire, plus occupés, durant toute la première moitié du treizième siècle, de leurs prétentions politiques que de la défense de la foi.

C'est donc en Italie que se réfugièrent, vers 1250, les hérétiques du Languedoc, les ministres, les *parfaits* surtout, qui comptaient trouver là une sécurité, dont le temps pouvait à bon droit leur sembler passé pour toujours en France. Là vint avec eux l'évêque cathare de Toulouse, Vivian ou Vivent. Mais ces émigrés n'avaient pas oublié pour cela leur patrie, et auraient-ils voulu l'oublier qu'ils ne l'auraient pas pu.

Leur départ avait laissé presque sans secours spirituels les croyants de France, du moins sans secours spirituels distribués régulièrement. Il y avait bien encore des ministres de la secte en Provence, mais en petit nombre, toujours errants, réduits à se cacher sans cesse, qu'on ne savait où trouver, qu'on ne voyait, qu'on n'avait la joie d'entendre qu'à de bien longs intervalles. Mais aussi avec quelle promptitude se répandait la nouvelle de leur arrivée furtive, et avec quel empressement on accourait à la cabane, à la maison aussi écartée que possible, où ils avaient bien voulu s'arrêter. Et quelle joie de se prosterner devant eux, de les *adorer*, de manger le pain béni par eux, d'entendre aussi parler des exilés volontaires qui vivaient confondus au sein des villes italiennes. Car, ainsi que les ministres protestants du dix-septième siècle, après la Révocation de l'Édit de Nantes, beaucoup de ces prêtres albigeois repassaient la frontière, pour venir, au péril de leur vie, revoir leurs anciens fidèles, réchauffer leur foi, et leur rappeler qu'il y avait au-delà des Alpes toute une colonie de frères qui ne les oubliaient pas.

Mais ces rapports lointains, ces relations si difficilement entretenues, ne suffisaient pas, à ce qu'il semble, aux plus fervents des sectaires. Ils voulaient revoir ces parents, ces amis, ces croyants de la même foi qu'eux. Surtout, leur plus grand désir était d'aller se jeter aux pieds de leur évêque, du chef de leur secte. De là des voyages tels qu'en entreprend un des prévenus mentionnés dans le manuscrit qui nous occupe, Guillem Fournier, de Toulouse.

Il part pour la Lombardie avec cinq compagnons de route, parmi lesquels deux femmes. Il s'arrête d'abord à Coni, où il voit un grand nombre d'hérétiques, puis à Pavie, où Raimond Mercier, diacre de Toulouse, le reçoit dans sa maison et lui accorde l'*hérétication*. A Crémone, il vit un an auprès de l'évêque cathare Vivent. Auprès de celui-ci, il rencontre un certain nombre d'exilés de la classe noble, Pierre de Beauville[1], Bérenger Joara, chevalier des environs de Carcassonne, et un membre de la grande famille des Roaix de Toulouse, célèbres pour leur attachement à l'hérésie; Raimond, fils de Bertrand de Roaix[2]. Guillem Four-

---

1. *De Beurila*. Beauville, dép. de la Haute-Garonne, arr. de Villefranche, cant. de Caraman.
2. Un Bertrand de Roaix figure avec son père, dont le nom n'est pas nettement indiqué, du reste, ainsi qu'avec un certain nombre de ses parents, oncles et cousins, dans un acte du 29 mai 1200. (*Layettes du Tr. des ch.*, t. I, n° 580). Un Bertrand de Roaix encore, celui-ci fils d'Armand de Roaix, et qui, sans doute, n'est pas le même que le précédent, mais qui est peut-être le père du Raimond de Roaix dont il s'agit ici, figure également dans un autre acte du lundi 23 janvier 1211. (*Ibid., ut supra*, t. II,

nier, en quittant Crémone, se rend à Pise, où il reste plus de huit mois, puis à Plaisance, où il revoit encore l'évêque Vivent. Quand il repart pour la France, un hérétique établi en Lombardie donne commission à l'un de ses compagnons de route, Pierre Sabatier, de le rappeler au souvenir d'un de ses amis demeuré en Languedoc [1].

Il faut avouer cependant, pour ne rien cacher, que Guillem Fournier n'est pas précisément le type accompli de ces pèlerins albigeois du treizième siècle. Non-seulement il renonce plus tard à la foi qu'il a embrassée, et dont il a reçu le sacrement le plus solennel de la main des chefs mêmes de la secte, mais il semble mêler à son voyage des préoccupations singulièrement terrestres. On le voit se rendre à Plaisance pour recouvrer une somme d'argent que Raimond de Roaix lui aurait dérobée, dit-il, et pour toucher le montant d'une créance que lui doit Pierre de Beauville [2]. Enfin, et ceci est le pire, revenu en France, il se met, à ce qu'il semble, après sa conversion, au service de la justice inquisitoriale, pour lui fournir toutes les révélations qu'elle voudra lui demander. Car il est difficile d'expliquer autrement les dépositions si nombreuses qu'on lui voit faire avec une complaisance marquée [3]. De

n° 2890.) C'est probablement aussi le même personnage qui se trouve condamné à la prison perpétuelle avec un certain nombre d'hérétiques de haute naissance par les inquisiteurs de Toulouse, le 19 février 1237. (Voir Doat, t. XXI, f° 119-133.)

1. Voir, pour toutes ces indications, confession de Guillem Fournier, passim, et Schmidt, t. I, pp. 331, 332, 333.
2. F° cci A.
3. De tels faits devaient être assez fréquents dans la procédure des tribunaux d'Inquisition. Ces tribunaux encourageaient, en effet, les délations de la part des hérétiques revenus à résipiscence ; ils leur en faisaient même une obligation imposée sous serment, et qu'on retrouve sans cesse dans les sentences prononcées par leurs juges. C'était, il faut l'avouer, le moyen le

plus, les premiers dénoncés dans ces confidences faciles, ce sont ces exilés, l'évêque Vivent en tête, qui lui ont ouvert leur maison avec une si large hospitalité.

Il faut croire que d'autres les payaient de moins d'ingratitude. Mais n'importe : quoique d'un dénonciateur, à ce qu'il semble, le témoignage de Guillem Fournier n'en est pas moins précieux pour cela. Il ajoute un trait, et non pas le moins intéressant, à tout ce que nous

plus commode pour ceux-ci de découvrir les sectaires dont on ignorait l'existence, ou de contrôler les dépositions de ceux qu'on avait réussi à faire comparaître. Mais on voit aussi les abus que devait entraîner un tel moyen d'investigation avec des témoins qui jouaient un rôle, en somme, peu honnête, et que pouvaient entraîner à parler tant de causes diverses et souvent inavouables, la peur, l'intérêt, et aussi de sourdes inimitiés. Quoi qu'il en soit, de pareilles délations, venant surtout d'hérétiques connus pour leur long attachement aux doctrines de la secte, ou pour leur haute situation dans l'église albigeoise, devenaient fréquemment, à ce qu'il semble, le point de départ de toute une série de procédures de la part des tribunaux d'Inquisition. Nous citerons comme exemple la confession dont parle Guillem Pelisson dans sa Chronique, et dont il raconte les suites avec une exagération, du reste, évidente. (Bibl. de Carcassonne, n° 6419, pp 14-16).

C'est celle que commence, à Toulouse, le 2 avril 1237, en présence de frère Guillem de Bonsolas, sous-prieur du couvent des Frères Prêcheurs de cette ville, de frère Jean, ministre des Frères Mineurs de Gascogne, et d'un certain nombre de hauts dignitaires ecclésiastiques, délégués à cet effet par les inquisiteurs Guillem Arnaud et frère Étienne de Saint-Tibéri, alors absents, Raimond Gros, de Toulouse, qui a fait partie, durant plus de vingt ans, de l'église albigeoise avec le titre de *parfait*. Les révélations de ce personnage jettent une telle consternation dans la secte tout entière, que, s'il faut en croire Guillem Pelisson, les individus interrogés ne songent pas même un instant à nier les faits allégués contre eux par le dénonciateur. Bien plus, sur des actes qui leur sont personnels, ils s'en remettent à ses souvenirs plutôt qu'aux leurs propres, le priant de parler, avouant qu'ils avaient perdu la mémoire de certains détails racontés par lui, mais en reconnaissant la vérité. Des scribes notent ces renseignements à mesure qu'ils sont fournis. Ils ont pour conséquence immédiate la condamnation et l'exécution d'une foule d'hérétiques. Voir les mêmes faits dans Percin, qui les a empruntés, d'ailleurs, à Guillem Pelisson, *Monvm. conv. Tolos.*, p. 51, n° 11. — Voir, également, *ibid.*, p. 8, n° 33, la tradition qui met, en 1205 ou 1211, ce Raimond Gros, déjà connu pour ses croyances hérétiques, en rapports avec saint Dominique. Celui-ci l'aurait même, dit-on, sauvé alors du bûcher, en prévision de cette conversion future, que lui révélait le don de prophétie dont il était doué.

connaissons déjà de l'histoire de l'hérésie albigeoise. L'existence au-delà des monts de ces colonies de sectaires émigrés, d'évêques et de prêtres hérétiques continuant de loin le gouvernement de leurs anciens diocèses, d'où les ont chassés l'Inquisition et le pouvoir séculier, c'est là un fait curieux. C'est aussi un détail de plus à joindre à tous ceux qui rapprochent dans une communauté singulière de mœurs et de pratiques cette réforme anticipée du treizième siècle, de la réforme plus complète que vit triompher le seizième.

TROISIÈME PARTIE

ORIGINAUX PROPREMENT DITS

LE REGISTRE DU GREFFIER DU TRIBUNAL DE L'INQUISITION DE CARCASSONNE (1250-1258)

(Bibliothèque de la ville de Clermont, n° 136 a du catalogue général.)

CHAPITRE PREMIER

DESCRIPTION DU MANUSCRIT ET INDICATIONS PRÉLIMINAIRES

Objet de la IIIe partie de ce travail. — Description et provenance du manuscrit qui va y être analysé. — Son importance : mieux encore que la *Practica* de Bernard Gui, il nous présente le tableau d'une cour d'Inquisition. — Indications précieuses qu'il nous fournit sur certains caractères essentiels de la procédure Inquisitoriale. — Sa nature véritable : c'est un registre de greffe, une sorte de journal destiné à tout recevoir ; de là la variété des détails qui y sont consignés. — Il se divise en deux parties ; la seconde renferme surtout des interrogatoires, qui confirment tout ce que nous savons par ailleurs des mœurs et des croyances albigeoises.

Nous arrivons maintenant au dernier des manuscrits originaux d'Inquisition dont nous avons entrepris de donner une idée, à celui que possède la bibliothèque de la ville de Clermont. C'est, sans aucun doute, l'un des plus importants. On peut même dire que, sauf la *Practica* de Bernard Gui, il n'en est pas qui l'égale en intérêt par la variété des indications, et en quelque sorte par le caractère piquant des détails qu'il nous présente.

Aussi, comme nous l'avons dit au début de ce travail, étendrons-nous pour en parler les proportions de l'analyse consacrée à chacun des volumes, dont nous nous sommes occupé jusqu'ici. Ce n'est pas que nous ayons le dessein de tracer, à propos de ce recueil, un tableau complet de la justice inquisitoriale. Mais nous voulons, en mettant à profit les traits qu'il nous offre, montrer dans son activité journalière une cour d'Inquisition vers le milieu du treizième siècle. Nous exposerons ainsi les renseignements que peut fournir ce manuscrit de premier ordre. De plus, nous aurons fait en abrégé la tentative d'un de ces travaux de monographie, plus utiles à notre sens que des essais hasardeux de synthèse, et dont nous souhaiterions que chaque tribunal d'Inquisition devînt l'objet.

Comme pour la plupart des documents originaux d'Inquisition, que nous avons étudiés jusqu'ici, la provenance du recueil[1], dont nous allons parler maintenant, est à peu près inconnue. Tout ce que nous avons pu savoir, c'est qu'il se trouve à la bibliothèque de

---

[1] N° 136 a du catalogue général de la bibliothèque de la ville de Clermont. In-f°; hauteur : 0,181mm; largeur : 130mm. Papier de coton; seconde moitié du treizième siècle (1250-1258). Écriture cursive de greffe, souvent très-négligée, en général difficile, abréviations nombreuses. Reliure moderne en parchemin; les coutures anciennes ont été conservées.
Deux parties : 1° 41 f°° écrits et 4 f°° laissés en blanc à la fin. Le f° 1 ne porte d'écriture qu'au verso, et en haut de la page. Numérotation moderne au crayon. — 2° 20 f°° écrits et 4 f°° laissés en blanc à la fin. Le f° 21 est aussi resté en blanc au recto et au verso. Numérotation moderne au crayon comme pour la Iʳᵉ partie, mais de plus, numérotation ancienne en chiffres romains, un peu postérieure au texte, à ce qu'il semble. Celle-ci se trouve au verso de chaque folio. Elle a, du reste, en partie disparu, parce que les coins des folios ont été usés et légèrement arrondis.
La Bibliothèque nationale possède, sous la cote suivante : Lat. 139, nouv. acq., une reproduction photographique du manuscrit de Clermont. Cette reproduction, exécutée à Tours en 1860, a pour titre : Registre de l'Inquisition de Carcassonne, 1249-1257. Il s'y trouve quelques remarques de la main de M. L. Delisle, qui complètent ce que nous venons de dire de la numérotation du volume original. Nous les transcrirons ici : « La Iʳᵉ partie se termine par un feuillet blanc, qu'une main moderne a coté 41. Les feuillets suivants, que la même main a cotés 42, 43, 44, sont, en réalité, les trois derniers feuillets de la 2ᵉ partie. » (Bibl. nat., lat. 139, nouv. acq., Iʳᵉ partie, f° 43 A.) — « La 2ᵉ partie du ms. se termine par trois feuillets blancs qui ont été primitivement marqués XXVII, XXVIII et XXIX. » (Ibid., IIᵉ partie, f° 20 B.) — Nous devons ajouter, enfin, que deux folios portent le n° 37.

Clermont que depuis peu de temps. Il n'y est pas entré, à ce qu'il paraît, à une date antérieure à 1839. On peut cependant faire quelques conjectures à ce sujet, et voici celle que nous présenterions pour notre part.

La ville de Clermont possédait au siècle dernier un couvent de Dominicains, riche, comme on peut en juger d'après certains indices, en documents de la nature de ceux qui nous occupent [1]. Il pourrait se faire que le même couvent eût possédé le manuscrit dont nous allons faire l'analyse. Ce manuscrit en serait sorti à la Révolution pour entrer, après quelques vicissitudes que nous ne connaissons pas, après être passé, ce qui est possible, par les mains de quelques particuliers, dans le dépôt où il se trouve aujourd'hui.

Qu'un pareil recueil ait pu être distrait d'archives inquisitoriales, cela ne doit pas nous étonner. Des inquisiteurs, Dominicains eux-mêmes, l'auront prêté sans peine à des religieux de leur ordre, et il n'aura été ni rendu ni réclamé. Nous avons vu quelle négligence, à partir d'une certaine époque, l'Inquisition semble avoir mise à conserver ses archives. Elle avait commencé par les diviser, par en tirer certaines portions du chef-lieu du tribunal, où elles s'étaient trouvées primitivement tout entières, pour les mettre dans d'autres villes qu'on jugeait peut-être plus sûres. C'est ainsi, comme nous l'avons vu, que le couvent des Dominicains de Montpellier reçut à une certaine époque

---

1. C'est, en effet, à ce couvent, qu'appartenait un manuscrit de la *Summa de Catharis et Leonistis*, composée par l'inquisiteur lombard Rainier Sacchoni, ainsi qu'un exemplaire de l'ouvrage attribué au Dominicain Grégoire de Florence, et intitulé *Disputatio inter catholicum et Paterinum*. Le premier de ces deux volumes est aujourd'hui à Caen. (Voir Schmidt, t. II, pp. 227, 228, 230, 231, et note cinquième, pp. 310, 311.) Nous avons parlé également des deux traités en question. (Voir, plus haut, pp. 38, 39.)

une partie des registres de l'Inquisition de Carcassonne, ceux dont l'inventaire dressé au seizième ou au dix-septième siècle a été publié par M. Germain. N'étant plus toujours sous les yeux et sous la main des inquisiteurs, ces documents, nous le répétons, devaient être prêtés sans trop de peine, à une époque où l'Inquisition n'existait plus de fait, et surtout quand il s'agissait de religieux appartenant au même ordre que les inquisiteurs eux-mêmes [1].

Quoi qu'il en soit, nous possédons dans le manuscrit de la bibliothèque de Clermont un recueil du plus grand intérêt pour l'histoire et l'organisation de la justice inquisitoriale. Si l'on ne peut dire qu'il soit en réalité plus important que tel ou tel des registres originaux qui nous ont été conservés, parce qu'ils ont tous, à cause de leur petit nombre, une valeur très-considérable, du moins, il n'en est pas bien certainement de plus curieux. De tous les volumes que nous avons étudiés successivement, celui qui s'en rapproche le plus, c'est sans aucun doute le traité pratique de Bernard Gui. En effet, à part un certain nombre d'interrogatoires contenus dans la deuxième partie du

---

[1]. Nous ne nous arrêterons pas davantage sur ces conjectures et sur ces explications. Mais nous y ajouterons une remarque concernant l'inventaire cité à l'instant même. Il s'y trouve un signalement que nous ne pouvons nous dispenser de relever, parce qu'il rappelle singulièrement, en tenant compte, bien entendu, des omissions et des négligences manifestes de ce travail, le manuscrit de la bibliothèque de Clermont. Voici, du reste, ce signalement : « 1247, 1248, 1257, 1258. Un livre papier couton, contenant dépositions et confessions de plusieurs du diocèze de Carcassonne et Narbone, qui avoint esté receus par les herétiques dans leur secte. » (*Mém. de la Soc. arch. de Montpell.*, t. IV, p. 393.) — Dates principales de l'ensemble, matière du volume, lieux d'origine des individus incriminés, indication générale du contenu, la concordance est au moins curieuse. Mais nous ne voulons pas insister sur ce rapprochement, dont nous ne prétendons, d'ailleurs, en aucune manière, tirer une conclusion positive. Nous avons cru seulement devoir le noter.

manuscrit de Clermont, et qui ne sont pas ce qui s'y trouve de plus original, les deux recueils nous donnent pareillement dans le détail les travaux d'une cour d'Inquisition; mais c'est avec une vérité et en quelque sorte un mouvement incontestablement supérieurs que nous les trouvons dans le registre de Carcassonne.

Si authentiques, en effet, et, pour tout dire, si vivantes que soient les formules rassemblées par Bernard Gui, avec leurs noms propres à peine effacés, avec leurs dates que l'auteur a négligé si souvent de faire disparaitre, elles pâlissent quelque peu à côté de la réalité telle que nous la montre le volume dont nous allons faire l'analyse. Ce que nous y voyons, c'est l'Inquisition même en exercice, c'est le tableau de son activité quotidienne. Les détails sont presque innombrables, et se suivent sans ordre; mais leur multitude, jointe à la confusion dans laquelle ils se présentent, loin de nuire à l'intelligence de l'ensemble qu'ils composent, nous fait d'autant mieux comprendre l'activité d'une cour d'Inquisition, avec les affaires si diverses qu'elle traitait dans un même jour, entamant les unes, reprenant et continuant les autres jusqu'à leur conclusion définitive. Tout cela, au milieu du va-et-vient des prévenus, des témoins et des juges eux-mêmes, avec une infinité de menues remarques qui nous font saisir plus d'une fois les incidents les plus légers des audiences, et souvent jusqu'aux fluctuations de la volonté des inquisiteurs, jusqu'aux tâtonnements, pour ainsi dire, de leur méthode de procédure.

Nous ne parlons pas des traits de mœurs propres à la société méridionale de la première moitié du treizième siècle, et qui ne se rapportent qu'indirectement à l'étude que nous poursuivons. Ils se trouvent cependant plus nombreux dans ce manuscrit de Clermont que dans aucun des recueils qui nous ont occupé jusqu'ici, d'autant plus sincères et plus intimes, qu'il sont l'aveu de misérables tremblants devant l'Inquisition, et résolus à ne rien lui cacher, d'autant plus frappants aussi peut-être, que la plume du greffier qui se hâte les note d'une façon plus sommaire.

Des malheureux confessent des crimes qu'ils auraient tenus sans doute dans le plus grand secret. Mais il leur faut trouver un moyen de défense devant le tribunal redoutable qui les interroge, et ils pensent le rencontrer dans les conséquences de ces crimes mêmes, dans les inimitiés mortelles qu'ils ont soulevées contre eux[1]. Ailleurs, un mari trompé est accusé d'hérésie par sa propre femme, qui voudrait se débarrasser de lui en l'envoyant dans les cachots de l'Inquisition. Pour réduire à néant cette dénonciation dangereuse, en mettant au jour le motif qui l'a inspirée, il appelle, en témoignage de sa honte, le bourg tout entier où il vit, y compris le curé de l'endroit, et nous voyons ce scandale domestique s'étaler tout au long dans une suite de dépositions précises[2].

Toutefois, il faut le remarquer, ici nous n'avons pas seulement de ces indications utiles pour la peinture des mœurs d'une époque. Leur portée se trouve plus grande, et nous sommes éclairé sur un point intéressant de la procédure inquisitoriale. Par ces sacrifices si pénibles auxquels se décident les prévenus, nous jugeons du rôle important et décisif que jouait dans cette procédure la délation. Nous reconnaissons aussi,

1. Voir l'affaire du chevalier Isarn de Pezens (Ire partie, f°s 33 A-34 A), et celle de P. Morret de Conques. (*Ibid.*, f° 17 A.)
2. Ire partie, f° 34 B.

ce dont nous avions quelque idée, qu'auprès des juges d'Inquisition, être accusé c'était presque toujours être coupable, et qu'ils ne distinguèrent jamais bien entre la prévention et la culpabilité nettement établie. Ainsi s'expliquent les efforts désespérés et parfois honteux, dont nous venons de parler, pour effacer des soupçons que juges et prévenus s'étaient habitués à considérer, dès qu'ils se produisaient, comme à peu près indélébiles.

Mais, que ce manuscrit nous fournisse des renseignements si précieux et surtout si multiples, ce n'est pas une chose dont nous devions nous étonner. Cela tient à sa nature même de registre de greffe, toujours ouvert pour recevoir, jour par jour, heure par heure, tout ce qui avait trait à l'exercice de la justice inquisitoriale. C'est, en effet, une sorte de journal et de brouillon, où tout se rencontre pêle-mêle, noté sans retard d'une façon abrégée, et, pour ainsi dire, cursive comme l'écriture. Ce que nous rencontrons dispersé dans l'ensemble des volumes de la collection Doat qui concernent l'Inquisition, ou trié et mis à part dans chacun des recueils originaux que nous avons déjà vus, nous le trouvons ici rassemblé et surtout comme de premier jet. Car c'est, par exemple, de ces dépositions quelquefois informes, telles qu'elles ont été recueillies par le scribe à mesure que parlait l'accusé, que sortiront les interrogatoires nettement rédigés sur parchemin et destinés à figurer dans les archives de l'Inquisition, dont le manuscrit 11847 de la Bibliothèque nationale nous offre le type le plus complet. Assurément, ils auront gagné en clarté, en ordre surtout, mais non pas en vérité [1].

[1]. Sur l'esprit, dans lequel se faisaient ces rédactions définitives des dépositions fournies par les témoins ou les prévenus, Bernard Gui nous

Sur ce point, où il n'est cependant pas unique, le volume de Clermont a donc une supériorité incontestable. Que dire de ceux où il est seul à nous renseigner? Il s'y trouve, en effet, une foule de menues informations, que les inquisiteurs ne se souciaient pas de conserver dans leurs transcriptions définitives, et que les copies de Doat ont, en général, dédaignées. Ce sont là pourtant les détails dont est faite la physionomie originale et particulière de chaque époque de l'histoire. Pour ce qui est de la justice inquisitoriale, elle ne se révélerait qu'à demi dans tous les autres documents qui nous sont restés d'elle, et nous devrions renoncer à en connaître le jeu et l'action quotidienne, sans ce recueil du plus grand prix. Il nous instruit moins que d'autres peut-être de ces registres sur l'organisation des tribunaux d'Inquisition. Il ne nous informe pas plus amplement que certains d'entre eux sur la législation, la procédure ou la pénalité de ces mêmes tribunaux. Mais il nous donne ce que nous chercherions à peu près vainement dans tout autre, la vie même d'une institution, que tout semble avoir contribué à nous rendre plus obscure que ne le comporte la date même à laquelle elle a existé.

donne des renseignements bien curieux, et surtout bien significatifs, malgré sa forme discrète. C'est à la suite d'un modèle d'interrogatoire pour les hérétiques albigeois ou manichéens, comme il les appelle, et dans un passage intitulé *Instructio seu informatio quedam generalis*. — *Notandum tamen et adcertendum est in predictis*, dit-il, *quod, licet fiant tot interrogationes et quandoque plures alie, secundum diversitatem personarum et factorum, ad eruendum et extorquendum plenius veritatem, nec tamen expedit, quod omnes interrogationes scribantur, sed tantum ille que magis verisimiliter tangunt substantiam vel naturam facti, et que magis videntur exprimere veritatem. Si enim in aliqua depositione inveniretur tanta interrogationum multitudo, aliis depositis pauciores continens posset diminuta videri, et etiam cum tot interrogationibus conscriptis in processu vix posset concordia in depositionibus testium inveniri, quod considerandum est et precavendum.* (Practica, V^a pars, f° 73 A.)

Ces indications donneront une idée générale de la nature et de l'importance du manuscrit que possède la bibliothèque de Clermont. Pour les confirmer, nous allons exposer en quelques mots les diverses sortes de renseignements qu'on peut en tirer pour l'étude de la justice inquisitoriale.

Comme nous l'avons vu, le recueil dont nous allons faire l'examen se divise en deux parties d'inégale étendue. La première, qui est la plus longue, ne renferme qu'un petit nombre d'interrogatoires; mais les exemples de cautions fournies par des prévenus qui ont juré de se tenir à la disposition des inquisiteurs, et de peines infligées à des accusés reconnus coupables, y sont très-abondants. Il faut y ajouter un certain nombre de curieux procès intentés par l'Inquisition à des héritiers d'hérétiques, pour en obtenir une compensation des pénitences que les défunts n'ont pas accomplies.

La seconde partie renferme presque exclusivement des interrogatoires. Les noms des individus interrogés, hommes ou femmes, se trouvent consignés dans une liste qui occupe le f° 1 recto et verso. Cette liste, dont certaines indications ont disparu, est écrite sur trois colonnes, séparées par des lignes verticales. Les noms y sont rangés par localités. Il y a quarante et un noms et quatorze localités, toutes du département de l'Aude et pour la plupart de l'arrondissement de Carcassonne. Ce sont les suivantes : Leuc (*Leucum*), Cavanac (*Cavanacum*), Preixan (*Prixianum*), Cornèze (*Cornazanum*), Villetritouls (*Villatritols*), Rustiques (*Rusticanae*), Verzeille (*Verzelanum*), Montlaur (*Montelaur*), Rieux-en-Val (*Rivus*), Taurize (*Taurizanum*), Villefloure (*Villafloranum*), Couffoulens

(*Cofolentum*), Carcassonne (*Carcassonna*), Arzens (*Arzincum*)[1].

Parmi les interrogatoires que renferme la seconde partie, ceux des prévenus appartenant au bourg de Leuc sont particulièrement curieux. Ils sont au nombre de six en tout, et cinq nous révèlent l'existence d'une sorte de petite église albigeoise, composée de parents et d'amis, vivant à Leuc même, ou aux environs de Carcassonne, et groupés autour d'un certain nombre d'hérétiques, dont le principal est Bernard Gili ou Gélis[2], frère de Raimond Gili de Leuc, qui semble être le membre le plus actif de l'association avec sa femme Virgilie[3].

C'est en petit quelque chose comme ce que nous révèle le procès instruit à Albi en 1299 et 1300 par Bernard de Castanet et l'inquisiteur Nicolas d'Abbeville. Mais l'association est bien moins importante, soit pour le nombre des adhérents, soit, à ce qu'il semble, pour leur position sociale. A Leuc, en effet,

---

1. Nous donnons ces localités dans l'ordre où les présente la liste dont nous avons parlé. Pour ce qui est des divisions administratives dans lesquelles elles se trouvent comprises aujourd'hui, Leuc, Cavanac, Couffoulens, Preixan, Arzens, Villetritouls, Montlaur, Rieux-en-Val, Taurize, Rustiques, appartiennent à l'arrondissement de Carcassonne; mais les trois premières de ces localités sont seules du canton de la même ville. Preixan et Arzens dépendent du canton de Montréal; Villetritouls, Montlaur, Rieux-en-Val, Taurize, du canton de Lagrasse; Rustiques, du canton de Capendu; Verzeille et Villefloure appartiennent à l'arrondissement de Limoux et au canton de Saint-Hilaire. Quant à Cornize, ce n'est qu'une dépendance de la commune de Leuc. Voir, pour cette dernière localité, Mahul, *Cartul. de Carcass.*, t. V, p. 205.
2. *Egilii* en latin.
3. Voir, pour les interrogatoires, IIe partie, f°s 2-4. — Quant à ceux de Raimond Gili et de sa femme Virgilie, nous ne les avons pas. Mais la 1re partie, f° 2 B, nous donne la caution fournie par la femme (mars [?] 1249), et celle que fournit le mari (26 mars, même année). Cela prouve qu'ils avaient été interrogés, et qu'en tout cas ils n'avaient pas échappé à l'Inquisition.

les hérétiques ainsi liés entre eux ne doivent pas être comme à Albi, des notables, ou même des fonctionnaires de la cour de l'évêque ou bien de celle du roi. Nous n'avons pas, à vrai dire, d'indications sur leur rang et leur situation de fortune. Mais tout porte à croire que les cinq prévenus, trois hommes et deux femmes, dont les dépositions nous fournissent ces renseignements, sont de petits propriétaires ou même de simples cultivateurs, ainsi que Raimond Gili lui-même, dont la maison sert de centre et de lieu de rendez-vous aux associés.

Quoi qu'il en soit, cette concordance dans les mœurs des hérétiques albigeois, dans leurs habitudes religieuses, est un fait précieux. A cinquante ans de distance, et à des époques assez diverses entre elles, par suite des événements politiques qui se sont passés dans l'intervalle, nous trouvons toujours les églises cathares disséminées pour ainsi dire, avec le même mode de groupement de leurs fidèles autour d'un ou deux ministres, qui accomplissent pour eux les cérémonies de la secte. Au temps de Louis IX comme de Philippe IV, ces ministres sont errants et d'allures mystérieuses, ce qui s'explique, du reste, suffisamment par la persécution qui les menace sans cesse des peines les plus terribles. Ils vivent toujours des aumônes des croyants, de celles surtout que leur glissent, parfois avec prodigalité, et souvent à l'insu de leurs maris, les femmes, plus ardentes et plus enthousiastes pour toutes les innovations religieuses. Nous avons trouvé tout cela dans les interrogatoires que nous avons déjà vus. Nous avons à le noter encore dans les interrogatoires plus sommaires que nous offre le manuscrit dont nous allons nous occuper maintenant. C'est, nous le répétons, une concordance du plus grand intérêt, et qui doit prendre place comme un fait acquis dans l'histoire de l'hérésie albigeoise.

Nous nous arrêterons là, d'ailleurs, et, après avoir mis à part en quelque sorte ces indications générales ou particulières, nous commencerons tout de suite le classement des détails presque innombrables que renferme le recueil de la bibliothèque de Clermont. Nous ne prendrons pour cela, bien entendu, que les plus caractéristiques, et nous les rangerons sous les trois chefs que voici : les juges, la procédure, la pénalité.

CHAPITRE II

LES JUGES D'INQUISITION DU TRIBUNAL DE CARCASSONNE
(1250-1258)

Juges d'Inquisition mentionnés par le manuscrit de Clermont comme figurant au tribunal de Carcassonne, de 1250 à 1258 ; le principal est l'évêque de cette ville, Guillem II. — Raisons probables de ce fait étonnant dans l'histoire de la justice inquisitoriale. — Personnages qui assistent ou suppléent l'évêque dans ses fonctions d'inquisiteur ; juges d'Inquisition dont le souvenir et les procédures se trouvent rappelés. — Exemples de délégations de pouvoir et de commissions en fait de justice inquisitoriale. — Témoins paraissant aux séances du tribunal de Carcassonne. — Appartiennent-ils d'ordinaire au lieu de naissance ou d'habitation des prévenus ? — Exemples d'accusés figurant ensuite comme témoins. — Nombre des séances du tribunal de Carcassonne durant la période de 1250 à 1258. — Lieux divers où se tiennent ces séances. — Les inquisiteurs et leurs officiers ont-ils toujours été incorruptibles ? — Trafics de grâces et de commutations de peines opérés par ces derniers, et dont le manuscrit de Clermont nous fournit des preuves.

Le tribunal d'Inquisition dont le manuscrit de Clermont nous présente un tableau succinct mais complet, est celui de Carcassonne, et les données qui nous sont fournies sur ce tribunal embrassent une durée de neuf à dix ans, de 1250 à 1258 [1].

D'après la liste dressée par Bouges [2], et que nous

---

1. Nous devons ajouter, pour être absolument exact, que plusieurs interrogatoires ou dépositions, en petit nombre, d'ailleurs, se placent à des dates qui ne rentrent pas dans la période indiquée. Parmi ces dates, nous citerons les suivantes : 27 mars 1249 (IIe partie, f° 15 B); 1er mai, même année (Ire partie, f° 10 A) ; 20 octobre 1259 (IIe partie, f° 22 B); 6 octobre 1267 (IIe partie, f° 19 A).

2. *Hist. de Carcas.*, p. 470. Elle a été reproduite par Mahul, *Cartul. de Carcass.*, t. V, p. 608.

avons déjà citée plusieurs fois, les inquisiteurs exerçant leur ministère à Carcasonne, pendant cette période que nous venons de marquer, auraient été les suivants : Guillem Raimond [1], Baudouin de Montfort, Pierre Sedar, Bernard de Beaux et Gui de Navarre [2]. Ce sont, du moins, ceux qu'indique cet auteur à la date de 1247, et il n'en donne pas de nouveaux avant 1270.

Des cinq juges d'Inquisition mentionnés par Bouges, un seul est expressément nommé dans le manuscrit de Clermont. C'est frère Baudouin de Montfort, qui reçoit une déposition à Carcassonne, le 1er septembre 1258, et une autre, le 31 octobre de la même année [3]. A part celui-là, qui ne se montre pas, du reste, davantage, nous n'en trouvons qu'un seul autre,

---

1. Guillaume de Raimond (*Raimundi*), comme l'appelle Bouges, ou plutôt Guillem Raimond, figure, en compagnie de frère Ferrier, dans une sentence du 22 sept. 1241, par laquelle ils ordonnent tous deux l'exhumation de Raimond *de Malafalgueria*, mort dans l'hérésie. Il porte, ainsi que son collègue, le titre d'inquisiteur dans la province de Narbonne et dans les diocèses d'Albi, de Mende et du Puy. (Voir Doat, t. XXI, f⁰⁸ 312-315.)

2. Gui de Navarre ou Navarre paraît dans la Chronique de Guillem Pelisson (Bibl. de Carc., n° 6112, p. 11) avec l'indication qu'il était originaire de Limoges (*Lemoricensis*). Il est un des quatre Dominicains, que le prieur du couvent de Toulouse, Pons de Saint-Gilles, choisit, sur l'invitation de l'inquisiteur Guillem Arnaud, alors réfugié à Carcassonne, pour citer, dans les derniers mois de l'année 1235, un certain nombre d'habitants de Toulouse à comparaître devant lui. Il doit servir de témoin et de compagnon, avec Guillem Pelisson lui-même, à deux autres Frères Prêcheurs chargés de signifier cette citation aux individus désignés par Guillem Arnaud. Or, les consuls de Toulouse, après avoir déjà chassé de leur ville les curés de paroisses qui avaient essayé une première fois de faire la citation dont il s'agit, avaient menacé de mort immédiate quiconque la renouvellerait. Une pareille commission, dans un tel moment, indiquait donc une confiance absolue dans le courage et le dévouement de Gui de Navarre. Il s'en acquitte, d'ailleurs, lui et ses compagnons, avec une résolution imperturbable, qui en impose sans doute aux magistrats municipaux et les empêche d'exécuter leurs menaces. (Voir pour ces faits très-curieux, qui se rattachent à l'expulsion des Dominicains de Toulouse, au mois de novembre 1235, la Chronique de Guillem Pelisson, pp. 10 et 11.)

3. II⁰ partie, f⁰⁸ 7 A et 22 B, et f⁰ 26 B.

qui paraît à la suite d'un interrogatoire du 20 octobre 1259[1]. Encore le nom de ce dernier demeure-t-il incertain, car il est appelé simplement *frère G., inquisiteur*, de sorte que nous ignorons s'il s'agit de Guillem Raimond ou de Gui de Navarre.

La part la plus considérable dans l'exercice de la justice inquisitoriale à Carcassonne, durant la période dont il s'agit, n'appartient pas en fait à ces religieux dominicains, qu'on pourrait qualifier pourtant d'inquisiteurs en titre. Du moins, il en est ainsi dans la première moitié du temps, dont nous avons fixé les limites, de 1250 à 1255 environ. Pendant ces cinq années, le juge d'Inquisition que nous voyons toujours paraître, presque à l'exclusion de tout autre, est l'évêque de Carcassonne, Guillem II, surnommé Arnaud, mis en possession de son siège en 1249 et mort en 1255, celui qui a pour successeur Guillem III, plus connu sous le nom de Radulphe[2].

Par des raisons qu'il nous serait difficile de déterminer, mais dont la principale devait être, sans doute, son zèle extraordinaire pour la foi et pour la persécution des hérétiques, cet évêque Guillem occupe à peu près seul le tribunal d'Inquisition au chef-lieu de son

---

1. IIe partie, f° 22 B.
2. Voir, sur ces deux prélats, Gérard de Vic : *Chronicon historicum episcoporum ac rerum memorabilium ecclesiae Carcassonis*; in-4°, 1667, pp. 102-106. De Vic donne pour date de la mort de Guillem II le 4 septembre 1255, et pour celle de Radulphe le commencement d'octobre 1270. — Voir également Vigueric : *Annales ou histoire ecclésiastique et civile de la ville et diocèse de Carcassonne*; in-4°, 1855, pp. 131 et suiv. — L'évêque Radulphe a son tombeau dans une chapelle qui porte son nom et qui est attenante à l'église Saint-Nazaire de la Cité de Carcassonne. Ce tombeau, surmonté de la statue du prélat, et orné d'un bas-relief qui le représente au lit de mort, est un curieux et charmant spécimen de la sculpture du treizième siècle. — Voir Foncin : *Guide à la Cité de Carcassonne*, pp. 350-353.

diocèse. On le voit interroger en son nom les prévenus, recevoir leurs cautions et en fixer le montant, leur imposer des pénitences, déléguer même ses pouvoirs en cette partie à quelques-uns de ses officiers[1]. Les inquisiteurs dominicains, si jaloux en tout temps de leurs priviléges judiciaires, s'effacent presque complétement devant sa personne. S'ils paraissent à côté de lui dans quelques occasions, c'est sans qu'aucun d'eux soit nommé d'une manière expresse, mais sous cette désignation générale et vague *les inquisiteurs.*

C'est là un fait qui nous paraît remarquable, parce que rien ne nous donne à connaître que les Frères Prêcheurs aient été plus disposés à ce moment qu'à tout autre, et à Carcassonne plus qu'ailleurs, à tant accorder aux juges ecclésiastiques ordinaires. Sous le pontificat d'Innocent IV, un des papes qui ont le plus contribué à leur assurer le monopole de l'Inquisition, il semblerait qu'il dût en être tout autrement. Ces moines, loin de tout abandonner dans la persécution des hérétiques à un prélat quel qu'il fût, comme cela se passe en réalité pour Guillem II, auraient dû plutôt, selon ce que nous montre sans cesse l'histoire de la justice inquisitoriale, essayer de lui contester même la part légitime de juridiction, que les souverains pontifes plus équitables avaient toujours réservée aux évêques et aux abbés[2].

1. On le voit, de plus, prendre formellement le titre d'inquisiteur par délégation de l'autorité apostolique : *inquisitor super hoc auctoritate apostolica deputatus.* (1re partie, f° 9 B; 3 janvier 1250.) Il ne le fait, à la vérité, qu'une seule fois et dans une occasion importante, à ce qu'il semble. C'est dans l'interrogatoire de Raimond de Niort, membre de la puissante famille de ce nom, bien connue pour son attachement à l'hérésie, et que Guillem Arnaut avait déjà condamnée tout entière durant son premier séjour à Carcassonne en 1235. (Voir bibl. de Carc., n° 6119, pp. 10 et 11, et Doat, t. XXI, f°s 31-51 et 165-167.)

2. Nous touchons là en passant à un des points les plus curieux, mais

Nous ne voyons pas, en effet, que le plus renommé des prélats par son acharnement contre les hérétiques, le puissant et impérieux évêque d'Albi, Bernard de Castanet, ait eu la part aussi belle. Il s'intitulait lui-même, dit-on, *lieutenant des inquisiteurs,* et en fait, ceux-ci, malgré toutes les preuves qu'il leur avaient

aussi les plus difficiles qu'offre l'histoire de l'Inquisition. Il s'agit des rapports des inquisiteurs avec les ordinaires, et de la ligne de conduite observée par le Saint-Siége à ce sujet. On nous pardonnera, sans aucun doute, de ne pas aborder une aussi grosse question, dont l'étude ne demanderait pas moins d'un volume, et nous nous bornerons aux quelques mots que voici. A vrai dire, si les inquisiteurs, qui travaillèrent sans cesse à l'extension de leur puissance, montrèrent, au moins par là, plus d'esprit de suite que les prélats, leurs rivaux en justice ecclésiastique, on peut soutenir cependant, que moines et évêques eurent à l'égard les uns des autres des sentiments très-variables. Les premiers, tantôt sollicitèrent l'appui et même les avis des seconds avec une déférence qui ne semble pas avoir toujours été ni feinte ni forcée, tantôt repoussèrent avec hauteur et dédain toute ingérence des prélats dans leurs affaires. Ceux-ci de même, tantôt servirent avec passion cette justice nouvelle, qui était en somme une diminution de leur propre justice, tantôt se plaignirent avec amertume d'empiétements qu'eux-mêmes avaient plus d'une fois favorisés. De plus, on les vit dans le même temps partagés sur la conduite à suivre en face de la juridiction puissante qui venait de surgir au sein de l'Église. Les uns tinrent à honneur d'y prendre place, même dans un rang secondaire ; les autres mirent tout en œuvre pour en entraver l'exercice.

En réalité, la papauté seule fit preuve pendant un siècle de vues nettement arrêtées sur cette grave question. Ce fut, bien entendu, en dehors des déviations momentanées, que tant d'événements politiques et la succession de douze à quinze pontifes d'âge, de nationalité, de caractère différents, devaient nécessairement lui imposer. Sans doute, elle put avoir quelque prédilection pour un tribunal qu'avaient constitué les efforts opiniâtres de ses plus illustres représentants du début du treizième siècle, et qui encourait chaque jour pour elle une haine pleine de périls. Mais cette prédilection même, qu'on ne saurait contester, ne fut pas assez forte pour la détourner de son but et lui faire sacrifier les ordinaires à l'orgueil des inquisiteurs, ou les inquisiteurs aux plaintes des ordinaires. Son but, c'était, en effet, d'unir les uns et les autres pour la défense de l'orthodoxie romaine et de sa propre autorité, parce qu'elle ne pensait pas qu'il fallût moins que cette entente pour les sauver toutes deux des dangers qui les menaçaient alors. C'est aussi le résultat qu'elle obtint en fin de compte au concile de Vienne, par la bulle de Clément V, à travers tous les obstacles que lui avaient opposés les événements et surtout les discordes de ses propres ministres. Il est vrai qu'un tel succès arrivait un peu tard, car à ce moment même l'Inquisition, au moins dans le midi de la France, touchait au terme de sa grandeur et de ses triomphes.

données de son zèle, ne semblent jamais l'avoir considéré autrement que comme leur vicaire. Dans les interrogatoires du manuscrit 11847 de la Bibliothèque nationale, nous ne rencontrons pas son nom une seule fois, sans qu'il soit accompagné de ceux de Nicolas d'Abbeville ou de Foulques de Saint-Georges.

En tout cas, il ne parait point que Radulphe, successeur de Guillem II, tout-puissant au tribunal de l'Inquisition de Carcassonne, ait hérité de ces prérogatives, ou bien ait voulu les maintenir à son profit. Dans les années qui suivent son arrivée à l'épiscopat, les fonctions d'inquisiteur sont remplies exclusivement par les juges, que nous voyons quelquefois s'acquitter de leur ministère à côté de son prédécesseur, durant la période antérieure de 1250 à 1255. Du moins, c'est l'indication que nous donne le manuscrit dont nous faisons l'analyse.

Il faut bien dire aussi, que ces juges, dont la part est secondaire dans l'exercice de la puissance inquisitoriale, ne semblent pas mériter à proprement parler le titre d'inquisiteur. Leur autorité ne devait être qu'une délégation reçue des inquisiteurs véritables, dont ils étaient probablement les lieutenants. De plus, et justement par ce motif, leur pouvoir ne devait s'exercer que d'une manière intermittente, par exemple, dans les cas d'absence des juges titulaires ou de l'évêque. Nous ne saurions, bien entendu, démontrer absolument la réalité de cette hypothèse ; mais si l'on considère que leurs noms manquent dans la liste des inquisiteurs de la circonscription de Carcassonne à l'époque dont nous parlons, et que nous retrouvons d'autre part à la même époque un et peut-être deux d'entre eux comme notaires au même tribunal d'Inquisition, on nous accordera que notre opinion a quelque vraisemblance[1].

Les personnages dont il s'agit sont au nombre de trois. Ce sont : maître Raoul, maître Raimond Déodat et maître Pierre Aribert. Les deux premiers sont ceux que nous voyons paraître le plus souvent, soit seuls, soit réunis, durant tout le cours des neuf années qu'embrasse le manuscrit dont nous nous nous occupons. Quant à maître Pierre Aribert, il ne se montre comme inquisiteur que trois fois, d'abord tout seul, le 20 mars 1255, avec le titre *d'inquisiteur dans le diocèse de Carcassonne*[2], et les deux autres fois, en compagnie de maître Raoul, le 1er septembre et le 10 avril 1257[3].

Ce Pierre Aribert ne nous est pas inconnu. C'est lui, en effet, selon toute vraisemblance, que nous retrouvons comme scribe d'Inquisition ou comme notaire

---

1. Les délégations de pouvoir, faites souvent un peu à la légère par les inquisiteurs, au moins pour l'instruction préliminaire des procès d'hérésie, sont perpétuelles dans l'histoire de la justice inquisitoriale. C'est aussi une des habitudes de cette justice, qui semble avoir entraîné le plus d'abus et soulevé le plus de réclamations. Nous citerons à ce sujet une curieuse délibération des États de Languedoc, datée du 19 octobre 1550. Bien que postérieure de trois siècles aux renseignements que nous offre le manuscrit de Clermont, il n'est pas inutile de l'en rapprocher, d'autant plus qu'il s'y trouve un témoignage nouveau de cette persistance de l'esprit traditionnel des tribunaux d'Inquisition, dont nous avons si souvent parlé.

« Sur la plainte de MM. de l'Église que journellement l'inquisiteur de la foy faict fère monitoires et censures en blanc et discerne commission pour enquérir : conclud que M. le juge mage et l'un des syndics du pays feront remonstrance audit inquisiteur de ne discerner tels monitoires généraux en blanc, ne commettre aux notaires et sergens pour enquérir *in causa fidei*, si ce n'est aux officiers et magistrats, ne prendre cognoissance contre les habitants dudit pays au préjudice des jurisdictions des Evesques, et où il n'y vouldroit proveoir, en sera faicte remonstrance à la Cour du Parlement pour par elle y estre proveu ainsi que verra à faire. » (Arch. de la Haute-Garonne, c. 2279.)

2. *Inquisitor in dyocesi Carcassone.* (Ire partie, fo 25 A.)

3. Ire partie, fo 37 bis et IIe partie, fo 19 B.

dans les sentences prononcées par Bernard de Caux et Jean de Saint-Pierre, et que nous avons déjà vues[1]. Dans le manuscrit dont nous nous occupons en ce moment, c'est comme notaire aussi qu'il figure toujours, sauf dans les cas très-rares où il paraît comme juge, et que nous venons d'indiquer. La rédaction de presque toutes les pièces est de lui, ainsi que d'un autre notaire du nom de Bonmacip, qui n'apparaît, d'ailleurs, qu'assez rarement[2]. Un troisième personnage, Guiraud Trepuc, investi également des mêmes fonctions, ne se montre que deux fois, et seulement dans la seconde partie du registre[3].

Quant à maître Raoul, c'est très-probablement le même personnage que le clerc de ce nom, qui remplit l'office de notaire, le 14 mars 1250, et écrit, sur l'ordre de l'évêque de Carcassonne, la déposition d'un prévenu de Leuc, Guillem Cabane[4]. Dans une circonstance toute semblable, pour le dire en passant, figure un personnage, qui ne joue évidemment ce rôle de notaire que par hasard, bien que le titre lui en soit donné d'une manière formelle. Ce personnage, du nom de Pierre, c'est le chapelain de l'évêque[5]. Enfin, maître Déodat paraît, comme assesseur et comme témoin en même temps des dépositions ou des promesses faites par les accusés, dans un assez grand nombre de séances, mais surtout pendant l'année 1250[6].

1. Bibl. nat. lat. 9992, f° 2 B, 4 B, 10 B.
2. Ire partie, f°s 2-5 A; IIe partie, f°s 5 A, 13 A, 15 A, 18 B.
3. IIe partie, f° 22 B. — A ces notaires il faut en joindre encore un pour en avoir la liste complète. C'est Raimond de Castres qu'on ne voit, d'ailleurs, qu'une seule fois (IIe partie, f° 26 B.)
4. IIe partie, f° 2 A. — C'est peut-être bien aussi le futur évêque Radulphe, le successeur de Guillem II sur le siége de Carcassonne.
5. Ire partie, f° 25 B.
6. Ire partie, f°s 3 B, 5 B, 7 B, et IIe partie, f° 19 A (nov. 1253).

A côté des inquisiteurs en fonctions à Carcassonne, durant la période qu'embrasse le manuscrit de Clermont, il faut placer ceux dont il rappelle le souvenir et les actes comme juges. Trois sont indiqués expressément, et leurs noms sont assez fameux dans l'histoire de l'Inquisition pour qu'il faille les relever. Le premier est ce frère Ferrier, dont Bernard de Caux et Jean de Saint-Pierre, ses successeurs immédiats à Carcassonne, retrouvent plus tard les traces à travers le Lauragais et le pays de Toulouse, dans leur grande enquête de 1245 et 1246 [1]. Les deux autres sont justement les auteurs de cette enquête. Du moins, il ne nous semble pas qu'on en puisse douter, bien qu'ils ne soient désignés que sous l'appellation de frère Bernard et frère Jean [2].

Nous connaissons les noms et le rôle respectif de tous ces juges du tribunal de l'Inquisition de Carcassonne. Il nous faut voir maintenant qui les remplace en cas d'absence.

Nous ferons remarquer, d'ailleurs, pour qu'on ne s'y trompe pas, qu'il s'agit ici d'une autre sorte de délégation que celle dont nous avons parlé plus haut. Elle est, pour ainsi dire, moins complète. Les notaires, car ce sont eux qui en sont investis le plus souvent, ne prennent pas à cette occasion le titre d'inquisiteur. Ils ne reçoivent également qu'une part de l'autorité dont ceux-ci sont revêtus, et que les lieutenants en titre des juges d'Inquisition semblent posséder tout entière, au moins par intérim. Leur ministère se

---

1. La mention faite de frère Ferrier se trouve dans la IIe partie, f° 6 A. — Voir, sur cet inquisiteur, plus haut, p. 67, note 1.
2. Ils sont nommés ensemble dans la IIe partie, f° 6 A, et frère Jean tout seul, dans la même partie, f° 7 A.

borne, selon toute apparence, à recevoir les premières
dépositions des prévenus ou des témoins, et à poser
ainsi les bases de l'instruction, qui sera développée
ultérieurement, s'il y a lieu, par les inquisiteurs eux-
mêmes, ou par des représentants plus autorisés de la
justice inquisitoriale. Quoi qu'il en soit, voici les indications que nous trouvons à ce sujet.

Le 12 novembre 1252, maître Pierre, official de
Carcassonne, reçoit, au nom de l'évêque Guillem, la
promesse de Bernard Jourdan de Canecaude[1], qu'il
comparaîtra aux jours qui lui seront assignés, qu'il
obéira à tous les ordres de l'évêque, et accomplira la
pénitence que celui-ci croira devoir lui imposer pour
le crime d'hérésie dont il s'est rendu coupable. Cette
promesse est accompagnée de l'engagement qu'elle
sera exécutée, sous peine d'une amende de 50 livres,
engagement pris par trois habitants du même bourg
de Canecaude[2]. Sept jours plus tard, une promesse
toute semblable est reçue de la part d'un autre prévenu, toujours au nom de l'évêque, par le notaire
Pierre Aribert, qui en dresse lui-même l'acte[3].

Qu'un juge attaché, comme est l'official, à la cour
de l'évêque, quand celui-ci remplit avec autant d'autorité que nous l'avons vu les fonctions d'inquisiteur,
le remplace dans ces mêmes fonctions, ce n'est pas là
un fait qui doive nous paraître extraordinaire. Mais
il y a moins encore lieu d'être surpris, qu'un notaire
du tribunal d'Inquisition, comme Pierre Aribert, soit
investi des mêmes pouvoirs. Suppléer, au moins dans
les débuts de l'instruction, les inquisiteurs en titre,

---

1. *Canecalida*, dép. de l'Aude.
2. Ire partie, f° 5 B.
3. Ire partie, f° 6 A.

quand ils sont absents, c'est là, en effet, une part très-certaine du ministère dévolu aux notaires dans les habitudes de cette justice spéciale.

En voici une preuve. Dans le procès en réhabilitation d'un prêtre, Pierre de Tornamire ou Tournemire, terminé à Montpellier, le 21 décembre 1357, par une consultation de religieux et de légistes[1], figure comme pièce principale la déposition de ce même prêtre. Elle a été reçue à Carcassonne, le 5 octobre 1323, par maitre Menec ou Menet de Robertcour, dont les attributions sont ainsi marquées : *notaire public en vertu de l'autorisation apostolique et inquisitoriale, ayant pouvoir d'entendre et d'écrire, en l'absence de l'Inquisiteur et de ses lieutenants, et par manière d'information provisoire, les dépositions ainsi que les aveux concernant la foi et l'Inquisition*[2].

Un autre genre de délégation ou de commission de pouvoir, qui mérite aussi d'être relevé en passant, est celui dont une pièce datée du 20 mars 1255 nous fournit un exemple.

Pons Olmier de Limoux promet de payer à l'abbesse du monastère de Rieunette[3] une somme de 100 sous, qui doit être employée à la construction de certains bâtiments dans ce monastère. A l'occasion de cette

---

1. C'est la pièce dont nous avons parlé plus haut, pp. 16-18, et qui se trouve aux Archives municipales de Montpellier.

2. *Publicus auctoritate apostolica et officii Inquisitionis notarius, habens potestatem recipiendi et scribendi depositiones et confessiones in facto fidei et officii, per modum informationis, et aliis ab inquisitore, in absentia inquisitoris et suorum vicariorum.* (*Mém. de la Soc. arch. de Montpell.*, t. IV, p. 336, c. I.) — Le notaire maitre Menec ou Menet de Robertcour figure à plusieurs reprises comme témoin dans les *Sentences* publiées par Limborch. (Voir f° 141 B, 143 A.)

3. *Rivus nitidus*, dép. de l'Aude, arr. de Limoux, cant. de Saint-Hilaire, dépendance de la commune de Molières. L'abbaye située en cet endroit appartenait à l'ordre de Citeaux.

donation pieuse, à laquelle Pons Olmier s'est décidé de lui-même, l'archevêque de Narbonne commet ses pouvoirs à l'évêque de Carcassonne pour faire grâce au donateur des pèlerinages, qui lui avaient été imposés comme pénitence, à cause du crime d'hérésie dont il s'était rendu coupable[1].

Ce n'est pas là, il s'en faut, l'indication d'un fait unique. Les sentences de Bernard Gui abondent, en effet, en renseignements de ce genre[2]. Toutefois, il nous a paru bon de noter celui-ci, parce qu'il confirme par un exemple de plus cette sorte de hiérarchie très-stricte, au moins en principe, qui présidait à l'exercice de la justice inquisitoriale. D'autre part, nous y trouvons une preuve nouvelle à l'appui d'un fait que nous avons cherché à établir, chaque fois que l'occasion s'en est présentée. Ce fait, qui nous semble d'importance capitale, est l'existence très-précoce dans la jurisprudence des tribunaux d'Inquisition de règles fixes et de traditions certaines qu'un long temps paraîtrait seul avoir pu établir.

Les juges principaux composant la cour inquisitoriale de Carcassonne ont été indiqués avec le rôle et les pouvoirs particuliers à chacun d'eux. Nous croyons maintenant devoir achever le tableau, que nous permet de tracer le manuscrit de la bibliothèque de Clermont, en y prenant les noms de quelques-uns des témoins, qui figurent aux séances dont ce manuscrit

---

1. Ire partie, f° 35 A.
2. Voir, par exemple, au début de l'*acte de foi* célébré à Toulouse, le 30 septembre 1319, dans l'église Saint-Etienne, par les inquisiteurs Bernard Gui et Jean de Beaune, les lettres de commission qui leur ont été adressées à l'occasion de cette cérémonie par les évêques de Cahors, de Saint-Papoul et de Montauban. (Limborch, f°s 97 B, 98 A.) — Voir aussi *Practica*, Ire part., f°s 9 C-10 D.

nous donne le résumé. Ces témoins, si restreinte que soit leur part dans le développement des affaires, n'en complètent pas moins le tribunal. Nous les voyons paraître comme assesseurs des juges, et leur présence, toujours soigneusement notée, ne peut avoir été absolument indifférente. En voici donc un certain nombre, dont nous avons relevé les noms et les qualités.

Dans l'ordre ecclésiastique nous citerons : maître Pierre, official de Carcassonne[1]; maître Raimond Déodat[2]; les notaires Pierre Aribert et Bonmacip[3]; l'abbé de Montolieu[4]; l'abbé de Saint-Hilaire[5]; Pierre, chapelain de l'évêque[6]; maître Hélie, archidiacre de Razès[7]; G., archidiacre de Carcassonne[8]; frère Jean de Capestang, sous-prieur des Dominicains de Narbonne[9]; les chanoines B. Blanc, B. Martin, Vascon[10]; Bernat, curé de Salsigne[11]; maître Raimond David, curé de l'église Saint-Vincent de Carcassonne[12]; Guillem-Pierre de Conques, curé de Floure, avec Armand, son clerc[13]; des moines, frère Raimond Barrau et frère Raimond de Canet, de l'ordre des Frères Mineurs[14]; frère G. Laporte[15]; de simples clercs, R. Escudier[16], Raimond, clerc de Moussoulens[17], maître Robert, clerc de l'évêque[18]; Guillem Escobillon, frère convers de l'ordre des Dominicains[19]; un domestique de l'évêque, Pons, qualifié une première fois de *baile du pain et du vin de monseigneur l'évêque* (*bajulus panis et*

---

1. Ire partie, f°s 2 B, 5, 7 B, 12 A, 16 A, 17 B, etc. — 2. Ire partie, f°s 3 B, 5 B, 7 B; IIe partie, f° 19 A. — 3. Ire et IIe parties, *passim*. — 4. Ire partie, f° 3 A. — 5. Ire partie, f° 5 B. — 6. Ire partie, f° 26 B. — 7. Ire partie, f° 3 B. — 8. Ire partie, f° 16 B. — 9. IIe partie, f° 22 B. — 10. Ire partie, f°s 2 B, 4 B, 33 A. — 11. Ire partie, f° 3 A. — 12. Ire partie, f° 4 A. — 13. Ire partie, f° 6 A. — 14. Ire partie, f° 4 A. — 15. Ire partie, f° 11 A. — 16. Ire partie, f°s 5 B, 6 A. — 17. Ire partie, f° 9 A. — 18. Ire partie, f° 10 A. — 19. IIe partie, f° 26 B.

vini domini episcopi), et une seconde fois de *cellerier (cellararius)*[1]; enfin, un geôlier de la prison d'Inquisition, Brun (*custos immuratorum, custos carceris*)[2].

Ces personnages appartiennent tous à l'Église, quoique à des titres différents. Ils forment la majorité des témoins dont nous avons relevé les noms. Parmi les laïques qui figurent à côté d'eux, nous citerons : des seigneurs, Mata, châtelain de Montréal[3]; Raimond Aban, chevalier[4]; Gervaise, bailo du Cabardès pour le roi de France[5]; enfin, un personnage sans doute laïque lui aussi, Robert, qualifié de médecin et désigné également de la manière suivante : *magister Robertus fisicus*[6].

1. I" partie, f" 5 A, 11 A. — 2. I" partie, f° 5 B. — 3. I" partie, f° 2 B. — 4. I" partie, f° 3 A. — 5. I" partie, f° 4 B. — 6. II° partie, f" 5 B, 19 B.

La liste que nous venons de dresser fournirait matière à un certain nombre de remarques, dont nous ne présenterons qu'une seule. C'est, du reste, à ce qu'il semble, la plus importante qui puisse être faite. A notre sens, si l'on considère la nature et la diversité des témoins figurant dans les actes d'Inquisition, il est impossible de ne pas en conclure qu'ils étaient choisis fort à la légère, pour ne pas dire pris au hasard. Selon toute apparence, les inquisiteurs ne voyaient là qu'une simple formalité. Cependant, les dépositions ou les interrogatoires, dont ils faisaient certifier de la sorte l'authenticité par le premier venu, devenaient la base de leurs procédures, et pouvaient entraîner les condamnations les plus graves. Quoi qu'il en soit, voici un exemple de cette négligence dans le choix des témoins, et aussi, pour le remarquer en passant, de ces délégations de pouvoir, souvent très-imprudentes, que nous avons déjà signalées. Nous l'empruntons à ce procès en réhabilitation de Pierre de Tornamire, dont nous avons déjà parlé au début de cette étude, et que nous venons de rappeler à l'instant.

Le samedi 5 octobre 1325, le notaire, maître Menée de Robertcour, interroge ce Pierre de Tornamire dans la prison de l'Inquisition de Carcassonne. Les inquisiteurs ou leurs vicaires sont absents. Il n'y a, d'ailleurs, pas de temps à perdre. Le prévenu a été amené mourant ; il meurt même, l'interrogatoire à peine terminé, et il est à croire que l'insistance mise à le faire parler n'a pas peu contribué à hâter sa fin. Trois témoins laïques ont assisté à cet interrogatoire, qui est achevé, et dont le procès-verbal a même été relu par le notaire, lorsque surviennent deux religieux dominicains. Maître Menée les requiert aussitôt de servir de témoins, et ils y consentent. Ils ne savent rien cependant des faits dont ils vont ainsi se

Afin de compléter ces renseignements sur les témoins qui se montrent à côté des juges d'Inquisition, nous avons cherché si ces témoins n'appartiendraient pas d'ordinaire au lieu de naissance ou d'habitation des prévenus.

La chose, au premier abord, semblerait assez naturelle, surtout pour les témoins de l'ordre ecclésiastique, et notamment pour les curés de paroisse. Ceux-ci, en effet, avaient un rôle assez actif à remplir dans certaines formalités de la procédure inquisitoriale. Ils devaient, sur l'injonction des inquisiteurs, citer les

---

porter garants. Le prévenu avait cessé de parler, et peut-être aussi de vivre, quand ils sont arrivés. On ne leur donne même pas communication de ses aveux, et ils ne semblent pas, d'ailleurs, avoir demandé rien de pareil.

L'acte ainsi dressé, contrairement à toutes les règles du droit, n'en est pas moins l'origine d'une accusation d'hérésie, dont la mémoire de Pierre de Tornamire reste chargée pendant près de trente ans. Mais, lorsqu'en 1357, il s'agit de condamner ou de réhabiliter le défunt une fois pour toutes, un jurisconsulte de Montpellier, Etienne Troche, docteur en droit civil et en droit canon, refuse toute valeur au procès-verbal de maître Meyer, et tous les légistes, consultés après lui au nombre de vingt-quatre, se rangent à son avis. Il n'y a que deux religieux dominicains à approuver une procédure ainsi conduite. (Voir *Mém. de la Sr. arch. de Montpell.*, t. IV, pp. 331-334.)

De tels faits n'ont pas besoin de commentaires. Nous y joindrons seulement l'argumentation très-nette présentée par Etienne Troche, et dont voici les termes : *Ad octavum et ultimum dubium, dixit processum per dictum magistrum Mayacum, notarium et commissarium, factum non tenere, quia in eo non servavit debitam juris formam, nec confessio dicti presbiteri fuit plenarie recensita, neque facta per dictum presbiterum coram personis quibus fieri debuit, nec coram dictis fratribus supervenientibus. Qui fratres, non in confessione dicti presbiteri, nec in recitatione confessionis, quæ fiebat per dictum magistrum Mayacum, supervenerunt, sed post predicta recitata, ut patet in dicto processu, ibi cum dicit : Supervenientibus post predicta fratribus Johanne Mercatis et Jacobo Gormondi, ordinis Predicatorum, etc.; qui etiam fratres supervenientes non erant vicarii domini Inquisitoris, sed simpliciter fratres nullam potestatem habentes. Et ideo processus postea super dicto processu facto per dictum magistrum Mayacum fundatus, mortuo dicto presbitero antequam cum eo per dictum dominum Inquisitorem vel ejus vicarium inquiretur, non videtur habere contra dictum presbiterum roboris firmitatem.* (*Ibid., ut supra*, p. 341, c. 1.)

personnes, qui leur étaient désignées, à comparaître au tribunal de l'Inquisition. Ils devaient aussi publier solennellement les sentences d'excommunication lancées contre les contumaces[1]. L'orthodoxie, la bonne conduite des condamnés, renvoyés chez eux avec des croix à porter pour punition, étaient confiées à leur surveillance. C'était à eux qu'était remis le soin de viser en quelque sorte à des époques fixes *les lettres de pénitence* signées par les inquisiteurs, et que leurs paroissiens avaient rapportées dans leurs foyers[2]. C'était à eux aussi, selon toute vraisemblance, que des pèlerins étrangers, venus dans leur paroisse pour y accomplir certaines dévotions à quelque ermitage ou sanctuaire célèbre, devaient présenter l'espèce de passeport que leur avaient délivré les juges d'Inquisition[3]. Par eux, on le voit, les individus condamnés pour hérésie se

---

1. Voir *Practica*, I° pars, *passim*.
2. Voir, sur ces *lettres de pénitence* (litterae testimoniales de pœnitentiis), ms. de Clermont, II° partie, f° 7 A; *Hist. de Lang.*, édit. orig., t. III, liv. XXIV, pp. 306, 307, et surtout *Practica*, II° pars, f° 13 B-15 C, où il s'en trouve un certain nombre de modèles. — Quant à l'obligation pour les condamnés de faire viser ces lettres à des époques fixes par le curé de leur paroisse ou tout autre ecclésiastique, elle est marquée au f° 14 A de la *Practica*, dans les termes suivants: *Item, dominica prima cujuslibet mensis, præsentes litteras proprio sacerdoti vel alteri personæ litteratæ et ecclesiasticæ præsentet, et eas sibi legi et exponi faciat in vulgari, ut per hoc efficiatur certior quod facere et a quibus debeat abstinere.* — Voir la même indication, ibid., f° 14 D.
3. Cette sorte de passeport, qui n'était, d'ailleurs, qu'une lettre de pénitence accordée dans le cas spécial, où un coupable s'était vu imposer un certain nombre de pèlerinages, marquait le nom, le lieu de naissance, le crime du condamné, les pèlerinages qu'il lui avait été enjoint d'accomplir. En retour de la présentation qui leur en était faite, les autorités du lieu, où s'arrêtait le pèlerin, devaient lui délivrer une attestation comme quoi il y avait paru. — Voir, pour ce dernier point, *Practica*, II° pars, f° 13 D, 14 C, 15 A, et pour des modèles de lettres de pénitence accordées à des pèlerins, ibid., f° 13 C-15 B. — Voir aussi Doat, t. XXI, f° 167-179, où se trouvent un certain nombre de ces saufs-conduits délivrés par les inquisiteurs de Toulouse, de 1233 à 1241.

trouvaient sous la surveillance d'une sorte de haute police ecclésiastique.

On concevrait sans peine après cela, qu'eux au moins figurent comme assesseurs à côté des juges dans certains actes de la justice inquisitoriale, surtout si quelqu'un de leurs paroissiens se trouve assigné par elle. Ils viendraient alors pour appuyer de leur témoignage l'accusation lancée contre un coupable, ou pour aider un innocent à se défendre. Mais, retenus, sans doute, par les occupations de leur ministère, ils ne devaient se décider que rarement à une pareille intervention.

En effet, nous n'en avons trouvé qu'un très-petit nombre d'exemples. Nous mentionnerons le suivant. R., curé de Pradelles-en-Val[1], paraît comme témoin, le 25 avril 1252, jour où Roger Gairaud, habitant du même lieu, prête serment d'obéir aux ordres des inquisiteurs et fournit caution[2]. Nous citerons également le cas que voici. Il s'agit cette fois non plus d'un ecclésiastique, mais de laïques figurant comme témoins dans des affaires où se trouvent en cause des prévenus de la même localité qu'eux. Le 2 juillet 1250, Armand Raimond de Pezens[3] assiste à la promesse faite par trois répondants au sujet de Bernard Pons, habitant de Pezens comme lui-même[4].

Une autre remarque assez curieuse à faire au sujet de ces témoins, c'est que quelques-uns d'entre eux, avant de figurer en cette qualité à côté des juges d'Inquisition, ont comparu devant ces juges comme accu-

---

1. *Pradellæ*, dép. de l'Aude, arr. de Carcassonne, cant. de Lagrasse.
2. 1re partie, f° 21 B.
3. *Pizincum* ou *Pezincum*, dép. de l'Aude, arr. de Carcassonne, cant. d'Alzonne.
4. 1re partie, f° 4 A.

sés, et même ont été frappés par eux d'une condamnation.

Ainsi, le 17 décembre 1254, Izarn de Pezens, chevalier, se présente pour son propre compte devant les inquisiteurs. Il reparaît plusieurs fois, subit divers interrogatoires, et produit des témoins à décharge[1]. Le 7 janvier suivant, on le voit revenir, mais pour être témoin de la caution fournie par un prévenu[2].

Voici un autre exemple du même fait. B. Belloc, d'Arzens, a été condamné, ainsi que son frère Pierre Belloc, le 17 avril 1253, à faire le pèlerinage d'outremer[3]. Il reparaît, le 28 avril 1255, comme répondant pour un prévenu, et le même jour comme témoin[4]. Avec lui se trouve un personnage, dans lequel il faut, sans doute, malgré un changement de prénom, reconnaître son frère condamné comme lui-même.

Évidemment, le premier de ces accusés a pu être déclaré innocent dans l'intervalle, assez court toutefois, qui se place entre le moment où il se présente au tribunal d'Inquisition comme prévenu, et celui où il figure à côté des juges de ce même tribunal comme témoin. Le second a pu accomplir la pénitence qui lui avait été imposée, et rentrer après cela en grâce auprès des inquisiteurs. Il peut aussi avoir obtenu la remise de sa peine. Quoi qu'il en soit, il y a là un fait dont on doit tenir compte, car il ne semble pas que l'Inquisition abandonnât facilement les préventions qu'elle avait conçues contre un accusé. Mais y eût-elle renoncé devant son innocence évidente, on com-

1. 1re partie, f.s 23-31 A.
2. 1re partie, f° 31 B.
3. 1re partie, f° 23 A.
4. 1re partie, f° 35 B.

prend mal comment elle arrivait peu de temps après à le mettre sur le même rang que ces religieux et ces prêtres, dont la foi n'avait jamais été effleurée du plus léger soupçon, et qu'elle accueillait comme les témoins naturels de ses actes.

Ce tableau rapide d'un tribunal d'Inquisition vers le milieu du treizième siècle, tel que le manuscrit de Clermont nous permet de le tracer, ne serait complet qu'autant que nous y ajouterions la mesure de l'activité de ce tribunal. Nous entendons par là, qu'il serait nécessaire d'indiquer le nombre d'affaires comprises dans la période de neuf ans qu'embrasse le recueil dont nous faisons l'analyse. Mais ce ne serait pas là un relevé auquel il fallût se fier absolument, parce qu'à défaut d'indications formelles en ce sens, nous pourrions toujours supposer que le même tribunal a expédié dans cet espace de neuf années plus d'affaires que n'en marque notre manuscrit. D'ailleurs, ces indications formelles ne manquent pas, et nous les trouvons à plusieurs reprises. Un certain nombre de notes nous renvoient à d'autres registres ou divisions de registres, qui devaient compléter pour les mêmes prévenus et la même période celui que nous possédons[1]. On comprendra après cela, qu'un recensement, tel que celui dont nous parlons, ne puisse avoir qu'une valeur assez faible. Aussi le restreindrons-nous à quelques indications très-sommaires.

Les séances[2] du tribunal de l'Inquisition de Carcas-

---

1. Voici quelques-unes des indications dont il s'agit : *Saisa de Caranaco. Quere primam confessionem ejus in VI° libro, XII° f°.* (II° partie, f° 13 B.) — *Iste est intrusus. Quere aliam ejus confessionem in III° libro, XII° f°.* (Ibid.) — *Syeredus de Caranaco. Iste est intrusus. Item negativa hujus, VI° libro, XI° f°.* (II° partie, f° 14 A.)

2. Nous nous servons de ce mot, à défaut d'un autre qui exprime aussi

sonne, mentionnées par le recueil que nous étudions, sont au nombre de deux cent vingt et une. A ce nombre il faut en ajouter quatre autres, appartenant aux années 1249, 1259 et 1267, c'est-à-dire à des années, qui ne rentrent pas dans la période où se trouve comprise la majorité des faits que nous présente le volume en question. Sur ces deux cent vingt-cinq séances, vingt seulement sont employées à des interrogatoires consignés dans la seconde partie, et disséminés de l'année 1250 à l'année 1258. Il n'y a rien de fixe dans le nombre des séances tenues chaque année; on ne voit pas non plus que certains mois y aient été affectés plutôt que d'autres. Il en est de même pour les affaires expédiées ou les interrogatoires faits à chaque séance. Les années, où la cour inquisitoriale semble s'être réunie le plus souvent, sont les quatres premières de la période que nous avons marquée, de même que les jours les plus chargés d'interrogatoires dans toutes ces années, sont les 14, 15 et 16 mars de l'année 1250, avec neuf interrogatoires pour le premier jour, quatre pour le deuxième, onze pour le troisième. Une dernière remarque à faire, c'est que, pour les interrogatoires, les prévenus ont été groupés, à ce qu'il semble, par lieux d'origine [1].

exactement qu'il serait nécessaire à la réalité des choses. En fait, le chiffre de deux cent vingt-cinq, que nous donnons comme celui des séances relatées dans le recueil dont nous faisons l'analyse, n'est que celui des deux cent vingt-cinq pièces qui s'y trouvent consignées. Un certain nombre des faits judiciaires, dont ces pièces sont les procès-verbaux, se passent non-seulement dans une même journée, comme l'indiquent leurs dates, mais encore évidemment sans que les juges quittent leur tribunal, c'est-à-dire dans une seule et même séance, en prenant ce mot dans son sens le plus habituel.

1. Voici, du reste, un tableau d'ensemble qui complétera ces indications rapides :

Quant à l'endroit où le tribunal d'Inquisition tient ses séances, l'indication n'en est donnée que rarement. Il semble toutefois que dans le plus grand nombre des cas ce soit Carcassonne, et à Carcassonne le palais de l'évêque (*domus episcopalis*). A vrai dire, ce renseignement ne se rencontre qu'une fois[1]. Malgré cela, nous croyons qu'on peut l'étendre vraisemblablement à toutes les séances dont le manuscrit nous donne le résumé. Le fait serait, d'ailleurs, conforme à ce que nous montre le recueil d'interrogatoires de la Bibliothèque nationale, dont nous avons déjà fait l'analyse. Nous y voyons, comme dans le volume qui nous occupe actuellement, un évêque mêlé aussi très-activement à l'exercice de l'Inquisition, et les séances du tribunal, où figure Bernard de Castanet, ont lieu également au palais épiscopal d'Albi.

Du reste, l'indication fournie par le manuscrit de Clermont ne nous force nullement à croire, que tel ait toujours été le théâtre des actes de la justice inquisitoriale à Carcassonne. Plus tard, en effet, ou même

---

1230. 11 séances, réparties entre tous les mois de l'année, sauf janvier, février et mai. Mois les plus chargés : mars et décembre.
1231. 11 séances, réparties entre tous les mois de l'année, sauf juillet et août. Mois les plus chargés : septembre et novembre.
1232. 15 séances, réparties entre tous les mois de l'année, sauf juillet. Mois les plus chargés : janvier et avril.
1233. 23 séances, réparties entre les mois de mars, avril, mai, août, septembre, octobre et novembre. Mois le plus chargé : mars.
1234. 18 séances, réparties entre les mois de janvier, avril, mai, juin, juillet, octobre, novembre et décembre.
1235. 20 séances, réparties entre tous les mois de l'année, sauf juillet et décembre.
1236. 11 séances, réparties entre tous les mois de l'année, sauf juillet et décembre.
1236. 2 séances.
1237. 11 séances, réparties entre les mois de janvier, février, avril, septembre, octobre.
1. 1ʳᵉ partie, f° 19 B.

peut-être dès ce temps, les inquisiteurs auraient été installés dans une des tours de la Cité ou *ville haute*. Telle est, du moins, la tradition, et la tour dont il s'agit, voisine de la porte de l'Aude, en aurait pris le nom de *Tour de la Justice* ou *de l'Inquisition*, qu'elle a gardé depuis[1].

Cette tradition mérite qu'on s'y arrête, d'autant plus qu'elle nous permet une conjecture, qui la confirme tout à la fois et la concilie avec le renseignement que le registre de Clermont nous a donné tout d'abord sur ce sujet. On peut supposer, en effet, que cette *Tour de la Justice*, située à peu de distance de la demeure des évêques de Carcassonne, en aurait été, à un certain moment, comme une dépendance. Elle aurait été le lieu où se tenait le tribunal qui représentait leur juridiction particulière; de là son nom. Mais ils auraient pu y faire siéger également la justice inquisitoriale, du moins au temps de Guillem II, qui prenait, comme nous l'avons vu, à cette justice une part si extraordinaire. Ainsi, par l'indication que nous avons relevée en commençant, il faudrait entendre peut-être sous le nom de palais épiscopal cette tour même.

Le renseignement, dont nous avons essayé de préciser le sens, n'est pas, d'ailleurs, le seul que nous fournisse le manuscrit de Clermont sur ce point, assez difficile à éclaircir. Il nous donne encore le suivant, qui nous reporte à un temps mal défini, mais évidemment antérieur à celui où se trouvent compris les faits que nous étudions.

Dans son interrogatoire du 31 octobre 1258, Guillem

---

1. Voir P. Foncin, *Guide à la Cité de Carcassonne*, pp. 90-92. Voir aussi le plan qui accompagne ce volume.

Fiord, de Cavanac, raconte qu'ayant appris la conversion d'un hérétique avec lequel il avait eu de fréquents rapports, il se rendit à Carcassonne, dans la *maison du maréchal*, où se tenaient les inquisiteurs et où ils faisaient leurs enquêtes[1].

Qu'était-ce que cette *maison du maréchal*? Il nous semble que ce devait être celle des Lévis, qui prenaient au treizième siècle, comme l'attestent un certain nombre de documents, le titre de maréchaux, tantôt de Mirepoix, tantôt d'Albigeois[2]. Ces Lévis possédaient de grands domaines dans cette partie du Languedoc, dont Carcassonne était le centre. Ils pouvaient bien avoir aussi une maison dans cette ville. De plus, anciens compagnons de Simon de Montfort et représentants principaux de la conquête, très-zélés pour la foi catholique, ce dont nous avons des preuves[3], on comprendra

---

1. *In domum marescalli, ubi inquisitores stabant et inquirebant.* (IIe partie, f° 26 A.)

2. La Chronique de Guillem Pelisson (p. 9) qualifie le chef de la maison de Lévis existant en 1235 de *marescallus de Mirapice*. La curieuse pièce des archives du château de Léran, dont nous avons déjà parlé (voir plus haut, p. 22, note 1), appelle Gui, chef de la même maison en 1270, *marescallus Albigesii et dominus Mirapicis*. Il ne faut pas confondre ce titre avec celui de *maréchal de la foi*. Ce dernier, à ce que dit le jésuite Langlois dans son *Histoire des Croisades contre les Albigeois*, aurait été créé en 1229 par le concile de Toulouse, qui l'aurait déclaré héréditaire, avec les fonctions qu'on y avait attachées, et dont la principale était de courir sus aux hérétiques, en faveur de Gui de Lévis, ancien compagnon de Simon de Montfort. En réalité, la qualification de *maréchal de la foi* ne semble pas remonter plus haut que le quinzième siècle. Il est vrai que les Lévis en ont toujours usé depuis, et qu'elle s'est transmise sans interruption dans leur famille. (Voir *Hist. de Lang.*, édit. orig., t. III, liv. XXIV, p. 341.)

3. Lorsqu'en 1235 le sénéchal du roi de France, poussé par l'inquisiteur Guillem Arnaud, alors présent à Carcassonne, veut brûler comme hérétique un des membres de la puissante famille de Niort, Bernard-Athon, seigneur de Laurac, qu'il retient prisonnier avec son frère Guillem, il ne trouve pour l'approuver dans ce dessein que le maréchal de Mirepoix, et tous les autres seigneurs du pays sont unanimes pour l'en dissuader. Ils craignaient que cette exécution n'amenât une guerre. En effet, le frère des chevaliers emprisonnés, Géraud, demeuré libre, avait mis en état de défense les châ-

sans peine qu'ils prêtassent parfois leur maison aux actes de la justice inquisitoriale.

Reste à savoir si elle se trouvait dans la Cité ou dans le Bourg, appelé aussi *ville basse*. C'est, il est vrai, dans la Cité, ville officielle et militaire, où ils étaient rapprochés de l'évêque, des fonctionnaires royaux, et par conséquent sous leur protection, que les

teaux de Laurac et de Niort, ainsi que la plus grande partie de ses domaines. C'est Guillaume Pelisson qui nous fournit ce renseignement, et, malgré sa qualité de religieux et d'inquisiteur, on voit percer dans la façon dont il parle des seigneurs trop prudents, selon lui, et dont beaucoup devaient être d'origine française, comme le maréchal de Mirepoix lui-même, le mépris du Méridional pour les gens du Nord... *Cum « xcscellus*, dit-il, *relinet eum* (Bernard-Athon) *conburere, terrore ii gallici, excepto marescallo de Mirapice, dissuaserunt ei.* (Bibl. de Carc., n° 6119, p. 9).

Tenanciers réguliers de la justice inquisitoriale, les Lévis en exerçaient, d'ailleurs, partiellement les droits à l'égard de leurs vassaux convaincus d'hérésie. Ils pouvaient eux-mêmes les brûler, sur une condamnation des inquisiteurs de la province de Narbonne. Ils avaient prétendu également confisquer leurs biens meubles, et cela jusque sur les domaines du roi de France. Si cette prétention, contraire aux intérêts du fisc, fut réduite à néant par une décision du parlement tenu à Paris, le jour de la Chandeleur (2 février) 1270, le droit de conduire eux-mêmes au bûcher les hérétiques de leurs terres leur fut reconnu à la même occasion. Voir Beugnot, *Olim*, t. I, p. 317, IV, et Boutaric, *Actes du Parlement de Paris*, t. I, p. 132, n° 1480. Nous sommes obligé, il est vrai, de constater en passant que Boutaric a donné de la pièce en question une cote absolument fausse. On en jugera par le texte de cette cote que voici : *Arrêt reconnaissant au maréchal de Mirepoix le droit de faire brûler les hérétiques de sa terre, condamnés par les inquisiteurs de Carcassonne, et de confisquer leurs meubles, même ceux qui se trouvaient dans la terre du Roi.*

Ce droit, reconnu aux seigneurs de Lévis en février 1270, reçut peu après une consécration formelle. La justice royale avait fait brûler à Carcassonne dix hérétiques, dont sept hommes et trois femmes, appartenant aux domaines de Mirepoix. Le sénéchal de Carcassonne et de Béziers, Guillaume de Cohardon, en notifiant, le 19 mars 1270, à Gui de Lévis l'arrêt rendu récemment à Paris, lui accorda, sur sa demande, qu'on lui restituerait les ossements des hérétiques brûlés, ou si ces ossements ne pouvaient être retrouvés, qu'on lui donnerait en échange dix sacs de toile pleins de paille (*decem saccos lineos plenos paleis*). C'est ce qui eut lieu, en effet, deux jours plus tard, en présence d'un certain nombre de témoins, sur l'ordre qu'en avait donné le sénéchal à son viguier, Pierre de Provins. Ces indications sont empruntées à la pièce originale existant aux archives du château de Léran, que nous venons de rappeler à l'instant, après en avoir déjà parlé au début de cette étude.

inquisiteurs habitèrent plus tard[1]. Peut-être même y habitaient-ils déjà. Cependant, nous pencherions à croire qu'il s'agit dans le cas présent de la *ville basse*, et que c'est là qu'était située cette *maison du maréchal*, ainsi mise à leur disposition. Dans la *ville basse*, en effet, ils ne rencontraient pas les édifices religieux et civils, qu'à la Cité l'évêque ou les officiers du roi s'empressaient, sans doute, de leur ouvrir, à moins qu'ils n'y eussent déjà, nous le répétons, une demeure qui leur appartînt en propre. Par conséquent, s'ils descendaient au Bourg pour y demeurer quelque temps et s'y livrer à une enquête, comme le dit le texte que nous avons cité, et dont les termes ne doivent pas être perdus de vue, il leur fallait s'adresser à la complaisance d'un particulier riche et surtout décidé à favoriser l'exercice de leur ministère.

Quoi qu'il en soit, nous n'insisterons pas davantage sur cette question, à propos de laquelle nous n'avons, reconnaissons-le, rien de bien explicite ni de certain. Il nous suffira d'avoir exposé les conjectures qu'elle nous suggérait, et qui nous paraissaient offrir quelque vraisemblance.

Ce que nous voyons plus nettement, c'est que les prévenus ne comparaissent pas toujours à Carcassonne. Deux se présentent à Villalier[2] devant l'évêque : l'un, le 15 octobre 1252 ; l'autre, qui est une femme, le 1er mai 1254[3]. Mais, comme ce sont les seuls exemples que le manuscrit tout entier offre d'un pareil fait, et que de plus les deux comparutions ont lieu dans

---

1. Le logis de l'Inquisition se trouvait près de la porte de l'Aude, en face même de cette porte. Il est habité aujourd'hui par le gardien des tours. (Voir Poncin, *ibid. et supra*, p. 275.)
2. *Villalerium*, dép. de l'Aude, arr. de Carcassonne, cant. de Conques.
3. Ire partie, fo 5 B, et IIe partie, fo 5 A.

le même endroit, on ne saurait, à notre avis, y voir la preuve d'enquêtes circulaires exécutées par l'évêque inquisiteur en dehors de son chef-lieu. Nous nous arrêterions de préférence à l'explication suivante. L'évêque se serait trouvé en tournée pastorale dans son diocèse, et il en aurait profité pour interroger en même temps quelques individus soupçonnés d'hérésie. Quoi qu'il en soit, le prévenu qui s'est présenté, le 15 octobre 1252, comparait une seconde fois dans la même journée, et reçoit l'ordre de se représenter six jours plus tard devant l'évêque, quel que soit l'endroit du diocèse de Carcassonne où ce dernier pourra se trouver alors.

Nous demandons qu'on remarque en passant cette nouvelle preuve du peu de souci qu'avaient les inquisiteurs, de savoir s'ils dérangeaient ou non gravement les individus, qu'ils prétendaient rendre justiciables de leur tribunal. C'est aussi un argument en faveur de ce que nous avons soutenu à propos des enquêtes exécutées par Bernard de Caux et Jean de Saint-Pierre, quand nous avons exprimé l'opinion que la majeure partie des prévenus qui s'y trouvent nommés, avaient été appelés à Toulouse même, c'est-à-dire là où il était le plus commode pour les inquisiteurs de les interroger.

Nous terminerons cet exposé sommaire de l'organisation et du fonctionnement d'un tribunal d'Inquisition vers le milieu du treizième siècle par quelques indications sur la question que voici : les inquisiteurs et leurs officiers ont-ils toujours été incorruptibles ? C'est là un point intéressant, à propos duquel le manuscrit de Clermont nous offre quelques renseignements précis.

Le 9 juin 1256, Guillemette Bonet déclare avoir fait cadeau de trois oies à la femme de P.-G. Morlana, Bérengère, qui lui avait promis de la faire exempter par l'évêque des croix auxquelles on l'avait condamnée[1].

La corruption n'est là encore qu'en projet entre deux femmes, dont l'une exploite la crédulité de l'autre, et le fait ne tire pas vraiment à conséquence. Mais voici qui est plus sérieux.

Le 10 avril 1257, Bernard de la Tour, chevalier, fait la déposition suivante :

Raimond Sabatier ayant été condamné à porter des croix pour crime d'hérésie, et sachant que Bernard de la Tour était parent de l'évêque, le supplia avec instance d'intercéder auprès de celui-ci, pour le faire exempter de ces croix. Il lui promit en retour de ce service cent sous de Melgueil, et de plus six deniers de cens annuel et perpétuel en signe de l'hommage qu'il devait lui prêter. Bernard de la Tour accepta tout, et convint avec Raimond Sabatier de le faire exempter des croix par l'évêque. Il se donna, en effet, beaucoup de peine auprès de ce dernier ainsi qu'auprès des inquisiteurs pour obtenir ce qu'il avait promis. Bref, il fit ce qu'il put, mais ne réussit pas. Cependant, il avait déjà reçu trente-trois sous sur la somme promise par Raimond Sabatier. Il s'arrangea alors avec celui-ci pour lui rendre vingt sous, et chargea son beau-frère de lui donner en échange du reste un muid d'orge. Mais ce dernier ne donna à Raimond que huit setiers et une émine, comme il s'en est aperçu. Bernard de la Tour

---

1. *Anno et die predictis* (anno Domini MCCLVI, V ydus junii). *Guillelma Boneta jurata dixit quod dedit III auceres Berengarie, uxori P. G. Morlana, quia promiserat ei quod faceret sibi cruces auferri a domino episcopo.* (Ire partie, fo 38 B.)

ajoute que ledit Sabatier lui remit cinq sous pour les offrir à maître Pierre Aribert, qui ne voulut pas les accepter. On lui demande s'il a rendu ces cinq sous à Raimond ; il répond qu'il ne s'en souvient pas. Il dit encore que le sacriste de Saint-Nazaire, ainsi que l'archidiacre et le préchantre de la même église prièrent vivement de sa part l'évêque et les inquisiteurs d'accorder la rémission de peine demandée[1].

Ainsi, nous avons là toute une série de manœuvres bien caractérisées, et la corruption ne demeure pas cette fois en projet. Elle s'attaque, sous la forme la plus grossière, à un des principaux ministres du tribunal d'Inquisition, le notaire P. Aribert, dont nous avons vu le rôle considérable, et que nous avons même trouvé un instant investi du titre et des fonctions d'Inquisiteur. Il y résiste ; mais que dire de ces trois prêtres de l'église Saint-Nazaire ? N'avons-nous pas

1. *Anno Domini MCCLVI, IIII idus aprilis. Bernardus de Turre miles, testis juratus et requisitus, dixit, etc.— Item requisitus dixit quod, cum Raimundus Sabaterii esset crucesignatus pro heresi, locutus fuit cum ipso teste cum magna instancia, quia sciebat ipsum esse de parentela domini episcopi, quod tam intercederet apud eumdem dominum episcopum, quod idem R. amitteret dictas cruces ; et promisit sibi propter hoc C solidos melgorienses, et amplius VI denarios annui census propter hominium in perpetuum. Que omnia idem testis acceptavit, et fecit pactum cum eodem R., quod facere t ipsum decrucesignari per dominum episcopum antedictum. Et super hoc multum laboravit apud dictum episcopum et inquisitores quod posset hoc impetrare, et fecit quod potuit ; sed non potuit optinere, licet recepisset ille a testis propter hoc XXXIII solidos a Raimundo antedicto ; de quibus idem testis fecit composicionem postea cum eodem R. quod restitueret sibi XX solidos, quia non potuit impetrare, et mandavit preterea servienti suo quod traderet ei I modium ordei. Tamen non tradidit ei precentor nisi VIII sextarios et eminam ordei, sicut intellexit. Item dixit quod R. Sabaterii predictus tradidit sibi V solidos ut afferret eos magistro P. Ariberti pro negotio antedicto ; sed noluit idem magister accipere. Interrogatus si restituit illos quinque solidos predicto R., dixit se non recordari. Dixit etiam quod sacrista Sancti Nazarii et archidiaconus et precentor ejusdem loci rogaverunt multum dominum episcopum et inquisitores super dicta gratia crucum optinenda ex parte ipsius testis.* (1ʳᵉ partie, f° 37 bis A.)

quelque droit de penser que l'argent de Raimond Sabatier, cet argent qu'il répandait avec une prodigalité si naïve, était pour quelque chose dans la vivacité de leurs instances en sa faveur?

Cependant, voici des révélations plus graves, et qui ne laissent subsister aucun doute. L'argent repoussé par Pierre Aribert est accepté des deux mains par des officiers d'Inquisition moins scrupuleux que lui. Les présents qui accompagnent l'argent sont acceptés aussi, quels qu'ils soient.

Le 9 juin 1256, Arnaud Cat déclare qu'il a donné à Guillem-Arnaud Bornh, scribe du tribunal d'Inquisition, la somme de vingt sous et des souliers, pour lui avoir obtenu des inquisiteurs la permission de déposer les croix auxquelles il avait été condamné[1].

Cette déclaration est confirmée, le 11 avril 125..., par l'aveu de Guillem-Arnaud Bornh lui-même, qui confesse qu'ayant obtenu de l'évêque défunt et des inquisiteurs qu'on fît grâce à Arnaud Cat, de Montolieu[2], des croix qu'il avait été condamné à porter, ledit Arnaud lui fit présent d'une somme de vingt sous, dont Bernard Déodat, de Montolieu, lui a payé une partie[3].

---

1. *Anno et die predictis* (anno Domini MCCLVI, V idus junii). *Arnaldus Cat juratus dixit, quod ipse testis dedit Guillelmo Arnaldo Bornhi XX solidos et quosdam sotulares, quia sibi graciam apud inquisitores de crucibus impetravit.* (Iʳᵉ partie, f° 34 A.)

2. Mons Olivus, dép. de l'Aude, arr. de Carcassonne, cant. d'Alzonne.

3. *Anno quo supra, III idus aprilis. G. Arnaldus Borahi scriptor, testis juratus, dixit se nichil scire super facto heresis. Dixit tamen requisitus quod, quia impetravit et optinuit tam domino episcopo bone memorie nunc defuncto et inquisitoribus quod Arnaldus Cat de Montolivo amitteret cruces seu fieret gracia de eisdem, habuit idem testis XX solidos ab eodem Arnaldo, de quibus Bernardus Deodati de Montolivo persolvit sibi partem.* (IIᵉ partie, f° 29 B.)

Le manuscrit est très confusément rédigé dans cet endroit. Aussi la date à mettre en tête de la pièce que nous venons de transcrire demeure-t-elle assez douteuse. Cette date, comme on l'a vu, n'est pas expressément indi-

Citons maintenant deux dépositions concernant un certain Guillem Jourdan, neveu de l'abbé de Montolieu, et probablement attaché au tribunal de l'Inquisition de Carcassonne à un titre quelconque. Il ne montre pas plus de délicatesse que Guillem-Arnaud Bornh; mais il s'y prend autrement. Il profite de la haute position de son oncle, qui lui donne du relief et de l'importance aux yeux des accusés, pour attirer à lui l'argent et les dons offerts à l'abbé, et que celui-ci n'a pas voulu recevoir par honnêteté ou par orgueil.

Le même jour, en effet, où Guillemette Bonet et Arnaud Cat font leurs aveux, c'est-à-dire le 9 juin 1256, R. Maurel déclare que, sur les instances de l'abbé de Montolieu, la condamnation de sa femme Raimonde aux croix se trouvant différée, celle-ci acheta pour le prix de dix sous des pierres toutes taillées, et destinées à faire une porte, et les donna à Guillem Jourdan, neveu de l'abbé[1].

---

quée. Ce serait 1252, si l'on se reportait à la pièce qui précède immédiatement. Néanmoins, nous ne pensons pas que ce soit là véritablement l'année à laquelle il faille s'arrêter. Ce doit être probablement 1256, comme pour la déposition d'Arnaud Cat, ou plutôt 1257. Ce qui nous le fait croire, c'est : 1° l'indication de la mort d'un évêque de Carcassonne, qui ne peut être que Guillem II, lequel mourut en 1255; 2° la présence comme témoin du personnage incriminé dans un acte du 2 juin 1259. (Ire partie, f° 33 A.) La confession de Guillem-Arnaud Bornh étant du 11 avril, il faudrait admettre, si on la place en 1256, qu'on l'a laissé figurer après cela au tribunal d'Inquisition jusqu'au mois de juin suivant. A notre sens, il serait plus vraisemblable de reporter cette confession à l'année 1257. La déposition faite contre Arnaud Bornh en juin 1256 n'aurait pas produit immédiatement son effet, et ce n'est qu'alors que le coupable, peut-être en présence de nouvelles preuves de sa faute, se serait décidé à tout avouer. C'est là, il nous le semble du moins, une conjecture qui mettrait un peu d'ordre dans cette question d'importance secondaire certainement, mais assez embrouillée.

1. *Anno et die predictis* (anno Domini MCCLVI, V idus junii). *R. Maurelli juratus dixit nichil; dixit tamen quod, quia ad instanciam domini abbatis differebatur crucesignacio Raimunde, uxoris sue, ipsa emit lapides scisos X solidos ad opus janue faciende, et dedit Guillelmo Jordani, nepoti dicti abbatis.* (Ire partie, f° 33 B.)

Ce même jour encore, P. Barte dépose qu'il offrit lui-même vingt sous, toujours à cet abbé de Montolieu, par reconnaissance de ce qu'il avait prié les inquisiteurs de lui faire grâce des pèlerinages auxquels ils l'avaient d'abord condamné. Cette somme fut refusée. Alors, sans en avoir demandé la permission à l'abbé, et à son insu, P. Barte donna les vingts sous à son neveu, Guillem Jourdan. Il prétend, du reste, sur la question qui lui est adressée à ce sujet, n'être jamais convenu avec l'abbé ou tout autre de lui donner de l'argent pour obtenir la rémission de châtiment qu'il désirait. Mais il entendait souvent le même abbé se plaindre et dire publiquement, qu'il se donnait de la peine et intercédait pour tout le monde, sans qu'on lui rendît en retour aucun service. Voilà pourquoi il avait voulu lui faire ce cadeau [1].

Enfin, voici un dernier personnage qui, moins scrupuleux encore que tous les précédents, demande ouvertement et tend la main, quand les autres s'étaient contentés de ne pas refuser ce qui leur était offert.

Le 9 juin 1256, toujours à la même date que pour les révélations précédentes, B. Saissac déclare que l'évêque lui ayant fait grâce, à un dimanche des Rameaux, sur les instances de l'abbé de Montolieu, des croix auxquelles il avait été condamné, un moine,

---

1. *Anno quo supra (MCCLVI), V ydus junii. P. Barta juratus dixit quod ipse presentavit XX solidos domino abbati Montisoliti, quia rogavit inquisitores de gracia eidem super peregrinacionibus facienda, sed noluit recipere. Et tunc, irrequisito abbate et ipso inscio, dedit illos XX solidos Guillelmo Jordani, nepoti suo. Interrogatus dixit quod nunquam fecit pactum cum domino abbate vel cum alio de pecunia danda pro dicta gracia impetranda. Tamen quia audiebat frequenter eumdem abbatem conquerentem et dicentem publice quod ipse laborabat et rogabat pro omnibus, et nichil sibi serviebant, idem testis voluit sibi facere servitium antedictum.* (Ire partie, f° 33 A.)

R. d'Alzan, lui demanda à cette occasion vingt sous, qu'il lui remit aussitôt [1].

Ces indications sont brèves, assurément. Il y a plus : nous avons quelques raisons de croire qu'on en chercherait peut-être vainement de pareilles dans l'ensemble des documents d'Inquisition qui nous ont été conservés. Mais, telles que nous les avons, elles suffisent amplement à nous fournir la preuve d'un fait, dont nous pouvions, d'ailleurs, nous douter sans peine. C'est qu'avec une procédure aussi sommaire que celle dont se contentaient dans bien des cas les tribunaux d'Inquisition, et que suivaient cependant des peines parfois terribles, les accusés se trouvaient tout naturellement conduits à user des subterfuges que nous avons vus. Mais qui voudrait, même au nom de la morale, leur en faire un reproche, pour l'ajouter à ceux dont l'Inquisition les chargeait au nom de la foi ?

La faute en était, il faut bien le dire, aux inquisiteurs eux-mêmes. Ils faisaient surgir de tels abus par la nature particulière de leur justice, et aussi en entretenant autour d'eux une foule d'officiers avides, qui ne semblaient trop souvent occupés qu'à extorquer l'argent des prévenus par leurs assurances fallacieuses

---

[1]. *Anno et die predictis* (anno Domini MCCLVI, V ydus junii). *B. Saziaci juratus dixit quod, cum dominus episcopus fecisset sibi graciam de crucibus in quadam dominica Ramorum palmarum, ad instanciam domini abbatis Montisolivi, R. de Alzano monachus peciit ab ipso teste propter hoc XX solidos, quos ei tradidit continuo idem testis.* (Ire partie, f° 33 A.) — La pièce des archives du château de Léran, que nous avons citée plusieurs fois, nomme parmi les témoins des faits qui y sont consignés, un certain *Ramundus de Alzano*. Quatorze ans se sont écoulés, il est vrai, entre la date de ces événements et celle de la pièce que nous avons transcrite. Cependant, il semble que le moine R. d'Alzan, qui se trouve incriminé en 1256 à Carcassonne, et le *Ramundus de Alzano*, qui figure comme témoin dans la même ville en 1270, pourraient bien n'être qu'un seul et même personnage.

de protection. C'est ce que savaient bien les souverains pontifes. « Vous avez, écrivait Innocent IV aux inquisiteurs, le 12 mai 1250, une quantité superflue de scribes et de familiers. Réduisez sans tarder au nombre strictement nécessaire cette foule qui doit vous être à charge. Éloignez ceux qui vous entourent des exactions considérables, qui seraient pour vous une source de honte et de scandale. Contenez-les, afin que votre renom d'honnêteté se conserve sans tache [1]. »

Voilà assurément sur ces actes reprochés aux officiers des cours inquisitoriales, et dont les faits cités plus haut nous ont donné le véritable caractère, un témoignage formel, et d'autant plus important qu'il est d'un pape, qui fut peut-être le plus ardent de tous à augmenter et à défendre les privilèges des juges d'Inquisition.

Quant à ces juges eux-mêmes, les séductions auxquelles se laissaient prendre leurs serviteurs, n'avaient pas d'empire sur eux. Nous le reconnaissons sans difficulté comme sans étonnement, car nous n'avions jamais moins attendu de leur fanatisme et de leur orgueil, qui devaient les mettre au-dessus de pareilles bassesses. Cependant, si l'on songe à ce que devenait vraisemblablement une partie au moins du produit des confiscations décrétées par eux, il sera difficile de voir dans ce renoncement aux gains misérables, que se disputaient leurs scribes et leurs serviteurs, un grand effort de vertu.

---

1. *Superfluos scriptores aliosque familiares habetis. Mandamus quatinus scriptorum et aliorum familiarium multitudinem honerosam ad necessarium protinus numerum reducentes, a gravibus exactionibus, per quas infamia potest et scandalum generari, et familiam vestram taliter comparatis quod honestatis vestre titulus conservetur illesus.* (Pont. t. XXXI, f° 81 B, 82 A.)

Sans doute, les inquisiteurs tirés des ordres religieux, Dominicains ou Frères Mineurs, en principe du moins, ne devaient rien toucher de ces confiscations fructueuses. Ils avaient leurs appointements fixes, payés par le roi de France[1]. Pourtant, on ne saurait soutenir qu'il ne leur revînt pas à eux-mêmes, ou bien aux communautés dont ils ne cessaient pas de faire partie, et dont les intérêts ne pouvaient leur être devenus indifférents, quelque chose des biens confisqués. Nous voyons, sans cesse, les souverains du treizième siècle, et notamment Alfonse de Poitiers, frère de Louis IX, faire de ces biens des largesses qui ne leur coûtaient guère[2]. Que l'ordre des Frères Prêcheurs, qui n'était pas, il s'en faut, le moins en vue parmi tous les autres à cette époque, n'y eût pas quelque part, la chose semblerait peu probable, quoique possible, si l'on n'avait des preuves péremptoires du contraire[3]. Du reste, à

---

1. Voir, sur les appointements des inquisiteurs, Doat, t. XXXIV, f° 232 B, 233 A, et CLIII, f° 136 B; — *Practica*, II° pars, f° 20 D, 21 A; — Du Cange, art. *Inquisitores fidei*.
2. Voir Doat, t. XXXII, *passim*.
3. Le mercredi 20 juin 1263, Alfonse de Poitiers accorde à maître Gilles, clerc de l'Inquisition, une rente annuelle de cent sous, à prendre sur les revenus d'une terre confisquée sur un chevalier. (Voir Boutaric, *Saint Louis et Alfonse de Poitiers*, p. 451 et note 1.)
Bernard Gui nous cite un pareil exemple de largesse, dont un certain nombre d'hérétiques font aussi les frais. C'est l'ordre des Dominicains qui en est l'objet cette fois. Le donateur est Bernard de Castanet. Ce prélat, nous l'avons déjà vu, partageait, comme tous les évêques d'Albi, avec le roi de France les biens confisqués pour cause d'hérésie dans son diocèse. Voici à quelle occasion a lieu la donation dont il s'agit. Sous le priorat de Guillem Bernard de Gaillac, le dimanche qui suit l'octave des apôtres Pierre et Paul, en l'année 1293, l'évêque Bernard pose la première pierre de l'église des Frères Prêcheurs d'Albi. Bernard Gui, alors lecteur au couvent de cette ville, nous raconte la cérémonie à laquelle il a assisté comme diacre, *sacris indutus*. Il ajoute après cela :
Episcopus memoratus tunc nichil optulit; sed, tempore succedente in posterum, dedit pro opere ipsius ecclesie partem bonorum omnium sibi incursorum, que ad episcopum pertinebant, duorum civium de Albia, qui fuerunt

défaut de ces renseignements décisifs, le doute ne pourrait manquer de naître en présence de ces fondations de couvents innombrables, de ces constructions prodigieuses et splendides, telles que leur église et leur cloître de Toulouse, par exemple, qui datent justement de leur plus grande activité comme inquisiteurs[1]. On

pro crimine heresis sententialiter condempnati jam defuncti, ad valorem mille librarum turonensium et amplius.

Une note en marge du manuscrit nous donne les noms des deux hérétiques ainsi dépouillés. Ils s'appelaient Guillem Aymeric et Jean de Castanet. (Bibl. de Toul., ms. 273, Ire série, f° 216 B.)

A ces donations non dissimulées de biens confisqués pour cause d'hérésie, on peut joindre les largesses faites annuellement par Alfonse de Poitiers à un certain nombre d'hôpitaux ou de couvents, et notamment à ceux des Frères Prêcheurs. Si l'on considère l'âpreté avec laquelle ce prince et les fonctionnaires nombreux qu'il avait commis à cet effet percevaient le montant de ce qu'on appelait les *encours*, il est difficile de ne pas croire que ceux-ci constituaient une bonne partie de ses revenus, et par conséquent dans une certaine mesure la source de ses générosités. — Voir dans Boutaric, *ibid., ut supra,* pp. 402-463, le relevé des largesses dont nous parlons pour l'année 1255. Il est emprunté à un compte intitulé *Elemosine facte per fratrem Petrum et Ansoldum die Jovis post* (sic) 1265. Reconnaissons-le, d'ailleurs, l'ordre de Saint-Dominique n'avait pas toujours montré la même facilité à accueillir des donations dont l'origine pouvait exciter contre lui la réprobation publique. *Item (admonemus),* disait en 1244 le chapitre provincial de Cahors, *quod inquisitores non sustineant, quod aliquid detur fratribus de negocio, quia possemus infamari.* (Bibl. de Toul., ibid., ut supra, f° 253 A.)

1. Voir dans Percin, *Monum. conv. Tol., sub fine,* pp. 258-275, l'opuscule intitulé *Cæmeterium nostrum*, qui donne une idée de la décoration vraiment splendide de cette église du couvent des Frères Prêcheurs de Toulouse. Il y a bien loin de cette richesse à l'exiguité et à l'indigence de la petite église de Saint-Romain, cédée en 1216 par l'évêque Foulques à saint Dominique et à ses compagnons. Mais, de tous les engagements pris par ces religieux des ordres dits mendiants, si le vœu de pauvreté était le premier de tous, ce n'était pas, à ce qu'il semble, le plus facile à observer pour eux. Les défenses perpétuellement renouvelées des chapitres provinciaux n'arrivaient pas à leur faire abandonner l'usage du linge fin, des vêtements de prix, des parfums, sans compter un certain nombre de distractions plus faites pour des gens du monde, oisifs et frivoles, que pour des moines voués à l'austérité du cloître, les sciences occultes, par exemple. Il y a plus : en dépit de tous les avertissements, quelques-uns prétendaient entretenir des chevaux, avoir des pages et des écuyers. (Voir Bibl. de Toul., ms. 273, Ire série, Actes des chapitres provinciaux de la province de Toulouse, *passim.*)

Les inquisiteurs, que leurs fonctions avaient pour résultat immédiat de

essayerait peut-être de les expliquer par les dons des fidèles ; mais ces dons auraient-ils suffi à tant de dépenses ?

Il faut bien le reconnaître : on aura beau faire, les inquisiteurs dominicains, purs assurément des exactions honteuses que nous devons reprocher à leurs officiers, purs aussi dans une certaine mesure des spoliations énormes dont les princes et les prélats, leurs associés, se sont rendus coupables, sous prétexte de punir l'hérésie, n'en demeureront pas moins, pour nous comme pour leurs contemporains, sous le coup d'un soupçon d'avidité. Ils ne pourront, d'ailleurs, s'en prendre qu'à eux-mêmes. On ne condamne pas impunément, sans les avoir jugés, des prévenus dont les richesses sont considérables. On ne confisque pas impunément ces richesses, sans même avoir prononcé la condamnation formelle des prévenus qui en sont possesseurs. Et c'est pourtant ce que nous avons vu, dans le procès des malheureux tombés en 1299 entre les mains de l'évêque Bernard de Castanet et des inquisiteurs Nicolas d'Abbeville et Foulques de Saint-Georges.

---

soustraire à la discipline déjà bien faible des couvents, affichaient un luxe plus grand encore, et s'attiraient les mêmes remontrances. (Voir *ibid*, et *supra*, Actes du chapitre provincial de Montpellier (1242), f° 281 B, 282 A, et du chapitre provincial d'Avignon (1245), f° 283 A.) Ce luxe avait fini par offusquer jusqu'aux princes les mieux disposés pour eux, parce qu'ils devaient beaucoup à leur ministère. Dans une curieuse lettre adressée en janvier 1255 à Jacques Dubois, son surintendant général des *enquêtes*, Alfonse de Poitiers cherchait un moyen de modérer les dépenses extraordinaires des deux inquisiteurs résidant alors à Toulouse, Pons de Pouget et Etienne de Gâtine. Il aurait voulu qu'ils se transportassent dans une petite ville, à Lavaur, par exemple, où leur entretien aurait moins coûté à ses finances ; car, ainsi que son frère Louis IX, Alfonse de Poitiers fournissait aux dépenses des juges d'Inquisition ; ce qui n'était que justice, si l'on songe aux sommes considérables que les sentences de ces juges faisaient entrer dans son trésor. (Voir Boutaric, *ibid*, *ut supra*, pp. 456 et 457.)

Ce sont là, certainement, des faits significatifs. Après les considérations que nous venons de présenter, peut-être n'est-il pas hors de propos de tirer ici de ces faits la conclusion qu'ils comportent. Au premier abord, on serait tenté, à ce qu'il semble, de ne voir dans l'Inquisition autre chose que la manifestation d'un fanatisme extraordinaire, ou encore, si l'on veut, un moyen extrême de défense imaginé par l'Église dans le plus grand péril qui l'ait menacée jusqu'au seizième siècle. Mais ce serait n'en saisir qu'un des côtés. Pour les princes laïques qui lui accordaient leur protection, pour beaucoup de prélats qui l'appuyaient et souvent y participaient comme juges, dans une certaine mesure, pour les ordres religieux eux-mêmes, auxquels elle empruntait ses ministres, l'Inquisition était aussi, il paraît difficile d'en douter, une question de revenus, une grosse affaire de finances et de fiscalité.

CHAPITRE III

LA PROCÉDURE INQUISITORIALE AU TRIBUNAL DE CARCASSONNE (1250-1258)

1° *Comparution* : Les prévenus comparaissent au tribunal d'Inquisition, sans y avoir été invités, ou bien sur une citation. — Formalités qui accompagnent cette citation ; obligation stricte d'y répondre. — Le *temps de grâce* ; avantages qui s'y trouvent attachés pour les prévenus. — Arrestation des accusés qui ne répondent pas aux citations dont ils ont été l'objet. — Elle s'opère sans difficulté au quatorzième siècle, à cause de la soumission complète du pouvoir civil aux arrêts de l'Inquisition ; elle est moins aisée dans la première moitié du treizième siècle ; à cette époque, les inquisiteurs doivent quelquefois y procéder eux-mêmes. — Obligation de les y aller imposée sous serment aux hérétiques réconciliés avec l'Église ; en tout cas, nécessité pour eux de dénoncer leurs anciens coreligionnaires. — Leur négligence à s'y prêter peut entraîner pour eux une aggravation de peine, leur empressement, au contraire, une rémission presque totale. — Véritables contrats passés entre l'Inquisition et les détenus pour la capture d'hérétiques demeurés libres.

2° *Procédure proprement dite et instruction* : Conformité des indications fournies sur ce point par le manuscrit de Clermont avec celles qu'offrent tous les autres documents d'Inquisition. — Interrogatoires : sortes de formulaires qui en règlent la marche dès le milieu du treizième siècle ; leur multiplicité, intervalles parfois considérables qui les séparent les uns des autres. — Ce que deviennent les prévenus, leurs interrogatoires une fois terminés. — Trois cas se présentent : 1° ou bien ils sont renvoyés purement et simplement, ce qui semble très rare ; 2° ou bien ils sont retenus et soumis à une sorte d'emprisonnement préventif, ou plutôt à un internement dans un lieu désigné, ou bien encore, à ce que les inquisiteurs appellent l'*arrestation* ; ces différentes mesures ont pour but de décider les prévenus à faire des révélations ; 3° ou bien, enfin, ils sont relâchés provisoirement, après avoir fourni caution. Ce dernier cas, le plus ordinaire, est celui qui présente en quelque sorte le développement normal et complet de la procédure. — Peu de valeur des dépositions admises par la justice inquisitoriale ; faux témoignages assez fréquents, à ce qu'il semble ; complices des prévenus admis à déposer contre eux ; noms des témoins cachés aux accusés ; pièces fausses produites parfois dans les procès d'Inquisition. — Analyse de quelques affaires dont le manuscrit de Clermont nous offre le développement, et qui peuvent être considérées comme des types de la procédure inquisitoriale vers le milieu du treizième siècle.

3° *Procédure contre les hérétiques défunts* : Origine et raisons de cette procédure. — Elle comprend deux catégories d'affaires : dans l'une, la justice inquisitoriale conclut à la condamnation des défunts, accompagnée de la confiscation totale de leurs biens et de l'exhumation de leurs restes; dans l'autre, elle consent à une transaction qui laisse aux héritiers des coupables une partie des biens que ceux-ci leur ont légués. — Exemples de ces deux catégories d'affaires fournis par le manuscrit de Clermont.

4° *La caution dans la procédure inquisitoriale* : Moment où elle est fournie par les prévenus; formalités et garanties de toute sorte dont elle est entourée; nature et nombre des répondants; valeur des cautions fournies. — Ce qu'elles deviennent, si les prévenus manquent à leur promesse; indemnité que peuvent dans ce cas réclamer d'eux leurs répondants.

Après avoir exposé sommairement, d'après le manuscrit de Clermont, l'organisation d'un tribunal d'Inquisition vers le milieu du treizième siècle, nous allons en faire autant, toujours d'après le même manuscrit, pour les éléments essentiels de la procédure observée dans ce même tribunal.

1° COMPARUTION

Voici d'abord comment se fait la comparution. Les prévenus se présentent devant leurs juges, sans avoir été cités (*gratis, non citati nec vocati*), ou bien après y avoir été invités par une citation formelle (*citati, requisiti*)[1].

Bernard Gui, dans la *Practica*, nous indique comment se fait cette citation. L'inquisiteur écrit au curé de la paroisse habitée par le prévenu qu'il s'agit de

---

1. II° partie, *passim*. — Voir aussi Percin, *Monum. Conv. Tol.*, p. 51, n° 11.

faire comparaître, ou à son vicaire. Il lui ordonne, en vertu de l'autorité apostolique dont il est investi, et sous la menace des peines canoniques, de sommer ce prévenu, dont il lui transmet le nom, d'avoir à se présenter tel jour au tribunal de l'Inquisition. Ainsi averti, le curé, après s'être adjoint des témoins dignes de foi, est tenu de faire la citation qu'on lui demande au domicile de la personne indiquée, puis de la renouveler trois dimanches de suite dans son église, en présence du clergé et du peuple réunis. Si la première citation ainsi publiée trois fois n'est pas suivie d'effet, il doit la réitérer avec des formalités exactement semblables[1].

L'obligation de répondre à la citation est absolument stricte. Quelquefois même, il n'est pas nécessaire que le prévenu en ait eu personnellement connaissance, pour qu'il ne doive pas manquer d'y obéir. En voici un exemple.

« Le 17 novembre 1251, Aimeric Fabre, d'Alzonne[2], a juré de se tenir aux ordres des inquisiteurs, et d'accomplir toute pénitence qu'ils jugeront à propos de lui imposer en punition du crime d'hérésie dont il s'est rendu coupable, et, quel que soit le moment où il se trouvera cité dans l'église d'Alzonne, lors même que la citation ne serait pas parvenue jusqu'à lui-même, il devra cependant comparaître devant lesdits inquisiteurs, à l'appel et sur la réquisition des personnes qui ont répondu pour lui[3]. »

---

1. *Practica*, 1ª pars, fos 2 C, D, 3 A, D, 4, 5 A, C, 6 A, B, D, 7 A, C, D, 8, 9 A, B. — Ces indications embrassent l'ensemble des formules, dans lesquelles Bernard Gui a prévu, en fait de citation, à peu près tous les cas qui pourraient se présenter.

2. Alzonne, ch.-l. de cant., arr. de Carcassonne, dép. de l'Aude.

3. *Anno quo supra* (MCCLI), XX kalendas decembris. Aimericus Fabri de Alzone juravit stare mandatis omnibus et singulis inquisitorum, et

Lorsque le prévenu obéit à la citation qui lui est adressée, sans se faire prier et sans laisser s'écouler un trop long intervalle entre cette citation et sa comparution devant les juges qui l'ont appelé, il peut bénéficier de certains avantages. Ce sont ceux qui s'attachent à ce qu'on appelle le *temps de grâce* (*tempus gratie*). Ce temps avait d'abord représenté un délai de quinze jours accordé aux prévenus de bonne volonté[1]. Le manuscrit de Clermont ne nous indique pas la durée, que lui attribuaient les habitudes de la cour inquisitoriale de Carcassonne, vers le milieu du treizième siècle, mais il en donne quelques exemples.

La déposition faite en 1251 par Alamande Cat, veuve de Bernard d'Arzens, porte en tête l'indication suivante : « Tout cela a été dit en *temps de grâce*[2]. » Une pareille indication précède l'interrogatoire subi, le 1ᵉʳ septembre 1255, par Navarre, veuve de Raimond Cat, chevalier[3]. Le manuscrit de la Bibliothèque nationale, renfermant les sentences prononcées par Bernard de Caux et Jean de Saint-Pierre, mentionne aussi très-souvent le *temps de grâce*[4].

Suivant les prescriptions du concile de Béziers, qui en a définitivement établi et régularisé la pratique en 1246, il assure aux prévenus, que leur empressement à répondre aux citations des inquisiteurs a mis en

facere et complere omnem penitentiam, quam sibi pro crimine heresis duxerint injungendam ; et quandoque citetur in ecclesia de Alzona, licet citatio non perveniat ad ipsum, debet comparere coram eisdem inquisitoribus ad vocationem seu mandatum fidejussorum suorum infrascriptorum. (1ʳᵉ partie, fᵒˢ 15 B, 16 A.)

1. Voir *Hist. de Lang.*, édit. orig., t. III, liv. XXV, pp. 402, 403.
2. *Hec fuerunt dicta tempore gratie.* (IIᵉ partie, fᵒ 19 B.)
3. *Ibid., et supra*, fᵒ 20 A.
4. Voir fᵒˢ 6 A, 8 B, 10 A.

mesure d'en recueillir le bénéfice, l'exemption de la peine de mort, de la prison perpétuelle, de l'exil, de la confiscation[1]. Ainsi, toutes les peines les plus graves, dont l'Inquisition frappe ses condamnés, ne peuvent plus les atteindre. Ils ne restent soumis qu'aux plus légères, aux amendes plus ou moins considérables, aux pèlerinages plus ou moins longs et difficiles, et à une seule peine que les inquisiteurs eux-mêmes regardent comme réellement très-dure et de plus infamante. Cette peine, d'une nature toute particulière, ce sont les croix.

Un autre avantage, attaché peut-être aussi au *temps de grâce*, c'est la concession d'une sorte de sauf-conduit, donnant au prévenu l'assurance qu'il ne sera pas retenu prisonnier. Bien que ce ne soit pas le manuscrit dont nous faisons l'analyse qui nous fournisse ce renseignement, nous le notons, malgré cela, en passant. Il nous est donné par le recueil des Archives de la Haute-Garonne, et c'est sur une promesse de ce genre que l'hérétique converti, Guillem Fournier, de Toulouse, se présente, le 3 juillet 1250, au tribunal d'Inquisition de cette ville[2].

Quand les prévenus ne se rendent, ni aux séductions du *temps de grâce*, parce qu'ils ne s'y fient peut-être que médiocrement, ni aux menaces réitérées des citations, parce qu'ils ont l'espoir d'y échapper, on procède, s'il est possible, à leur arrestation.

Le manuscrit de Clermont nous fournit quelques exemples d'accusés, lesquels ne se présentent qu'ainsi, à leur corps défendant, et après avoir été arrêtés,

---

1. Voir *Hist. de Lang.*, édit. orig., t. III, liv. XXV, p. 453.
2. — *Guillelmus Fornerii, confessus de heresi, — fugitivus, veniens cum assecuratione ne caperetur*, etc. (F° CCI A.)

devant les juges qui avaient compté les amener de plein gré à leur tribunal. Le 31 octobre 1258, Guillem Fiord, fils d'Adalaïs Fiord, de Cavanac[1], dans le diocèse de Carcassonne, comparait amené de force, après avoir été fait prisonnier (*adductus, captus*[2]). Il en est de même pour un certain Bernard Acier, hérétique *parfait*, dont il est souvent question dans les interrogatoires de la seconde partie du même manuscrit[3].

Comment se fait l'arrestation des prévenus que les inquisiteurs, après les avoir attendus plus ou moins longtemps, ne croient pas pouvoir amener devant eux par un autre moyen? C'est ce que nous indique encore Bernard Gui avec tous les détails que nous pouvons souhaiter. A l'époque où il écrit son traité pratique, sauf de grands éclats de la haine populaire, tels que lui-même en a raconté dans son histoire des Dominicains[4], l'Inquisition ne rencontre plus l'hostilité opiniâtre et presque universelle, qui a entravé d'abord l'exécution de ses décrets, et l'a rendue assez longtemps très-difficile. Il y a plus : bien que ce soit seulement un peu plus tard, en 1331, que sa juridiction doive être déclarée juridiction royale par un arrêt du parlement de Paris[5], les rois de France en agissent avec elle, comme si cette déclaration avait été déjà prononcée. Sous le coup des sommations impérieuses des papes, répétées par les inquisiteurs, ils ont mis depuis longtemps leurs fonctionnaires au service de la justice inquisitoriale.

Aussi, rien de plus simple pour un des ministres de

1. *Cavanacum*, dép. de l'Aude, arr. et cant. de Carcassonne.
2. IIe partie, f° 23 A.
3. *Ibid.*, et supra, f° 28 A.
4. Voir Bibl. de Toul., ms. 273, 1re série, f° 153, 217 B-219.
5. Voir Percin, *Inquisitio*, pars III, p. 101, n° 6.

cette justice, du moins au début du quatorzième siècle,
que de faire arrêter un prévenu, qui essaie de se dérober aux invitations dont il est l'objet. Bailes et châtelains ou leurs lieutenants, fonctionnaires de tout
nom, ayant pouvoir et juridiction dans l'ordre temporel, officiers et sergents de toute cour quelle qu'elle
soit, sont à sa disposition, sous la menace des peines
établies par le droit civil et par le droit canonique. Ils
doivent, sur la simple vue d'une lettre de l'inquisiteur,
et sur la réquisition d'un de ses envoyés, arrêter ceux
qui leur sont désignés, et les faire conduire sous bonne
escorte devant le tribunal qui les réclame[1]. Munis de
ces lettres toutes-puissantes, les officiers d'Inquisition
n'hésitent pas à se lancer sur les traces des hérétiques
fugitifs, sûrs qu'ils sont d'obtenir en tous lieux protection et main-forte de la part des fonctionnaires royaux.
C'est ainsi que les comptes du procureur des *encours*

---

[1]. Bernard Gui donne un certain nombre de formules de lettres pour le
cas dont nous parlons. Nous reproduisons la suivante : *Forma etiam ad
capiendum hereticos seu Valdenses. — Frater Bernardus tolosanus inquisitor, etc., omnibus bajulis seu castellanis vel eorum loca tenentibus, nec
non omnibus jurisdictionem et potestatem habentibus secularem, quocumque
nomine censeantur, ac officialibus et serceantibus curie cujuscumque, ad
quos presentes littere pervenerint, seu qui fuerint requisiti, salutem in
actore fidei Jhesu Christo. Ad capiendum hereticos cujuscumque secte
dampnate, quocumque nomine censeantur, merito tenentur omnes qui fideles
reputari cupiunt et haberi, precipue vero quicumque regimini presidentes
quibus a Deo, a quo est omnis potestas, major facultas collata esse dinoscitur
alios cohibendi. Quocirca, auctoritate apostolica predicta vos et vestrum
quemlibet requirimus, sub penis a jure seu a canone positis et statutis, quatinus tali, latori presentium, impendatis brachii vestri promptum auxilium
et consilium oportunum ad capiendum ex parte nostra quosdam hereticos
de secta et heresi Valdensium, quos ipse lator presentium vobis dixerit ostendendos seu nominandos vel etiam intimandos; quos captos ad nos apud Tholosam perduci sub certa et fida custodia faciatis, in premissis et ea tangentibus taliter vos habentes ne possitis reprehendi de negligencia vel defectu,
sed potius de zelo fidei et obediencia merito commendari. Datum Tholose, etc.
Prechtibus post talem diem minime valituris.* (Practica, 1ª pars, fº 3 B, C.
— Voir aussi, Ibid., fº 3 A, B; 3 C; 3 C, D.)

de la sénéchaussée de Carcassonne, maître Arnaud Assallit, nous montrent le juré d'Inquisition, Guillem-Pierre Cavalier, parti, en 1322 ou 1323, à la recherche d'hérétiques qui lui ont été désignés. Il se rend à Avignon, puis à Marseille, et son voyage dure en tout treize jours [1].

Mais, à l'époque où se placent les renseignements que nous fournit le manuscrit de Clermont, l'exécution des mesures décrétées par la justice inquisitoriale ne semble pas toujours aussi facile. Les inquisiteurs ont à compter avec l'inimitié d'une bonne partie de la noblesse et de la bourgeoisie, décidées à ne se prêter que fort peu à la persécution des hérétiques, quand elles ne visent pas à l'entraver d'une manière absolue. Des princes du Midi, moins ouvertement déclarés contre eux, à cause de la crainte où les tiennent les souverains pontifes et les rois de France, ces mêmes inquisiteurs ne doivent attendre également qu'un zèle fort douteux et sujet à bien des défaillances.

Aussi, dans un grand nombre de cas, leur faut-il ne s'en remettre qu'à eux-mêmes du soin d'exécuter leurs décrets. Nous les voyons, avant l'épouvantable massacre d'Avignonet, courir parfois de localités en localités pour interroger les prévenus, qu'ils s'habitueront plus tard, il semble, à citer presque toujours au chef-lieu de leur circonscription inquisitoriale. Nous les voyons même s'acquitter de leurs propres mains d'une besogne plus scabreuse encore, de l'arrestation pro-

---

1. Voici ce fragment curieux des comptes de maître Arnaud Assallit : *Expensæ factæ domini inquisitoris mandato Guillelmo Petro Cavalerii, nuncio et jurato officii Inquisitionis, misso apud Avinionem et deinde apud Massiliam in sequendo et perquirendo quosdam fugitivos et de heresi suspectos, ubi fuit per tredecim dies tam eundo quam redeundo, XXVI s. Summa per se.* (Doat, t. XXXIV, f° 229 B.)

prement dite des hérétiques qui leur ont été désignés.

Au mois de mars 1234, frère Ferrier, prieur du couvent des Dominicains de Narbonne, s'en va, escorté de sergents, appréhender au corps dans le bourg de cette ville, un certain Raimond d'Arzens, suspect d'hérésie, et le conduit en prison [1]. Il semble aussi que ce soit, vers le même temps, le moyen employé de préférence par les inquisiteurs lombards, plus fanatiques et plus audacieux encore, s'il est possible, que les inquisiteurs du midi de la France. Ainsi font, le fameux Pierre de Vérone, plus tard surnommé le Martyr [2], et frère Monéta, de Crémone, semblable à un lion rugissant, dit l'éditeur de son ouvrage contre les cathares, et qui usa, pour anéantir l'hérésie, de toutes les armes, depuis celles que lui fournissait la scolastique jusqu'à l'argument sans réplique du bûcher [3]. C'est aussi, à la même époque, dans le nord de l'Espagne, la manière de procéder du diacre Luc, plus tard évêque

---

1. Voir *Hist. de Lang.*, édit. orig., t. III, liv. XXV, p. 402; — Ménard, *Hist. de Nismes*, t. I, p. 306.

2. Il périt assassiné, le 6 avril 1252, aux environs de Côme, et devient, après sa canonisation, le patron de l'Inquisition d'Espagne. (Voir bibl. de Toul., ms. 273, Ire série, f° 10, et Schmidt, t. I, pp. 159 et 170.—Voir aussi, sur le même personnage, sur sa jeunesse, sur les miracles accomplis par lui-même, et sur ceux qui suivent sa mort, Gérard de Frachet, bibl. de Toul., ms. 191, Ire série, f° 37 B, C, D, 38 et 39 A, B, C.)

3. Voir Schmidt, *ibid., ut supra*, pp. 159 et 170. — Voir également, sur le traité de Monéta, Dargentré, *Collect. judic. de nov. error.*, t. I, pp. 47 et 81, et Bernard Gui, bibl. de Toul., ms. 273, Ire série, f° 14 B. Celui-ci le mentionne dans les termes suivants : *Frater Moneta, natione Lombardus, qui contra machinationes hereticorum maximam et validissimam summam scripsit.* Il ajoute après cela le renseignement curieux que voici, relaté sans doute d'abord par Étienne de Salagnac : *In hujus lecto decubuit beatus Dominicus, quando ad Christum migravit, quia lectum proprium non habebat, et in ejus tunica, quia cum qua mutaret illam quam diu portaverat non habebat, sicut ab ipso fratre Moneta narrante audiri.* (*Ibid.*, même f°. — Voir encore sur le même personnage, *ibid.*, f° 43 A.)

de Tuy en Galice, et comme l'Italien Monéta, à la fois persécuteur et polémiste[1].

Du reste, pour rendre sa tâche plus facile, l'Inquisition a imposé sous serment, aux hérétiques revenus à résipiscence et réconciliés avec l'Église, l'obligation d'arrêter eux-mêmes les suspects, ou du moins de lui révéler le lieu de leur retraite. C'est là une obligation expresse, à laquelle on ne peut se soustraire sans courir le danger d'avoir affaire de nouveau avec la justice inquisitoriale.

Le 28 mai 1246, Estolt de Roqueville, de Montgiscard, et Arnaud-Pons Saquet, de Lanta, sont condamnés à la prison perpétuelle, avec un certain nombre d'autres prévenus, par Bernard de Caux et Jean de Saint-Pierre. Parmi les crimes qu'on leur reproche figure celui de ne pas avoir arrêté, contrairement à leur promesse, des hérétiques avec lesquels ils ont eu des relations[2].

Sur ce même point, le manuscrit de Clermont nous fournit une indication plus curieuse et plus précise encore. Guillem Bérenger, d'Arzens, avait obtenu de déposer les croix qu'on l'avait d'abord condamné à por-

---

[1]. Voir Schmidt, t. I, p. 371, et t. II, pp. 211 et 212. — L'ouvrage de Luc de Tuy se trouve inséré dans la *Maxima bibliotheca patrum*, t. XXV, pp. 188-251, sous ce titre : *Lucae, Tudensis episcopi, de altera vita, fideique controversiis adversus Albigensium errores libri III*. Il serait difficile d'imaginer un recueil plus complet de raisonnements ou plutôt de déclamations étranges, écrites avec une fougue brutale, et auxquelles s'ajoutent des anecdotes témoignant de la crédulité la plus profonde.

[2]. — *Estoltus de Rocavilla vidit et adoravit plures hereticos, dedit eis, recepit ab eis munera, duxit et recepit eos in domum suam, hereticationibus interfuit, credidit hereticis et eorum erroribus, et, post confessionem factam aliis inquisitoribus et abjuratam heresim, vidit hereticos et locutus est cum eis, et non cepit eos, sicut juraverat. — ... Arnaldus Poncius Saquet vidit et adoravit plures hereticos, etc... et, postquam abjuravit heresim aliis inquisitoribus, vidit duas hereticas in domo sua, celavit eas a paucis annis citra, et non cepit eas, sicut tenebatur proprio juramento.* (Bibl. nat., ms. lat. 9992, f° 1 B.)

ter comme hérétique. Le 19 octobre 1254, il reçoit l'ordre de les reprendre, comme ingrat et indigne de la grâce qui lui avait été faite. Voici la cause du changement apporté par les inquisiteurs à leur sentence primitive. Guillem Bérenger, se trouvant tout récemment sur la place publique de Limoux, s'est refusé à arrêter Raimond Monit, d'Arzens. Il savait bien cependant que c'était un hérétique échappé à l'Inquisition. Il a même refusé d'aider à l'arrêter, et maître Barthélemi, d'Arzens, lui a fait inutilement des remontrances à ce sujet, en présence de plusieurs personnes, lorsqu'il était encore facile d'opérer cette arrestation [1].

Si les hérétiques repentants n'arrêtent pas toujours eux-mêmes leurs anciens coreligionnaires, du moins ne peuvent-ils guère se dispenser de les dénoncer, laissant après cela aux inquisiteurs le soin de tirer parti des renseignements qu'ils leur ont fournis. Cette obligation est la moindre qu'entraîne pour eux le serment qu'ils ont fait de persécuter les hérétiques [2]. Les

---

1. *Cum Guillelmus Berengarius de Arzincko, cui facta fuit olim gracia de crucibus sibi pro heresi impositis, capere seu detinere noluerit nuper apud Limosum in foro Raimundum Monit de Arzincko, quem sciebat pro heresi fugitivum, nec etiam ad hoc faciendum prestitit aliquod consilium vel juvamen, sicut per confessionem ejus magistro B. et P. inquisitoribus plene constat, licet super hoc monitus fuerit per magistrum Bartholomeum de Arzincko in presencia plurimorum, illa hora qua hoc faciliter poterat adimplere; nos predicti inquisitores, veritate super hoc diligenter inquisita, et deliberato consilio plenari, predicto G. citato apud Carcassonam, priusque tam ab eo quam a Guillelmo Berengario, filio ejus, et Ariberto de Arzincko, fidejussoribus pro eo juratis, recepta sub pena quinquaginta librarum et bonorum suorum obligatione, injunximus tanquam ingrato et indigno gracie sibi facte, quod resumat continuo dictas cruces cum brachiis transversalibus in omni veste, preterquam in camisia perpetuo deportandas. Actum fuit hoc Carcassone, XIIII kalendas novembris, anno Domini MCCLIIII.* (1ʳᵉ partie, f° 32 A.)

2. Voir, pour ce serment, Bibl. nat., ms. lat. 9992, f° 5 B et 13 B; — *Practica*, IIᵉ pars, f° 14 D, 15 D, 16 A; — Doat, t. XXII, f° 52-61 A. — Du reste, il est inutile d'établir à ce sujet aucune distinction de personnes. La législation canonique, issue au treizième siècle des bulles des papes

Juifs eux-mêmes, en retour d'un adoucissement de peine, s'y trouvent soumis, au moins contre ceux d'entre eux qui, après être devenus chrétiens, sont retournés au judaïsme [1]. Enfin, d'une manière générale, les fidèles mêmes, qui n'ont pas à donner de preuves de la sincérité de leur orthodoxie, sont tenus de révéler le lieu où se tiennent cachés les ennemis de la foi, dès qu'ils en ont connaissance [2].

Mais la capture des hérétiques, qui constitue en quelque sorte une dette contractée envers l'Inquisition par les condamnés qu'elle n'a pas traités avec toute la rigueur de ses lois, peut dans certains cas, par exemple, si elle est due à l'intervention de ces mêmes condamnés, leur être un titre à l'indulgence des inquisiteurs. Il y a à ce sujet une lettre du pape Innocent IV, datée du 2 décembre 1249. Elle permet aux juges d'Inquisition d'adoucir leurs sentences contre les pré-

---

et des décrets des conciles, faisait, de la persécution des hérétiques, une loi absolue que tous les fidèles devaient observer sans exception. Nous remarquerons, d'ailleurs, que l'Église avait attaché des avantages spirituels de toute sorte, particulièrement des indulgences, à la docilité de ceux qui mettraient ses décrets en pratique. Poussés par elle, les princes y avaient joint des concessions matérielles, dont l'attrait se trouvait confirmé, du reste, par certaines menaces. Ainsi, l'ordonnance rendue en 1234 par Raimond VII portait que les habitants des bourgs ou des villes payeraient, pour chaque hérétique, un marc d'argent à celui qui s'en saisirait sur leur territoire. (Voir *Hist. de Lang.*, édit. orig., t. III, livre XXIV, pp. 396, 397.) On comprend après cela que tout le monde fût attentif à respecter des prescriptions dont l'oubli devait se payer à beaux deniers comptants.

1. Voir *Practica*, II⁰ pars, f⁰ 13 A.
2. Voir *Ibid., et supra*, I⁰ pars, f⁰ 4 D. . . quisiteur, après avoir excommunié des hérétiques contumaces, poursuit, « s'adressant au clergé, chargé de publier l'excommunication : *Mandantes vobis quatinus ipsos tales excommunicatos a nobis nec non pro heresi fugitivos denuncietis publice in ecclesia vestra singulis diebus dominicis et festivis, clero et populo congregato ibidem ad audiendam divina, monentes parrochianos vestros semel, secundo ac tercio, canonice ex parte nostra, sub pena excommunicationis, ne predictis talibus aut cum eisdem excommunicatis participent quoquomodo, sed tanquam excommunicatos ipsos habeant, evitent, et tanquam fugitivos pro heresi, si alicubi ipsos esse scieverint, nobis detegant et denuncient seu revelent.*

venus, pourvu que ceux-ci fournissent des garanties sérieuses, qu'ils accompliront les pénitences qui leur seront imposées, qu'ils garderont la foi catholique et la défendront, en attaquant de toutes leurs forces, en poursuivant, en accusant, et même en arrêtant les hérétiques, leurs croyants et ceux qui leur donnent asile [1].

Voici maintenant un exemple à l'appui de cette habitude de la justice inquisitoriale. Pons Bernard, chevalier et habitant d'Albi, a été condamné à la prison perpétuelle pour crime d'hérésie, fréquentation d'hérétiques, aveux incomplets dans les interrogatoires auxquels il a été soumis. Il meurt sans avoir subi sa peine. Elle est pourtant remise, le 14 mars 1264, par l'inquisiteur Pons de Poïet [2], au fils du défunt, Guillem du Puy, qui aurait dû en répondre. Ce dernier paye seulement une amende de cent livres tournois en compensation. Un pareil adoucissement de peine, qui équivaut presque à une rémission totale, vient de ce que Pons

---

[1]. Doat, t. XXI, f° 76. Ces conditions sont exprimées dans les termes suivants : *Si voluerint bonam satisfactionem prestare quod injunctas sibi pro posse faciant penitentias, fidem servabunt catholicam, et defendant impugnando pro viribus, et prosequendo, accusando etiam et capiendo hereticos et credentes et receptatores eorum.*

[2]. Pons de Poïet figure avec Étienne de Gâtine dans une sentence concernant un certain Bernard *de Sorvilla de Sancello* du diocèse de Toulouse. Cette sentence, prononcée à Carcassonne, le 12 avril 1271, se trouve annexée à ce traité anonyme de procédure inquisitoriale inséré dans le tome V du *Thesaurus novus anecdotorum*, dont nous avons déjà parlé plus haut. (Voir p. 39, note 1.) Les deux inquisiteurs y sont indiqués comme exerçant leurs fonctions, *in terris et districtu illustris Regis Franciae, quae sunt in Narbonensi et Arelatensi provinciis, et Albiensi, Ruthenensi, Carcassonensi, Petragoricensi, Mimatensi et Aniciensi civitatibus et diocesibus.* (Voir c. 1809.) Nous les avons vus, trois ans plus tôt, exercer leurs fonctions à Toulouse. C'est, du moins, ce qu'indique la lettre écrite à leur sujet, au mois de janvier 1268, par Alfonse de Poitiers à son surintendant des enquêtes, Jacques Dubois, et que nous avons déjà citée. (Voir plus haut, p. 307, note 1.)

Bernard a jusqu'à la fin de sa vie persécuté les hérétiques, et qu'il a même contribué à en faire prendre un certain nombre[1].

Le traité de Bernard Gui va plus loin. Il nous montre à ce sujet un véritable pacte entre des condamnés, qui promettent de faire saisir un ou plusieurs hérétiques, et l'Inquisition, qui s'engage en retour à réduire plus ou moins la peine qu'elle a déjà décrétée[2].

---

1. Voir Doat, t. XXI, f° 222 B.
2. Voici la pièce où se trouve indiquée cette sorte de pacte. Nous la donnons tout entière à cause des considérations curieuses qui en forment le début : *Forma littere absolvendi et quittandi aliquem, cui fuit promissa gratia, si procuraret capi et haberi aliquem hereticum vel hereticos debito cum effectu. — Tenore presentium omnibus Christi fidelibus ad quos presentes littere pervenerint notum fiat, quod nos inquisitor talis N., attendentes quod hereticorum dogma pestiferum et virulenta doctrina, nec non contagiosa societas et conversatio infectiva, nimium officit gregi Dei et fidei puritati, eorumque preda et captio est plurimum fructuosa, dum sic eis in via precluditur discurrendi et facultas amittitur alios corrumpendi, et ad manum Ecclesie reducuntur spontanei vel inviti, qui tum sicut, experientia magistrante, didiscimus, non possunt facile reperiri, habitantes in abditis et perambulantes in tenebris, filii tenebrarum, nisi detecti fuerint per eorum complices, aut per tales qui vias eorum aliis incias cognoverunt; considerantes etiam bonorum commune tanquam melius preferendum saluti plurium providendo, quodque hoc solum bene agitur sive plectendo sive ignoscendo, ut vita hominum corrigatur : idcirco nos dudum, sub anno Domini tali, deliberatione prehabita, promisimus tali N. de tali loco talis dyocesis, pro se ac pro tali uxore sua, gratiam de pena carceris seu immurationis, nec non de corpore et rebus non confiscandis seu perdendis, ac etiam de pena seu penitentia confusibili, videlicet de crucibus non portandis, pro his que incente sunt per confessiones proprias factas in judicio in crimine heresis commisisse, si hereticum vel hereticos nobis redderet vel procuraret debito cum effectu quod caperentur nobisque redderentur; ad que facienda dictus talis N. se daturum fideliter opera et operam obligavit. Quocirca, quod per ipsius talis N. industriam et laborem ac sollicitudinem et directionem deprehensi sunt et incarcerati nobisque redditi duo heretici perfecti, talis et talis N., et tertius occasione premissorum incentus est nobisque redditus in sua heresi comprehensus, predictum talem N. uxoremque ejus ducimus nostre promissionis gratiam promeruisse, et eosdem a penis confusibilibus tam immurationis quam impositionis crucum, nec etiam a perditione seu confiscatione bonorum, de multorum discretorum virorum consilio et ex certa sententia, ex predicta causa, auctoritate apostolica qua fungimur, tenore presentium absolvimus et quittamus. In quorum omnium robur et testimonium, sigillum nostrum presentibus litteris duximus apponendum. Datum, etc.* (*Practica*, II° pars, f° 16 C, D.)

Comme la *Practica* est le répertoire fidèle et authentique des traditions et des procédés inquisitoriaux, nous n'avons aucune raison de douter que des contrats de ce genre aient été passés assez fréquemment entre les inquisiteurs et ceux qu'avaient frappés leurs sentences. Rien ne devait paraître, en effet, plus naturel à une justice souvent peu scrupuleuse sur le choix des moyens, que cette façon de prendre au piége, sur les assurances menteuses d'anciens coreligionnaires, des prévenus récalcitrants à tous ses appels. Du reste, le manuscrit de Clermont nous en fournit la preuve dans une pièce curieuse. Le 13 septembre 1250, sur les instances de l'abbé de Saint-Hilaire, l'évêque de Carcassonne, Guillem, permet à Alazaïs Sicre, de Cavanac, de sortir de la prison, où elle se trouve enfermée pour crime d'hérésie, et de demeurer où il lui plaira jusqu'à la prochaine fête de la Toussaint[1].

Pourquoi cette concession, déjà assez rare, d'une liberté temporaire, accompagnée de la faculté tout à fait insolite d'aller n'importe où? D'ordinaire, quand elle délivrait de la sorte ses prisonniers pour un certain temps, l'Inquisition leur assignait un lieu de séjour, dont ils ne devaient pas s'écarter. Mais une note de quelques mots, placée en tête de la pièce, nous explique tant de facilité chez les inquisiteurs. En voici le

1. *Anno quo supra (MCCL), ydus septembris. Ad instantiam G., abbatis Sancti Ylarii, dominus G., episcopus Carcassone, dedit licentiam Alacaicie Sicrede de Catanacho, Carcassonensis dyocesis, exeundi carcerem, ubi erat immurata pro crimine heretice pravitatis, et quod possit esse extra carcerem ubicumque voluerit usque ad instans festum omnium Sanctorum, ita quod in illa die, non expectato mandato ipsius domini episcopi, ad eumdem carcerem revertatur, ibidem moratura perpetuo ad penitentiam pro dicto crimine peragendam. Et hoc se facturam et completuram juravit super sancta Dei Evangelia predicta Alazaicia, in presentia predicti abbatis et ... monachi ejus, magistri P. officialis, Bruni custodis carceris, et multorum aliorum, et P. Ariberti publici notarii qui hec scripsit.* (Ire partie, f° 5 B.)

sens : « Cette femme doit faire prendre un hérétique[1]. »
C'était donc pour cela qu'on avait cru devoir accorder
à la prisonnière une si complète liberté. Il fallait,
en effet, qu'elle pût aller et venir à son gré, pour
préparer la capture dont elle avait fait la promesse.
Quoi qu'il en soit, le pacte ne semble pas avoir été suivi
d'exécution. Les juges auront réfléchi, sans doute, et
trouvé insuffisantes les garanties de succès qui leur
étaient offertes. C'est, du moins, ce que semble indiquer
l'état de la pièce, d'où nous avons tiré ces indications
curieuses, car elle est cancellée.

Au reste, les inquisiteurs ne devaient se lancer dans
ces sortes d'entreprises, qu'après en avoir mûrement
pesé toutes les chances. Elles ne réussissaient pas toujours aussi bien qu'on l'aurait voulu. Le prisonnier
délivré pouvait disparaître, sans rien essayer pour tenir ses engagements. Il pouvait aussi ne pas réussir.
Dans les deux cas, la confusion devait être grande pour
ceux qui l'avaient patronné. Mais de pareilles tentatives pouvaient tourner plus mal encore, et Guillem
Pelisson nous en fournit une preuve.

En l'année 1235, le prieur du couvent des Dominicains de Toulouse, soutenu par le viguier du comte
Raimond VII, saisit un certain nombre d'habitants de
cette ville, qui ne voulaient pas comparaître de plein
gré au tribunal de l'Inquisition. Le viguier menace de
mort l'un d'entre eux, Arnaud Dominique, s'il ne révèle
les hérétiques qu'il peut connaître. Arnaud, frappé de
terreur, promet d'en faire prendre onze, et on lui fait
espérer qu'en retour il aura sa liberté. Il conduit alors
Pierre de Malafayra, abbé de Saint-Sernin, et le viguier

---

[1] *Ista debet procurare captum habere.* (*Ibid., ut supra.*)

lui-même au lieu dit de Cassers[1]. On y arrête sept hérétiques ; le reste s'échappe, aidé par les paysans de l'endroit. Après cela, Arnaud Dominique est mis en liberté. Mais, à quelque temps de là, les amis des hérétiques trahis par lui le massacrent à Aigrefeuille, dans le Lantarès[2], au milieu de la nuit et dans son lit même[3].

2° PROCÉDURE PROPREMENT DITE ET INSTRUCTION

Les prévenus une fois amenés de gré ou de force devant la justice inquisitoriale, alors commence l'instruction proprement dite, par les interrogatoires des accusés et les dépositions des témoins.

Là-dessus le manuscrit de Clermont ne diffère pas sensiblement, au moins dans les indications générales, des autres recueils originaux que nous avons notés, comme pouvant nous renseigner plus particulièrement

---

1. Les Cassés, dép. de l'Aude, arr. et cant. de Castelnaudary.
2. Le texte de la Chronique, évidemment fautif, porte : *Agasoylk... in terra de Cantaresio*, ce qui semble devoir être lu : *Agaffoylk in terra de Lantaresio*. Le Lantarès, qui avait pour centre Lanta (*Lantarium*), aujourd'hui chef-lieu de canton, était une division du Lauragais. Il s'y trouvait et il s'y trouve encore une localité du nom d'Aigrefeuille, *Agrifolium* en latin, *Agaffoilk* en langue vulgaire. Nous remarquerons, du reste, ce qui confirme notre conjecture, que le mot *Cantaresio* avait d'abord été écrit sous la forme de *Lantaresio* dans le manuscrit de Carcassonne.
3. *Anno 1235... Tunc prior cepit quosdam de villa qui nolebant gratis tenire, adjuncto sibi vicario Tholosano; inter quos fuit quidam ferricoeus, Arnaldus Dominici nomine. Hic, cum videret quod vicarius minabatur sibi mortem, nisi plene discooperiret haereticos, timore perterritus, promisit reddere undecim haereticos quos sciebat, et data est ei spes liberationis. Et tunc duxit dominum Petrum de Malafayra, abbatem Sancti Saturnini, et dominum vicarium usque ad castrum quod dicebatur Cassers, et ibi ceperunt septem haereticos; caeteri vero evaserunt adjutorio rusticorum dicti castri. Dictus Arnaldus Dominici confessus est et dimissus. Postmodum vero interfectus fuit a credentibus haereticorum apud Agasoylk de nocte in lecto suo in terra de Cantaresio.* (Bibl. de Carc., n° 6112, p. 8. — Voir aussi Percin, *Monum. conv. Tolos.*, p. 50, n° 21.)

sur la méthode suivie par les juges d'Inquisition dans les interrogatoires[1].

Le début de ces interrogatoires est toujours exactement le même. « Le 14 mars de l'an du Seigneur 1249 (anc. st.), le témoin[2] Guillem Cabane, de Leuc, après avoir juré sur les saints Évangiles de dire la vérité pure, sincère et complète, touchant le fait d'hérésie et de vaudoisie, aussi bien sur lui-même que sur toutes autres personnes vivantes ou défuntes, etc.[3] »

Quant à la marche observée dans le développement même des interrogatoires, elle confirme absolument tout ce que nous pouvons savoir par ailleurs à ce sujet. Le prévenu, qui a été tout d'abord invité à parler, et qui en a fait le serment, est interrompu de temps en temps par les inquisiteurs. Ils l'arrêtent sur un mot, sur une circonstance qu'ils veulent se faire expliquer. Ils lui demandent le détail de ce qu'il n'a d'abord présenté qu'en gros. Ils sollicitent des indications sur des points qui n'ont pas été mentionnés par lui. Ils lui font répéter parfois des affirmations importantes ou extraordinaires, à propos desquelles ils veulent avoir de lui une assurance sans réserves. Or, c'est là, en somme, ce que nous offrent tous les interrogatoires d'Inquisition qui nous sont parvenus[4].

---

1. Ces recueils sont ceux de la Bibl. nat., mss. lat. 4239 et 11847, celui de la bibliothèque de Toulouse, n° 155, Ire série, et celui des Archives de la Haute-Garonne.

2. Les livres d'Inquisition se servent toujours du mot *testis* pour désigner, à la fois les accusés déposant pour leur propre compte, et les témoins proprement dits, qui ne se trouvent pas directement en cause.

3. *Anno Domini MCCXLIX, II ydus marcii. Guillelmus Cabana, de Leuco, testis juratus super IIII^{or} sancta Dei Evangelia, quod super facto heresis et valdesie, tam de se quam de omnibus aliis vivis ac mortuis, puram, meram ac plenam diceret veritatem...* (IIe partie, f° 2 A.)

4. Voir, comme modèles d'interrogatoires, ceux de na l'Aïs, de Cornèze, condamnée à la prison perpétuelle (*intrusa*), mars 1250, avril, septem-

D'ailleurs, une conformité si parfaite ne doit pas nous surprendre. Il est évident, et c'est ici une nouvelle preuve de ces traditions dont nous avons souvent parlé, que de très-bonne heure les juges d'Inquisition ont eu des sortes de formulaires précis pour les différents actes de leur ministère, et notamment pour la partie de l'instruction dont il s'agit en ce moment. La concordance que nous venons de remarquer entre les procédés des diverses cours inquisitoriales, le prouverait de reste. Mais le manuscrit que nous analysons nous en donne la certitude. Il parle d'un prévenu, dont l'interrogatoire a embrassé tous les articles généraux et particuliers, sur lesquels doit porter l'examen des inquisiteurs [1]. En tout cas, nous trouvons à plusieurs reprises dans le même recueil de véritables sommaires des questions à adresser aux accusés. En voici un exemple:

« Le 8 avril, l'an du Seigneur 1250, Julienne, femme de Pierre de Gaja, de Preixan, dans le diocèse de Carcassonne, sommée de parler, a déclaré, après avoir prêté serment, qu'elle n'a jamais vu d'hérétiques ni de vaudois, qu'elle n'a pas eu foi en eux, qu'elle ne les a pas adorés, qu'elle ne leur a donné ni fait parvenir quoi que ce soit, qu'elle n'a pas entendu leurs prédications [2]. »

---

bre 1259 (IIe partie, f°s 5 B, 6 B, 7 A, 22 B); de B. Villandriz, de Cavanac, (intrusus), mars 1250 (ibid., f°s 8 A, 9 A); de Sicre, de Cavanac (intrusus, puis combustus), mars 1250 (ibid., f°s 13 B, 14 A); de Guillem Fiord, de Cavanac, octobre 1259. (Ibid., f°s 23 A-25 B.) Ce dernier est à rapprocher des interrogatoires contenus dans le recueil des Archives de la Haute-Garonne et dans le manuscrit latin 11847 de la Bibl. nat. Il y ressemble par la forme et la nature des révélations que fournit l'accusé.

1. *Interrogatus diligenter super omnibus articulis universis et singulis, qui debent inquiri....* (IIe partie, f° 17 A.) Voir, pour des indications semblables, ibid., f°s 5 B, 11 A.

2. *Item, anno et die quo supra (anno Domini MCCL, VI idus aprilis).*

Un autre caractère, qui rapproche encore ces interrogatoires du manuscrit de Clermont de tous ceux que nous fournissent les documents d'Inquisition, c'est leur multiplicité jointe aux intervalles parfois très-longs, qui se placent entre les différentes dépositions d'un même prévenu. Une femme, na Fais, de Cornèze, est interrogée une première fois le 16 mars 1250. Puis s'écoulent huit ans, sans que nous entendions parler d'elle. Il est probable qu'elle a passé tout ce temps enfermée. Du moins, deux indications qui marquent, l'une qu'elle a été condamnée à la prison perpétuelle, l'autre qu'elle a été longtemps retenue en prison, le donnent à penser. Quoi qu'il en soit, quand elle reparaît en 1258, c'est pour subir dans la même année quatre interrogatoires nouveaux, dont le premier se place le 7 avril, le second le 1ᵉʳ septembre, le troisième le 24 du même mois, le quatrième le 20 du mois suivant[1]. Alazaïs, femme d'Arnaud Raimond, de Leuc, qui doit être condamnée à porter des croix, est interrogée une première fois le 14 mars 1250, une seconde le 1ᵉʳ mars 1254[2]. Alamande Cat, veuve de Bernard d'Arzens, subit un premier interrogatoire en 1251, un second le 1ᵉʳ septembre 1255[3].

Juliana, uxor Petri de Gaiano, de Prisiano, diocesis Carcassone, requisita ut supra, testis jurata, dixit quod nusquam vidit hereticos nec valdenses, nec credidit, nec adoravit, nec dedit eis aliquid, nec misit, nec predicationem eorum audivit. (IIᵉ partie, fᵒ 17 B.) Notons à ce propos que le volume des enquêtes de Bernard de Caux et de Jean de Saint-Pierre nous fournit perpétuellement des indications toutes semblables.

1. IIᵉ partie, fᵒˢ 5 B, 6 B, 7 A, 22 B.
2. IIᵉ partie, fᵒˢ 4 B, 5 A.
3. IIᵉ partie, fᵒ 19 B.

Le long intervalle existant entre les interrogatoires de certains prévenus pourrait bien n'être qu'apparent en quelque sorte. Il s'expliquerait par ce fait, que nous n'aurions pas tous les procès-verbaux de leurs dépositions. Cela est fort possible, puisque nous avons vu que la chose était indiquée expressément pour plusieurs d'entre eux, à propos desquels le manuscrit

Au contraire, dans certains cas, ces mêmes séances d'interrogatoires se succèdent sans qu'il y ait entre elles un intervalle de plus d'un ou deux jours. Sicre, de Cavanac, qui doit être emprisonné, puis brûlé, fait une première déposition, simplement mentionnée, sans que nous en ayons le texte ni la date, puis une seconde le 15 mars 1250, et une troisième deux jours plus tard, le 17 du même mois[1]. R. Villaudriz, de Cavanac, qui doit être condamné plus tard à la prison perpétuelle, parle une première fois le 14 mars 1250, et une seconde le lendemain même[2].

Du reste, il nous faut ajouter, comme remarque complémentaire, que si les interrogatoires se multiplient et reprennent après plusieurs années d'intervalle pour des accusés jugés sans doute d'importance, à cause de la gravité de leurs crimes, d'autre part, les inquisiteurs n'imposent pas généralement plus d'un interrogatoire aux prévenus, qu'ils citent à comparaître devant eux. Nous dirons même plus. Il semble, ainsi que le montrera l'analyse rapide de quelques affaires, dont nous voulons présenter plus loin les diverses phases, que cet interrogatoire unique n'ait pas toujours existé. Dans ce cas, les juges se seraient contentés, pour passer au développement ultérieur de la procédure, des té-

que nous analysons nous renvoyait à d'autres registres des archives inquisitoriales. (Voir plus haut, p. 291, note 1.) Mais une seconde explication est également vraisemblable. On aurait tenu quelques-uns de ces accusés trois ou quatre ans sous les verrous, sans leur faire subir aucun autre interrogatoire que ceux dont nous avons le texte, et cela dans un but facile à comprendre, afin de les forcer par cette rigueur à faire des aveux sans réserves. C'était là, en effet, une des pratiques familières aux inquisiteurs, et Bernard Gui la mentionne avec prédilection, en remarquant qu'elle lui a réussi parfois à lui-même au-delà de toute espérance. (Voir *Practica*, V° pars, f° 75 A, et 88 C, D.)

1. II° partie, f° 11.
2. II° partie, f° 8 A, 9 A.

moignages recueillis contre l'accusé, sans avoir souci de provoquer de sa part aucune révélation [1].

Quoi qu'il en soit, cet interrogatoire unique ou le premier de ces interrogatoires une fois terminé, les préliminaires de l'instruction se trouvent clos, et celle-ci entre dans une nouvelle phase.

Voyons d'abord ce que deviennent les prévenus. A ce sujet, trois cas peuvent se présenter : ou bien ils sont renvoyés purement et simplement, sans qu'on donne suite à la procédure commencée contre eux ; ou bien ils sont retenus par les inquisiteurs, qui prennent à leur égard une mesure assez semblable à la prison préventive ; ou bien enfin on les laisse libres, mais après leur avoir fait prêter serment et donner des garanties qu'ils se tiendront aux ordres de leurs juges.

De ces trois cas, le premier est celui que nous avons rencontré le plus rarement. Nous ne voudrions pas en conclure que les tribunaux d'Inquisition n'aient jamais reconnu l'innocence d'un prévenu. Néanmoins, nous devons constater que, dans le manuscrit de Clermont tout entier, il ne se trouve qu'un seul exemple du cas dont nous parlons, et encore l'accusé qui en bénéficie d'abord, se voit repris plus tard, et condamné à porter des croix. En effet, le 27 mars 1249, Alazaïs Debax, de Verzeille, subit un interrogatoire, à la fin duquel le greffier ajoute cette note : « On ne l'a pas entendue une seconde fois, parce qu'on la juge innocente [2]. » Mais le même interrogatoire porte en tête l'indication suivante, sans doute mise après coup : « Elle a été con-

---

1. Voir 1ʳᵉ partie, f° 5 A, affaire de Pierre Hot, et f° 5 B, affaire de Pierre de la Garde ou de Garle, de Conques.
2. *Aliam audienciam non habuit, quia quasi innocens reputatur* (IIᵉ partie, f° 15 B.)

damnée aux croix. *Crucesignata est.* » Voilà, nous le répétons, le seul fait de ce genre que nous ayons rencontré, et encore avec le correctif indiqué, ce qui lui ôte singulièrement de sa valeur.

Pour le second cas, il est, au contraire, assez fréquent. Nous en citerons quelques exemples. Le 14 mars 1250, Guillem Cabane, de Leuc, comparait devant l'évêque de Carcassonne. Ses réponses le rendent, à ce qu'il semble, fort suspect ; il l'était, sans doute, d'avance. Bref, comme l'écrit le notaire Raoul à la suite de l'interrogatoire, il n'est pas relâché[1]. D'où l'on pourrait même conclure, qu'il se trouvait déjà en état d'arrestation avant de paraître devant les inquisiteurs. Quoi qu'il en soit, ce sera désormais, sans qu'il jouisse de sa liberté, que se poursuivra la procédure commencée contre lui. Un certain nombre de prévenus semblent être dans la même situation que Guillem Cabane. Une femme, Saine ou Saisie, de Cavanac[2], un certain Vidal, de Pauligne, dont parle Guillem Fiord dans sa déposition[3], Guillem Pagès, de Roquefère[4], Guillem Salq, de la Tourette[5], sont mentionnés comme se trouvant en prison, ou du moins comme retenus à la disposition des Inquisiteurs (*detenti, capti*).

De plus, quelques indications nous marquent les divers lieux d'internement affectés aux prévenus, à l'égard desquels on a cru devoir prendre cette précaution. Guillem Salq est enfermé dans la prison de l'évê-

---

1. *Nec postea fuit relaxus.* (IIe partie, f° 2 A.)
2. IIe partie, f° 13 B.
3. IIe partie, f° 26 A.
4. Ire partie, f° 13 A.
5. Ire partie, f° 11 B.

que. Guillem Pagès séjourne dans la Cité de Carcassonne, ou *ville haute*[1], sans doute dans une maison qui lui a été assignée, et dont les habitants ont promis sous serment, et peut-être aussi en donnant des garanties, qu'il ne s'échapperait pas. Vidal, de Pauligne, se trouve également à Carcassonne, mais avec les inquisiteurs eux-mêmes, dans la *maison du maréchal*, où ils se tiennent et vaquent à leur ministère.

D'ailleurs, ni cet internement ni la surveillance imposée aux accusés ne semblent bien rigoureux, et tout concourt à distinguer nettement leur situation de celle des prisonniers proprement dits. A part la prison de l'évêque, qui pourrait bien être le *mur* même, c'est-à-dire le cachot de l'Inquisition, et que nous ne saurions nous représenter comme un séjour même tolérable, le lieu assigné aux prévenus et la demi-indépendance dont ils y jouissent nous donnent l'idée d'une existence, que les inquisiteurs n'avaient pas rendue par trop dure. La Cité, enfermée de hautes murailles qui rassuraient les juges contre toute tentative d'évasion, n'était ni malsaine, ni même triste, en face du magnifique paysage qui s'étale devant elle. Et encore nous voyons que le jour où Guillem Pagès, qui s'y trouve consigné, devient gravement malade, on lui permet de descendre au Bourg et d'y rester jusqu'à sa convalescence[2]. Les inquisiteurs accordaient, il est vrai, cette faculté même aux individus condamnés définitivement

---

[1]. Il en est de même de deux autres prévenus, Raimond Gastaire et Arnaud de Lairière. (Voir Iʳᵉ partie, f° 2 B.)

[2]. Iʳᵉ partie, f° 15 A. — Nous voyons aussi un prévenu, Arnaud Fabre, de Saissac, qui se trouve détenu préventivement, il semble, comme tous les accusés que nous avons nommés, mis en liberté sous caution, sans qu'on l'astreigne à habiter dans un lieu en particulier. Du moins, c'est là une indication qui n'est pas donnée. (Voir Iʳᵉ partie, f° 3 B.)

à la prison perpétuelle. Néanmoins, nous devons constater qu'ils n'avaient pas de rigueurs spéciales pour la catégorie de personnes dont nous parlons en ce moment.

D'ailleurs, nous voyons un des prévenus que nous avons nommés plus haut jouir d'une liberté plus large encore. Il s'agit de Vidal, de Pauligne, qui, bien que captif auprès des inquisiteurs, se trouve si peu surveillé, qu'il lui est possible de s'entretenir avec son complice en hérésie, Guillem Fiord, de le mettre au courant d'une série de faits qui l'intéressent au plus haut point, et même de lui donner le conseil de s'enfuir sans retard, ce qui ne devait pas faciliter la besogne de la justice inquisitoriale [1].

Cependant, cette prison préventive ne devait pas être toujours aussi douce, et voici dans quelles circonstances. Il nous arrive de trouver des prévenus fort suspects, qui ne disent rien à un premier interrogatoire, mais qui, après un certain temps passé sous les verrous, parlent au contraire fort longuement, dès qu'on

---

1. *Et consuluit ipsi testi* (Guillem Fiord), *quod aufugeret et recederet terra.* (II⁰ partie, f⁰ 26 A.) Il est vrai que ce Vidal, de Pauligne, bien que désigné comme *detentus, captus*, paraît être dans une situation un peu différente de celle des accusés détenus préventivement. Cette situation doit être celle que les inquisiteurs indiquaient sous le nom d'*état d'arrestation*, et dont Bernard Gui nous donne une idée dans un passage de sa *Practica*. Il ne semble pas, du reste, y avoir grande confiance, et il en marque les inconvénients, qui sont justement ceux que nous révèlent les entretiens trop peu surveillés de Vidal, de Pauligne, avec Guillem Fiord. *Et interdum etiam*, dit-il, *tales* (les prévenus qui ne veulent pas parler, et contre lesquels on n'a pas, du moins, pour le moment, des preuves suffisantes de leur culpabilité), *arrestantur loco carceris, et sient ad portam domus Inquisitionis, singulis diebus usque ad horam prandii, et post prandium usque ad horam cene, et non recedant de porta, sine licentia inquisitoris. Advertendum tamen, quod in tali arrestatione olim quam plures plus defecerunt quam profecerint, maxime quando erant ibi plures similes, quia mutuo se informabant et obdurabant, sicut postmodum compertum est et apertum.* (*Practica*, V⁰ pars, f⁰ 88 C.)

les y invite de nouveau. Nous citerons à ce propos l'exemple suivant :

« 17 mars 1250. Saisie, de Cavanac, sans avoir été citée à comparaître, avait prêté serment sur les saints Évangiles par-devant l'official maître Pierre, à Couffoulens. Malgré cela, pressée alors de révéler ce qu'elle savait du crime d'hérésie et de vaudoisie, tant sur autrui que sur elle-même, elle a caché absolument la vérité. Mais peu après, ayant été amenée à Carcassonne, et y ayant été détenue quelque temps, elle a déclaré, etc. [1]. » Vient ensuite une déposition assez longue et assez précise.

Les interrogatoires, consignés dans le manuscrit n° 11847 du fonds latin de la Bibliothèque nationale, nous présentent également des péripéties et des revirements tout semblables. Le 4 décembre 1299, Bérenger Brosa, d'Albi, comparait une première fois devant ses juges, et répond négativement à toutes les questions qui lui sont adressées. Il reparait le 20 décembre suivant. « Alors, dit le procès-verbal de cette seconde comparution, rentrant en lui-même et reprenant pleine possession de ses souvenirs, après avoir prêté serment sur les saints Évangiles et en vertu de ce serment, il modifie sa première déposition, etc. [2]. »

---

1. *Anno quo supra* (MCCXLIX), *XVI kalendas aprilis, Saisia, de Cavanaco, non citata, juravit super IIII sancta Dei Evangelia, coram magistro P. ofﬁciali apud Confolentum; et tunc interrogata per sacramentum ut de facto heresis et valdesie tam de se quam de aliis diceret id quod sciret, celavit penitus veritatem. Postmodum vero, cum ducta fuisset apud Carcassonam, et ibi aliquanto tempore detenta, dixit.....* (III° partie, f° 13 B.)

2. *Post que, anno quo supra, XIII kalendas januarii, predictus Berengarius Brosa ad cor rediens, plenius recordatus, constitutus in judicio coram domino episcopo et inquisitore predictis, juratus ad sancta Dei Evangelia, correxit dictum suum, et in virtute prestiti juramenti dixit et asseruit.....* (Bibl. nat., ms. lat. 11847, f° 9 B.) — Voir aussi la déposition de Guillem Torayl, d'Albi. (*Ibid.*, f° 35 A.)

Un changement si complet dans l'attitude des prévenus, surtout après un emprisonnement préventif plus ou moins long, paraît assez significatif, et l'on ne peut s'empêcher de songer à certains procédés d'instruction, dont les inquisiteurs n'ont, du reste, jamais fait mystère. Bernard Gui, dans son traité, conseille, en effet, de soumettre aux rigueurs du cachot, après les avoir chargés de chaînes, les accusés qui se refusent à parler[1]. Avant lui, dès le milieu du treizième siècle, l'archevêque de Narbonne, Arnaud, voulait qu'on arrachât l'aveu de leurs fautes à ces mêmes coupables obstinément muets au moyen d'un emprisonnement rigoureux, et d'un régime aussi restreint que possible[2].

C'est là aussi, sans doute, le système employé par les juges de Carcassonne dans les exemples que nous avons cités, et voilà comment des prévenus, dont le premier interrogatoire avait donné si peu d'espérance

---

1. *Practica*, V^e pars, f. 88 C, D. — Nous citerons ce passage d'autant plus explicite, que Bernard Gui y consigne sans détours les procédés d'instruction usités par lui-même, et les remarques que lui fournissait sa propre expérience. Il est à croire, du reste, qu'il ne faisait que se conformer simplement en cela à la tradition inquisitoriale, telle que la lui enseignaient quatre-vingts ans de poursuites judiciaires contre l'hérésie. Quoi qu'il en soit, les indications qu'il nous donne sont de grand prix, et bien assez significatives pour qu'il soit inutile d'y joindre aucun commentaire. Disons seulement que les effets merveilleux qu'il attribue à l'emprisonnement rigoureux recommandé par lui, ne diffèrent pas sensiblement de ceux que produisait dans l'ancienne justice l'emploi de la torture. Comme celle-ci, cet emprisonnement rend la mémoire aux accusés qui prétendaient l'avoir perdue : il la donne, et dans les plus larges proportions, à ceux qui disaient n'en avoir jamais joui.

Quando aliquis, dit Bernard Gui, *vehementer suspectus et verisimiliter culpabilis fuerit ex probabilibus conjecturis, et de hoc inquisitoris animus rationabiliter fuerit informatus, et talis obstinatus sit ad confitendum, et persistat in negando, sicut pluries vidi plures hujus modi esse tales, nec est aliqualiter relaxandus, sed detinendus per annos plurimos, ut cessatio det intellectum; et multoties vidi de aliquibus, quod, sic vexati et pluribus annis detenti, confessi fuerunt tandem non solum de novis, sed etiam de veteribus et antiquis, de XXX annis et de XL et supra.*

2. *Per durum carcerem et vitam artam.* (Doat, t. XXX, f. 58.)

d'en tirer quelque chose, se trouvent amenés tout naturellement en apparence à modifier d'une manière absolue leur attitude primitive. Il a suffi pour cela d'une captivité de quelque temps, dit le procès-verbal du notaire d'Inquisition ; oui, mais d'une captivité aggravée à dessein. Quant à nous, il ne nous en coûte pas de reconnaître que nous n'avons rencontré dans le manuscrit de Clermont tout entier aucune trace de la torture proprement dite ; ce qui ne prouve pas, du reste, que l'Inquisition de Carcassonne à cette époque n'en ait pas fait usage. Mais nous pensons, en revanche, que la prison ainsi entendue équivaut bien à l'emploi des tourments et même des plus cruels.

Cela dit à propos des deux premiers cas que nous avons distingués, passons au troisième. Dans celui-ci, les prévenus ne sont pas renvoyés, parce qu'ils ont été reconnus coupables, sans qu'il ait été bien établi encore à quel degré, ce que doit montrer la suite de l'instruction. Ils ne sont pas non plus retenus prisonniers, comme dans le second cas. On les laisse en liberté, mais après leur avoir fait donner certaines garanties comme quoi les inquisiteurs pourront compter sur leur présence et leur obéissance aussi, quand la demande leur en sera faite. Ce troisième et dernier cas est le plus fréquent de tous. On peut même dire que c'est surtout celui-là qui nous offre le développement normal et complet de la procédure.

Cette procédure est, d'ailleurs, assez simple. Après la comparution et le premier interrogatoire destiné à poser pour ainsi dire les bases de l'affaire tout entière, mais dont pourtant les traces ne se retrouvent pas toujours, ainsi que nous l'avons constaté, elle présente les différentes phases que voici.

1° Les juges demandent à l'accusé s'il consent à se défendre au sujet des charges qui ont été relevées contre lui dans l'instruction. Au cas où il répond affirmativement, on prend acte de sa promesse, pour lui en faire donner des garanties, en temps et lieu convenables, au moyen d'une caution fournie par un certain nombre de répondants. Cette promesse peut même quelquefois être renouvelée, tant les inquisiteurs semblent y attacher d'importance. C'est ce que nous montre, par exemple, l'affaire du chevalier Izarn de Pezens. Dans une première comparution (17 décembre 1254), le prévenu s'engage à fournir caution comme quoi il ne s'enfuira pas, mais viendra aux jours qui lui seront assignés, comme quoi aussi il plaidera sa cause devant ses juges, et obéira à tous leurs ordres[1]. Dans une seconde comparution, il déclare n'avoir pas trouvé de répondants; mais, du moins, il renouvelle son serment de se défendre régulièrement et de plaider sa cause, sans avoir recours à la fraude[2].

Cependant, il peut arriver aussi que le prévenu, comme s'il désespérait de repousser les accusations portées contre lui, parce qu'il les estime trop graves pour en venir à bout, ou bien par un sentiment de défiance à l'égard de ses juges, se refuse à prendre l'engagement qu'on lui demande. La procédure, par cette fin de non-recevoir, paraît être singulièrement abrégée. En effet, le tribunal, pour porter son jugement, n'a plus qu'à peser les témoignages recueillis contre l'accusé, sans les mettre en balance avec les

---

[1]. ... *Et tunc debet dare fidejussores quod non auffugiet, sed veniet ad diem et ad dies sibi assignatas, et causam suam ducet* (sic) *coram inquisitoribus, et parebit mandatis omnibus et singulis eorumdem.* (1re partie, fo 33 B.)

[2]. *Et idem Isarnus juravit se defendere legitime et causam suam diceret* (sic) *coram inquisiteribus sine fraude.* (1re partie, fo 31 A.)

renseignements fournis par lui-même. Tel est le cas d'Arnaud Pagès, de Moussoulens (2 décembre 1250). Il prétend que nul n'est en mesure de porter contre lui une accusation qui soit conforme à la vérité. On lui demande alors, s'il veut qu'on lui donne par écrit les charges relevées contre lui; il dit que non, et que, d'ailleurs, il est décidé à ne pas se défendre [1].

Un pareil refus devait être fort grave. C'était, en tout cas, un délit de plus à ajouter à ceux dont on avait à répondre déjà, et l'un de ceux qui pouvaient être châtiés des peines les plus sévères. L'archevêque de Narbonne, dans une lettre adressée aux inquisiteurs et datée du 1er octobre 1248, indique comme devant être livrés au bras séculier les prévenus qui n'ont pas consenti à présenter leur défense, bien qu'on leur offrît les moyens de le faire régulièrement [2].

2° On demande à l'accusé s'il veut qu'on lui remette par écrit les dépositions faites à son sujet par les témoins qu'ont entendus les inquisiteurs [3]. Généralement, cette proposition est acceptée. Elle l'est, du moins, par les accusés qui ont réellement l'intention de se défen-

---

1. *Anno quo supra* (MCCL), IIII *nonas decembris. Arnaudus Pagesii, de Moussoulens, comparuit apud Carcassonnam coram domino episcopo Carcassonne, et requisitus si vult se defendere de his que in inquisitione intenta sunt contra eum, respondit quod nullus pro vero potest aliquid dicere de ipso. Requisitus si velit ea in scriptis recipere, dixit quod non et aliter non vult se deffendere.* (Ire partie, f° 6 B.)

2. Doat, t. XXXI, f° 150 A.

3. C'est ce qui s'appelle *recipere in scriptis*. La même formalité de procédure se trouve indiquée à plusieurs reprises dans le manuscrit de la Bibl. nat. lat., 9992. (Voir notamment f° 3 B.) *Prenominatus Arnaldus Petrus Esquieu vidit plures hereticos, associavit, recepit cartam a fratre W. Arnaldo et socio suo aliis inquisitoribus, in qua continebatur quod adorarent hereticos; et cum tenuisset cartam per IIII vel V dies, recognovit coram dictis inquisitoribus quod illa que continebantur in dicta carta ere* (sic) *vera.* Le même recueil appelle encore cette formalité *accipere acta ab inquisitoribus.* (F° 13 B.)

dre, parce qu'elle leur fournit en quelque sorte une base pour plaider leur cause. D'autres aussi quelquefois la repoussent, ainsi que nous venons de le voir. Dans ce cas, il semble que la communication des charges recueillies contre le prévenu lui soit faite d'office, non point par écrit, puisqu'il se refuse à l'accepter sous cette forme, mais de vive voix et avec un certain appareil. Les témoins qui assistent à cette communication sont expressément désignés. Il est visible qu'on tient à établir, que de toute manière l'accusé s'est trouvé informé des délits portés à sa charge [1].

Ce n'est pas, d'ailleurs, qu'il faille se faire illusion sur le secours que les prévenus pouvaient tirer de l'extrait, sans doute assez bref, qui leur était communiqué par leurs juges. Rien de plus vague, d'ordinaire, que les témoignages dont se contentaient les tribunaux d'Inquisition. C'est là un fait qu'il serait facile d'établir, si cela n'exigeait des développements que nous ne pouvons nous permettre ici. Les papes eux-mêmes en avaient été frappés, et l'avaient reproché plus d'une fois aux inquisiteurs, en annulant des procédures qui ne leur semblaient fondées ni en droit ni en raison [2].

Rien de plus vague, nous le répétons, rien de plus futile [3], et aussi parfois de plus odieux. Pour ce dernier

---

1. Cette formalité est ainsi indiquée : *Et fuerunt sibi publicata dicta testium in Inquisitione contra eum intenta.* (1re partie, fo 17 A.)
2. Voir la lettre d'Honorius IV à l'inquisiteur Jean Galand (13 déc. 1285). Doat, t. XXXII, fos 138 B-133. — Voir aussi *Hist. de Lang.*, édit. orig., t. IV, liv. XXIX, p. 181.
3. Nous pourrions ajouter également : rien parfois de plus absurde. Le 25 septembre 1247, Guillem de Montlot déclare aux inquisiteurs qu'à son avis Pierre Garsia, de Bourgneuf, est suspect d'hérésie. Pourquoi? *Quia est diffamatus, et quia habuit penitentiam pro heresi, et audivit, et quia pater ejus fuit credens hereticorum, et mater fuit credens valdensium... et quia duo anni sunt quod non tractavit uxorem suam maritaliter, ut dicitur.* (Doat, t. XXII, fo 105.) On sait, en effet, que les hérétiques albi-

caractère des témoignages admis par la justice inquisitoriale, le manuscrit que nous analysons en ce moment nous en fournit un exemple frappant. Le 3 novembre 1254, Arnaud Baud, de Montréal, jure d'obéir à tous les ordres des inquisiteurs, et engage la totalité de ses biens en garantie de cette promesse. Il offre en même temps six répondants, parmi lesquels sa femme Raimonde, qui fournissent une caution de cinquante livres. C'est qu'il a été jugé suspect d'hérésie, et voici sur quelles preuves. Sa mère, il y a peu de temps, a reçu l'hérétication. Or, comme il la voyait assez souvent, qu'il pourvoyait à ses besoins, il semble, dit le texte de la pièce qui le concerne, qu'il ait partagé son crime et ses erreurs [1].

D'autre part, si redoutables que fussent les juges d'Inquisition, et malgré les peines sévères inscrites contre les faux témoins dans la législation spéciale qu'ils appliquaient [2], les dépositions mensongères venaient encore infirmer la valeur trop souvent contestable des témoignages admis par eux. Il y avait, en effet, dans la rigueur impitoyable d'un tribunal qui

---

geois, voués sérieusement aux pratiques de la secte, en tout au moins ceux que l'on désignait sous le nom de *parfaits*, se condamnaient à une chasteté absolue. Voilà aussi pourquoi, dans la Chronique de Guillem Pelisson, un certain Jean Teisseire (*Texter*), cité à Toulouse au tribunal des inquisiteurs, s'écrie en manière de défense : *Ego non sum hereticus, quia uxorem habeo, et cum ipsa jaceo, et filios habeo.* (Bibl. de Carc., n° 6119, p. 5.)

1. *Anno quo supra* (MCCLIIII), *IIII nonas novembris. Arnaldus Baud, de Monteregali, suspectus de heresi, pro eo qued mater sua fuit hereticata a parvo tempore citra unde quia ipse visitabat eam frequenter, et aliquando ei in necessariis providebat, vid..... in ipsius maliciam concesserit. Propter quod juravit stare mandatis omnibus et singulis inquisitorum, et obligavit omnia bona sua. Fidejusserunt pro ipso sub pena L librarum P. Amelii, de Pontitio, Engelbertus Benedicti, Johannes Goirici, Bartholomeus Goirici, P. de Casal Bauds, et Raimunda, uxor dicti Arnaldi Baud.* (Ire partie, f° 32 A, B.)

2. Voir *Practica*, IIIe pars, f° 31 C-33 A ; — Limborch, f° 41 B, 42 ; — Doat, t. XXVII, f° 131-135 A.

ne lâchait guère la proie qu'on lui avait une fois désignée, une tentation trop forte pour des ennemis acharnés et sans scrupules. Même à leurs risques et périls, ils devaient tout faire pour lui livrer ceux que poursuivait leur haine [1].

Disons enfin, pour apprécier à leur juste valeur ces éléments d'information, sur lesquels les inquisiteurs fondaient leurs procédures, que les complices mêmes des hérétiques étaient admis à témoigner contre eux, et que, contrairement à toutes les règles du droit, sous prétexte de garantir la sécurité des témoins, on refusait de révéler aux accusés le nom de leurs accusateurs. Le premier de ces points de la pratique inquisitoriale avait été établi par l'exemple des légats du Saint-Siège, au début du treizième siècle, par les prescriptions du concile de Toulouse en 1229, par celle du concile de Narbonne tenu en 1243 ou 1244 [2], et par toute une série de déclarations du pape Alexandre IV, datées du 9 décembre 1256, du 30 juin 1259 et du 4 mai 1260 [3]. Le second avait la même origine, et

---

1. Le manuscrit de Clermont nous fournit à ce sujet de curieuses indications dans la pièce suivante : *Anno quo supra (MCCLI). VI kalendas marcii. Stephanus Gairaudi, de Villaiglino, reditit per se non citatus nec recitus coram magistro B. Dedato inquisitore, et dixit quod quondam confessus fuerat seu dixerat in confessione sua quod non erat verum, videlicet quod G. Dozil numquam vidit cum hereticis, nec adorantem, nec eorum predicationes audientem, licet in confessione sua ipse testis hoc dixerit ad suggestionem Guillelmi Rogerii, qui dixit sibi in hunc modum : dicatis quia ego dixi. Et predicta recavit ipse testis propter hoc quia, cum idem testis rediret de confessione sua apud Villaiglianum, dictus G. Dozil quesivit ab ipso teste quid dixerat. Cui ipse testis respondit quod poneret ipsum in scriptis; et tunc G. predictus dixit : quis seductor potuit me ponere? Et ipse testis respondit quod hoc fecerat de consilio G. Rogerii. Hec deposuit apud Carcassonam, coram magistro B. Dedato inquisitore. Testes: Johannes Parnerius et P. Ariberti notarius qui hec scripsit.* (Ire partie, f° 19 A.)
2. *Hist. de Lang.*, édit. orig., t. III, liv. XXIV, pp. 383, 384; liv. XXV, p. 415; — Percin, *Inquis.*, pars III, cap. II, pp. 96, 97, *apud* Meuve.
3. Doat, t. XXXI, f° 214, 231-252 A, 205-207 A. — La seule raison que donne Alexandre IV d'un procédé qu'on peut considérer comme assez

s'était trouvé sanctionné définitivement par une bulle de Grégoire X, écrite à Viterbe, le 20 avril 1273, et adressée aux inquisiteurs de France[1]. Nous n'insisterons pas sur cette manière de procéder, que l'Inquisition comptait au nombre de ses priviléges[2], et dont la nature nous dispense de tout commentaire.

3° Les juges assignent un jour au prévenu, pour produire devant eux tout ce qu'il imagine pouvoir servir à sa défense, témoignages en sa faveur, preuves de l'inimitié de certains individus, qui peut-être sont ceux qui ont déposé contre lui, papiers ayant trait à l'affaire, s'il en a entre les mains.

Les exemples de cette nouvelle formalité, intervenant dans le cours de la procédure, sont très-nombreux. Nous croyons inutile d'en citer aucun en particulier[3]. Nous remarquerons seulement que c'est ici que se place d'ordinaire la promesse, appuyée d'un serment et d'une caution, que fait le prévenu de se tenir en toutes choses aux ordres de ses juges.

extraordinaire, surtout si l'on se met au point de vue de l'Église, qui s'opposait à ce qu'on admit en aucun cas les hérétiques excommuniés à témoigner en justice. c'est que sans cela la justice inquisitoriale se trouverait fréquemment arrêtée dans son cours; *quare igitur*, dit-il, *si iidem excommunicati non admitterentur ad perhibendum testimonium contra tales et dictis eorum ac si falentium non staretur, frequenter officium Inquisitionis vobis commissum in dispendium fidei contingeret impediri*. (Bulles du 30 juin 1259 et du 4 mai 1260.)

1. *Hist. de Lang.*, édit. orig., t. III, liv. XXIV, pp. 383, 384; liv. XXV, pp. 415, 453; — Percin, *Inquis.*, pars III, cap. II, pp. 98, 99. *apud Monum.* — Voir également, *Layettes du Trésor des Chartes*, t. III, n°ˢ 4112 et 4221, deux bulles, la première d'Innocent IV (Agnani, 13 juillet 1254), la seconde d'Alexandre IV (Latran, 7 décembre 1255). — Voir encore Hauréau, *Bernard Délicieux*, p. 171.

2. *Materia fidei privilegiata est*, dit un auteur cité par Percin. (*Inquis.*, pars III, cap. II, n° 1, *apud Monum.*)

3. Voir 1ʳᵉ partie, f° 3 B, première assignation faite à Pierre Hot; — ibid., f° 5 B, affaire de Pierre de Garde ou de la Garde, de Conques; — ibid., f° 29 B, affaire de Pierre Bernard, de Montaigu, etc.

Ainsi, le 11 septembre 1250, Pierre Hot, fils de feu Raimond Hot, de Villetritouls, offre trois répondants, parmi lesquels son frère Bernard Hot. Ces répondants jurent entre les mains de l'évêque de Carcassonne, sous peine d'avoir à payer la somme de cinquante livres, que ledit Pierre viendra au jour qui lui sera assigné, qu'il obéira à tous les ordres de l'évêque, et accomplira la pénitence que celui-ci jugera à propos de lui imposer. En attendant, il plaidera régulièrement sa cause devant lui. Enfin, on assigne au prévenu la veille de la Saint-Mathieu pour venir présenter tous ses moyens légitimes de défense, s'il en a à sa disposition, au sujet des charges que l'instruction a relevées contre lui [1].

4º L'accusé reparaît à la date qui lui a été fixée, pour soumettre à ses juges tout ce qu'il croit pouvoir servir à repousser les imputations recueillies sur son compte. En général, ce sont les témoins à décharge qui paraissent dans ce but [2].

---

1. *Anno quo supra (MCCL), VII idus septembris. Petrus Hot, filius quondam Raimundi Hot, de Villatrituls, et pro eo et mandato ejus Guillelmus Arnaldus, de Tauzerano, Raimundus Requini et Bernardus Hot, frater dicti Petri, fidejusserunt domino G., episcopo Carcassone, et obligaverunt se et sua quilibet in solidum juramento prestito, sub pena L librarum, quod idem Petrus Hot veniet ad diem et ad dies sibi assignatas, et parebit mandatis omnibus et singulis domini episcopi, et faciet et complebit omnem penitentiam, quam eidem predictus dominus episcopus duxerit injungendam, et ducet (sic) causam suam coram eodem domino episcopo; quod nisi faceret, omnes prenominati solvent dictam pecuniam ad voluntatem domini episcopi memorati, ita quod nullus eorum possit pro parte excusari. Et est assignata dies vigilia instantis festi beati Mathei ad proponendum omnes exceptiones et deffensiones suas legitimas, si quas habet, coram eodem domino episcopo contra illa que in inquisitione inventa sunt contra eum. Testes: P. de Baure, capellanus, magister P. officialis, R. P., Bonusmancipius et P. Ariberti notarius publicus qui hec scripsit.* (1re partie, fº 5 A.)

2. Nous citerons le prévenu Isarn de Pezens, qui en produit cinq en deux fois. (1re partie, fºs 34 A et 35 B), et B. Pons, qui en produit trois. (*Ibid.*, fº 31 B.)

Une remarque curieuse, c'est que, dans presque tous les cas, les prévenus allèguent pour infirmer les dépositions faites contre eux, qu'ils ont des ennemis, et que ces dépositions ne peuvent être que leur œuvre. Les témoins, qu'ils amènent avec eux devant les inquisiteurs, doivent servir à prouver la réalité de ces inimitiés. On conçoit après cela l'embarras cruel de ces misérables, se débattant pour ainsi dire dans une nuit profonde, et condamnés pour se sauver à résoudre une énigme, puisque, d'après l'habitude de la justice inquisitoriale notée plus haut, les noms de leurs dénonciateurs doivent leur être obstinément cachés. Il y a même lieu de croire, à ce qu'il semble, que cette ignorance d'un point, si important pour leur salut, est justement ce qui leur fait jeter autour d'eux des regards si pleins de défiance, et leur fait prendre pour certaines des inimitiés qu'ils avaient peut-être à peine soupçonnées jusque-là.

En tout cas, c'est bien rarement que nous voyons les prévenus mettre en avant d'autres moyens de défense. Il faut citer un *alibi* invoqué, le 11 octobre 1252, par G. Vilanière, de Salsigne[1], et qu'il essaye d'établir par la déposition de deux témoins[2], ainsi qu'une lettre de pénitence ou de réconciliation apportée aux juges par un certain Guillem Nègre, et à laquelle ceux-ci n'accordent qu'une médiocre confiance[3].

Quant aux audiences, où ces moyens de défense se trouvent produits devant le tribunal d'Inquisition, on ne saurait en fixer le nombre. Isarn de Pézens en

---

1. *Salsinhanum*, dép. de l'Aude, arr. de Carcassonne, cant. de Mas-Cabardès.
2. 1re partie, fos 24 B, 25 A.
3. 1re partie, fo 19 B.

obtient jusqu'à trois[1]. Plusieurs sont également accordées à Pierre Bernard, de Montaigu[2].

Après cela un autre point à noter, c'est que les témoins, qu'ils soient cités par la justice inquisitoriale elle-même, ou amenés par les prévenus, ne peuvent se dispenser de parler. Cette obligation se montre nettement dans une pièce, à laquelle nous venons d'emprunter un fait d'un autre genre. Le 9 mars 1252, P. de Berriac comparait devant les inquisiteurs. On lui demande à plusieurs reprises si la lettre d'absolution produite par Guillem Nègre est authentique. Il refuse de répondre. Alors on lui enjoint, en vertu du serment qu'il a prêté, de ne pas sortir du palais épiscopal avant d'avoir répondu[3].

Nous allons jusqu'au bout de ce texte pour y relever un détail curieux, bien qu'il ne se rapporte pas directement à ce dont nous parlons maintenant. « Au bout d'un instant, P. de Berriac répond qu'à son avis la lettre en question est fausse. Toutefois, les deux sceaux qui y sont attachés lui paraissent authentiques, et le scribe qui l'a écrite était légalement en droit de le faire[4]. » Ainsi, voilà un nouveau piège, après les dé-

---

1. Ire partie, f° 35 B.
2. Ire partie, f° 29 B.
3. *Anno Domini MCCLI, VII idus marcii. P. de Berriaco comparuit coram inquisitoribus, et requisitus si credit litteram perfectam super purgatione Guillelmi Nigri esse veram, noluit respondere pluries requisitus. Et est sibi injunctum in virtute prestiti juramenti, quod non exeat domum episcopalem quousque responderit.* (Ire partie, f° 19 B.) — C'est là, sans aucun doute, disons-le en passant, un nouvel exemple de cet état d'arrestation, dont nous avons déjà parlé plus haut et que nous avons défini au moyen d'un passage du traité de Bernard Gui.
4. *Et, post aliquod intervallum, respondit et dixit se non credere dictam litteram esse veram. Credit tamen duo sigilla appensa esse vera, et scriptorem qui eam scripsit esse verum et legalem. Et fuit sibi dies assignata die lune post dominicam de Passione ad probandas causas falsificacionis dicte littere.* (Ire partie, f° 19 B.)

positions des faux témoins, dont les juges d'Inquisition ont encore à se garder. Mais nous savons de reste qu'une confiance aveugle n'était pas précisément leur défaut.

5° Il semble, après les formalités diverses dont nous venons d'indiquer rapidement la suite, que l'instruction et même la procédure tout entière soient arrivées à leur terme. En effet, au point où nous sommes parvenu, une seule chose nous reste encore à constater : c'est une dernière assignation faite aux accusés pour les inviter cette fois à venir entendre, à une date et dans un lieu qu'on leur marque, leur sentence définitive[1]. Il semble aussi que ce soit le moment choisi par les inquisiteurs pour demander aux prévenus un serment d'obéissance accompagné d'une caution, s'ils n'ont pas déjà exigé d'eux l'un et l'autre. Dans le cas où ils auraient différé jusque-là cette demande, la promesse faite alors mentionne spécialement que le prévenu, on pourrait dire déjà le condamné, accomplira la pénitence qu'on jugera à propos de lui enjoindre[2].

Le tableau que nous avons essayé de tracer de la procédure inquisitoriale vers le milieu du treizième siècle, d'après les renseignements que nous fournit le manuscrit de Clermont, est évidemment très-sommaire. On nous pardonnera de ne pas lui avoir accordé

1. *Et fuit sibi assignata dies, super his que incenta sunt contra eum in inquisitione et sibi publicatis in presentia predictorum, hac instanti die dominica, ad audiendam diffinitivam sententiam in ecclesia Sancti Vincentii in Burgo.* (Ire partie, f° 17 A.) — *Et est sibi assignata dies dominica proxima ad recipiendam penitentiam super crimine heresis in ecclesia Sancti Michaelis. Et ista assignacio fuit sibi facta sub pena C. librarum et prestiti juramenti.* (Ibid., f° 20 B.)

2. Les exemples de cette sorte de promesse sont très-nombreux. (Voir Ire partie, f°s 2 A, 3, 4 A, etc.)

d'autres proportions, parce que cela nous aurait demandé des développements dont nous n'avions pas la place. Cependant, il demeurerait, non-seulement très-succinct, mais encore inexact, si nous n'y ajoutions quelque chose. C'est l'analyse rapide de certaines affaires, qui, avec d'autres, nous ont permis de composer l'ensemble présenté plus haut.

En effet, les règles que nous avons exposées, et que nous croyons faire dans le plus grand nombre des cas le fond de la procédure inquisitoriale, ne sont pas toujours observées dans la pratique. Du moins, elles ne le sont parfois qu'avec certaines modifications, qui en changent un peu le caractère et même, dans une mesure plus ou moins grande, les effets. On peut dire, en un mot, que si ces règles président à la marche de tous les procès d'Inquisition, elles sont loin d'en former le cadre immuable. Chacun de ces procès, sous l'empire de circonstances très-diverses et inhérentes à la cause même, prend une physionomie distincte. Il s'agit donc de corriger l'idée trop uniforme et, pour ainsi dire, trop rigide, que nous laisserait la théorie considérée toute seule, par l'examen d'un certain nombre de cas particuliers. C'est ce que nous allons essayer, en analysant quelques-unes de ces affaires d'Inquisition choisies comme types.

Nous prendrons d'abord le modèle le plus simple.

« 21 août 1250. Pierre Hot, fils de Raimond Hot, de Villetritouls, a comparu devant l'évêque de Carcassonne. On lui a demandé s'il voulait présenter sa défense au sujet des charges relevées contre lui dans l'instruction ; il a répondu que oui. On lui a demandé s'il avait des ennemis ; il a dit que oui. On lui a assigné alors le jour de la fête de saint Antonin, sixième jour après cette première comparution[1], pour nommer ses ennemis et exposer les causes de leur inimitié[2]. »

11 septembre, même année. Le même Pierre Hot reparait. Trois répondants garantissent qu'il obéira aux ordres de l'évêque, qu'il accomplira la pénitence que celui-ci jugera à propos de lui imposer, et qu'il plaidera régulièrement sa cause. On lui assigne, pour produire tous ses moyens de défense devant le tribunal de l'Inquisition, la veille de la fête de saint Mathieu[3], toute proche en ce moment[4]. Nous n'avons pas la seconde comparution du prévenu, celle où il devait nommer ses ennemis, et prouver par témoins ce qu'il avait dit de leur inimitié. Peut-être aussi ne s'était-il pas présenté ce jour-là.

Voici encore un exemple, qu'on peut rapprocher du précédent à cause de sa simplicité :

« 9 octobre 1252. P. Gili et Guillem Gili, de Fournés[5], ont comparu à Carcassonne devant les inquisiteurs. Ils ont juré de se tenir à leurs ordres, de venir aux jours qui leur seront assignés, et de plaider régulièrement leur cause. On leur a demandé s'ils consentaient à se défendre au sujet des charges relevées contre eux dans l'instruction, et s'ils voulaient qu'on les leur remit par

---

1. La fête de saint Antonin, martyr, le seul dont il puisse être question ici, ne se place réellement que le 2 septembre.
2. *Anno quo supra* (MCCL), *XII kalendas septembris. Comparuit Petrus Hot, filius Raimundi Hot, de Villaritols, coram domino episcopo Carcassonæ, et requisitus si vellt se deffendere de hiis quæ in inquisitione inventa sunt contra eum, dixit quod sic. Item, requisitus si habet inimicos, dixit quod sic. Et ei ei assignata instans feria VI*a* in festo beati Antonini ad nominandum suos inimicos et dicendum causas inimiciciarum contra illos qui inquisitione deposuerunt contra eum. Testes : P. de Baure, magister R. Deodatus et P. Ariberti notarius qui hec scripsit.* (1re partie, fo 3 B.)
3. C'est-à-dire le 20 septembre.
4. 1re partie, fo 5 A.
5. Dép. de l'Aude, arr. de Carcassonne, cant. de Mas-Cabardès.

écrit ; ils ont répondu affirmativement. On leur a demandé également s'ils avaient des ennemis ; ils ont répondu que oui, et ont promis de les nommer au jour qui leur sera fixé. » Pierre Gili proposa quatre répondants, Guillem Gili deux [1].

Les deux exemples suivants ont un autre caractère que celui qui vient d'être présenté. Ils sont plus complets. Le second renferme même toutes les phases diverses de procédure que nous avons mentionnées. De plus, tous les deux offrent certaines circonstances particulières que nous chercherions en vain dans les précédents.

« 19 janvier 1252. P. Morret a comparu devant les inquisiteurs, maître Raoul et maître Raimond Déodat, à Carcassone. On lui a demandé s'il voulait se défendre, et qu'on lui remit par écrit les charges relevées contre lui ; il a répondu que non. On lui a demandé s'il avait des ennemis ; il a répondu affirmativement, et en a nommé trois, séance tenante, en donnant les causes qu'il attribue à leur inimitié. On lui a demandé après cela s'il avait autre chose à alléguer pour sa défense ;

---

1. *Anno Domini MCCLII, VII idus octobris, P. Gili, Guillelmus Gili, de Fornas, comparuerunt apud Carcassonam coram inquisitoribus, et juraverunt se stare mandatis domini episcopi et inquisitorum, et venire ad diem et ad dies sibi assignatas vel assignandas, et dicere causam suam legitime coram ipsis super hiis que obiciuntur eis de crimine hereseos, de quibus dicunt et asserunt penitus se immunes, licet contrarium ab inquisitoribus contra eos obponatur. Et requisiti si volebant se defendere super hiis que in inquisitione inventa sunt contra eos, et si volebant ea in scriptis recipere, dixerunt quod sic. Item, requisiti si habent inimicos, dixerunt quod sic, et illos nominabunt ad diem sibi assignatam. Et quod predicta compleant, dedit fidejussores juratos Petrus Gili sub pena L librarum Raymam de Queriosercerie, Arnaldum Reginam, de Fornas, et P. Bessart, de Salella, et Arnaldum Beeril, de Fornas, pro se ipso. Et Guillelmus Gili dedit pro se fidejussores juratos sub pena L librarum B. Petri, de Riparia, G. Sabaterii, de Insula. Testes : D. de Dasinen, Adalbertus, clericus, et R. Culcell, de Arzinco, et plures alii.* (1re partie, f° 24 B.)

il a répondu que non. Alors, en présence de l'évêque de Carcassonne, des inquisiteurs susdits, et d'un certain nombre d'autres témoins, on lui a communiqué les dépositions recueillies contre lui. Cette formalité accomplie, on lui a demandé encore par trois fois s'il avait quelque chose de plus à dire pour sa défense; il a répondu qu'il n'avait rien à ajouter à ce qu'il avait déjà dit. Enfin, on lui a assigné le dimanche suivant, pour venir entendre sa sentence définitive dans l'église Saint-Vincent, au Bourg de Carcassonne[1]. »

Trois jours plus tard, le même P. Morret et un certain D. Morret, de Conques[2], son frère sans doute, s'engagent par serment et par acte notarié à obéir à tous les ordres de l'évêque et des inquisiteurs, et à accomplir la pénitence qu'ils jugeront à propos de leur imposer. Ils présentent quatre répondants en garantie de l'exécution de cette promesse[3].

1. *Anno quo supra (MCCLI), XIIII kalendas februarii. P. Morret comparuit coram magistris Radulpho, Raimundo Isculato, inquisitoribus, apud Carcasonam; et requisitus si volebat se defendere de hiis que in inquisitione inventa sunt contra eum, et si volebat ea in scriptis recipere, dixit quod non. Item, requisitus, dixit quod habebat inimicos, videlicet B. de Brow et uxores ejus, pro eo quod habuit causam cum eis super quandam aissada; tamen postmodum pacificatum fuit inter eos. Item, B. Seguini est inimicus suus, quia interfecit aliquos de consanguinitate uxoris sue. Item, Saurina est inimica sua, quia ipsa dicebat quod habuerat rem cum filia sua. Et requisitus si aliud volebat dicere vel proponere ad defensionem suam, dixit se nichil aliud scire. Et fuerunt sibi publicata dicta testium in inquisitione contra ipsum inventa in presentia domini episcopi et dictorum inquisitorum, magistri P. officialis, P., capellani de Rupeseca, J., capellani de Insula, et P. Ariberti et multorum aliorum. Et facta publicatione, iterum fuit requisitus semel, secundo et tercio, si volebat aliquid aliud dicere ad deffensionem suam vel aliquas legitimas exceptiones proponere, dixit quod non, nisi sicut dixit. Et fuit sibi assignata dies, super hiis que inventa sunt contra eum in inquisitione et sibi publicatis in presentia predictorum, hac instanti die dominica, ad audiendum diffinitivam sententiam in ecclesia Sancti Vincentii in Burgo.* (I° partie, f° 17 A.)

2. Ch.-l. de cant., arr. de Carcassonne, dép. de l'Aude.

3. *Anno Domini MCCLI, XI kalendas februarii. P. Morret et D. Morret, de Conchis, obligaverunt se et sua per juramentum et publicum*

Nous passons maintenant au second des exemples dont nous avons parlé.

« 17 décembre 1254. Isarn de Pezens a comparu devant les inquisiteurs. On lui a demandé s'il voulait se défendre au sujet des charges que l'instruction avait relevées contre lui. Il a répondu que, pour toute défense, il donnerait les noms de ses ennemis, et exposerait les causes de leur inimitié. On lui a demandé s'il voulait qu'on lui remît par écrit les dépositions qui le concernaient ; il a répondu que non. Il désirait seulement qu'on lui assignât un jour pour nommer ses ennemis et faire connaître les motifs de leur haine. Le jour qu'on lui a assigné est le samedi suivant [1]. »

Au jour dit, le prévenu comparaît, et nomme les ennemis dont il avait parlé. Il raconte comment il s'est attiré leur haine. On lui demande encore, à plusieurs reprises, s'il veut qu'on lui remette par écrit les témoignages recueillis contre lui dans l'instruction ; il refuse. On lui demande également s'il veut nommer d'autres ennemis que ceux qu'il a déjà indiqués ; il répond affirmativement, et réclame un autre jour pour cela. Ce jour lui est accordé. C'est le lendemain de l'Épiphanie (7 janvier) ; mais il devra alors présenter des répondants, qui donneront aux inquisiteurs l'assurance qu'il ne s'enfuira pas, qu'il comparaîtra aux jours qui lui

---

instrumentum, quod ipsi parebunt mandatis omnibus et singulis inquisitorum et domini episcopi, et facient et complebunt omnem penitenciam, quam sibi pro crimine heresis duxerint injungendam. Et fidejusserunt pro ipsis s pena centum librarum B. Raimundi, sabaterius, de Burgo, G. Garcias, P. Engaraben et Poncius Engaraben, de Burgo, se et sua quisque in solidum obligantes per juramentum et publicum instrumentum. Testes : P. de Brugairat, capellanus, magister Garcias, Jo. Fumerius et P. Ariberti notarius qui hec scripsit. (1re partie, f° 17 R.)

1. Le 17 décembre 1254, jour de la première comparution d'Isarn de Pezens, tombe un jeudi ; le samedi suivant répond donc au 19 du même mois.

seront assignés, qu'il plaidera régulièrement sa cause, et obéira à tous les ordres qui lui seront signifiés.

Au jour qui lui a été fixé, Isarn de Pezens comparait de nouveau. C'est la troisième fois. Il déclare n'avoir pas trouvé de répondants. Il ne peut ou ne veut pas nommer d'autres ennemis que ceux qu'il a déjà indiqués. Mais, pour fournir la preuve des inimitiés alléguées par lui, il amène trois témoins, qui jurent de dire la vérité. Lui-même promet par serment de se défendre et de plaider régulièrement sa cause par-devant les inquisiteurs, sans avoir recours à aucune fraude. Suivent les dépositions des témoins amenés par l'accusé. Puis, dans la même journée, celui-ci demande un jour encore pour produire d'autres témoins. On lui accorde ce jour, qui est le jeudi suivant.

Au jour dit (14 janvier 1255), Isarn de Pezens reparait, amenant avec lui deux nouveaux témoins. Quand ils ont fait leur déposition, on assigne encore un autre jour au prévenu pour une nouvelle comparution. Le jour fixé est le lendemain de la fête de saint Vincent (23 janvier). On lui demande en même temps s'il a quelque chose à ajouter pour sa défense; il répond que non [1].

---

1. Nous donnons en entier, malgré leur longueur, les différentes pièces concernant cette affaire d'Isarn de Pezens, parce qu'elles forment l'ensemble le plus curieux peut-être en ce genre que nous offre le manuscrit de Clermont.

Anno quo supra (MCCLIIII), XVI kalendas januarii. Isarnus de Pezenco comparuit coram inquisitoribus, et requisitus si vellet se defendere de hiis que inveniuntur in inquisitione super facto heresis contra ipsum, dixit quod non aliter nisi quod tradet nomina inimicorum suorum, et causam inimiciciarum expresset. Item, requisitus si vult recipere in scriptis ea que inveniuntur contra ipsum, dixit quod non, sed petit dies sibi assignari ad inimicos (sic), et dicendum causas inimiciciarum. Et ad hoc fuit dies sabbati proxima ex parte inquisitorum assignata.

Qua die comparuit dictus Isarnus, et nominavit pro inimicis Rogerium

Nous terminerons ces analyses rapides par la reproduction des deux pièces suivantes. Elles offrent des circonstances particulières, qui contrarient et abrègent le développement régulier de la procédure.

« 14 octobre 1258. Pierre de la Garde, de Conques, a

Iarni, de castro de Conchis, fratem quendam Petri Iarni, P. Regis et Raimundus Regis fratres, de Conchis, et amicos eorum, quia tempore quo idem Iarnus de Peinco necabatur cum Raimundo de Sacarduno simul cum Pavre de Biraco, idem Pavre fuit captus ab inimicis Ecclesie qui vocabantur apud Cabaretum, et ibi fuit adductus. Tandem ipse Iarnus ivit ad dictum castrum de Cabareto, et ibi locutus fuit de mandato dicti R. de Sacarduno redempcionem dicti Pavre (f° 83 R, 1re partie), et reduxit eum inde. Et fuit sibi dictum, quod Petrus Iarni predictus, avuigue tunc Raimundi de Sacarduno predicti, consideravit eum, et provocaverat capcionem. Et hoc audito, dictus R. de Sacarduno fecit vocari et vocavit dictum P. Iarni super hoc de prodicione, et fuit factum duellum, et in illo duello victus fuit P. Iarnus sepe dictus. Unde, cum Iarnus de Peinco esset tunc pro parte predicti R. de Sacarduno contra P. Iarni, credit quod Rogerius Iarni, P. Regis et Raimundus Regis et alii amici dicti P. Iarni sunt inimici sui capitales. Item, R. Pogesii, de Cabareto, Rogerius Guaterii, Bernardus de Plassanis, et R. Duraudi et Ulices sunt inimici dicti Iarni, quia ipse Iarnus, ut dicit, procuravit eis talia mala tempore guerre, quo vivebatur cum Raimundo de Sacarduno. Item, requisitus plura si vellet scripta contra se inculta in inquisitione recipere et cum eis deliberare, dixit quod non. Item, requisitus si vellet plures inimicos nominare, dixit quod sic, et super hoc petit diem sibi assignari. Et fuit ei dies assignata dies et hoc in crastino Apparicionis Domini, et ad probandum et ad dicendum causas inimiciciarum dictorum inimicorum et dicendum et proponendum quicquid dicere vel proponere voluerit legitime ad defensionem suam. Et tunc debet dare fidejussores quod non aufugiet, sed stabit ad diem et ad dies sibi assignatas, et causam suam duret (sic) coram inquisitoribus, et parebit mandatis omnibus et singulis corumdem.

Qua die comparuit dictus Iarnus, et requisitus, dixit quod non poterat habere fidejussores, nec scivit nec voluit plures inimicos nominare. Verumtamen ad probandum inimicicias predictas et causas eorumdem produxit hos testes, scilicet G. (f° 34 A) Picairola, R. Picairola fratres ejus, creussaigati pro heresi, et B. Testoris, de Conchis, qui in presencia ejusdem juraverunt dicere veritatem. Et idem Iarnus juravit se defendere legitime et causam suam dicere (sic) coram inquisitoribus sine fraude.

G. Picairola juratus dixit quod Rogerius Iarni, frater quendam Petri Iarni, P. Regis et R. Regis, consanguinei ejusdem Petri, sunt inimici Iarni de Peinco militis, pro eo quia ipsi credunt quod dictus Iarnus procuravit necem predicti Petri Iarni. Requisitus quomodo scit ita quod ipsi procuraverint, respondit se nescire nec etiam credit, tamen bene audivit dici. Aliam causam inimiciciarum nescit, ut dicit, inter eos. Vidit tamen quod Petrus Regis et R. Regis retulaverunt postmodum malleciens eumdem

comparu à Villalier[1] devant l'évêque de Carcassonne. On lui a demandé s'il voulait se défendre au sujet des charges que l'instruction avait relevées contre lui ; il a répondu affirmativement. On lui a demandé aussi s'il voulait qu'on lui remit ces indications par écrit ; il a répondu qu'il le voulait bien. On lui a demandé, enfin, s'il avait des ennemis ; il a répondu qu'il en avait, en effet, et il a donné leurs noms par écrit ; mais il a refusé d'en nommer un plus grand nombre. Il y a plus ; il renonce même, dit-il, à tirer parti de la désignation qu'il a faite de ses ennemis... Le même jour, on lui a remis par écrit les témoignages réunis contre lui dans l'instruction, et on lui a ordonné de comparaitre dix jours plus tard devant l'évêque de Carcassonne, quel que soit le lieu du diocèse où il pourra se trouver alors, afin de produire pour sa défense tout ce qui lui plaira[2]. »

Isarnum, et locuti fuerunt familiariter multociens, & d dictus Rogerius non locutus fuit ei postea.

R. Picairola, testis juratus, dicit idem.

R. Textor, testis juratus, dixit idem ; dixit tamen amplius se credere quod dictus Isarnus procuracerit dictam necem, et quod istud audivit dici a multis.

Postmodum, eadem die, dictus Isarnus peciit aliam diem ad producendum super premissis plures testes ; que fuit sibi concessa, scilicet die Jovis proxima pro secunda productione.

Qua die comparuit, et produxit hos testes, videlicet P. Arnaldi et P. Girazit.

Quere infra, in II folio.

Anno Domini MCCLIIII, XIX kalendas februarii, P. Arnaldi, filius quondam Petri Arnaldi, testis juratus, dixit idem quod G. Picairola, excepto quod non vidit P. Regis et P. Regis inter se colloquentes.

Anno et die predictis, P. Girazit, de Conchis, testis juratus, dixit idem quod proximus.

Quibus testibus receptis, fuit assignata alia dies dicto Isarne, scilicet in crastinum festivitatis beati Vincencii, pro tercia productione. Requisitus si volebat aliud dicere ad deffensionem suam, dixit quod non. (Ibid., f° 33 B.)

1. Dép. de l'Aude, arr. de Carcassonne, cant. de Conques.
2. *Anno Domini MCCL, II ydus octobris, Petrus de Garda, de Conchis,*

« 2 décembre 1250. Arnaud Pagès, de Moussoulens, a comparu à Carcassonne devant l'évêque. On lui a demandé, s'il voulait se défendre au sujet des charges relevées contre lui dans l'instruction; il a répondu que personne ne pouvait rien dire contre lui qui fût exact. On lui a demandé également, s'il consentait à ce qu'on lui remit par écrit les témoignages rassemblés contre lui; il a répondu que non, et qu'il ne voulait pas se défendre davantage. On lui a demandé encore s'il avait des ennemis; il a répondu qu'il en avait, et il a désigné comme tels B. Gausbert et Martin Montanier. Mais il n'a pu attribuer aucun motif raisonnable à la haine dont il se croit poursuivi par eux, et s'est refusé à nommer d'autres ennemis[1]. »

Il nous serait facile d'ajouter bien des exemples à ceux que nous venons de présenter, car le manuscrit dont nous faisons l'analyse fournirait un nombre pres-

---

comparuit apud Villalerium coram domino episcopo Carcassone; et requisitus si velit se defendere de his que in inquisitione inventa sunt contra eum, dixit quod sic. Item, requisitus si vult ea in scriptis recipere, dixit quod sic. Item, requisitus si habet inimicos, dixit quod sic, et tradidit eos in scriptis, et plures inimicos non vult nominare; imo renunciat, ut dicit, nominacioni inimicorum. Testes: dominus Guiraudus, P. de Bauce, magister R. Deodatus et P. Ariberti notarius publicus qui hec scripsit.

Item, eadem die, fuerunt sibi tradita dicta testium in scriptis, que contra ipsum deposuerunt in inquisitione, et est ei assignata instans feria VI[a] ut compareat coram domino episcopo, ubicumque sit in dyocesi Carcassone, ad proponendum et exipiendum et dicendum quod voluerit ad deffensionem suam. Testes: magister R. Deodatus, P. de Bauce et P. Ariberti notarius publicus qui hec scripsit. (I[re] partie, f° 5 B.)

1. Anno quo supra (MCCL), IIII nonas decembris, Arnaudus Pagesii, de Mossolens, comparuit apud Carcassonnam coram domino episcopo Carcassonne; et requisitus si vult se defendere de hiis que in inquisitione inventa sunt contra eum, respondit quod nullus pro vero potest aliquid dicere de ipso. Requisitus si velit ea in scriptis recipere, dixit quod non, et aliter non vult se deffendere. Item, requisitus si habet inimicos, dixit quod sic, B. Gausbert et Martinum Montanerii; sed nullam legitimam causam inimiciciarum assignavit, et alios inimicos noluit nominare. (Ire partie, f° 6 B.)

que illimité de citations de ce genre. Mais nous nous en tiendrons là. Les pièces que nous avons présentées ne donnent pas, il s'en faut, tous les cas possibles. Surtout, elles n'offrent qu'un petit nombre des modifications, et en quelque sorte des déviations, que pouvait subir dans sa marche régulière la procédure inquisitoriale. Cependant, jointes aux principes que nous avons essayé d'établir d'après l'étude du recueil tout entier, elles donneront peut-être, il nous le semble, une idée sommaire de cette procédure que nous avons tenté de décrire, au moins dans ses lignes générales. Nous allons, du reste, ajouter à ces indications rapides l'examen d'un genre d'affaires à part, mais très-fréquentes par suite de la jurisprudence spéciale des tribunaux d'Inquisition. Nous voulons parler des procès poursuivis contre des personnes défuntes, dont l'orthodoxie se trouve mise en doute après leur décès, ou contre les héritiers de ces mêmes personnes, mortes sans avoir accompli les pénitences qui leur avaient été imposées.

3º PROCÉDURE CONTRE LES HÉRÉTIQUES DÉFUNTS

L'Inquisition prétendait faire comparaître dans tous les cas à son tribunal les hérétiques vivants. Elle prétendait aussi en rendre justiciables les hérétiques défunts. « Le crime d'hérésie, dit Bernard Gui dans son traité, doit être poursuivi non-seulement chez les vivants, mais même chez les morts, surtout quand il s'agit d'interdire à des héritiers de recueillir une succession, à cause des croyances de celui qui la leur a transmise[1]. »

1. ... Attendentes qu'ed crimen heresis, propter sui immanitatem et enor-

Voilà, en quelques mots, la raison et le but principal de cette curieuse procédure d'outre-tombe. Le crime d'hérésie est trop grand pour que la mort même puisse l'effacer. La peine, si elle n'a pu atteindre le coupable, soustrait à la justice inquisitoriale par une puissance devant laquelle les inquisiteurs doivent s'arrêter, malgré leur acharnement, frappera du moins ceux qui lui tiennent de près ou qui lui sont chers, ses parents, ses enfants. Écartés jusqu'à la deuxième génération de tout office public pour des fautes dont ils sont innocents[1], il leur faudra encore être ruinés en punition de ces mêmes fautes[2]. C'est alors que s'accomplira réellement en leur personne la cruelle parole des lois de Frédéric II : « Au souvenir du crime paternel, ils devront se consumer en regrets incessants[3]. »

militen, non adum in vivis sed etiam in mortuis debeat vindicari, maxime in eo casu, in quo haeredes ad successionem non debent ob haeresim seu culpam haeresis sui auctoris admitti... (Practica, III° pars, f° 36 D. — Voir également ibid., f° 37 A, B.)

1. Les lois de Frédéric II contre les hérétiques sont formelles sur ce point... *Quia, quanto majora divinae nutu miserationis accipimus, et altiorem locum prae filiis hominum obtinemus, tanto debemus devotiora obsequia gratitudini conferentis; si quando igitur in nostri nostialis contemptores excandescit auctoritas, si reos laesae majestatis, in perennis eorum et suorum liberorum, exhaereditatione damnamus, multo fortius justiusque contra Dei blasphematores nomisis, et catholicae destructores fidei, procedamus, eorumdem haereticorum, receptatorum, fautorum et adsecutorum suorum haeredes et posteros, usque ad secundam generationem, beneficiis cunctis temporalibus, publicis officiis et honoribus, imperiali auctoritate privantes...* (I'° constitution contre les hérétiques, Voir ce texte dans Limborch, pp. 48, 49.) — Les décrets de Frédéric II sont confirmés en France par une prescription de Louis IX, datée d'octobre 1258. Les papes (voir *Litterae apostolicae*, dans Eymeric, *Direct. inquis.*, édit. de Fr. Pegna, *sub fin*), les prélats, les conciles, sanctionnent les lois portées par l'autorité civile, et l'application en est perpétuelle durant tout le treizième siècle.

2. En dehors même de la procédure spéciale dont nous allons nous occuper, les lois du même Frédéric II avaient établi purement et simplement, que les fils d'hérétiques ne recueilleraient pas la succession de leur père, cette succession étant confisquée au profit de l'État. (Voir *Corpus juris civilis : Frederici secundi imp. constitutiones*, tit. I, § 5.)

3. *In paterni memoriam criminis continuo moerore intabescant, ter-*

Nous reconnaissons ici la pénalité d'une époque barbare et aveugle. L'Inquisition ne l'avait pas imaginée, il est vrai ; mais nous devons constater aussi qu'elle se l'était appropriée avec empressement, qu'elle n'avait rien fait surtout pour en atténuer les proscriptions odieuses. Et encore, dans cet ensemble de peines édictées contre les hérétiques défunts, nous avons en vue celles-là seulement, que nous qualifierions volontiers de sérieuses et de réelles. Nous ne parlons pas de l'exhumation des cadavres, traînés sur la claie à travers les rues des villes et enfin brûlés, châtiment sans portée véritable, infligé brutalement à la matière insensible, et fait, il semble, pour inspirer le dégoût et l'horreur plus encore que la crainte[1].

Le manuscrit de Clermont nous fournit un certain nombre d'exemples de cette curieuse procédure par-delà la mort. Elle renferme, d'ailleurs, deux catégories d'affaires. Dans l'une, le procès intenté aux coupables ne peut aboutir qu'à la condamnation de leur mémoire, accompagnée de la confiscation totale de leurs biens, et de l'exhumation de leurs restes. Il ne

---

scientes, quod Deus est zelotes, peccata patrum in filios potenter ulciscens. (1ʳᵉ constitution contre les hérétiques ; Limborch, p. 49.)

1. L'exhumation, avec l'appareil dont on l'entourait au treizième siècle, se trouve décrite dans un passage de la Chronique de Guillem Pelisson, reproduit par Percin. (*Monum. conv. Tolos.*, p. 51, n° 41.) Nous citerons ce morceau singulièrement expressif : *In tempore illo* (1236)..., *magni burgenses et nobiles domini et quidam alii per sententiam condemnati sunt et de cimiteriis villae* (Toulouse) *a dictis Fratribus, praesente vicario et populo, extumulati et ignominiose ejecti, et ossa eorum et corpore sequentia per villam tracta, et voce tubicinatoris per vicos proclamata et nominata, dicentis : Qui aytal fara, aytal perira ; et tandem in Prato comitis sunt combusta ad honorem Dei et beatae Mariae, matris ejus, et beati Dominici, servi sui...* (Bibl. de Carc., n° 6119, p. 15.) — Voir également Doat, t. XXI, f°ˢ 32, 313-315 A; t. XXVII, f°ˢ 97, 98 ; t. XXXII, f°ˢ 113 B-116 A, 118 et suiv.; t. XXXIV, f°ˢ 219 B-224 A; — *Hist. de Lang.*, édit. orig., t. III, liv. XXV, pp. 402-405, 411; liv. XXVI, p. 181; — Hauréau, *Bernard Délicieux*, p. 140, note 1.

peut être question d'un arrangement entre la justice inquisitoriale et les parents ou héritiers, qui ne paraissent que pour plaider en faveur de l'orthodoxie des défunts. Ceux-ci, ou bien n'ont jamais eu affaire aux inquisiteurs, et n'ont été contraints par eux ni à l'abjuration, ni à aucune pénitence, leurs croyances hérétiques n'ayant été découvertes qu'après leur décès; ou bien, poursuivis dès leur vivant et réconciliés avec l'Église, ils sont revenus à leurs erreurs, et c'est comme relaps qu'une nouvelle procédure s'instruit contre eux, lorsqu'ils ont déjà cessé de vivre.

Voilà la première catégorie de ces sortes de procès. Dans la seconde, les coupables dénoncés, convaincus avant de mourir, se sont vu imposer une pénitence, les croix à porter, un pèlerinage à faire. Mais, cette pénitence, ils sont morts sans l'avoir accomplie pour une raison ou pour une autre. L'Inquisition s'adresse alors à leurs héritiers, et leur demande en échange une compensation généralement pécuniaire, qui se règle par une sorte d'arrangement à l'amiable entre les deux parties.

Voici quelques pièces, qui serviront de types pour chacune de ces différentes classes d'affaires.

« 6 mai 1252. B.-Étienne Catala a comparu devant l'inquisiteur, maître R. Déodat. On lui a demandé s'il était l'héritier d'Arnaud-Raimond, son frère; il a répondu que oui, et que c'était lui, en effet, qui, après la mort d'Arnaud, avait recueilli son héritage. On lui a demandé encore si le défunt s'était confessé du crime d'hérésie; il a répondu qu'il s'en était confessé à son curé, ainsi qu'il le lui a entendu dire. On a donné alors huit jours à Étienne Catala pour prouver que ledit Arnaud s'était réellement confessé, comme il le prétend, et pour déclarer s'il voulait défendre son frère au sujet du fait d'hérésie dont il est accusé[1]. »

« 18 avril 1256. G. de Ventériac, d'Alzonne, héritier de son père, Bernard de Ventériac, et G. d'Espagne, héritier de na Viga, de Villemoustaussou[2], ont comparu devant les inquisiteurs. On leur a demandé, s'ils voulaient défendre les défunts susdits du soupçon d'hérésie que l'instruction a fait naître contre eux ; ils ont répondu que non. Toutefois, G. d'Espagne a prétendu que sa mère avait communié à son lit de mort, et que le curé avait reçu sa confession ; mais il ignore si elle s'est confessée du crime qui lui est imputé, et il n'a pas l'intention de la défendre sur ce qu'elle a fait durant sa vie[3]. »

« 19 avril 1256. Pierre Amiel, d'Arzens, a comparu devant les inquisiteurs. On lui a demandé s'il voulait défendre Riche Ferréol, sa sœur, dont il est l'héritier, et Pons Ferréol, son mari, du crime d'hérésie que l'instruction a relevé contre eux ; il a dit que non, parce qu'il ne le pourrait pas[4]. »

---

1. *Anno Domini MCCLII, R. Stephani Catalani comparuit, II nonas maii, coram magistro R. Deodato inquisitore ; et requisitus si erat heres Arnaldi Raimundi, fratris sui, dixit quod sic, et post mortem ipsius recepit de bonis suis tanquam heres. Et requisitus si fuit confessus super facto heresis, dicit quod sic capellano, ut audivit ab eo. Et est assignatum spatium VIII dierum ad probandum confessionem dicti Arnaldi, et ad declarandum utrum velit deffendere eumdem fratrem suum super heresi.* (II° partie, f° 22 A.)

2. Dép. de l'Aude, arr. de Carcassonne, cant. de Conques.

3. *Anno Domini MCCLVI, XIIII kalendas maii, G. de Venteriaco, de Alzona, heres patris sui, Bernardi de Venteriaco, et G. de Yspania, heres de na Viga, de Villamostausso, comparuerunt coram inquisitoribus, et requisiti si volebant prenominatos B. et Vigam defunctas defendere de hiis que in inquisitione super facto heresis intentantur contra eos, dixerunt quod non. Tamen G. de Yspania dixit quod mater sua communicavit in morte, et capellanus audivit ipsam in confessione ; tamen nescit si fuit sibi confessa super crimine memorato. De hiis que fecit in vita non vult eam defendere.* (I° partie, f° 37 bis B.)

4. *Item, Petrus Amelii, de Arzenco, comparuit, XIII kalendas maii,*

Les trois pièces que nous venons de citer sont des exemples de la catégorie de procédures indiquée en premier lieu. La première et la seconde sont remarquables par le témoignage qui s'y trouve mentionné, et qui devra jouer un rôle important dans l'affaire, celui du curé du lieu où habitait le défunt. C'est là une indication conforme à ce que nous apprend en général le traité de Bernard Gui, de la part considérable que le clergé séculier était tenu de prendre à la procédure inquisitoriale, sous peine d'excommunication[1]. La seconde de ces pièces aussi, comme la troisième, présente le fait curieux du refus des héritiers de défendre ceux dont ils ont recueilli la succession. C'est là renoncer implicitement à l'héritage, que leur qualité de parents leur a d'abord assuré, car le refus, qu'ils croient devoir opposer aux sommations des inquisiteurs, aura pour conséquence immédiate la confiscation totale des biens du défunt mis en cause.

Les exemples que nous allons donner maintenant laissent supposer, ou même marquent expressément, une conclusion moins absolue de ces curieuses procédures. Ils appartiennent à la seconde catégorie, dans laquelle nous avons dit qu'intervenait une sorte d'arrangement entre les héritiers et le tribunal de l'Inquisition.

coram inquisitoribus, et requisitus si volebat Richam Perriolam, sororem suam, cujus est heres, et Poncium Perreoli, virum ejus, defendere super illis que in inquisitione intentata sunt de heresi contra eos, dixit quod non, quia non posset. (Ibid., ut supra, même f°.)

1. Voir *Practica*, I° pars, notamment les pièces suivantes (f° 8 B, C, D) : *Forma citandi testes nominatos in causa defensionis alicujus defuncti coram inquisitore. — Forma alia specialis in modo loquendi ad citandum aliquem capellanum seu sacerdotem in causa defensionis alicujus defuncti coram inquisitore. — Forma secunde citationis, si non comparuerit prima vice.*

« 21 mars 1253. Pons Vidal et Raimonde, veuve de Pierre Vidal, de Conques, ont comparu devant l'inquisiteur, maître R. Déodat. Ils ont reconnu être les héritiers de feu Jean Vidal, à qui l'on avait ordonné un pèlerinage d'outre-mer d'une durée de cinq ans. Ladite Raimonde n'est, d'ailleurs, héritière qu'au nom de son mari. On leur a assigné un jour dans l'octave de la fête de saint Benoît, afin de déclarer ce qu'ils ont eu en héritage dudit défunt, et quelle peut en être la valeur. — Au jour dit, ils ont comparu, et ont déclaré que l'héritage en question valait vingt livres. On leur a enjoint d'amener sous huit jours des répondants auxquels on puisse se fier, qui garantiront le payement de la somme à fournir en compensation du pèlerinage que n'a pas accompli Jean Vidal. On leur a enjoint aussi de venir avant la Saint-Jean donner satisfaction aux inquisiteurs à ce sujet; sinon, qu'ils renoncent à la succession tout entière[1]. »

---

1. *Anno quo supra* (MCCLII), *XII kalendas aprilis. Poncius Vitalis et Raimunda, uxor quondam Petri Vitalis, de Conchis, comparuerunt coram magistro R. Deodato inquisitore, et recognoverunt se esse heredes Johannis Vitalis defuncti, cui injunctum fuerat ad V annos passagium transmarinum. Verumtamen, dicta Raimunda non est heres nisi nomine viri sui predicti. Et est eis assignata dies in octabam beati Benedicti, ad respondendum quantum tenent de hereditate dicti defuncti, et quid potest valere. — Qua die comparuerunt et dixerunt quod hereditas predicta valet XX libras. Et fuit eis injunctum quod infra VIII dies adducant bonos fidejussores ad solvendam estimationem que fit super recompensatione passagii dicti Johannis Vitalis. Et fuit eis injunctum quod infra festum sancti Johannis veniant coram nobis satisfacturi super dicta estimatione; alioquin dimittant totam illam hereditatem.* (Ire partie, f° 27 A.)

Une seconde pièce nous instruit des suites de cette affaire, et nous donne en même temps le taux de la compensation pécuniaire imposée à Pons Vidal, l'un des héritiers mis en cause. En voici le texte : *Anno quo supra* (MCCLII), *XV kalendas septembris. Poncius Vitalis, de Conchis, comparuit coram magistro R. Deodato inquisitore, et recognovit se esse heredem, una cum P. Vitali, fratre suo nunc defuncto, Johannis Vitalis, avunculi sui, cui injunctum fuerat ad quinquennium passagium transmarinum; et injunctum fuit ei quod, infra diem sabbati, satisfaciat pro ipso per recom-*

« 19 février 1256. Bernard Algai, Arnaud Guillem, Pons Cerda et Guillem de Marcellenx ont comparu sur une citation des inquisiteurs. On leur a demandé de prendre sur les biens de feu Raimonde Barbaira, autrefois condamnée à porter des croix pour le crime d'hérésie dont elle s'était rendue coupable, de quoi payer une compensation pour les pèlerinages qui lui avaient été ordonnés de son vivant. Ils ont répondu en demandant qu'on fit un inventaire des biens de ladite Raimonde; ce qui a eu lieu [1]. »

Suit cet inventaire très-précis, que nous laissons de côté pour voir la suite de l'affaire [2].

« 7 mars, même année. Algai *de Radolinco,* et pour lui, sur la commission qu'il leur en a donnée, B. de Cavanac et Amblard Celler ont promis avec garantie (*fide plecita*) [3] de payer d'ici Pâques quarante sous, pris sur les biens de Raimonde Barbaira, en compen-

---

pensacionem ejusdem passagii in XX libris turonensibus. (*Ibid., ut supra,* f° 22 A.)

1. *Anno Domini MCCLV, XI kalendas marcii. Bernardus Algay, Arnaldus Guillermi, Poncius Cerdani et Guillelmus de Marcellenx citati comparuerunt. Qui requisiti super bonis Raimunde Barbairane defuncte, quondam pro heresi crucesignate, quod satisfacerent pro ipsa super eo quod non perfecerat peregrinationes sibi injunctas pro eodem crimine, tempore quo vivebat, responderunt quod volebant ut bona ipsius Barbairane annotarentur et scriberentur, et sic factum in hunc modum.* (Ire partie, f° 37 A.)

2. En voici pourtant le texte. Nous le donnons à titre de curiosité.

Arnaldus Guillelmi juratus dixit se habere I culcitram de pluma, I auriceriare et I pulcinar de bonis predictis; alia vero bona ipsius habent Bernardus Algai et Poncius Cerdani.

Bernardus Algay juratus dixit se habere de bonis predictis I archam, I capram canam cum pellibus agnorum, I caneam blancam et flatum, II linteos, I saccum, I saumatam vini, III sedarios arraonis, caligas ipsius defuncte, IIII sclidos melgoricenses et I facenam.

Poncius Cerdani juratus dixit se habere de bonis predictis VII bestias cum lana, II capras, II edos, II agnes. (*Ibid., ut supra,* même folio.)

3. Voir, sur cette forme de promesse, Du Cange, art. *Plegius,* au mot *Plevire.*

sation des pèlerinages, qui lui avaient été ordonnés de son vivant pour le crime d'hérésie dont elle s'était rendue coupable, et qu'elle n'a pas accomplis. Mais, sur cette somme l'official de Carcassonne doit toucher vingt sous, parce qu'il était, à ce qu'il prétend, créancier de ladite Barbaira, et Algai doit indemniser, en outre, ses répondants. La somme une fois payée, l'Inquisition n'aura plus rien à réclamer sur les biens en question [1]. »

Les trois pièces que nous venons de citer sont, il semble, des plus significatives. La seconde et la troisième surtout, l'une avec l'inventaire des biens de la personne incriminée, l'autre avec la curieuse réclamation de l'official de Carcassonne, intervenant au milieu de l'accord entre l'un des héritiers et les inquisiteurs, nous donnent bien la marche et le caractère de cette sorte de procédure. Nous voyons, en somme, qu'elle aboutit presque toujours pour la justice inquisitoriale à une confiscation absolue ou partielle des biens des hérétiques. Dans quelles proportions se fait cette confiscation, quand elle n'est que partielle, c'est ce qu'il serait difficile de dire. Cependant, si l'on en juge par la valeur probablement assez mince des objets mobiliers composant le lot du légataire, qui justement s'arrange avec l'Inquisition, les quarante sous qu'il est

---

1. *Anno quo supra (MCCLV), nonas marcii. Algay de Radolinco, et pro eo et mandato ejus B. de Cucanacho, sartor, et Amblardus Celler promiserunt se daturos fide plevita XL solidos usque ad Pascha Inquisitionis negocio de bonis Barbairane defuncte, pro eo quod non perfecerat peregrinaciones sibi injunctas pro heresi, tempore quo vivebat. Verumtamen, officialis Carcassone debet habere XX solidos de predicta summa, quia, ut dicit, Barbairana predicta erat sibi debitis obligata; et Algay antedictus debet servare indempnes super hoc fidejussores suos antedictos. Et hoc persoluto, bona predicta sint ex parte Inquisitionis absoluta.* (Ire partie, f° 37 B.)

contraint de payer doivent représenter une bonne partie, peut-être la moitié de la succession, ce qui ne nous permettra guère cette fois encore de soupçonner que les inquisiteurs aient jamais péché par excès d'indulgence.

Nous n'ajouterons rien de plus à ces indications. Si rapides et si incomplètes qu'elles soient, comme nous le reconnaissons volontiers, elles n'en représentent pas moins à peu près tout ce que le manuscrit de Clermont pouvait nous fournir de renseignements sur le curieux genre de procédure, dont nous voulions donner une idée. L'exposer dans tous ses détails et sous toutes ses faces, ce serait entreprendre un travail plus long que ne le comportent les limites de cette étude. Ce serait aussi nous contraindre à faire appel à des éléments pris en dehors du recueil, dont l'analyse est en ce moment notre seul but [1]. Voilà pourquoi, nous le répétons, tout en avouant l'insuffisance de cette étude sur un côté si intéressant de la procédure inquisitoriale, nous n'irons pas au delà.

4° LA CAUTION DANS LA PROCÉDURE INQUISITORIALE

Il nous semble impossible de ne pas compléter ces indications sommaires sur la procédure usitée dans

---

[1]. Ces éléments se trouvent presque exclusivement, et, comme on peut le penser, en abondance, dans le traité de Bernard Gui. La première partie de ce traité ne renferme pas moins de neuf pièces (f⁰ˢ 7 B-9 B), consistant en citations adressées à des héritiers de personnes défuntes et soupçonnées d'hérésie, ou en sommations à des membres du clergé séculier d'aider la justice inquisitoriale dans ces sortes d'affaires. La seconde partie nous offre cinq formules diverses de sentences de condamnation contre des hérétiques défunts (f⁰ˢ 36 C-38 B). — Voir, également sur ce sujet, Doat, t. XXI, f⁰ 53 B, et t. XXXI, f⁰ 119; — Hauréau, *Bernard Délicieux*, pièces justificatives, I, p. 171.

une cour d'Inquisition, vers le milieu du treizième siècle, par quelques remarques à propos d'une des formalités qu'on y voit reparaître le plus souvent. Cette formalité, que nous avons mentionnée nous-même à plusieurs reprises dans ce qui précède, et qui se trouve notée en tout cas dans la plupart des pièces dont nous avons cité le texte, c'est la caution (*fidejussoria cautio, obligatio fidejussoriæ cautionis*).

Elle se montre, pour ainsi dire, à tout instant dans le développement de l'instruction, telle que l'entend la justice inquisitoriale et telle que nous l'avons présentée dans notre analyse [1]. Mais, le moment précis, où les accusés peuvent être mis en demeure d'avoir à la fournir, est presque toujours la fin de leurs interrogatoires, ou du moins du premier des interrogatoires subis par eux. Les cas où elle peut être imposée se résument dans quatre principaux. Il s'agit pour les inquisiteurs d'obtenir de la part des prévenus des garanties, soit en vue d'une seconde comparution à leur tribunal, soit en vue de l'exécution d'une pénitence déjà fixée ou encore à fixer, soit pour empêcher qu'un inculpé échappe à l'internement provisoire où il a été mis, soit enfin pour faire rentrer au jour dit dans les cachots de l'Inquisition un prisonnier, qui a obtenu la permission d'en sortir temporairement [2].

La justice inquisitoriale n'accepte pas, d'ailleurs, la caution imposée par elle, sans prendre en quelque sorte toutes ses sûretés morales et matérielles. En

---

1. Les cas de promesse pure et simple d'obéir aux ordres des inquisiteurs, sans accompagnement de caution, sont extrêmement rares. (Voir pourtant Ire partie, f°s 2 A et 40 B.)

2. Voir, pour le premier cas, Ire partie, f°s 2 B, 3 A, 26 B; pour le deuxième, *ibid.*, f°s 2 A, 3 A, 4 A, 37 *bis* A; pour le troisième, *ibid.*, f° 2 B; pour le quatrième, *ibid.*, f°s 3 A, 4 A, 15 A.

effet, à l'indication pure et simple qu'il y a eu une caution fournie par l'accusé (*fidejussit, fidejuravit, fidejusserunt*), dont se contente parfois le notaire d'Inquisition, s'ajoute dans le plus grand nombre des cas ce renseignement, qu'elle l'a été sous serment (*per juramentum*). Un certain nombre d'épithètes précisent même, d'habitude, la nature de ce serment prêté sur les Évangiles. Il est qualifié de *publicum*, de *proprium*, de *perpetuum* [1], de *corporale* [2].

De plus, il est dressé presque toujours un acte notarié (*publicum instrumentum*) de l'obligation contractée par les répondants (*fidejussores*) [3]. Ceux-ci engagent à la fois leurs personnes et la totalité de leurs biens, en vue du payement éventuel de la somme promise par eux [4]. Quelquefois, ils vont jusqu'à se constituer en otages à la disposition des inquisiteurs [5]. Dans tous les cas, ils se reconnaissent solidaires les uns des autres, pour verser intégralement, et chacun d'eux pris à part, entre les mains de l'Inquisition, le montant de la caution qui a été stipulée, si l'inculpé en faveur duquel ils ont répondu ne tenait pas ses promesses [6].

1. Pour cette désignation, voir 1re partie, f° 10 A.
2. Sur ce qu'on entendait par *corporale juramentum* ou *corporalis fides*, voir Du Cange, art. *Corporalis*.
3. C'est là toutefois une formalité dont l'exécution semble laissée au gré des répondants.... *Et concesserunt fieri publicum instrumentum*, disent un certain nombre de pièces. (Voir 1re partie, f° 13 B, 14 B.)
4. *Se et omnia bona sua obligaverunt...* (1re partie, f° 2 B.) — *Fidejusserunt... sub pena rerum et corporum, et obligaverunt se...* (Ibid., f° 10 A.)
5. *Anno quo supra* (MCCLIIII), *XIIII kalendas februarii. Rogerius Segnerii, de Monoa, juravit, etc.... Fidejusserunt pro ipso Poncius Segurii, frater ejusdem Rogerii, Bertrandus Jordani, B. Armen senior, B. de Martris, sub pena L. librarum ; et super hoc obligaverunt omnia bona sua, et stabunt Carcassone in hostagiis ad voluntatem inquisitorum, donec satisfecerit dictus Rogerius inquisitoribus antedictis.* (1re partie, f° 31 B.)
6. *Promiserunt unusquisque predictorum in solidum...* (1re partie, f° 26 B.) — *Obligaverunt se in solidum in C libris tol., et unus tenetur pro alio quoad predicta attendant.* (Ibid., f° 2 A.)

Ils se remettent enfin absolument à la discrétion des inquisiteurs, et pour cela renoncent à tout appel à une autre justice que la leur, à tout recours à un autre droit que celui d'après lequel ils jugent [1]. A ces garanties multipliées s'ajoute enfin, dans certains cas, un engagement de la part des prévenus eux-mêmes, tout semblable à celui qu'ont contracté leurs répondants. Eux aussi abandonnent à la disposition des inquisiteurs la totalité de leurs biens en témoignage de leur bonne foi [2].

1. *Et super hoc renunciaverunt omni juri scripto et non scripto, quo mediante se possent jurare vel tueri, et specialiter curie domini Regis, et subposuerunt se omnino voluntati domini episcopi memorati.* (Ire partie, f° 7 A. — Voir la même indication, *ibid.*, f° 7 B, 8, 9 A.) — Des renonciations de même espèce se trouvent mentionnées également par Bernard Gui. Voir, dans la *Practica*, V^e part, les deux formules de caution que nous avons notées plus bas. — Voir aussi, sur un certain nombre de renonciations à des exceptions de différent genre, usitées dans les cours de justice ecclésiastique et séculière du treizième siècle, les indications résumées par M. Paul Fournier dans son travail intitulé *Étude diplomatique sur les actes passés devant les officialités au treizième siècle.* (*Bibliothèque de l'École des chartes*, année 1879, IIIe livraison, pp. 296-331.) Pour le point en question, voir spécialement pp. 316-320 et notes correspondantes.

2. *Anno quo supra* (MCCLV), *XII kalendas septembris. Johannes de Vilella juravit stare mandatis omnibus et singulis inquisitorum, et propter hoc obligavit omnia bona sua. Fidejussor juravit pro ipso sub pena XX librarum Bernardus Vezola, de Culsiaco. Testes: G. Fabre, Guillelminus.* (Ire partie, f° 36 A.)

Notons encore, pour en finir avec ces formalités qui accompagnent la caution et en garantissent la valeur, un certain nombre de promesses souscrites par les répondants, et dont les termes méritent d'être remarqués : *Anno quo supra et die* (MCCXLIX, *VII kalendas aprilis). Guillelmus Cabana, paratge, et Bernardus Paschalis et Petrus Amelii, omnes de Leuco, quilibet nostrum in solidum, tenemur vobis domino G., Dei gratia Carcassone episcopo, quod reddemus vobis ad monitionem vestram, ad diem et ad dies, et specialiter ab ista die sabbati in octo dies, Raimundum Egidii, de Leuco, vel si ipsum reddere non possumus, reddemus vobis pignora valentia C librarum malg. Et hoc juramus super sacrosancta Dei Evangelia.* (Ire partie, f° 2 B.) — *Anno quo supra* (MCCL), *IIII nonas julii. Guillelmus major, de Ventenaco, et Raimundus de Como et Raimundus Polquier, ambo de Piziaco, fidejusserunt domino episcopo Carcassone et omnia bona sua obligaverunt, quilibet per se in solidum absque parte alterius, pro Bernardo Ponoii, de Piziaco, quod debet reddere pre-*

Quant à ces répondants, ce sont, d'ordinaire, et comme on peut s'y attendre, des parents, fils, frères ou sœurs, beaux-frères ou belles-sœurs des prévenus[1]. Ce sont aussi assez fréquemment des habitants du même lieu ou d'un lieu voisin[2]. Parmi eux figure également quelquefois le baile du pays où l'inculpé a son domicile[3]. On conçoit sans peine que ce fonctionnaire consente à se porter garant auprès de la justice inquisitoriale des promesses faites par un de ses administrés. Parfois encore, des individus, qui ont paru au tribunal d'Inquisition comme témoins des engagements pris par un accusé et ses répondants, répondent à leur tour le même jour ou les jours suivants pour un autre accusé[4].

Ce qui peut paraître moins naturel, c'est de voir jouer le même rôle au notaire d'Inquisition, chargé de rédiger l'acte dans lequel se trouve consignée la caution avec l'indication de la somme stipulée, et qui s'inscrit lui-même au nombre des répondants[5]. C'est là, d'ailleurs, un fait moins extraordinaire que celui dont nous croyons devoir faire encore mention. Il s'agit de la permission accordée à des prévenus ou même à des condamnés, de fournir caution pour d'autres prévenus poursuivis comme eux-mêmes par l'Inquisition[6].

La nature des témoins, devant qui les répondants font leurs promesses et prennent leurs engagements,

---

dicti fidejussores ipsum Bernardum Pencii vivum vel mortuum. (*Ibid.*, f° 4 A.)

1. Voir 1re partie, f°s 3 A, 4 B, 5 A, 8 A, 10 B, 11 B, 13 B, 21 B, 37 A.
2. Voir, pour le premier cas, 1re partie, f°s 2 A, 2 B, 3 A, 4 B, 5 B, 6 A; pour le second, *ibid.*, f°s 2 A, 25 B, 26 B.
3. Voir 1re partie, f° 3 A.
4. Voir 1re partie, f° 18 B.
5. Voir 1re partie, même folio.
6. Voir 1re partie, f°s 3 A, 18 B, 29 A, 30 A, 31 A, 33 A, 35 B.

est loin de prêter à de pareilles remarques. Ces témoins sont ceux qui figurent d'ordinaire dans tous les actes de la procédure inquisitoriale. Nous avons déjà mentionné ceux qu'on y voit paraitre le plus souvent. C'est là une indication sur laquelle il est inutile de revenir.

Les deux points suivants ne sont pas aussi faciles à établir. A quel taux s'élèvent d'habitude les cautions[1]? Quel est, en général, le nombre des répondants? Il est bien clair, tout en admettant de très-grandes irrégularités, que ce sont là deux choses qui doivent se trouver proportionnées à la qualité des prévenus, aux délits qui leur sont reprochés, à la confiance plus ou moins grande que les juges d'Inquisition peuvent avoir dans leurs engagements personnels. Mais, nous le répétons, il serait difficile de se prononcer absolument sur ce sujet. Les prévenus nous sont presque toujours mal connus, le manuscrit dont nous faisons l'analyse ne nous donnant la plupart du temps qu'une faible partie de la procédure qui les concerne.

Quoi qu'il en soit, le montant des cautions acceptées par la justice inquisitoriale ne parait pas avoir été d'habitude inférieur à dix livres tournois ou toulousaines, ni supérieur à cent. Quant au nombre des répondants, tout en étant le plus souvent de deux ou de trois, il peut varier de un à six. Le même prévenu peut,

1. Notons que la caution pourrait bien, à ce qu'il semble, n'avoir pas toujours été pécuniaire, c'est-à-dire appuyée d'une somme d'argent destinée, le cas échéant, à demeurer entre les mains de la justice inquisitoriale. Elle aurait été parfois purement morale en quelque sorte. Le rôle des répondants se serait borné dans ce cas à témoigner de la bonne foi des prévenus, et à prendre sans doute l'engagement de les pousser à exécuter leurs promesses. C'est, du moins, ce que paraissent indiquer certaines pièces, qui ne portent la mention d'aucune somme d'argent stipulée, et dans lesquelles l'obligation contractée par les répondants se trouve désignée par la formule toute simple de *fidejusserunt*, accompagnée quelquefois aussi des mots *bona fide*. (Voir Ire partie, f°s 25 B, 27 B.)

d'ailleurs, dans certains cas, s'il lui arrive, par exemple, de ne pas comparaître à un jour qui lui a été fixé, être invité à fournir une seconde caution, après en avoir déjà fourni une première[1].

Que deviennent après cela les cautions, dans le cas où les prévenus ne tiennent pas les promesses faites par eux-mêmes et confirmées par leurs répondants? Ainsi qu'on peut s'y attendre, l'Inquisition se trouve alors en droit d'en confisquer la valeur et d'en disposer comme il lui plait. Il semble toutefois que d'ordinaire elle n'en touche pas elle-même le montant, mais qu'elle désigne une personne entre les mains de qui la somme devra être versée[2].

Les répondants, ainsi compromis et lésés dans leurs intérêts par le fait du prévenu pour lequel ils avaient fourni caution, ont, il est vrai, un recours contre lui. Ils peuvent lui demander une indemnité. C'est, du moins, ce que stipulent quelquefois de la manière la plus formelle les actes où se trouvent consignés tous ces engagements pris à l'égard de la justice inquisitoriale[3]. On y trouve même l'autorisation donnée aux

---

1. Voir 1re partie, f° 21 B, 28 B et 29 A, 8 B et 19 B, 13 B et 17 B; et pour le cas particulier que nous avons indiqué, *ibid.*, f° 31 A.
2. *Juraverunt quod nisi idem Arnaldus Fabri, quem manuleverunt, non pareret mandatis omnibus et singulis domini episcopi, et non teniret ad diem vel ad dies sibi assignatas, omnes predicti tenebuntur solvere dictam pecuniam cui dominus episcopus voluerit.* (1re partie, f° 3 B.) — Il est à croire que le montant de ces cautions confisquées par la justice inquisitoriale s'ajoutait à celui des amendes perçues par elle pour constituer le bénéfice que beaucoup d'ordres religieux, et notamment celui des Dominicains, retiraient, au treizième siècle, ainsi que nous l'avons remarqué, de l'existence des tribunaux d'Inquisition.
3. *Algai de Badelivre* doit payer une certaine somme pour rester en possession d'un héritage que l'Inquisition lui a contesté. Deux personnes répondent pour lui, et *Algay antedictus debet servare indempnes super hoc [dejussores] suos antedictos.* (1re partie, f° 37 B.) — B. Borrel le jeune fournit caution avec quatre autres répondants pour un de ses proches mis au mur, et qui obtient la permission d'en sortir temporairement pour cause

répondants de confisquer les biens des prévenus qui manqueraient aux promesses dont ils se sont portés garants[1]. Enfin, ce qui vaut mieux encore, ils ont toute liberté de se retirer, bien que cette liberté ne leur soit accordée peut-être qu'à la condition de présenter d'autres répondants qui consentent à les remplacer[2].

Telles sont les indications sommaires que nous fournit le manuscrit de Clermont sur l'emploi de la caution dans la procédure inquisitoriale, vers le milieu du treizième siècle. Il n'est guère douteux qu'elles concordent avec la pratique des cours séculières du même temps. En tout cas, elles sont absolument conformes à celles qui nous sont données par Bernard Gui, dans le tableau qu'il nous présente soixante ans plus tard des tribunaux d'Inquisition[3].

---

de maladie; et *B. Berrelli juravit debet alias prædictos super hoc reddere indempnes, qui amore ipsius et mandato se obligaverunt dicto modo.* (*Ibid.*, f° 26 B.)

1. Limoux, de Saissac, promet d'obéir aux ordres des inquisiteurs. Un répondant se présente pour lui. Ce répondant *debet ejus bona confiscare, si aliter se haberet.* (*Ibid.*, f° 31 A.)

2. Voir Ire partie, f° 16 B. — La formule de cette substitution est celle-ci: *De hac fidejussione absolvimus* (tels et tels), *qui alias fidejusserunt pro ipso.*

3. Voir *Practica*, V^e pars, f° 88 D, 89 A, les deux pièces intitulées, l'une: *Forma instrumenti obligationis fidejussoriæ cautionis alicujus confessi relaxandi*; et l'autre: *Forma alterius fidejussoriæ cautionis alicujus confessi relaxandi.*

CHAPITRE IV

LA PÉNALITÉ INQUISITORIALE AU TRIBUNAL DE CARCASSONNE (1250-1258)

Indications préliminaires : Lieux où leur sentence est signifiée aux condamnés ; ce sont presque toujours des églises, et à Carcassonne en particulier, les églises Saint-Michel et Saint-Vincent. — Appareil avec lequel ces sentences sont prononcées ; dès le milieu du treizième siècle, c'est déjà l'*acte de foi* proprement dit. — La nature de leur peine est indiquée d'avance, à ce qu'il semble, aux condamnés, en même temps que le jour où elle leur sera définitivement signifiée. — Le manuscrit de Clermont nous fournit l'énumération à peu près complète des châtiments usités par les tribunaux d'Inquisition, vers le milieu du treizième siècle. — Une fois condamnés par eux, les prévenus restent pour toujours à leur merci. — La délation ; son rôle considérable dans la justice inquisitoriale. — Classification des divers châtiments employés par cette justice.
1° *Peines canoniques* : Le manuscrit de Clermont n'en mentionne qu'une seule, l'excommunication. — Caractère essentiellement comminatoire de cette peine. — Elle a pour but de forcer les prévenus à comparaître, et les condamnés à accomplir leur pénitence. — Les premiers en sont déchargés, quand ils répondent aux citations qui leur ont été adressées, et après avoir abjuré l'hérésie. — Forme spéciale d'excommunication : défense temporaire d'entrer dans une église.
2° *Peines mineures* : Les plus légères que prononcent les inquisiteurs. — Il y en a deux sortes : les amendes et les œuvres pies. — Obstination de la justice inquisitoriale à appliquer les premières, malgré les prohibitions répétées des conciles. — Exemples nombreux qu'en fournit le manuscrit de Clermont ; il nous les montre usitées surtout en cas de commutation de peine. — Œuvres pies : ce ne sont au fond que des amendes, dont les inquisiteurs déterminent eux-mêmes l'emploi. — Elles consistent d'ordinaire en dons faits à des églises. — Que penser de cette sorte de châtiment. — Graves soupçons qu'il faisait peser sur les inquisiteurs.
3° *Peines publiques et infamantes* : On en compte trois principales : les pèlerinages, la flagellation, les croix. — Les pèlerinages sont rangés à tort, il semble, par les juges d'Inquisition au nombre des œuvres pies. — Exemples de cette peine offerts par le manuscrit de Clermont. — Pèlerinages *majeurs* et *mineurs*. — Voyage d'outre-mer (*passagium transmarinum*), si souvent imposé dans la première moitié du treizième siècle, que les papes sont forcés d'en arrêter l'abus. — Lieux d'embarquement

des prévenus qui y étaient condamnés, et durée ordinaire de leur absence. — Croix ; origine et nature exacte de cette peine. — Permission temporaire de déposer les croix dans certains cas. — Châtiment de ceux qui ne les reprennent pas dans le délai prescrit ; c'est le plus souvent la flagellation subie à des époques et dans des lieux déterminés. — La flagellation ne semble plus, d'ailleurs, au treizième siècle, qu'une peine secondaire. — Les croix sont pour l'Inquisition la peine infamante par excellence. — Insignes du même genre mentionnés dans la *Practica*, et appliqués aux faux témoins, aux faiseurs d'incantations, aux condamnés à la prison perpétuelle délivrés momentanément, aux prévenus reconnus coupables d'avoir falsifié des lettres d'Inquisition. — Effets de ces peines pour ceux qui y étaient condamnés.

4° *Peines majeures :* Il y en a trois : la confiscation, la prison, le bûcher. — Le manuscrit de Clermont ne nous donne de renseignements assez complets que sur la seconde. — La première n'y est mentionnée qu'à l'occasion des procédures instruites contre les hérétiques défunts. — Peine du bûcher : indications rares mais expresses fournies sur cette peine par le manuscrit en question. — Emprisonnement : quelle sorte de coupables semblent y être condamnés. — Les prisons d'Inquisition à Carcassonne au treizième siècle ; description qu'en fait Eymeric au quatorzième. — Elles paraissent avoir été au nombre de trois au moins, toutes à la Cité, en *ville haute* ; l'une aurait appartenu à l'évêque, les deux autres aux inquisiteurs. — L'existence d'une quatrième prison d'Inquisition est douteuse. — Régime imposé aux prisonniers ; permissions temporaires qui leur sont accordées dans certains cas de quitter leurs cachots. — Deux sortes de prisons, pour ainsi dire : le *mur large* et le *mur étroit*. Le premier est organisé d'après le système cellulaire. Exactions des geôliers. — Rigueur extrême du *mur étroit* ; elle est constatée solennellement par les légats du Saint-Siège eux-mêmes, en 1306.

INDICATIONS PRÉLIMINAIRES

Nous avons terminé l'exposition rapide de la procédure inquisitoriale, telle que nous la montre, vers le milieu du treizième siècle, dans la circonscription de Carcassonne, le manuscrit de Clermont. Nous allons passer maintenant à l'examen de la pénalité d'après le même manuscrit.

Le dernier terme de la procédure, auquel nous nous sommes arrêté, est l'ordre donné aux prévenus de se rendre tel jour, en tel endroit, pour recevoir définitivement leur pénitence. Ceci nous conduit à voir tout de suite où avait lieu à Carcassonne, à la date qui est celle de toutes les indications que nous recueillons ici, le prononcé des sentences d'Inquisition.

Deux endroits différents sont mentionnés comme étant le théâtre habituel de ces sortes de cérémonies: l'église Saint-Vincent, où un certain Raimond Vidal est invité, le 17 décembre 1250, à venir entendre sa sentence [1], et l'église Saint-Michel, où Pierre Bernard, de Montaigu, doit se rendre dans le même but, sur l'ordre qui lui en a été donné, le 5 novembre 1252 [2]. Ces églises se trouvent toutes deux dans le Bourg ou *ville basse* de Carcassonne [3].

Le choix de ces lieux est conforme à ce que nous voyons se pratiquer, juste vers le même temps, au tribunal de l'Inquisition de Toulouse. Ce sont, en effet, des églises pareillement, la cathédrale Saint-Étienne ou le cloître de Saint-Sernin, ou bien encore leurs dépendances, que choisissent les juges de cette autre circonscription, pour y signifier leur sentence aux condamnés [4]. C'est bien rarement que nous voyons un autre lieu, l'hôtel de ville, par exemple, adopté dans la même cité par les inquisiteurs [5].

En tout cas, à Carcassonne, le manuscrit de Clermont ne nous indique pas un autre théâtre des *actes de foi*, que nous trouvons cependant mentionné à une date peu éloignée de celle où il s'arrête. Ce troisième lieu, qu'il faut ajouter aux églises Saint-Michel et Saint-

---

1. 1re partie, f° 7 A.
2. 1re partie, f° 20 B.
3. L'église Saint-Michel est aujourd'hui la cathédrale.
4. Voir Bibl. nat., ms. lat. 9992, *passim*.
5. Pour l'hôtel de ville, nous citerons les sentences publiées, le 6 juillet 1246 (Bibl. nat., Ms. lat. 9992, f° 6 A), et celle qui frappe Alaman de Roaix, le 19 janvier 1248. (*Ibid.*, f° 11 A.)

Vincent, c'est le marché du Bourg. Les inquisiteurs dominicains, Étienne de Gâtine et Hugues de Boulois, y déclarent, en l'année 1276, condamnés par sentence expresse trois hérétiques *parfaits*, Hugues de Condat, Raimond del Boc et Guillem Didier, tous trois d'Albi et d'ailleurs contumaces[1].

Peut-être, il est vrai, faut-il voir dans cette déclaration lancée contre des hérétiques fugitifs une sorte de mise hors la loi, différente des sentences prononcées d'ordinaire par l'Inquisition[2]. Ainsi s'expliquerait le choix d'un lieu public, tel que le marché du Bourg de Carcassonne. L'Inquisition semble, en effet, avoir usé de préférence, à toutes les époques, des édifices religieux pour y proclamer le résultat définitif de ses procédures. Ils convenaient au caractère sacré qu'elle voulait imprimer à ses sentences. Ils lui fournissaient aussi dans le plus grand nombre des cas l'espace nécessaire pour contenir la foule, dont la présence devait ajouter à la solennité de la cérémonie, et cet espace, les places du temps, généralement exiguës, n'auraient pu le lui offrir.

Mais avec quel appareil se faisait ce prononcé des sentences, c'est là une indication que ne nous donne pas le manuscrit dont nous faisons l'analyse. Ce qui ne doit pas nous étonner, d'ailleurs, puisqu'il ne s'y trouve aucune formule proprement dite de jugement, et que nous ne pourrons établir que par voie détournée en quelque sorte la pénalité habituelle au tribunal, dont

---

1. Voir Bibl. nat., ms. lat. 11847, f° G v°.
2. Cette sentence, prononcée avec l'accompagnement d'une publicité extraordinaire, se rapprocherait, par conséquent, de l'appel véhément que nous avons relevé déjà dans la *Practica* de Bernard Gui (I° part, f° 3 A), et par lequel les catholiques du Midi sont invités à se saisir de Pierre Autier et de ses deux disciples, Pierre Sanche et Sanche Mercadier.

ce recueil est pour ainsi dire le livre journalier. Toutefois, nous penchons à croire que les inquisiteurs de Carcassonne à cette époque ne devaient pas procéder d'une façon sensiblement différente de celle qu'employaient leurs collègues de Toulouse. Dans cette hypothèse, les jugements définitifs étaient prononcés à Carcassonne, comme dans toute autre ville du Midi, en présence d'un certain nombre de dignitaires ecclésiastiques, de quelques habitants notables, et d'une partie du peuple aussi considérable qu'on pouvait la réunir, avec l'appareil enfin que nous montre d'une manière positive le recueil des sentences de Bernard de Caux et de Jean de Saint-Pierre. Ce n'était pas encore, du reste, à ce qu'il semble, l'*acte de foi* proprement dit, avec son développement solennel et ses phases multiples, tel que nous le présentent, en théorie le manuel de Bernard Gui [1], et en pratique ses propres sentences.

Un autre point obscur, et même plus obscur que le précédent, parce qu'il est impossible de l'éclaircir par analogie, à défaut d'un autre moyen, c'est celui-ci. Faisait-on connaître au prévenu, en même temps qu'on lui assignait un jour pour venir entendre la pénitence qui lui était infligée, de quelle nature était cette pénitence? Alors, la signification qui en était faite après cela en public n'aurait plus été qu'une simple formalité, destinée à rendre plus solennelles les décisions inquisitoriales. Ou bien demeurait-elle inconnue à l'accusé, de manière que la déclaration qu'on lui en faisait au jour fixé pour cela fût pour lui une sorte de surprise? Nous le répétons, ce point important ne semble pas pouvoir être aisément décidé.

1. Voir la 3ᵉ partie tout entière de la *Pratica*.

Toutefois, c'est probablement vers la première supposition qu'il faudrait pencher, si l'on s'en rapportait à ce que nous indique le manuscrit dont nous faisons l'analyse. D'ailleurs, remarquons-le, le renseignement qu'il nous fournit est d'une rédaction peu nette, et de plus unique[1]. Malgré tout, la vraisemblance aidant, nous conclurions volontiers, qu'en effet lecture était faite par avance aux prévenus de la sentence portée contre eux, et qui devait être proclamée solennellement au jour pour lequel ils recevaient assignation.

Quoi qu'il en soit, en dehors de ces questions que l'absence d'indications précises rend nécessairement très-difficiles à résoudre, le manuscrit de Clermont nous donne l'énumération à peu près complète des châtiments usités par les tribunaux d'Inquisition, vers le milieu du treizième siècle. Il y ajoute une quantité considérable de détails significatifs, sur la manière dont ces châtiments étaient subis par ceux qui s'y trouvaient condamnés, sur les commutations, les rémissions partielles ou totales dont ils pouvaient être l'objet. Nous pénétrons par là, au point de vue de la pénalité, dans la pratique intime de l'Inquisition, comme nous l'avons déjà fait pour l'organisation de ses tribunaux et le développement de sa procédure.

Parmi beaucoup d'autres faits d'importance diverse, nous constatons celui-ci, qui nous semble le plus notable de tous : c'est que l'Inquisition n'abandonnait guère ceux qui étaient tombés une fois entre ses mains. Après les avoir condamnés plus ou moins sévèrement, elle les gardait désormais sous sa dépendance, par le

---

1. Voici ce renseignement : *Et fuit dies hodierna cideis* (R. Vitali) *continuata ad audiendas luces attestationum acceptatam ad diem crastinam in ecclesia Sancti Vincentii.* (1ʳᵉ partie, f° 7 A.)

droit qu'elle s'arrogeait de pouvoir toujours modifier, même sans motif nouveau, la sentence qu'elle avait prononcée contre eux. En réalité, elle les tenait sans cesse flottants entre l'espoir d'un adoucissement ou même d'une rémission totale de peine, et la menace d'une aggravation du châtiment, déjà fort lourd, qui leur avait été infligé. Et comme elle prétendait exercer son droit en toute connaissance de cause, les malheureux se trouvaient soumis par elle à une sorte de surveillance de haute police, à laquelle prenaient part, non-seulement les ecclésiastiques d'un rang inférieur, les curés de paroisse surtout, dont elle avait fait ses serviteurs, sous peine d'excommunication, mais l'ensemble des catholiques orthodoxes.

On voit sans peine les conséquences d'une pareille situation pour les misérables qui s'y trouvaient jetés. Désignés à la suspicion comme à la risée universelles par les grossiers insignes dont l'Inquisition les forçait à charger leurs vêtements, ils n'avaient devant eux d'autre perspective qu'une existence faite de craintes et de hontes quotidiennes. Surtout, dans cette surveillance de leurs moindres démarches à laquelle tous se trouvaient conviés, ils voyaient se dresser devant eux à chaque pas une chose effrayante, la délation. Elle avait été la véritable cause de leur ruine, au moins pour la plupart d'entre eux. Elle perpétuait leurs misères, d'autant plus terrible, que, demeurant presque toujours anonyme, elle s'exerçait impunément, et réduisait ceux qui en étaient menacés à une méfiance générale et intolérable.

Le fait que nous venons d'indiquer, et dont le manuscrit de Clermont nous fournit des preuves surabondantes, est bien certainement d'une importance capitale dans l'histoire de l'Inquisition. Un renseignement non moins précieux, qu'il nous donne encore, est ce que nous appellerions volontiers l'échelle de la pénalité inquisitoriale. Nous entendons par là la valeur respective et proportionnelle de chacun des châtiments usités par les inquisiteurs; ce qui nous permet de les ranger dans l'ordre que détermine leur gravité différente.

Cet ordre nous est marqué par les commutations de peines, qui nous montrent les plus dures d'entre celles-ci, quand les coupables en ont été frappés tout d'abord, s'amoindrissant de degré en degré jusqu'aux châtiments que les juges paraissent considérer comme les plus légers. Nous voyons de la sorte, lorsque les inquisiteurs y consentent, dans un mouvement de pitié ou pour toute autre cause, la prison perpétuelle se changer en pèlerinages. Les pèlerinages eux-mêmes et les croix, qui semblent mis dans le tableau des peines inquisitoriales sur le même rang, bien que les croix soient désignées sous le nom spécial de pénitence publique et entraînant avec elle honte et confusion[1], sont commués en amendes. Ainsi, nous pouvons établir la série suivante, où les châtiments appliqués par les juges d'Inquisition s'échelonnent dans l'ordre que leur assigne leur importance relative : excommunication, amendes, œuvres pies, flagellation, pèlerinages, croix, confiscation, prison perpétuelle, bûcher. Ces neuf sortes de peines différentes peuvent elles-mêmes se répartir en quatre groupes distincts, ainsi composés :

1° Peines canoniques, que nous appellerions comminatoires, parce que ce sont celles dont les inquisiteurs

---

1. *Pœnitentia confusibilis vel publica; pœnitentia confusa.* (Ms. de Clermont, 1re partie, f° 28 A.) *Pœna confusibilis.* (*Practica*, IIe pars, f° 16 C, D.)

usaient comme de menaces, pour forcer les hérétiques à se soumettre et surtout à se présenter à leur tribunal. De ces peines, le manuscrit de Clermont ne nous offre qu'une seule, mais la plus fréquente, l'excommunication[1];

2° Peines *mineures*, qui consistaient en œuvres pies de diverses sortes et en amendes;

3° Peines publiques et infamantes, comprenant les pèlerinages, la flagellation, les croix[2];

4° Peines *majeures*, la confiscation, la prison perpétuelle, le bûcher, représentant dans des proportions diverses toute la rigueur dont la justice inquisitoriale croyait devoir user envers les prévenus, qu'elle jugeait absolument indignes de sa miséricorde.

A un autre point de vue, ces peines pourraient encore être réparties d'une manière différente. Deux classes seulement les embrasseraient toutes cette fois. La première comprendrait les peines auxquelles convien-

---

1. Ces peines étaient suspendues comme une menace permanente sur la tête des hérétiques. L'Inquisition, ainsi que nous venons de le dire, donnait à craindre aux prévenus cités à son tribunal, qu'elle ne fît peser sur eux le plus terrible des châtiments canoniques, l'excommunication. Mais elle ne se pressait pas d'en user; elle le tenait en réserve. C'était seulement après des citations réitérées, lorsqu'il devenait évident que l'accusé ne voulait pas répondre à l'appel de ses juges, que l'excommunication était lancée, accompagnée d'ordinaire de la confiscation des biens du contumace. Après cela, que celui-ci vînt plus tard se remettre entre les mains de la justice inquisitoriale, qu'il fît preuve de repentir, il pouvait encore se voir imposer des peines fort graves, la prison perpétuelle, par exemple, et c'était même le châtiment usité le plus souvent en pareil cas, mais du moins on retirait l'excommunication qui lui avait été infligée. (Voir, à ce sujet, *Practica*, I° pars, et Bibl. nat., ms. lat. 9992, *passim*.)

2. Les pèlerinages semblent mis toutefois dans la *Practica* au nombre des œuvres pies... *Cruces de filtro portare, basilicas construere, Sanctorum limina incisitare, seu quædam alia opera pietatis facere...* (II° pars, f° 13 B.) — Voir encore, même partie, f° 13 B, la pièce intitulée: *Forma brevis et communis commutandi peregrinationes in alia opera pietatis*. Malgré l'autorité de Bernard Gui en pareille matière, nous n'observerons pas la classification donnée ici par lui. On verra plus loin pourquoi.

drait, il semble, la désignation de peines ecclésiastiques. Ce seraient les œuvres pies imposées au profit d'églises ou de monastères, les pèlerinages, la flagellation subie de la main des prêtres, à l'occasion de certaines solennités du culte. La seconde renfermerait, au contraire, les peines temporelles, amendes, croix, confiscation, prison, bûcher, affectant soit l'honneur, soit la fortune, soit la personne même des condamnés. Mais c'est à la première de ces deux classifications que nous voulons nous en tenir. Elle a sur la seconde l'avantage de marquer exactement les degrés divers de la pénalité inquisitoriale. Nous examinerons donc chacune des peines qui s'y trouvent indiquées dans l'ordre où elles les présente successivement. Il va sans dire que cet examen sera nécessairement très-rapide et très-sommaire.

1° PEINES CANONIQUES

Nous avons déjà dit que le manuscrit dont nous faisons l'analyse ne présentait qu'une seule de ces peines, mais la plus fréquemment appliquée, l'excommunication. Nous en avons noté aussi le caractère en quelque sorte provisoire. C'était, en effet, comme une mesure préventive prise contre un accusé qui ne semblait pas vouloir se soumettre. On l'excommuniait pour le frapper d'épouvante, s'il était possible. En tout cas, on essayait par ce moyen de le mettre dans l'isolement et l'embarras, que devait entraîner pour lui une pareille sentence, si elle était respectée dans toute sa rigueur par ceux qui l'entouraient. On comptait, en un mot, que se voyant seul contre tous[1], réduit au désespoir,

---

1. Sur cet abandon auquel se trouvaient réduits les hérétiques excom-

pouvant craindre à tout moment d'être arrêté et remis au tribunal de l'Inquisition, par ceux que déciderait le fanatisme ou l'appât d'une récompense pécuniaire prélevée sur ses propres biens[1], le malheureux viendrait se livrer lui-même, pour se donner au moins le mérite de la soumission. Alors, s'il offrait des gages de son repentir et de son obéissance future, s'il abjurait ses erreurs d'autrefois, l'excommunication devait être retirée[2]. Il est vrai que c'était pour faire place presque toujours à une peine d'un autre genre. Mais, si grave que fût celle-ci, confiscation totale ou prison perpétuelle, l'Inquisition affectait néanmoins d'y voir une sorte de rémission, uniquement due à sa clémence. Qu'était-ce, en effet, qu'une peine qui ruinait le coupable, qui le frappait dans son corps, auprès d'une sentence dont son âme même se trouvait atteinte[3]?

mуniés, voir *Hist. de Lang.*, édit. orig., t. III, liv. XIX, p. 2; liv. XXI, pp. 132, 169, 170; — Pereira, *Opusc. de hœresi Albig.*, pars II, p. 36, n° 4, apud. Moшм. — Le concile de Tours (1163) avait défendu qu'on eût des relations avec eux, soit pour vendre, soit pour acheter; les coutumes de Narbonne (1229), que les artisans travaillassent pour eux, sous peine d'excommunication et de punition corporelle, que personne aussi les logeât dans sa maison; le concile d'Albi (1254), que les médecins leur donnassent des soins.

1. Voir, sur les avantages pécuniaires promis à ceux qui persécuteraient les hérétiques ou qui les arrêteraient, *Hist. de Lang.*, édit. orig., t. III, liv. XXI, pp. 152, 185, 186, et liv. XXIV, pp. 396, 397. L'ordonnance de Raimond VII, de 1234, avait établi que les habitants du lieu où un hérétique aurait été saisi, payeraient un marc d'argent à celui qui aurait opéré l'arrestation. Le même Raimond s'était engagé, lors de la paix de Paris, en 1229, à payer pour l'arrestation de chaque hérétique deux marcs d'argent pendant l'espace de cinq années, et passé ce temps, un marc. (Voir Bibl. de Carc., n° 6112, p. 4.)

2. Voir, sur ce point, Bibl. nat., ms. lat. 9992, *passim*.

3. De là, la curieuse manière dont parlent les livres d'Inquisition, quand il s'agit de coupables, qui, condamnés à la prison perpétuelle, ne s'y sont pas renfermés, ou qui, après s'y être enfermés eux-mêmes en quelque sorte, comme le voulait le serment qu'ils avaient prêté, ont eu l'audace de s'en échapper plus tard. *Neglecto proprio juramento, sine licentia Ecclesiæ, carcerem exierunt, in suarum periculum animarum*. (Bibl. nat., ms. lat. 9992, f° 11 B.)

C'est l'excommunication employée dans ce but et avec ce caractère que nous montre le manuscrit de Clermont. C'est aussi aux mêmes conditions onéreuses que nous voyons les prévenus s'en délivrer. Seulement, les cas spéciaux qui nous sont présentés nous la montrent appliquée d'une manière un peu différente. Elle ne figure pas au début d'une procédure, comme cela arrive d'habitude, pour contraindre un accusé à se prêter à l'instruction qui s'ouvre contre lui[1], mais au contraire à la fin, l'accusé refusant, quoique formellement condamné, de se soumettre à la sentence dont l'ont frappé ses juges. Ainsi, le 1er avril 1254, G. Bérenger, d'Arzens, jure d'obéir à tous les ordres des inquisiteurs. Il jure aussi et promet, sous peine d'une amende de dix livres, de prendre la mer au premier départ d'août, afin d'accomplir le pèlerinage qui lui a été ordonné. Il est délivré alors de l'excommunication lancée contre lui pour son refus d'obéir à ses juges[2]. Le 12 avril de la même année, Rey, d'Alzonne, fait la même promesse dans le même cas, et, comme pour Bérenger, d'Arzens, on lève l'excommunication dont il a été frappé[3].

A côté de ces renseignements sur l'emploi que font

---

1. Il est vrai qu'en pareil cas, comme nous l'avons dit plus haut, l'excommunication restait assez longtemps à l'état de menace, et qu'elle n'était définitivement lancée qu'après un délai parfois considérable.
2. *Anno Domini MCCLIII, kalendas aprilis, G. Berengarii, de Arziens, juravit, se pariturum mandatis omnibus et singulis inquisitorum. Et fuit absolutus ab excommunicatione qua erat astrictus propter contumaciam. Juravit etiam et promisit se transfretaturum in primo passagio augusti sub pena X librarum,* etc. (Ire partie, fo 27 R).
3. *Anno quo supra* (MCCLIII), *II idus aprilis. Rex, de Alzona, juravit se transfretaturum in primo passagio augusti, et fuit absolutus ab excommunicatione,* etc. (*Ibid., ut supra,* même folio). — Les faits que nous venons de citer, il est presque inutile d'en faire la remarque, sont de tous points conformes à la pratique indiquée dans les sentences de Bernard de Caux et de Jean de Saint-Pierre.

de l'excommunication, vers le milieu du treizième siècle, les juges de l'Inquisition de Carcassonne, nous croyons devoir placer quelques exemples d'abjuration. Ce n'est pas qu'ils nous montrent cette formalité entraînant nécessairement après elle le retrait de l'excommunication lancée contre un accusé, ainsi que cela se voit sans cesse dans les sentences de Bernard de Caux et de Jean de Saint-Pierre. Il y a plus : ces exemples n'appartiennent même pas aux années dans lesquelles se trouvent comprises les indications fournies par le manuscrit qui nous occupe. Ils sont d'une époque antérieure, et nous les tirons du récit que des prévenus font de leurs rapports anciens avec d'autres juges d'Inquisition. Quoi qu'il en soit, nous le répétons, il ne nous semble pas inutile de les noter ici, parce qu'ils nous renseignent sur une formalité intimement liée à cette mesure si importante de l'excommunication.

Le 7 mai 1254, Bernard Carcassès, de Villefloure[1], déclare avoir abjuré déjà deux fois l'hérésie : une première fois à Caunes[2], par-devant des inquisiteurs dont il ne dit pas les noms; une seconde fois à Carcassonne, par-devant un certain frère Jean, qui doit être Jean de Saint-Pierre[3]. Un autre prévenu, Guillem Fiord, de Cavanac, qui subit un long interrogatoire,

---

1. *Villafloreum*, dép. de l'Aude, arr. de Limoux, cant. de Saint-Hilaire.
2. *Cavase*, dép. de l'Aude, arr. de Carcassonne, cant. de Peyriac-Minervois.
3. *Interrogatus, dixit quod ipse testis abjuravit heresim apud Caunas coram inquisitoribus, et sciebat eclacit eis veritatem, et scienter dejeravit, et postea recidivavit, et sciunter dejeravit. — Interrogatus, dixit quod ipse testis abjuravit heresim apud Carcassonam coram fratre Johanne inquisitore*, etc. (IIe partie, f° 18 B.) — Pons Adalbert, de Couffoulens, fait une déclaration toute semblable, à une date non marquée. (*Ibid.*, ut supra, f° 16 B.).

le 31 octobre 1258, a été enfermé une première fois pour cause d'hérésie, puis délivré avec exemption des croix qu'il semblait devoir être astreint à porter. Il est revenu à ses anciennes croyances; mais il les abjure, et, par une indication formelle, qui manque pour Bernard Carcassès, nous apprenons qu'il a été réconcilié avec l'Église[1].

Nous terminerons ces renseignements par la mention d'un cas d'excommunication spéciale, qui n'est pas, à proprement parler, la peine canonique bien connue, dont nous avons essayé de marquer la place et l'usage dans les habitudes de la justice inquisitoriale, mais plutôt une sorte d'interdit. Nous le voyons s'ajouter comme peine complémentaire à un châtiment plus grave. Mais, pour ne pas insister davantage sur un fait qui n'est après tout qu'un détail, voici la pièce qui nous le fournit : « 27 avril 1252. Il a été enjoint à la femme Fournier de porter des croix de la grandeur prescrite, et de plus, ainsi que l'ordre lui en a été donné depuis le lundi précédent, de s'abstenir d'entrer dans l'église du lieu où elle habite[2]. »

Voilà, en somme, ce que nous indique le manuscrit de Clermont à propos de l'excommunication et de l'emploi qu'en faisaient les inquisiteurs. Si les faits qu'il nous présente à ce sujet sont assez rares, et même, il faut l'avouer, peu explicites, du moins ils confirment pleinement ce que nous savons par ailleurs de la pratique des tribunaux d'Inquisition. L'uniformité de cette pratique et des traditions obser-

---

1. *Et juravit et abjuravit, et fuit reconciliatus.* (IIe partie, f° 26 R.)
2. *Anno quo supra* (MCCLII), *V kalendas maii. Injunctum est Fer- nerie quod portet cruces debite quantitatis; sed, quod ei injunctum est olim a die lunæ præcedente, abstineat ab ingressu ecclesie.* (Ire partie, f° 21 R.)

rées par les inquisiteurs y gagne par conséquent d'être prouvée une fois de plus. C'est là un résultat suffisant pour que nous ne demandions pas davantage. Du reste, les autres parties de la pénalité inquisitoriale, avec les détails nombreux et caractéristiques que le même recueil nous offre pour les éclaircir, sont un ample dédommagement à cette sécheresse relative sur un point spécial de l'étude qui nous occupe.

2° PEINES MINEURES

Les amendes et les œuvres pies représentent dans l'échelle de la pénalité inquisitoriale la classe de châtiments que nous avons désignés sous le nom de *peines mineures*. C'étaient, en effet, les plus légères que les inquisiteurs pussent imposer aux prévenus, dont ils croyaient avoir établi la culpabilité.

Nous parlerons d'abord des amendes proprement dites. Nous entendons par là celles dont l'emploi ne se trouve pas marqué. Nous verrons ensuite les œuvres pies, qui ne sont en réalité que des amendes dont l'emploi se trouve indiqué expressément.

Dès l'origine de leurs tribunaux, les juges d'Inquisition semblent avoir imposé le payement d'une somme d'argent déterminée, en punition de certaines fautes, ou comme compensation pour des peines plus graves, dont ils faisaient la remise aux condamnés. Nous en avons la preuve dans un des canons du concile tenu à Narbonne, en 1243, sous la présidence d'Amiel, archevêque de cette ville, et qui leur défend d'infliger des amendes pécuniaires par respect pour l'honneur de leur ordre[1].

---

[1] Le concile est de 1243 ou 1244, car il y a doute sur ce point. Le canon

On pourrait croire, d'après cette interdiction formelle, que l'usage de pareilles peines avait entraîné des abus fort graves. Tout au moins avait-il dû faire naître contre les inquisiteurs des soupçons peu flatteurs pour leur intégrité[1]. Mais la défense, portée par l'archevêque Amiel et ses collègues, ne devait pas arrêter les juges d'Inquisition. Nous trouvons, en effet, dans le manuscrit dont nous présentons en ce moment l'analyse, un assez grand nombre d'amendes infligées à différents titres. Cependant, les indications que nous

indiqué est le dix-septième. (Voir *Concil.*, t. XI, pp. 137 et suiv., et *Hist. de Lang.*, édit orig., t. III, liv. XXV, p. 445.) — Du reste, les Dominicains eux-mêmes, au moins à ce moment, semblent avoir été du même avis que l'archevêque Amiel et ses collègues au sujet des amendes prononcées, comme inquisiteurs, par quelques-uns des membres de leur ordre. Peu avant le concile de Narbonne, en 1243, le chapitre provincial de Montpellier avait porté la défense que voici : *Item, in virtute obedientie districte prohibemus ne imponant* (inquisitores) *penas pecuniarias, sive mortuis, sive vivis, nec jam impositas exigant vel accipiant.* (*Acta capituli provincialis in Montepessulano celebrati, anno Domini MCCXLII, Bibl. de Toulouse, ms. 273, Ire série, fo 233 A.*) On le voit, il était impossible d'édicter une défense plus formelle. Cependant, elle ne devait pas avoir plus d'effet que les prohibitions solennelles des conciles. Il est vrai, pour le dire en passant, que les inquisiteurs dominicains, une fois sortis de leur couvent, prenaient vite, à ce qu'il semble, dans leur existence souvent errante et forcément très-mêlée à celle des gens du monde, une assez grande indépendance d'allures. Ils n'avaient pas toujours pour les prescriptions de leur ordre, ni pour les recommandations de leurs supérieurs naturels, toute la déférence qu'il aurait fallu. Évidemment, ils s'en considéraient comme dégagés jusqu'à un certain point. C'est, du moins, ce qu'on peut induire de certaines mesures décrétées à leur égard par les chapitres provinciaux. *Item, inquisitores*, dit celui d'Avignon en 1245, *quando declinant ad locum ubi conventum habemus, semel in septimana veniant ad capitulum, vel si essent aliqua causa impediti, licenciam petant.* (*Ibid., ut supra*, fo 283 A.)

1. C'est à ces soupçons vraisemblablement que pensait Bernard Gui, lorsque, recommandant en toutes circonstances une impassibilité absolue à l'inquisiteur, il lui en faisait plus spécialement une obligation dans les cas où il aurait à prononcer une amende. *Sic etiam*, dit-il, *in condemnationibus pecuniariis servet interius judicii severitatem, quod pretendat in facie exterius justicie veritatem, quasi hoc faciens coactus justicie necessitate, nec allectus cupiditate avaricie.* (*Practica*, IVe para., fo 70 A.) Nous empruntons cette indication au très-curieux passage dans lequel Bernard Gui, en terminant la IVe partie de son traité, trace en quelque sorte le portrait idéal du parfait inquisiteur.

fournit ce recueil sont presque contemporaines du concile de Narbonne. Elles datent, par conséquent, d'une époque où les prescriptions, qui y avaient été émises, n'auraient pas dû encore vraisemblablement être oubliées.

Voici quelques exemples de ces peines purement pécuniaires : « 27 avril 1256. G. Roque a promis de donner cinquante sous, en échange des pèlerinages qu'il ne peut accomplir à cause de son grand âge[1]. » — « 9 avril 1255. Bernard de Martres, d'Alzonne, a engagé par serment et par acte notarié sa personne et ses biens, en garantie d'une somme de dix livres de Melgueil ou de dix livres tournois, dont il payera la moitié à la Saint-Jean prochaine, et l'autre moitié à la Toussaint[2], en compensation du voyage d'outre-mer, qui lui a été imposé à lui-même, et des pèlerinages qui ont été ordonnés à Maraude, sa femme, et que celle-ci ne peut accomplir à cause de la maladie dont elle souffre[3]. »

Les deux pièces, que nous venons de reproduire, nous montrent des amendes infligées à la suite d'une commutation de peine. Celles dont il s'agit maintenant nous indiquent autre chose. Nous y voyons le

---

1. *Anno quo supra (MCCLVI), V kalendas julii. G. Roque juravit se daturum L solidos pro peregrinacionibus suis, quas non potest perficere propter senectutem.* (Ire partie, f° 39 A.)

2. Cette faculté pour les inquisiteurs de régler les échéances des amendes qu'ils infligent se trouve marquée dans Bernard Gui. (Voir *Practica*, IIe pars, f° 13 B.) Un juif est condamné à une peine pécuniaire, *prout nobis visum fuerit expendendam*, dit le juge.

3. *Anno Domini MCCLIIII, V idus aprilis. Bernardus de Martris, de Alzona, obligavit se et sua, per juramentum et publicum instrumentum, se soluturum X libras melgorienses vel turonenses; quarum medietatem persolvet in instanti festo beati Johannis, et aliam medietatem in festo omnium Sanctorum, pro recompensacione passagii transmarini sibi injuncti, et peregrinacionibus Maraude, uxoris sue, infirme.* (Ire partie, f° 30 B.)

payement d'une certaine somme, exigée comme compensation proprement dite, pour une pénitence qui n'a pas été accomplie et qui ne peut plus l'être, le condamné étant mort. En ce cas, l'Inquisition s'adresse à ses héritiers et s'arrange avec eux.

Nous avons déjà mentionné plusieurs de ces transactions, quand nous avons parlé de la procédure spéciale, poursuivie dans certaines circonstances contre les hérétiques défunts[1]. Les pièces, que nous avons citées à ce sujet, feraient double emploi avec celles que nous pourrions donner ici à propos de la question qui nous occupe maintenant. Nous nous contenterons d'y renvoyer, en indiquant plus particulièrement celle où l'on voit figurer Pons Vidal et sa belle-sœur Raimonde[2], et celle aussi où Bernard Algai, l'un des quatre héritiers de feu Raimonde Barbaira, transige avec les inquisiteurs[3]. Nous ajouterons cependant à ces pièces l'acte suivant, parce qu'il s'y trouve une sorte de quittance de la somme stipulée :

« 28 mars 1252. B. Buada et P. Buada, de Salsigne[4], ont juré, chacun pour lui-même et pour son frère, de payer dix livres, en compensation du pèlerinage d'outre-mer qui avait été ordonné à leur père défunt comme pénitence. Le payement doit être fait d'ici l'Ascension. Pons Chatmar, de Rustiques[5], s'est porté garant de leur promesse en toute sincérité. » Suit la note qui fait l'intérêt principal de cette pièce : « La somme a été payée tout entière[6]. »

1. Voir plus haut, pp. 363-367.
2. Voir plus haut, p. 361.
3. Voir plus haut, pp. 365, 366.
4. Dép. de l'Aude, arr. de Carcassonne, cant. de Mas-Cabardès.
5. Dép. de l'Aude, arr. de Carcassonne, cant. de Capendu.
6. *Anno et die predictis* (MCCLI, V kalendas aprilis). *B. Buada et P.*

On le voit de reste, au mépris des recommandations contraires qui leur étaient faites, les inquisiteurs s'attribuaient largement le droit d'infliger des peines pécuniaires. Un autre droit qu'ils s'attribuaient aussi, et qui n'était, il est vrai, que la conséquence toute simple du premier, nous fait passer naturellement des amendes proprement dites aux œuvres pies. Nous avons déjà remarqué qu'il ne fallait voir au fond dans celles-ci autre chose que des amendes dont l'emploi se trouvait spécifié. Or, le droit dont il s'agit était justement celui de déterminer l'emploi des sommes payées par les hérétiques ou par leurs parents.

La deuxième partie de la *Practica* nous donne à ce sujet les indications les plus précises. Un hérétique est condamné à verser une somme de cent livres tournois, qui doit être employée en usages pieux et en œuvres de piété, « ainsi qu'il nous plaira d'en décider », ajoute l'inquisiteur[1]. En vertu de ce pouvoir discrétionnaire, on conçoit que les juges se trouvassent amenés à fixer, pour ainsi dire séance tenante, l'emploi des amendes qu'ils décrétaient. Le manuscrit de Clermont nous offre plusieurs exemples de ces décisions curieuses; en voici quelques-unes.

« 11 mars 1256. Bonet, de Montbel, a promis spontanément qu'il donnerait d'ici Pâques, pour l'amour de Dieu, cent sous de Melgueil aux Frères Prêcheurs de

---

Buada, de Salsinhano, pro se et fratre suo, juraverunt se solituros X libras pro patre suo defuncto, cui erat injunctus transitus transmarinus, in recompensacionem illius transitus. Et hoc debent facere usque ad Ascensionem Domini. Et fidejusserunt (sic) pro ipsis bona fide Poncius Chatmar, de Rusticanis. Persolverunt totum. (Ire partie, f° 20 A.)

1. *Ad nostrum arbitrium.* (*Practica*, IIe pars, f° 17 A.) La même formule se trouve répétée, même partie, f° 18 B, C.

Carcassonne [1], afin d'amener dans cette ville un autel qui est à Alzonne [2]. »

Malgré l'indication que cette promesse a été spontanée, il n'y a pas de doute que celui qui l'a faite ait espéré par là échapper à une peine, peut-être grave, dont le menaçait la justice inquisitoriale. Mais les deux pièces suivantes sont plus explicites :

« 7 juillet 1256. Il a été fait grâce à Arnaud de Solier, de Gourgonet, de tous les pèlerinages qui lui avaient été imposés pour cause d'hérésie, en retour du don de six livres de Melgueil fait par lui, pour l'amour de Dieu, dans le but de contribuer à l'achèvement de la châsse du bienheureux saint Antonin, de Pamiers, martyr [3]. »

« 20 mars 1255. Pons Olmier, de Limoux, a engagé, par-devant maître Pierre Aribert, inquisiteur dans le diocèse de Carcassonne, sa personne et ses biens, en garantie de la promesse qu'il payera cent cinquante sous, pour l'amour de Dieu et de la bienheureuse et glorieuse vierge Marie, à l'abbesse du monastère de Rieunette, quand il en sera requis par ladite abbesse ou par maître Pierre. Cette somme sera em-

---

1. Remarquons en passant à qui profite cette générosité, faite évidemment, bien que la chose ne soit pas indiquée, au courant d'une procédure, et, par conséquent, sur les instigations plus ou moins pressantes des juges. Voilà ce qui explique les défenses portées dans les conciles et dans les chapitres de l'ordre des Dominicains lui-même, et qui confirme nos propres observations. (Voir plus haut, p. 306, note 3.)

2. *Anno quo supra* (MCCLV), *V idus marcii. Bonetus, de Montebello, promisit gratis se doturum usque ad Pascha centum solidos melgoriensis amore Dei Fratribus Predicatoribus Carcassone, pro adducenda quadam ara, que est apud Alzonam.* (Ire partie, f° 37 B.)

3. *Anno quo supra* (MCCLVI), *VII idus julii. Facta fuit gratia de peregrinacionibus omnibus Arnaldo de Solerio, de Gorneto, sibi injunctis pro crimine heretice pravitatis, quia dedit VI libras melgoriensis amore Dei operi capse beati martiris Antonini Appamiensis.* (Ire partie, f° 33 B.) — Le manuscrit latin 11847 de la Bibl. nat. nous offre un exemple d'œuvre

ployée à la construction d'un bâtiment dans le monastère. En considération de cette aumône, à laquelle Pons Olmier s'est décidé de lui-même, l'archevêque de Narbonne a commis ses pouvoirs à l'évêque de Carcassonne, pour lui faire grâce des pèlerinages et des visites de lieux consacrés, qu'il devait accomplir, par suite de la pénitence qui lui avait été imposée pour crime d'hérésie¹ ».

Une sorte d'œuvre pie, plus curieuse que celles qui viennent d'être indiquées, est le service dont la promesse se trouve dans une pièce que nous allons transcrire. La commutation de peine dont il est le

pie tout semblable à celui-ci. Sicard Delort, de Réalmont, a *adoré* un hérétique. Un frère mineur, à qui il se confesse, lui ordonne comme pénitence plusieurs pèlerinages, et, en outre, d'acheter, à Montpellier ou à Béziers, *unam purpuram ponendam in altari beate Marie de Regalimonte, ut beata Virgo optineret veniam de peccato antedicto.* (F° 41 A.) On peut encore rapprocher des œuvres pies que nous venons d'indiquer, celles que mentionne le traité de Bernard Gui, dans la pièce intitulée: *Forma quedam specialis imponendi penitentiam alicui extra sermonem pro verbis incautis et temerariis, que contra se ipsum vel contra alium publice erenuit in scandalum plurimorum.* (IIᵉ part, f° 15 B, C.) Voici le passage où ces œuvres pies se trouvent marquées: *Item, quod unum cereum tot librarum offerat ecclesie memorate, quod diebus singulis, quantum duraverit, accendatur ibidem ad elevationem corporis Domini Jhesu Christi. Item, quod a prolatione verborum horribilium consimilium, tam contra se quam contra quemcumque alium, omnino sibi caveat et abstineat in futurum, sub pena X libr. tur., ad opus unius calicis, seu vestimentorum ecclesiasticorum in ecclesia antedicta, quam incurrat ipso facto, si et quandocumque eum contigerit deinceps delinquere in predictis vel consimilibus verbis.* (F° 15 C.)

1. *Anno Domini MCCLIIII, XIII kalendas aprilis. Poncius Olmerii, de Limoso, obligavit se et sua in centum L solidos magistro P. Ariberti, inquisitori in dyocesi Carcassone, quod ipse persolvet dictam pecuniam, amore Dei et beate gloriose virginis Marie, priorisse monasterii Rivinitidi, quandocumque ab eadem priorissa vel dicto magistro P. fuerit requisitus, ad opus cujusdam hospicii faciendum monasterio antedicto. Et sic juravit complere et perficere sine omni contradicione ad voluntatem dicti magistri P. et priorisse antedicte; et propter hujusmodi helemosinam quam ex devocione voluit sponte facere, dictus archiepiscopus Narbone commisit vices suas domino episcopo Carcassone super gracia sibi facienda de peregrinationibus, visitationibus, quas ex injuncta sibi penitencia pro heresi facere tenebatur.* (Iʳᵉ partie, f° 35 A.)

prix n'est pas moins intéressante. Il s'agit, en effet, non plus de la remise de pèlerinages plus ou moins longs et coûteux, mais de la prison même dont on fait grâce à un condamné. Nous devons dire toutefois que celui-ci paraît avoir déjà subi cette peine pendant quelque temps, ce qui rend moins étonnante la faveur qui lui est faite. Elle n'en reste pas moins considérable, car il semble que les inquisiteurs, contrairement à leurs habitudes de sévérité, aient fait franchir d'un seul coup au prisonnier plusieurs degrés, pour ainsi dire, de la pénalité qui leur était particulière.

« 9 novembre 1250. R. Autier et R. Amiel, de Villemoustaussou, ont juré et ont engagé eux et leurs biens, sous peine d'une amende de vingt livres, en faveur d'Arnaud Narbonne, qui doit être tiré demain de prison. Ils ont promis que ledit Arnaud servirait pendant deux ans, en conscience et avec fidélité, les religieuses de Rieunette, dans les travaux qu'elles pourraient avoir à faire exécuter, et qui concerneraient son métier de maçon, à moins qu'il n'eût pour cela quelque empêchement légitime ; auquel cas, ils fourniraient à sa place quelqu'un qui sache et puisse faire ce qu'il a promis pour le temps fixé... Arnaud Narbonne a pris le même engagement [1]. »

Tels sont les renseignements que nous fournit le manuscrit de Clermont, au sujet de ces peines pécuniaires, les plus douces dont l'Inquisition frappait les

---

1. *Anno quo supra* (MCCLII), *V idus novembris. R. Auterii, R. Amelii, de Villamostancione, juraverunt et obligaverunt se et sua pro Arnaldo Narbona, qui cras debet educi de muro, sub pena XX librarum, quod idem Arnaldus serviet monialibus Ricinitidi bene et fideliter per duos annos in operibus earum de officio seu ministerio suo, scilicet massionatus, nisi haberet legitimum impedimentum ; alioquin ponerent aliquem loco ipsius, qui sciret et posset complere pro ipso tempus illud... Hoc idem juravit Arnaldus Narbona.* (1re partie, f° 25 A.)

accusés reconnus coupables par elle. Le traité de Bernard Gui, auquel nous nous rapportons toujours volontiers, comme au résumé le plus complet et le plus authentique à la fois par sa nature et par sa date de la législation inquisitoriale, ne nous indique pas autre chose en somme. Nous y voyons la participation à l'achèvement d'une église mentionnée tout naturellement comme œuvre pie [1]. C'est au même titre que se trouvent indiqués aussi des travaux d'utilité publique, tels que des ponts, des fontaines [2]. Enfin, sous la même appellation, figurent la persécution des hérétiques et les dépenses des tribunaux d'Inquisition, auxquelles doivent servir, par exemple, cent livres tournois exigées d'un condamné qui bénéficie d'une commutation de peine [3].

On nous dispensera, par conséquent, d'insister sur un point où, comme sur tant d'autres, la concordance est à peu près absolue dans toute l'histoire de la justice inquisitoriale. Nous ne relèverons dans le texte emprunté par nous à Bernard Gui, que l'application d'une partie des amendes prélevées sur les coupables aux besoins et aux dépenses des tribunaux d'Inquisition. Sans doute, il pouvait paraître aux juges de ces tribunaux doublement méritoire en quelque sorte, et même piquant par un certain côté, d'employer l'argent des hérétiques à abattre l'hérésie, de la tuer

---

1. *Practica*, IIe pars, f° 17 B : *Forma ad deponendum cruces extra sermonem, non simpliciter sed ad tempus, ex aliqua pia causa*; et f° 18 C : *Item, forma alia communis commutandi et absolvendi a peregrinationibus.*
2. *Ibid.*, même partie, mêmes folios.
3. *C. libras turonenses, ad nostrum arbitrium expendendas, tam in persecutione hereticorum quam in necessitatibus Inquisitionis, seu in aliis operibus pietatis.* (*Practica*, IIe pars, f° 18 B.) — Voir une formule analogue (*ibid.*, même partie, f° 18 B) : *Pro hereticis et fugitivis et apostatis investigandis et capiendis, seu in aliis piis usibus...*

en usant contre elle des ressources qui auraient dû la faire subsister. Il semble même que cela ait été un de leurs procédés favoris. Ne se servaient-ils pas sans cesse de prévenus ou de condamnés, disposés à acheter leur grâce à n'importe quel prix, pour faire tomber dans des piéges savamment dressés les hérétiques qui leur avaient échappé jusque-là[1]?

Mais qui ne voit aussi, que dans l'application pure et simple à ses besoins de sommes ainsi prélevées, il y avait un grand péril pour le renom d'un tribunal tenu plus qu'aucun autre de rester pur de tout soupçon. Pour empêcher qu'il ne s'en élevât contre lui, cette indication vague que tant d'argent servait à ses dépenses, c'était, il faut l'avouer, un moyen très-insuffisant. A ce sujet, les contemporains ne paraissent avoir été rien moins que disposés à croire les inquisiteurs sur parole. Quant à nous, qui n'avons pas contre ces derniers les motifs de haine aveugle dont brûlaient à leur égard les hommes du midi de la France au treizième siècle, nous n'éprouvons pas de pareils doutes, et nous avons déjà dit pourquoi. Mais nous ne pouvons faire autrement que de nous associer aux prohibitions édictées par les chapitres de l'ordre même d'où sortaient les juges d'Inquisition, ainsi que par les conciles, quand les uns et les autres voulaient

---

[1]. Dans un ordre de faits tout voisin, ne remarque-t-on pas également que les inquisiteurs les plus fougueux et les plus acharnés furent presque toujours d'anciens sectateurs des doctrines cathares, comme, par exemple, Pierre de Vérone, le Dominicain frère Robert, Rainier Sacchoni, et que l'Inquisition employa de préférence, en quelque sorte, ces hommes, dont les antécédents n'auraient dû, il semble, lui inspirer qu'une médiocre confiance? (Voir, à ce sujet, Schmidt, t. I, pp. 159, 160 et 170.) Frère Robert n'était appelé par le peuple que Robert *Bougre*, c'est-à-dire Bulgare ou hérétique. En somme, nous le répétons, user autant que possible des ressources de l'hérésie, de ses richesses, de ses fidèles, contre l'hérésie elle-même, ce fut la pratique constante de la justice inquisitoriale.

bannir les amendes de la pénalité inquisitoriale. Nous nous étonnons aussi que de telles défenses aient été dédaignées par ceux-là justement qui avaient le plus d'intérêt à les observer.

3° PEINES PUBLIQUES ET INFAMANTES

Sous ce nom, qui correspond, dans le langage de la justice inquisitoriale, à l'appellation de peines entraînant confusion et déshonneur [1], nous comprenons trois sortes de châtiments. Ce sont, ainsi que nous l'avons déjà indiqué, quand nous avons essayé de faire une classification rapide de tous ces châtiments divers [2], les pèlerinages, la flagellation et les croix.

Ce groupement, nous devons l'avouer, n'est pas réellement conforme aux habitudes des tribunaux d'Inquisition. Ceux-ci, en effet, parmi les peines que nous avons réunies sous un même chef, ne reconnaissaient, à ce qu'il semble, que les croix comme entraînant avec elles une véritable note d'infamie. Ils y joignaient au même titre la confiscation et la prison perpétuelle [3]. Quant aux pèlerinages et aux visites dans les églises, qui ne pouvaient, d'ailleurs, se faire pour la plupart qu'à l'occasion des pèlerinages, ils y voyaient simplement des œuvres pies [4].

C'est là une appréciation que nous devons noter, mais que nous ne saurions admettre. Les pèlerins

---

1. *Poenae, penitentiae confusae et confusibiles.* — Voir plus haut, pp. 382, 383 et notes correspondantes.
2. Voir plus haut, pp. 382-384.
3. Voir *Practica*, II° pars, f° 16 D. — Des condamnés sont tenus quittes *a penis confusibilibus tam immurationis quam impositionis crucum, ac etiam a perditione seu confiscatione bonorum.*
4. Voir plus haut, p. 383, note 2.

n'étaient peut-être pas aussi nettement désignés à la suspicion et à la risée populaires que les porteurs de croix. Encore cela n'est-il pas absolument certain ; car, sans parler d'autre chose, l'obligation où ils étaient de faire constater expressément leur passage, dans chacun des lieux qui leur avaient été marqués [1], suffisait amplement à attirer sur eux l'attention, et cette attention pouvait bien n'être pas toujours bienveillante.

Quoi qu'il en soit de cette remarque, le sort des premiers ne paraît pas avoir été à d'autres égards beaucoup plus enviable que celui des seconds. C'était, en somme, la ruine, que ces pèlerinages si multipliés et si longs pour les malheureux qui y étaient condamnés. D'abord, les frais en devaient être considérables, à une époque où les moyens de communication étaient nuls ou fort rares. Il est vrai que les pèlerins, même pour cause d'hérésie, se trouvaient reçus sans doute dans les couvents ou hospices, bâtis spécialement à leur usage sur les routes des sanctuaires les plus fameux. Malgré tout, cependant, nous le répétons, les dépenses occasionnées par de tels voyages ne pouvaient manquer d'être fort lourdes. De plus, pendant ces absences, qui parfois se prolongeaient quatre ou cinq ans [2], que devenait la famille du condamné, s'il

---

[1]. *Testimoniales... de singulis locis secum reportet litteras illorum qui in dictis locis præfuerint, quod peregrinatione compleverit memoratas; quas litteras eidem tali N. sine difficultate dari et reddi requirimus et hortamur.* (Practica, II° pars, f° 13 D. — Voir ibid., III° pars, f° 29 B.) — Pareille formalité existait aussi pour les simples visites aux églises, comme le témoigne le passage suivant du même traité.... *Signum notarii Inquisitionis, qui præsens ibidem fuerit, aut castellum reportet et habeant ab eodem, quod visitationes fecerint illo anno.* (III° pars, f° 30 A.) Ces indications se trouvent confirmées par le manuscrit de Clermont. *De peregrinationibus suis quas perfecerit debet ostendere litteras testimoniales*, est-il dit d'un condamné. (I™ partie, f° 6 B.)

[2]. Voir la pièce citée plus haut, p. 364, note 1 ; Clermont, I™ partie, f° 27 A.

en avait une, et si elle vivait de son travail? Que devenaient aussi ses affaires, ses biens confiés à des mains étrangères ou inhabiles?

Ce n'était pas tout encore. A la ruine pouvait s'ajouter la perte de la vie, si le pèlerin s'était vu ordonner non pas les pèlerinages *majeurs* ou *mineurs*, accompagnés de nombreuses visites à une foule d'églises célèbres, mais le voyage d'outre-mer, c'est-à-dire le service en Palestine contre les infidèles. Sans doute, les malheureux, que l'Inquisition avait marqués pour ainsi dire du sceau de sa justice en les condamnant aux croix, vivaient dans le mépris et la honte. Repoussés de tous, incapables d'établir leurs fils ou leurs filles [1], ils en étaient réduits à mendier la permission de déposer pour quelques jours ces insignes d'ignominie, quand ils voulaient sortir de leur ville, sans s'exposer aux huées impitoyables des populations étrangères [2]. Mais, en conscience, avaient-ils quelque chose à envier à ces pèlerins, qui, par une dérision manifeste de leurs juges, se voyaient forcés, sous prétexte d'œuvres pies, de laisser leur famille dans le dénûment, leurs affaires dans l'abandon, et d'aller chercher la misère sur les grands chemins de

---

1. Voir *Practica*, IIe pars, f° 17 A, B, la pièce intitulée : *Forma ad deponendum cruces extra termonem non simpliciter, sed ad tempus, ex aliqua pia causa.* — *Tenore presentium pateat Christi fidelibus universis, quod nos, frater talis N., ordinis Predicatorum, inquisitor heretice pravitatis, etc., piis bonorum virorum precibus inclinati; vel sic, compacientes senectuti; vel, infirmitati talis N., de tali loco; vel, liberis ejus, ut eis posset melius seu commodius subvenire; vel, filias maritare; et sic de consimilibus causis que esprimi poterunt in hoc loco; moti intuitu pietatis, ad tempus dedimus eidem N. licentiam non portandi cruces de filtro, que olim fuerunt sibi per nos, vel, per talem inquisitorem, in penitentiam et nomine penitentie injuncte et imposite ad portandum,* etc.

2. *Anno Domini MCCL, II kalendas decembris. Data est licentia Petro Pelha, de Cofolento, deponendi cruces sibi pro heresi impositas, quousque redierit de Francia ubi vult ire.* (Ms. de Clermont, 1re partie, f° 6 B.)

l'Europe, ou la mort dans les forteresses malsaines et à demi-ruinées de la Syrie[1]?

On comprendra sans peine, après cela, que nous n'ayons pas tenu compte, pour établir notre classification, du point de vue auquel se plaçaient les inquisiteurs. Notre but était de ranger les divers châtiments, appliqués dans leurs tribunaux, par ordre de rigueur pour ainsi dire. Or, les pèlerinages, malgré la désignation qui leur est commune avec un certain nombre de peines relativement douces, ne nous paraissent pas sensiblement moins durs que les croix elles-mêmes, et nous croyons avoir démontré qu'ils ne ménagaient guère plus que celles-ci les intérêts et même l'honneur des malheureux qui s'y trouvaient condamnés. Nous rangerons donc au même degré et sous le même titre, dans l'échelle de la pénalité inquisitoriale, ces deux sortes de châtiments de nature diverse, et nous

---

1. On peut juger, toutes proportions gardées, des ennuis de toutes sortes qu'entraînaient ces déplacements, surtout le service en Terre-Sainte, imposés comme pénitence, par le peu d'empressement des princes du treizième siècle à faire de nouvelles croisades. Frédéric II avait épuisé tous les délais, avant de se décider à accomplir l'expédition dont on lui avait arraché la promesse, et il n'était parti que chargé de l'excommunication lancée contre lui par Grégoire IX pour ses retards sans fin. Raimond VII, sommé durant presque toute sa vie d'aller combattre les infidèles, pour les fautes de son père plutôt que pour les siennes, résista obstinément, et finit par mourir sans avoir obéi. Louis IX eut seul pour ces entreprises l'enthousiasme des hommes du onzième siècle; mais les répugnances et les désillusions profondes de l'époque où il vivait se retrouvent tout entières dans le mauvais vouloir de son entourage à servir ses desseins. En réalité, il faut bien le dire, cent cinquante ans après Godefroi de Bouillon, personne ne voulait plus entendre parler des croisades. Le clergé avait beau les prêcher encore, par respect pour des souvenirs dont lui seul avait gardé sérieusement le culte, il ne pouvait empêcher que la vérité n'éclatât à tous les yeux. Même couronnées de succès, ces expéditions, on le savait de reste, n'avaient pas prouvé par leurs résultats qu'elles fussent réellement utiles. Combien, au contraire, comme celle de Louis VII et de l'empereur Conrad III, n'avaient entraîné avec elles que désastres honteux et sanglants! C'était là ce qui retenait chez eux les princes et les peuples, en dépit des exhortations pressantes de l'Église et même de ses anathèmes.

les examinerons comme des moyens de répression d'une sévérité à peu près équivalente. Nous commencerons par les pèlerinages.

Le manuscrit de Clermont nous fournit sur ce genre de peines une série d'indications, qui nous permettent de nous en faire une idée assez complète. En voici d'abord la mention pure et simple :

« 11 novembre 1252. Vilarzel, des Ilhes [1], a juré de commencer sous huit jours les pèlerinages qui lui ont été imposés, et de faire tout ce qui lui sera possible afin de les accomplir. Ont répondu pour lui R. Chatmar et Thierri, de Conques [2]. »

L'exemple suivant nous montre que les femmes, aussi bien que les hommes, pouvaient être condamnées à ces sortes de pénitences [3] :

« 1257. Jeudi avant les Rameaux (29 mars). Bernadette, femme de Nicolas, a juré de faire, d'ici à la Saint-Michel, les pèlerinages qui lui ont été ordonnés pour le crime d'hérésie dont elle s'est rendue coupable [4]. »

Voici maintenant une très-curieuse pièce, qui nous donne d'un seul coup trois ou quatre renseignements des plus précieux sur le mode d'application de la peine dont nous parlons, et sur les différentes espèces qu'en

---

1. Dép. de l'Aude, arr. de Carcassonne, cant. de Mas-Calardès.
2. *Anno quo supra* (MCCLII), *III idus novembris. Vilarzelus, de Insula, juravit se inceptarum peregrinacionum sibi injunctas infra VIII dies et perfecturum pro viribus. Fidejusserunt R. Chatmar, Thiericus, de Conchis.* (Ire partie, f° 23 B. — Voir, *ibid.*, même folio, un engagement tout semblable.)
3. Les inquisiteurs admettaient cependant pour elles quelques cas de dispense. Bernard Gui énumère les suivants : ... *Si esset mulier juvencula de cujus periculo timeretur, aut juvenis juvenem habens virum..., vel si esset mulier pregnans.* (*Practica*, III^a pars, f° 30 A, B.)
4. *Anno quo supra* (MCCLVI), *feria V ante Ramos palmarum. Bernarda, uxor Nicholay, juravit se facere peregrinaciones sibi injunctas pro heresi usque ad instans festum sancti Michaelis.* (Ire partie, f° 37 bis A.)

distinguaient les inquisiteurs. Nous trouvons, en effet, dans ce document la mention d'une sorte d'*acte de foi*, où signification est faite à un certain nombre de condamnés, groupés d'après le lieu d'origine, des pèlerinages qu'ils auront à accomplir. Nous y trouvons aussi un exemple de commutation de peine, et enfin l'indication des trois sortes de pèlerinages que reconnaissait la législation inquisitoriale. Nous citerons cette pièce tout entière.

« 5 octobre 1251. Ordre a été donné par les inquisiteurs, dans l'église Saint-Michel du Bourg de Carcassonne, aux habitants de Preixan, de Couffoulens, de Cavanac, de Cornèze, de Leuc et de Villefloure, auxquels on avait imposé de porter des croix, en punition du crime d'hérésie dont ils se sont rendus coupables, et auxquels on a fait grâce de ces croix, d'avoir à commencer les pèlerinages qui leur ont été enjoints : les pèlerinages *mineurs* d'ici à huit jours, les pèlerinages *majeurs* d'ici à quinze. Quant à ceux qui se trouvent astreints à faire le voyage d'outre-mer, qu'ils s'embarquent au plus prochain départ [1]. »

Il y a dans ce texte, d'ailleurs fort net, une expression qu'il nous faut cependant expliquer. C'est celle de pèlerinages *majeurs* et de pèlerinages *mineurs*. Nous nous servirons pour cela d'un passage du traité de Bernard Gui.

« Il faut remarquer, dit-il, que dans les pays de

---

[1]. *Eadem die* (MCCLI, III nonas octobris). *Injunctum fuit ab inquisitoribus in ecclesia sancti Michaelis Burgi Carcassone hominibus de Preissana, de Cofolenta, de Caranaco, de Cornazano, de Leuco et de Villafeurana, quibus fuerant imposite cruces pro heresi, et quibus facta est gracia de crucibus, quod incipiant facere peregrinationes minores sibi injunctas pro dicto crimine usque ad VIII dies, majores usque ad XV dies, et in primo passagio transeant ultra mare qui ad hoc sunt obligati.* (I⁰ partie, f° 13 B.)

Carcassonne, d'Albi et de Toulouse, d'après une habitude fort ancienne, les inquisiteurs désignent dans leurs lettres et dans leurs livres, sous le nom de pèlerinages *majeurs*, ceux qui se trouvent en dehors des frontières du royaume de France. Ce sont les quatre suivants : Saint-Jacques de Compostelle, les saints Apôtres Pierre et Paul à Rome, Saint-Thomas de Canterbury et les Trois-Rois de Cologne...

« Par pèlerinages *moyens* ou *mineurs*, ils entendent ceux qui se trouvent dans les limites du royaume de France et dans le voisinage du Rhône. Ce sont d'abord, ceux de Notre-Dame de Rocamadour, de Notre-Dame du Puy, de Notre-Dame de Vauvert, de Notre-Dame des Tables à Montpellier et de Notre-Dame de Sérignan ; puis, de Saint-Guillem du Désert, de Saint-Gilles en Provence, de Saint-Pierre de Montmajour, de Sainte-Marthe de Tarascon, de Sainte-Marie-Madeleine à Saint-Maximin, de Saint-Antoine de Vienne, de Saint-Martial et de Saint-Léonard en Limousin, de Notre-Dame de Chartres, de Saint-Denis et de Saint-Louis dans l'Ile-de-France, de Saint-Séverin de Bordeaux, de Notre-Dame de Souillac, de Sainte-Foi de Conques dans le diocèse de Rodez, de Saint-Paul de Narbonne, de Saint-Vincent de Castres [1]. »

---

[1]. *Notandum iam quod inquisitores heretice pravitatis in partibus Carcassonensibus, Albiensibus et Tholosanis, ex more et usu ab antiquo, dicunt seu nominant in litteris et in libris suis peregrinationes majores, que sunt extra fines regni Francie quatuor, videlicet sancti Jacobi de Compostella, sanctorum apostolorum Petri et Pauli Rome, sancti Thome in Cantuaria et Trium-Regum de Colonia... Item, peregrinationes mediocres seu minores nominant et appellant, que sunt infra regnum Francie et circa Rodanum, videlicet beate Marie de Ruppe Amatoris, de Podio, de Valleviridi et de Tabulis in Montepessulano et de Seriniano; item, sancti Guillermi de Deserto, sancti Egidii in Provincia, sancti Petri de Montemajori, sancte Marthe de Tarascone, sancte Marie Magdalene apud Sanctum Maximinum, sancti Antonii Viennensis, sancti Marcialis et sancti Leonardi in Lemo-*

La suite de ce morceau nous indique de quelle manière les inquisiteurs composaient l'itinéraire prescrit aux condamnés. Le plus souvent, ils choisissaient un pèlerinage *majeur*, auquel ils ajoutaient un certain nombre de pèlerinages *mineurs*[1].

Quant au voyage d'outre-mer[2], nous avons vu qu'il fallait entendre par là le service en Palestine contre les infidèles, pendant un temps plus ou moins long. Bernard Gui n'en parle pas, sans doute parce que, les chrétiens d'Europe ayant à peu près renoncé, au début du quatorzième siècle, à secourir leurs frères d'Asie, une pareille prescription n'avait plus guère d'objet. On la trouve, au contraire, sans cesse rappelée dans le siècle précédent. Grégoire IX prétend l'imposer à Raimond VII, en 1236[3]. L'année suivante, les habitants du Bourg de Narbonne, qui se sont rendus coupables de meurtres dans un soulèvement contre les Dominicains soutenus par l'archevêque, sont forcés d'aller servir

---

vicinis, beatæ Mariæ de Carnoto et sancti Dyonisii et sancti Ludovici in Francia, et sancti Severini de Burdegala et beatæ Mariæ de Solaco (sic), sanctæ Fidis in Conchis, dyocesis Ruthenensis, sancti Pauli Narbonensis, sancti Vincencii de Castris. (*Practica*, III° pars, f° 29 D et 30 A.)

Voir, pour la même énumération, *Practica*, ibid., f° 29 A, B. — Un certain nombre de ces lieux de pèlerinage se trouvent indiqués également dans le manuscrit latin 11847 de la Bibl. nat., f° 11 A, confession de Sicard Delort, de Réalmont; dans Doat, t. XXII, f° 39, 40, et dans l'*Hist. de Lang.*, édit. orig., t. III, Preuves, pp. 372, 373.

1. *Item, de predictis peregrinationibus prefati inquisitores imponunt seu injungunt plus et minus, prout judicaverint expedire, considerata qualitate personarum et quantitate culpæ; puta quod dimittunt aut non injungunt primas peregrinationes quatuor, quæ communiter vocantur majores, vel saltem injungunt unam tantum ex eisdem, videlicet sancti Jacobi Compostellæ, quæ magis communiter consuevit predigi et imponi. Item, de aliis peregrinationibus, quæ dicuntur minores, poterunt intermitti illæ quæ sunt in locis magis distantibus et remotis, puta de Francia, de Vienna et similibus, et sic de aliis ad arbitrium inquisitoris.* (*Practica*, III° pars, f° 30 A.)

2. Il s'appelle, dans le langage des inquisiteurs, *passagium transmarinum*.

3. *Hist. de Lang.*, édit. orig., t. III, liv. XXV, pp. 407, 408.

contre les Musulmans, non pas en Syrie, mais au-delà des Pyrénées[1]. Le concile de Béziers, en 1246, renouvelle dans un de ses canons toutes les prescriptions anciennes à ce sujet. Enfin, le pape Innocent IV, en 1247, offre le même service contre les infidèles, comme commutation de peine, aux hérétiques condamnés aux croix ou à la prison perpétuelle[2].

Il paraît même qu'à un certain moment les inquisiteurs répondent à l'invitation des souverains pontifes et des conciles d'appliquer ce châtiment, avec un empressement dont s'inquiètent les uns et les autres. En 1243 ou 1244, le concile de Narbonne, confirmant l'interdiction prononcée depuis peu par la papauté, défend à son tour qu'on envoie désormais des hérétiques servir en Palestine, de peur que, se trouvant en grand nombre dans les Lieux-Saints, ils n'y portent la profanation[3]. La vérité est qu'on craignait sans doute que, réunis et sentant leur force, ils ne relevassent la tête et ne revinssent à leurs croyances passées. Qui sait ? Ils auraient peut-être refait en Orient leurs églises, qu'on dispersait au même moment dans les pays occidentaux. Ils auraient commandé aux orthodoxes, de concert avec les Grecs, auxquels ils avaient emprunté, dit-on, une partie de leurs doctrines, et qui n'avaient pas plus qu'eux-mêmes de sympathie pour les Latins.

Le manuscrit de Clermont est probablement d'une

1. *Hist. de Lang.*, édit. orig., t. III, liv. XXV, pp. 402, 403.
2. *Layettes du Tr. des Ch.*, t. III, n° 3625 ; *Datum Lugduni, Vidus decembris, pontificatus nostri anno quinto*. — Le même pape renouvelle cette offre, le 30 avril 1249. Voir Doat, t. XXXI, f° 77. — Ces indications sont confirmées par le manuscrit de Clermont, 1re partie, f° 21 A. Deux condamnés à la prison perpétuelle voient leur peine commuée en un pèlerinage d'outre-mer.
3. *Hist. de Lang.*, édit. orig., t. III, liv. XXV, pp. 414, 415.

époque où les souverains pontifes, ainsi que les inquisiteurs, interprètes de leurs volontés, avaient perdu leurs défiances, et révoqué leurs interdictions au sujet du pèlerinage d'outre-mer. Nous y trouvons, en effet, de très-nombreux exemples de ce genre de pénitence, accompagnés de détails qui peuvent nous en faire connaître la nature et le mode d'application. Ainsi, nous savons quels étaient les ports où s'embarquaient les pèlerins, et l'époque habituelle de leur départ.

« 5 novembre 1253. Il a été enjoint, sous peine d'une amende de cinquante livres pour chacun d'eux, et en vertu du serment qu'ils ont prêté, à B. de Martres, B. Armen, l'aîné, et P. d'Albars, d'Alzonne, de s'embarquer pour le voyage d'outre-mer, au prochain départ du mois de mars. Ils doivent se trouver prêts, soit à Aigues-Mortes, soit à Marseille, pour entreprendre ce voyage et pour l'accomplir [1]. »

Nous n'avons pas trouvé d'autres lieux d'embarquement que ceux dont la pièce qui précède nous donne l'indication. Mais le départ du mois de mars n'est pas le seul qui soit mentionné. Il y en a un autre au moins, sinon deux. Le premier, qui est absolument certain, se place en août, et nous voyons deux condamnés, G. Bérenger, d'Arzens, le 1er avril 1254, et Rey, d'Alzonne, le 12 du même mois, promettre de s'embarquer à cette date [2]. Le second, qui ne se trouve

---

1. *Anno et die predictis* (MCCLIII, nonas novembris). *Injunctum fuit, sub pena L librarum... cuilibet, et in virtute prestiti juramenti, B. de Martris, B. Armen seniori, et P. Dalbara, de Alzona, quod in isto passagio marcii transfretent, et sint parati vel apud Aquas Mortuas vel apud Massiliam, pro dicto passagio incipiendo et perficiendo.* (Ire partie, f° 29 B.)

2. *Anno Domini MCCLIII, kalendas aprilis. G. Berengarii, de Arziaco, juravit se pariturum mandatis omnibus et singulis inquisitorum, et fuit*

pas aussi nettement marqué, devait se placer dans le courant de septembre. Nous le voyons indiqué dans une pièce, où deux frères, B. Belloc et Pierre Belloc, d'Arzens, s'engagent, le 17 avril 1254, à s'embarquer avant la Saint-Michel prochaine [1]. Mais peut-être aussi, par suite de quelque retard, les deux personnages en question étaient-ils seuls à partir à ce moment, et ne devaient-ils pas se joindre à un véritable convoi de pèlerins, comme il y en avait bien certainement au mois de mars et au mois d'août.

Pour ce qui est de l'absence, à laquelle les condamnés se trouvaient forcés dans ce cas, elle devait être en général assez longue, et ne jamais embrasser une durée de moins de deux ou trois ans. C'est, d'ailleurs, ce que nous enseignent deux pièces, où se rencontre une indication à ce sujet. Dans l'une, G. Roger, de Villegly [2], qui jure, le 17 juin 1252, de s'embarquer au prochain départ pour la Terre-Sainte, fait cette promesse pour deux ans [3]. L'autre nous montre les héritiers d'un certain Jean Vidal, sommés de payer une compensation en argent pour un service de cinq années dans les pays d'outre-mer, que le défunt n'a pas accompli [4].

absolutus ab excommunicacione qua erat astrictus propter contumaciam. Juravit eciam et promisit se transfretaturum in primo passagio augusti, sub pena X librarum, etc. (Ire partie, f° 27 B.) — *Anno quo supra (MCCLIII), II idus aprilis. Rex. de Alzena, juravit se transfretaturum in primo passagio augusti.* (Ire partie, f° 27 B.)

1. *Anno quo supra (MCCLIII), XV kalendas maii. B. Bello et Petrus Bello, fratres, de Arzinco, juraverunt et obligaverunt se et sua, sub pena XXX turonensium, se transfretaturos hinc usque ad festum beati Michaelis, nisi remanerent de mandato Ecclesie speciali...* (Ire partie, f° 28 A.)

2. Dép. de l'Aude, arr. de Carcassonne, cant. de Conques.

3. *Anno quo supra (MCCLII), XV kalendas julii. G. Rogerii, de Villaigliac, juravit se transfretaturum in proximo passagio ad duos annos, sub pena centum librarum*, etc. (Ire partie, f° 22 A.)

4. Ire partie, f° 27 A. — Cette pièce se trouve citée tout entière plus haut, p. 364, note 1.

On le voit, si, dans le cas d'une commutation de peine, les pèlerinages ne constituaient pas absolument une aggravation du châtiment dont ils prenaient la place, à coup sûr ils n'en étaient pas un adoucissement réel. Aussi, nous doutons fort, qu'abusés par leur beau nom d'œuvres pies, les condamnés que l'Inquisition transformait ainsi, de porteurs de croix, par exemple, en pèlerins, fussent disposés à lui savoir beaucoup de gré de ce changement apporté à leur sort.

Nous bornerons là ce que nous voulions dire des pèlerinages, et nous parlerons maintenant de la peine, à laquelle la jurisprudence inquisitoriale attachait plus particulièrement l'idée d'infamie et de déshonneur. Cette peine, comme nous l'avons déjà dit, c'étaient les croix.

Peut-être en trouverait-on l'origine, à une époque antérieure à l'établissement même de l'Inquisition. Quoi qu'il en soit, à peine celle-ci commence-t-elle à fonctionner, qu'on voit figurer tout de suite ce genre de châtiment au nombre de ceux que ses juges décrètent de préférence. Dès 1229, le concile de Toulouse ordonne que les hérétiques, pour témoigner qu'ils ont renoncé à leurs anciennes erreurs, porteront deux croix sur la poitrine, l'une à droite, l'autre à gauche, d'une couleur différente de celle de leurs vêtements[1]. Le concile de Narbonne, en 1243 ou 1244, celui de Béziers, en 1246, renouvellent cette prescription. Le dernier, en indiquant les croix comme pénitence à appliquer, avec quelques autres, aux coupables qui ne sont pas emmurés, nous en fournit une description très-précise[2],

---

1. Voir *Hist. de Lang.*, édit. orig., t. III, liv. XXIV, p. 382.
2. Voir *Hist. de Lang.*, édit. orig., t. III, liv. XXV, pp. 411, 415, 453.

confirmée par celle que donne Bernard Gui dans son traité. C'est celle-ci que nous allons reproduire de préférence à l'autre, parce qu'elle est inédite.

« Nous vous imposons et nous vous enjoignons, dit l'inquisiteur s'adressant aux condamnés, de porter sans cesse sur tous vos vêtements, excepté la chemise, deux croix de feutre de couleur jaune, l'une au devant de la poitrine, l'autre par derrière, entre les épaules, et d'avoir soin qu'elles soient toujours bien apparentes, soit que vous demeuriez dans l'intérieur de votre maison, soit que vous en sortiez. Ces croix doivent avoir les dimensions suivantes : deux palmes et demi de long pour un bras et deux palmes pour l'autre, qui est le bras transversal, avec trois doigts de large pour chacun. Vous les réparerez ou vous les remplacerez sans retard, si elles viennent à se déchirer ou à disparaître par l'usure [1]. »

Les renseignements que nous venons d'emprunter à Bernard Gui sur cette peine singulière, sont confirmés de point en point par tous les documents d'Inquisition qui nous ont été conservés. Quant au manuscrit dont nous faisons l'analyse, il en reproduit jusqu'aux moindres détails, comme on le verra par les pièces que nous allons y prendre.

« 27 avril 1252. Ordre a été donné à la femme Four-

---

1. *Imposuimus et injungimus tobis..., in pœnitentiam et nomine pœnitentiæ pro prædictis culpis, sub virtute a vobis prestiti juramenti, quod in omni veste vestra, excepta camisia interiori, portetis perpetuo duas cruces de filtro croci coloris, unam anterius ante pectus et aliam posterius inter spatulas ; sine quibus prominentibus seu apparentibus intra domum vel extra nullatenus incedatis. Quarum quantitas sit in longitudine duorum palmorum et dimidii brachium unum, et duorum palmorum aliud brachium, scilicet transversale, et trium digitorum in latitudine utrumque brachium, easdemque continuo reficiatis vel innovetis, si rumpatur aut deficiant vetustate.* (*Practica*, IIIe pars, f° 30 B, C. — Voir ibid., I^e pars, f° 2 D, et IIe pars, f°s 13 C et 15 A.)

nier, de porter de la grandeur prescrite *(debite quantitatis)* les croix auxquelles elle a été condamnée[1]. »

Ainsi, ce n'était pas pour qu'on négligeât de tenir compte de leurs indications, que les inquisiteurs donnaient d'une manière si précise les dimensions de ces insignes. Il fallait s'y tenir strictement, sous peine d'être durement averti. La pièce suivante montre combien peu ces mêmes inquisiteurs admettaient qu'on se dispensât, sous un prétexte quelconque, de les porter :

« 6 octobre 1252. Raimonde Manifacier, de Sauzens[2], veuve de Raimond Copier, condamnée à porter des croix en punition du crime d'hérésie dont elle s'est rendue coupable, a comparu sans ces croix devant l'inquisiteur, maître R. Déodat. On lui a demandé pourquoi elle ne les portait pas, comme elle y était obligée par son propre serment ; elle a répondu qu'elle ne portait pas de croix sur sa robe, parce que les premières s'étaient déchirées, et qu'elle n'avait pas de quoi en acheter de nouvelles. Elle a ajouté qu'elle en portait du moins sur sa cape ; mais la femme de Laurent Chatmar, Ave, sa maîtresse, chez qui elle demeure en qualité de nourrice, lui a défendu de porter ce vêtement, et lui en a donné un autre dépourvu de croix, avec ordre de s'en servir[3]. »

---

1. 1re partie, f° 21 B.
2. Partie de la commune de Caux-et-Sauzens, dép. de l'Aude, arr. de Carcassonne, cant. d'Alzonne.
3. *Anno quo supra (MCCLII), II nonas octobris, Raimunda Manifaceria, de Sauzinco, uxor quondam Raimundi Coperi, crucesignata pro crimine heretice pravitatis, comparuit coram magistro R. Deodato inquisitore sine crucibus ; et requisita quare non portabat cruces, sicut tenebatur proprio juramento, dixit quod in tunica non portabat quia non habebat unde emeret, cum priores essent rupte. Dixit etiam quod in capa sua portabat cruces ; sed Ava, uxor Laurencii Chatmar, domina sua, cum qua moratur pro nutrice, inhibuit ei quod non portaret dictam capam cum crucibus, et tradidit sibi quamdam aliam capam portandam sine crucibus.* (1re partie, f° 21 A.)

Cependant, tout en veillant avec soin à ce qu'on observât exactement leurs prescriptions au sujet de cette pénitence, les juges d'Inquisition en accordaient parfois la rémission temporaire. La deuxième partie de la *Practica* nous dit pour quels motifs. C'était sur les instances charitables d'hommes de bien, par compassion pour la vieillesse ou les infirmités d'un condamné, par pitié pour ses enfants, afin qu'il pût subvenir plus aisément à leurs besoins, pour qu'il arrivât aussi à marier ses fils ou ses filles[1]. Le concile de Béziers, en 1246, avait indiqué en outre, comme cas particulier de dispense, le service en Palestine contre les infidèles; mais il marquait aussi expressément que les pénitents reprendraient les croix à leur retour de la Terre-Sainte[2]. C'est, du reste, également à cette condition que Bernard Gui, dans son traité, met l'indulgence passagère des tribunaux d'Inquisition. « Nous enjoignons au condamné, dit l'inquisiteur, en vertu du serment qu'il a prêté devant nous, qu'il se présente au premier *acte de foi* qui sera célébré, quel que soit le lieu où il se fera, revêtu des croix qu'il aura reprises à l'avance, afin d'entendre et d'exécuter les ordres de ses juges[3]. »

Cette concession, d'ailleurs essentiellement temporaire, s'explique par la situation qu'une pareille peine,

1. *Practica*, IIe pars, f° 17 B, 18 A. — Voir plus haut, p. 401, note 1, le texte où se trouvent ces indications.
2. Voir *Hist de Lang.*, édit. orig., t. III, liv. XXV, p. 453.
3. *Injungimus autem eidem, sub virtute a se coram nobis prestiti juramenti, quod... ad sermonem inquisitorum, ubicumque fiat, personaliter veniat cum crucibus jam resumptis, ipsorum mandatum et beneplacitum auditurus et completurus.* (*Practica*, IIe pars, f° 17 B. — Voir également, *ibid.*, même partie, f° 17 C.) D'après les indications, qui accompagnent le texte que nous venons de citer, il semble que la concession dont il s'agit eût pour durée l'intervalle compris entre deux *actes de foi*. Cette durée était, par conséquent, très-variable.

infamante au plus haut degré, de l'aveu même de l'Inquisition, faisait aux condamnés. Nous avons déjà dit quelques mots de cette situation intolérable; nous n'y reviendrons pas. Nous rappellerons seulement que les malheureux, contraints de porter ces insignes de honte, ne pouvaient sortir de chez eux sans s'exposer aux insultes et aux risées de la populace. Nous ajouterons qu'ils étaient réellement au ban de la société, repoussés, dédaignés de tous, incapables de trouver une femme pour leurs fils, un mari pour leurs filles, si bien que l'Inquisition, après avoir fait leur malheur, avait dû songer elle-même à l'atténuer. De là, ces rémissions, dont nous venons de parler, destinées à rendre la vie plus supportable aux porteurs de croix; de là aussi, les menaces répétées des prélats, des inquisiteurs, à l'adresse de ceux qui oseraient molester et insulter ces victimes de la justice inquisitoriale [1], menaces que Bernard Gui reproduit dans son traité, en s'adressant à tous les fidèles, pour leur ordonner de prendre les pénitents sous leur protection [2].

---

1. Voir Doat, t. XXVII, f°' 103-100 A, et *Hist. de Lang.*, édit. orig., t. IV, liv. XXIX, p. 183.

2. Voici la pièce où se trouve cet appel curieux : *Forma scribendi contra molestantes illos quibus cruces ad portandum nomine penitentie sunt injuncte. — Frater Bernardus, inquisitor heretice pravitatis, etc., omnibus Christi fidelibus ad quos presentes littere pervenerint, vel tali bajulo, vel consulibus talis loci, salutem in actore fidei domino Jhesu Christo. Cum sancta mater Ecclesia nulli claudat gremium redeunti, ymmo gaudens suscipit, fovet, protegit penitentes, exemplo pii patris edocta, qui prodigum filium revertentem festina cum letitia recollegit, idcirco auctoritate apostolica qua fungimur inhibemus, et, premissa monitione canonica, sub pena excommunicationis, precipimus et mandamus, ne tales de tali loco (exprimantur nomina), quibus tanquam penitentibus, in penitentiam et nomine penitentie, per nos, vel sic, per inquisitores, predecessores nostros, cruces sunt imposite ad portandum et peregrinationes injuncte ad faciendum, pro hiis in quibus in facto seu crimine heresis commiserunt, aliquis audeat irridere, nec a locis propriis seu communibus commerciis excludere vel quoquo modo aliter molestare, ne ex hoc retardetur conversio*

Ces renseignements se retrouvent tout entiers dans le manuscrit de Clermont. Nous en donnerons l'exemple suivant :

« 30 novembre 1250. Permission a été accordée à Pierre Pelha, de Couffoulens, de déposer, jusqu'à ce qu'il soit revenu de France où il veut aller, les croix auxquelles il a été condamné, en punition du crime d'hérésie dont il s'est rendu coupable. Quand il sera revenu, il doit, sous huit jours, se présenter à l'évêque de Carcassonne, et conformément à sa volonté, quelle qu'elle soit, reprendre ces croix ou bien d'autres, sans qu'on ait pour cela de nouvelles raisons à lui donner[1]. »

Les deux pièces, que nous allons citer après celle-ci, montrent quelle sorte de châtiment l'Inquisition réservait à ceux, qui, ayant obtenu d'elle la faveur dont nous parlons, négligeaient de tenir les promesses qu'ils avaient dû faire pour qu'on la leur accordât. De plus, nous y trouvons mentionnée une sorte de peine, dont nous avons à dire quelques mots, la flagellation.

Le 6 octobre 1251, un certain Ulysse, de Cabaret[2],

---

peccatorum, et ne concersi propter scandalum, abjecta penitentia, relabantur; quin ymmo libere permittantur, tam in locis unde traxerunt originem quam alibi ubi commodius poterunt, habitare, suasque agere penitentiam sine molestia et in pace, quamdiu sua conversatio fidelis et catholica apparuerit legitimis documentis. Alias molestantes ipsos indebite pena debita puniemus, et contra molestantes ipsos indebite, prout justum fuerit, per censuram ecclesiasticam procedemus. In cujus rei testimonium, etc. Datum Tholose, etc. (Practica, IIe pars, f° 19 C, D.) — Voir aussi, ibid., IIIe pars, f°s 30 B et 31 A, la pièce intitulée : Monitio contra illos qui irrident aut molestant crucesignatos suam penitentiam facientes.

1. *Anno Domini MCCL., II kalendas decembris. Data est licentia Petro Pelha, de Cofolento, deponendi cruces sibi pro heresi impositas, quousque redierit de Francia ubi vult ire. Et post reditum suum, infra VIII dies, debet se presentare domino episcopo Carcassonne, et ad omnimodam voluntatem suam debet illas cruces vel alias resumere, sine omni nova causa, etc.* (Ire partie, f° 6 B.)

2. Pic et château à trois lieues au nord de Carcassonne, à l'entrée de la

s'est vu accorder par l'évêque de Carcassonne la permission de déposer jusqu'à Noël les croix auxquelles il avait été condamné. Il était entendu qu'il les reprendrait, sans attendre l'ordre de l'évêque, ni de qui que ce fût[1]. Mais il n'a pas tenu sa promesse, à ce qu'il paraît, et le châtiment ne se fait pas attendre.

« 26 janvier 1252. Ordre a été donné à Ulysse par les inquisiteurs, comme punition du parjure dont il s'est rendu coupable, en ne reprenant pas, ainsi qu'il en avait fait le serment, les croix qu'on lui avait permis de déposer, de venir à Carcassonne, le second dimanche à partir de ce jour, c'est-à-dire le dimanche de la Septuagésime, pour visiter toutes les églises du Bourg, en allant de l'une à l'autre, nu-pieds, en chemise et en braies, avec une poignée de verges dans la main. Il devra en faire autant, le premier dimanche de chaque mois, jusqu'au moment où il s'embarquera pour le voyage d'outre-mer. Cette pénitence lui a été enjointe, en vertu du serment qu'il a prêté[2]. »

Voilà un premier exemple de punition, dans le cas de désobéissance qui nous occupe. Le condamné n'a

---

Montagne-Noire, et dans la commune de Lastours, dép. de l'Aude, arr. de Carcassonne, cant. de Mas-Cabardès. Voir *Hist. de Lang.*, édit. Privat, t. V, *Index geographicus*, c. 1984.

1. *Anno quo supra* (MCCLI), *II nonas octobris. Facta est gracia per dominum episcopum Ulizi, de Cabareto, de crucibus sibi pro heresi impositis, usque ad instans festum Nativitatis Domini; et tunc, non expectato mandato ejusdem, vel alicujus alterius, debet illas cruces resumere,* etc. (Ire partie, f° 11 B.)

2. *Anno Domini MCCLI, VII kalendas februarii. Injunctum fuit Ulizi in penitentiam per inquisitores pro perjurio, quia non resumpsit cruces sicut juraverat, quod dominica post instantem dominicam, in LXX^a, veniat Carcassonam visitaturus omnes ecclesias Burgi Carcassonne, nudis pedibus, in camisia et braccis, cum virgis in manu, eundo de una ecclesia ad aliam, et idem faciat in prima dominica mensium singulorum, quousque transeat ultra mare. Et hoc fuit ei injunctum in virtute prestiti juramenti.* (Ire partie, f° 1 B.)

pas eu, il semble, à reprendre les croix, dont on lui avait fait la remise temporairement. Un des deux châtiments qu'on lui infligeait pour son manque de parole, le voyage d'outre-mer, l'en dispensait. Mais il lui faut subir la honte d'une flagellation publique, dans un appareil qui le désigne à tous les yeux, et enfin aller servir en Palestine pendant plusieurs années.

La pièce suivante nous montre un cas quelque peu différent. Il ne s'agit plus d'un condamné déposant ses croix avec le consentement de l'Inquisition, mais d'un coupable audacieux qui s'en dépouille de sa propre autorité. La peine qui lui est infligée est double, comme dans le cas précédent, et, si l'on considère la valeur respective que les inquisiteurs attribuaient à chacun des moyens de répression employés par eux, nous n'avons pas lieu de croire qu'ils la jugeassent plus douce. Sachons d'abord quels sont les délits reprochés à l'individu qui va se trouver condamné pour la seconde fois. Gaillard Vassal, de Salsigne, est retombé dans ses erreurs passées. Depuis la Saint-Michel qui a suivi le premier jugement porté contre lui, il a *adoré* des hérétiques, et a rejeté témérairement les croix qui lui avaient été imposées. Voici maintenant la condamnation nouvelle prononcée contre ce relaps et ce contempteur de la justice inquisitoriale :

« 3 mars 1253... Ordre a été donné audit Gaillard de reprendre sur-le-champ les croix qu'il a déposées, par une résolution téméraire à laquelle rien ne l'autorisait. De plus, en qualité de relaps, parce qu'il est, en effet, retombé récemment dans le péché d'hérésie, il devra porter deux croix, chacune d'un palme, sur son chaperon, et il ne pourra, ni dans sa maison, ni au dehors, se dispenser de porter ce chaperon avec les croix qui s'y trouveront attachées. Enfin, chaque dimanche de ce carême, il aura à visiter toutes les églises du Bourg, en chemise et en braies, nu-pieds, avec des verges dans la main, et coiffé du chaperon qu'il lui a été ordonné de porter[1]. »

La pièce que nous venons de citer a cela de curieux qu'elle nous présente l'application formelle des canons édictés par certains conciles. En effet, celui de Narbonne (1243 ou 1244) avait ordonné que les hérétiques qui ne seraient pas mis en prison porteraient des croix sur leurs vêtements, et auraient à subir la flagellation de leurs propres mains ou de celles de leurs curés, pendant un certain nombre de dimanches et de jours de fête solennelle[2]. Enfin, au début du quatorzième siècle, toutes ces indications se trouvent confirmées par les renseignements que nous donne à son tour Bernard Gui. Des condamnés que les inquisiteurs tirent du cachot, où ils ont été d'abord enfermés, se voient imposer des pèlerinages, auxquels s'ajoutent

---

1. *Anno quo supra* (MCCLII), *V nonas marcii. Gaillardus Vassallus, de Salsinhano, qui est relapsus in heresim hereticos adorando, a festo beati Michaelis citra post injunctam sibi alias penitenciam, pro hiis que comiserat nequiter in eodem crimine, et qui propria temeritate cruces sibi impositas dimisit, juravit stare mandatis omnibus et singulis inquisitorum, et facere et complere quicquid sibi pro dicto crimine injungeretur. Et super hoc fidejusserunt pro ipso quisque in solidum, sub pena XXV librarum, se et sua obligantes, P. Cucaerii, de Furnis, R. Abbatis, G. de Vilario, G. Bordas, de Salsinhano. Et fuit injunctum in virtute prestiti juramenti dicto Gallardo, quod continue resumat cruces, quas propria temeritate dimisit, et preterea portet perpetuo pro relapso, quia recenter peccavit in heresi, duas cruces in capucio, quamlibet unius palmi, et non sit sine capucio induto et crucibus ibidem impositis intra domum vel extra, et per omnes dies dominicas istius XL° visitet omnes ecclesias Burgi in camisia et braccis, cum virgis in manu, nudis pedibus, et cum capucio induto antedicto. Hec injunctio fuit facta dicto Gallardo per magistros Radulphum, B. Deodatum, inquisitores, qui instrumentum antedictum receperunt et obligationem. Testes: B. Digen, P. R. et multi alii et P. Ariberti notarius qui hec scripsit.* (Ire partie, f° 25 B, 26 A.)

2. Voir *Hist. de Lang.*, édit. orig., t. III, liv. XXV, pp. 444, 445.

assez souvent des croix, et toujours, à ce qu'il semble, la flagellation. Quant à celle-ci, elle se fait suivant les prescriptions du concile de Narbonne. Nous transcrivons ici, pour le montrer, le passage de la *Practica* où se trouve marqué le mode d'application de cette peine.

« Chaque dimanche et jour de fête, dit le juge d'Inquisition en s'adressant aux condamnés, vous aurez à entendre en entier la messe de paroisse et le sermon qui se fera dans les lieux où vous pourrez être, à moins que vous n'ayez quelque excuse légitime qui vous en dispense. Ces jours-là, entre l'Épître et l'Évangile, vous vous présenterez publiquement, avec des verges à la main, au prêtre qui célébrera la messe, afin de recevoir de lui la discipline. Vous suivrez également les processions qui auront lieu là où vous vous trouverez, défilant entre le clergé et le peuple, avec des verges dans vos mains, et le prêtre qui aura présidé à la cérémonie vous en flagellera à la dernière station [1]. »

Nous n'insisterons pas, du reste, sur cette peine curieuse, et si fréquente dans les annales de l'Église, qu'on peut y voir un châtiment canonique au premier chef. Parmi ceux que l'autorité ecclésiastique imposait à ses ennemis, après les avoir domptés, il n'y en

---

[1]. *Singulis... diebus dominicis et festivis missam parrochialem audiatis ex integro et sermonem qui fiet in locis in quibus fueritis, nisi valeatis legitime aut rationabiliter excusari ; et in eisdem diebus sacerdoti celebranti missam, inter Epistolam et Evangelium, cum virgis in manu, publice vos presentetis et disciplinam recipiatis ab eodem ; sequamini etiam processiones, que fient in locis in quibus fueritis, inter clerum et populum, virgas portantes in manibus, et ab illo qui processioni prefuerit disciplinam recipiatis in ultima statione.* (Practica, III° pars, f° 29 B.) — Voir aussi, pour les mêmes prescriptions, ibid., II° pars, f° 13 D, la pièce intitulée : *Forma littere testimonialis de eductione muri in sermone publico cum crucibus et peregrinacionibus et aliis generalibus.*

avait point, il semble, qu'elle préférât à celui-là. Il n'y en avait pas, en effet, qui pût marquer d'une façon plus éclatante leur humiliation et son triomphe. Aussi, jusqu'au treizième siècle au moins, paraît-elle l'avoir réservé en quelque sorte pour ses adversaires les plus redoutables, pour ceux qui, en raison de leur rang et de leur autorité, avaient pu lui faire le plus de mal, pour des princes enfin. On connaît les exemples mémorables de flagellation imposée, à Théodose au quatrième siècle, à Louis le Débonnaire au neuvième, à Henri II d'Angleterre au douzième, et en dernier lieu à Raimond VI en 1209, juste au début de la guerre, qui devait amener la ruine de l'indépendance méridionale, et permettre l'établissement de l'Inquisition.

A partir de celle-ci, la flagellation devient ce que nous la voyons dans les décrets des conciles et dans la pratique des juges dominicains. C'est un châtiment secondaire, et qui ne s'emploie que comme complément de peines réputées avec raison beaucoup plus graves, les pèlerinages et les croix. A côté de ces deux moyens de répression, elle semble destinée à faire constater publiquement, pour ainsi dire, aux coupables leur humiliation et leur déshonneur. Aussi bien, cela pouvait-il passer pour superflu avec une peine telle que les croix, qui n'avaient été inventées visiblement que pour la honte de ceux qui s'y trouvaient condamnés.

C'était là, en effet, les inquisiteurs avaient toute raison de le dire, la peine infamante par excellence. Pour lui donner ce caractère au plus haut degré possible, ils y avaient ajouté une foule de complications. Ils avaient imaginé toute une série d'insignes du même genre, destinés, par leur forme symbolique ou leur couleur spéciale, à stigmatiser des crimes divers, mais également énormes à leurs yeux.

Nous avons déjà vu, d'après le manuscrit de Clermont, le relaps Gaillard Vassal, de Salsigne, obligé de reprendre les croix qu'il avait déposées, sans en avoir obtenu l'autorisation, et de plus d'en ajouter à son chaperon deux autres. Cette prescription peut être rapprochée de celle du concile de Béziers de 1246, avec cette différence, toutefois, que le concile dont il s'agit l'avait décrétée au sujet des hérétiques *parfaits* ou *revêtus,* et non des relaps. De plus, il n'indiquait pas que les condamnés dussent porter, comme dans le cas que nous venons de rappeler, deux croix, en outre des deux premières qui leur avaient été imposées tout d'abord, ce qui en aurait fait quatre, mais une seulement, ce qui en réduisait le nombre total à trois. Les femmes devaient attacher cette croix supplémentaire à leur voile. Le même concile ordonnait que ceux qui seraient retombés dans l'hérésie, ou qui y auraient poussé les autres, mettraient, au-dessus des deux croix qu'ils portaient déjà, l'une par devant et l'autre par derrière, un bras transversal de la largeur d'un palme et de la même étoffe[1]. Cette indication est, sans doute, celle à laquelle Bernard Gui se rapporte dans son traité, quand il parle de croix simples et de croix doubles[2]. Les premières seraient celles que les inquisiteurs imposaient d'habitude, les secondes celles que désigne le concile de Béziers.

A côté des croix proprement dites, la *Practica* mentionne encore trois sortes d'insignes de forme différente, l'une destinée aux faux témoins, l'autre aux

---

1. Voir *Hist. de Lang.*, édit. orig., t. III, liv. XXV, p. 453.
2. *Practica*, IIe pars, f° 43 C.

individus qui avaient pratiqué des maléfices en se servant de l'hostie, la dernière, enfin, aux condamnés à la prison perpétuelle que l'on délivrait momentanément. A ces trois sortes d'insignes, il faut en ajouter une quatrième, applicable aux prévenus qui avaient falsifié des lettres d'Inquisition. Nous la trouvons indiquée dans les *actes de foi* publiés par Limborch. Elle était, par conséquent, usitée à la même époque que les précédentes. Nous dirons quelques mots de chacun de ces différents insignes.

Pour le premier, le coupable qui devait en être revêtu, subissait d'abord une exposition publique. Cette exposition durait plusieurs jours, qui étaient généralement des dimanches. Elle se faisait à la porte d'un certain nombre d'églises. Bernard Gui indique six jours et cinq églises, le supplice se répétant deux jours de suite au même lieu. Le faux témoin, les mains liées, la tête nue, en simple tunique et sans ceinture, demeurait attaché au sommet d'une échelle, depuis le matin jusqu'au milieu de l'après-midi. Les vêtements qu'on lui avait laissés devaient porter quatre langues de drap rouge, deux par devant, deux par derrière, longues d'un palme et demi et larges de trois doigts. Il lui était enjoint de garder ces marques d'ignominie même dans la prison, s'il y était condamné, ce qui arrivait ordinairement pour le crime de faux témoignage, très-sévèrement puni par l'Inquisition. Il était de plus obligé, comme pour les croix, de les entretenir ou de les renouveler [1].

---

[1]. Ces indications sont empruntées à la pièce intitulée : *Forma sententie contra aliquem falsum testem, qui malitiose contra aliquem vel aliquos innocentes falso deposuit, volens eos intolerare in crimine heretice pravitatis.* (*Practica*, III° pars, f° 31 C-32 C.) — L'Inquisiteur vient de prononcer la condamnation du faux témoin à la prison perpétuelle. Il ajoute :

Les *Sentences* publiées par Limborch nous offrent un exemple de condamnation pareille; c'est celle que prononce, le samedi 22 avril 1312, dans l'église Saint-Étienne de Toulouse, Bernard Gui lui-même contre un certain Pons Arnaud, de Pujols, qui avait accusé faussement, auprès des inquisiteurs, son propre fils Pierre Arnaud. Le coupable subit l'exposition le jour même où la sentence lui est signifiée, et le lendemain de ce jour, devant l'église cathédrale de Saint-Étienne. Il y est soumis encore les deux dimanches suivants, le premier aux portes de Saint-Sernin, le second aux portes de la Daurade. Puis, le dernier jour de ce supplice, au moment même où on le détache de l'échelle, au sommet de laquelle il a été exposé, il se rend dans les cachots de l'Inquisition, à côté du Château Narbonnais, et y est enfermé pour le reste de ses jours [1].

Et insuper solum testem predictum, cum duabus linguis de panno rubeo, unius palmi et dimidii in longitudine et trium digitorum in latitudine, ante in suo pectore, et duabus posterius inter spatulas pendentibus, ligatisque ejus manibus, elevatum in scala ante hostium talis ecclesie, hodie et crastina die, a summo mane usque ad horam nonam, in loco eminenti, absque aliquo velamine capitis, in tunica sine zona, ita quod a circumstantibus palam et cognoscibiliter possit videri, publice decernimus commorandum, et quod eodem modo ponatur et stet ante portas talis alterius ecclesie dominica subsequenti, et alia proxima dominica ante portam talis alterius ecclesie, et consimili modo in aliis duabus dominicis ante portas talium et talium ecclesiarum; monentes eundem N. canonice ac sub virtute a se prestiti juramenti, nichilominus injungentes et mandantes eidem, quod in omni veste sua superiori portet perpetuo dictas cruces, sine quibus prominentibus extra vel intra domum aut carcerem non incedat, et eas reficiat si rumpantur, aut renovet, si et quando consumple fuerint vetustate. (F° 32 B.)

1. Limborch, f° 41 B, 42. — La sentence prononcée contre Pons Arnaud, de Pujols, n'est pas autre chose que la formule de la *Practica* dont nous venons de transcrire une partie. Le texte, qui est à peine modifié, ainsi que cette particularité d'un père déposant faussement contre son fils, particularité que Bernard Gui a négligé de faire disparaître de sa formule générale et anonyme, nous l'indiquent suffisamment. Nous en sommes averti, d'ailleurs, dans une certaine mesure par la note suivante, inscrite au f° 31 v° de la *Practica* : *Casus istius sententie fuit Tholose de*

Les faiseurs d'incantations et de maléfices au moyen de l'Eucharistie portaient un emblème spécial, le second dont nous ayons à parler. C'étaient deux morceaux de feutre de couleur jaune, taillés en forme d'hostie, et attachés au vêtement de dessus, l'un sur la poitrine, l'autre entre les épaules. Les conditions étaient, d'ailleurs, les mêmes que pour les croix portées par les hérétiques de toute catégorie, ou pour les langues rouges imposées aux faux témoins. Il y avait obligation pour le condamné de les porter perpétuellement, qu'il demeurât libre ou fût enfermé dans les cachots de l'Inquisition. Ces deux ronds d'étoffe devaient toujours être aussi apparents que possible. S'ils s'usaient ou disparaissaient, ils devaient être soigneusement remplacés [1].

Un troisième exemple de ces curieux insignes, était le suivant. Lorsqu'un condamné à la prison perpétuelle avait fait preuve d'humilité et de résignation à son sort, l'Inquisition se relâchait parfois quelque peu à son égard de sa rigueur habituelle. Elle prenait en pitié ce malheureux et sa famille réduite bien souvent à la misère. Elle lui permettait de sortir de prison pour un certain temps, afin de venir en aide aux siens.

---

facto, anno Domini MCCCXII. — C'est là aussi, pour le remarquer en passant, un exemple à ajouter à beaucoup d'autres de cette concordance absolue entre le traité de Bernard Gui et les *Sentences* publiées par Limborch, qui établirait sans réplique l'authenticité de ces dernières, si cette authenticité pourrait être mise sérieusement en doute un seul instant.

1. Voir *Practica*, III° pars, f° 47 D, 48 A : *Forma sententiæ immurationis cum signo hostiæ rotundæ contra personam aliquam, quæ de et cum corpore Christi sortilegium aut maleficium perpetravit.* — Le coupable est condamné à la prison perpétuelle, et l'inquisiteur ajoute : *Portetque perpetuo in omni cede sua superiori figuram unius hostiæ rotundæ de filtro croceæ coloris ante pectus et aliam retro inter spatulas, sine quibus apparentibus, intra vel extra domum seu carcerem, deinceps non incedat, in detestationem commissi criminis circa hostiam consecratam, et ut sit ei in velamen et confusionem oculorum et aliis in exemplum.* (F° 48 A.)

Le moindre signe des inquisiteurs devait, bien entendu, l'y faire rentrer. Du reste, il avait juré, et s'il n'avait pas voulu tenir sa promesse, cela lui aurait été difficile. Un emblème spécial le désignait à l'attention et pour ainsi dire à la surveillance de tous : c'était l'image d'un marteau, découpée dans une étoffe de couleur rouge, et qu'il portait par devant et par derrière, en témoignage que son domicile véritable, celui où il devait rentrer d'un moment à l'autre, c'était toujours la prison [1].

Le quatrième et dernier de ces emblèmes s'appliquait, comme nous l'avons dit, aux prévenus reconnus coupables d'avoir falsifié des lettres d'Inquisition. C'est le cas d'un certain Guillem Maurs, condamné à Pamiers, dans un *acte de foi* célébré, les 2 et 3 juillet 1322, par les inquisiteurs Bernard Gui et Jean de Beaune. Ce Guillem Maurs avait, à ce qu'il paraît, de concert avec d'autres individus, fabriqué une prétendue lettre de l'inquisiteur de Carcassonne. Un sceau avait été détaché d'une lettre authentique, et transporté sur un parchemin choisi à cet effet. Il s'agissait de faire croire par là à quelques personnes, qu'elles étaient citées à comparaître au tribunal de l'Inquisition, et de leur extorquer de l'argent, sans doute en leur donnant à espérer qu'on s'entremettrait pour elles auprès des inquisiteurs. Le faussaire est condamné à subir deux jours d'exposition, l'un à Pamiers, l'autre

---

1. Voir *Practica*, f° 18 A, B : *Forma littere relaxandi de muro non simpliciter, sed ad tempus, ex causa aliqua speciali.* L'inquisiteur annonce que les portes de la prison sont ouvertes au condamné; puis il ajoute : *Interim vero medio tempore, portet signum martelli de filtro crocei coloris ante in pectore et retro inter spatulas in veste superiori, in signum et testimonium quod adhuc est de muro; sine quo intra vel extra domum aliquatenus non incedat.*

à Carcassonne, et cela dans le même appareil que le faux témoin Pons Arnaud, de Pujols, avec cette différence, toutefois, qu'au lieu de langues rouges il doit porter sur la poitrine l'image d'une lettre. Les jours choisis pour cette exposition sont des jours de foire. Après cela, le coupable doit aller lui-même se constituer prisonnier dans le cachot de l'Inquisition, à Carcassonne [1].

Telles sont les inventions de cette justice à la fois grossière et subtile, mais d'une subtilité puérile. A la même époque aussi, les Juifs ont leurs emblèmes, qui les désignent au mépris de la foule [2]. Ainsi, se trouvent créées, au milieu des populations chrétiennes, de véritables familles de parias; car, nous l'avons vu, la malédiction de l'Église passe avec le sang du père à ses fils et à ses petits-fils. Elle les frappe d'incapacité absolue, et les force à demeurer spectateurs oisifs de l'activité de leurs concitoyens.

Quels sentiments supposer après cela dans le cœur des misérables, que l'Inquisition a chargés de ces insignes honteux? Sans doute, quelques-uns brisés, mais non pas convaincus par une puissance instituée justement pour rendre la discussion inutile, se sont renfermés dans cette humilité que leur ont prêchée leurs juges. Ce n'est pas, à vrai dire, l'apaisement salutaire et réel, qu'on pourrait souhaiter pour des consciences aussi profondément bouleversées, jetées en un moment d'une extrémité à l'autre des croyances de leur temps. Cet apaisement, dans l'état de désordre où les a plongées un changement si subit, elles ne

1. Limborch, f° 150 B.
2. Voir Edg. Boutaric, *Saint Louis et Alfonse de Poitiers*, p. 320 et note 2 de la même page.

peuvent le trouver en elles-mêmes. Et qui le leur enseignera, à cette époque de violences et de malédictions sans cesse retentissantes? Le treizième siècle ne ressemble guère au douzième, et la moindre différence qu'il y ait encore entre ce temps et celui qui l'a précédé, c'est l'absence d'un saint Bernard, fermement convaincu de la force persuasive de l'éloquence, condescendant à exposer le dogme chrétien même à des hérétiques, et réprouvant le bûcher. Ce qu'il faut imaginer, en fin de compte, dans le cœur de ces malheureux pénitents, condamnés à vivre au milieu des huées populaires, dont l'Inquisition n'arrive pas toujours à les garantir, ce sont des passions détestables, la colère mal étouffée, le désir inassouvi de la vengeance, et, pire que tout cela, un vice contagieux au plus haut degré, l'hypocrisie.

4° PEINES MAJEURES

Nous avons placé dans cette catégorie de peines trois châtiments de nature diverse, mais considérés par l'Inquisition comme les plus terribles qu'elle pût infliger; ce sont la confiscation, la prison et la mort par le bûcher.

Le manuscrit dont nous faisons l'analyse nous donne des renseignements sur tous les trois, mais dans des proportions très-différentes. S'il nous en offre sur le second, l'emprisonnement, d'assez complets pour que nous puissions nous faire une idée, au moins générale, de la manière dont il était appliqué par la justice inquisitoriale à Carcassonne, vers le milieu du treizième siècle, il n'en est pas de même pour le premier et pour le troisième de ces châtiments, la confiscation et la mort. Nous n'avons sur ces deux-là, dans le même recueil, que des indications très-brèves. La peine du bûcher n'est même l'objet que d'une simple mention, et nous ne savons au juste, ni pour quels crimes elle pouvait être décrétée, ni avec quel appareil s'en faisait l'application. Il va sans dire, que nous ne sommes pas pour cela réduit, sur ce sujet et sur cette époque, à une ignorance absolue. Ce que le manuscrit de Clermont ne nous donne pas, d'autres documents nous le fournissent, non pas pour une période quelconque de l'histoire de l'Inquisition, mais pour la période même et pour le tribunal, sur lesquels nous éclaire le volume qui nous occupe.

Quoi qu'il en soit, cette brièveté d'indications, sur deux points curieux de la pénalité inquisitoriale, nous force nous-même à être très-bref. Nous n'avons jamais eu, en effet, le dessein de faire un tableau complet de cette pénalité, à propos des renseignements que nous offrait le manuscrit de Clermont. Nous avons prétendu simplement exposer ces renseignements, en les mettant en ordre. Si nous y avons ajouté par des emprunts faits à d'autres sources, ç'a été pour éclaircir plutôt que pour traiter à fond les questions qui se trouvaient soulevées. Nous serons donc, nous le répétons, aussi court que le manuscrit lui-même, sur les deux châtiments dont il ne parle qu'à peine, parce qu'une résolution contraire nous entraînerait à des développements que ne comporte pas notre cadre. Nous nous occuperons surtout de l'emprisonnement. Les détails, nous l'avons dit, sont assez abondants sur cette peine, pour que nous puissions en présenter une idée suffisamment nette. Voyons d'abord tout de suite la confiscation et le bûcher.

Le premier de ces châtiments a toujours tenu une grande place dans les sentences émanées des inquisiteurs. Juste à l'époque où nous nous sommes trouvé placé dans tout le cours de cette analyse, nous voyons l'Inquisition toulousaine l'employer fréquemment. Les exemples de confiscation sont, en effet, nombreux dans les jugements prononcés par Bernard de Caux et Jean de Saint-Pierre, et qui sont consignés dans le recueil de la Bibliothèque nationale, dont nous avons fait mention bien des fois. Or, ces jugements, on doit s'en souvenir, sont contemporains des séances où nous voyons l'évêque Guillem-Arnaud siéger comme inquisiteur à Carcassonne avec tant de zèle et d'autorité.

Mais, dans les sentences du tribunal de Toulouse, la confiscation n'est prononcée que dans un seul cas, et contre une seule catégorie de coupables; c'est dans le cas de refus obstiné de comparaître devant les juges d'Inquisition, et contre les hérétiques qui ont opposé ce refus à des citations multipliées, contre des contumaces, en un mot. Elle est, d'ailleurs, exprimée aussi nettement que possible [1].

Il n'en est pas ainsi dans le manuscrit de Clermont. D'abord, la même peine n'y est pas indiquée d'une façon bien positive, quoique nous soyons obligé d'en supposer nécessairement l'application. De plus, elle apparaît dans des circonstances tout à fait différentes; c'est à l'occasion de ces curieux procès d'outre-tombe, dont nous avons présenté quelques exemples. En effet, nous avons remarqué que, dans un certain nombre au moins de ces actions intentées à des

[1]. Voir les sentences du 18 mars 1246 (f° 2 A), du 18 août 1217 (f° 8 A), du 8 septembre (f° 9 A), du 20 octobre (f° 10 B), du 4 novembre (f°° 10 B, 11 A), même année; du 15 (?) mars 1248 (f°° 11 B, 12 A).

personnes défuntes, dont l'inquisition croyait pouvoir suspecter l'orthodoxie, il n'y avait qu'une alternative pour leurs héritiers : ceux-ci devaient, ou bien prouver que l'individu accusé était mort bon catholique, ou bien se résigner à voir la succession qu'il leur avait laissée s'échapper de leurs mains. Ce dernier cas était notamment la conséquence naturelle du refus de défendre la mémoire de leurs proches, que nous avons vu des héritiers opposer aux sommations pressantes des inquisiteurs[1]. Nous l'avons même trouvée une fois, indiquée de la manière la plus nette, et sous la forme la plus impérative. En outre, ce n'était pas seulement d'une partie des legs reçus par eux que les héritiers étaient obligés de se dessaisir; la totalité même devait leur en être enlevée. Sur ce point encore, les textes, que nous avons cités précédemment et que nous rappelons ici, sont formels[2]. L'Inquisition, en pareil cas, n'admettait aucune transaction. Elle faisait retomber sur les héritiers presque toutes les rigueurs qu'elle aurait eues pour le défunt, si la mort ne l'avait soustrait à ses poursuites.

Tels sont les renseignements que nous fournit, sur la confiscation, le manuscrit dont nous faisons l'analyse. Comme nous l'avions annoncé, c'est peu de chose. D'ailleurs, il ne faut pas trop s'en étonner. On ne doit pas perdre de vue, en effet, que le recueil où nous avons puisé tant d'indications précieuses, n'est après tout qu'un livre de procédure, et que si nous y avons rencontré cependant beaucoup de détails sur la pénalité même, ils n'ont pu nous être fournis qu'indirectement, pour ainsi dire. Le nombre en est assez grand, du

---

1. Voir plus haut, p. 352, notes 3 et 4.
2. *Alioquin dimittant totam illam hereditatem.* (Ire partie, f° 27 A.)

LA PÉNALITÉ INQUISITORIALE. 431

reste, rien que sur ce point spécial, sans parler des autres, pour que nous nous consolions sans peine de lacunes qui s'expliquent, nous le répétons, tout naturellement.

Toutefois, ces lacunes, déjà fort considérables à propos de la confiscation dont nous venons de parler, le sont encore plus au sujet de la mort par le bûcher. Nous ne trouvons de cette peine que deux mentions, dénuées de toute explication complémentaire. Nous les citerons purement et simplement, telles qu'elles nous sont fournies. Nous ne voulons pas, en effet, édifier sur des données aussi restreintes une étude complète du châtiment terrible, dont l'application fait mesurer dans toute son étendue la dépendance où la justice inquisitoriale tenait le pouvoir civil.

Voici ces indications. Dans son second interrogatoire, daté du 7 septembre 1252, Arnaud Fabre, de Saissac [1], parle d'une femme dans la maison de laquelle, à Montolieu, il aurait vu des hérétiques [2]. Or, le nom de cette femme se trouve surmonté de l'abréviation, qui marque dans les registres d'Inquisition la mort par le bûcher [3]. Mais à quelle époque cette malheureuse aurait-elle péri? C'est ce que rien ne nous indique. Est-ce à Carcassonne même? Nous l'ignorons, bien que la chose soit vraisemblable.

La seconde mention qui nous est fournie de la même peine est tout aussi brève. Elle concerne un certain Sicre, de Cavanac, qui se trouve assez longuement

---

1. *Saxiacum*, ch.-l. de cant., arr. de Carcassonne, dép. de l'Aude.
2. *Item, apud Montemolivum, in domo Marie Boilena, vidit prope dictos hereticos* (P. Fabri et socium suum), *presente dicta Maria, et Raimundo de Cavs et Rainerio.* (Ire partie, f° 23 B.)
3. Ce signe abréviatif se trouve également à plusieurs reprises dans le manuscrit des Archives départementales de la Haute-Garonne.

interrogé par les inquisiteurs. A la suite de ces interrogatoires probablement, il est condamné à la prison perpétuelle. C'est, du moins, ce que nous indique une note ajoutée en tête de ses dépositions[1]. Mais, quelques lignes plus bas, son nom se trouve surmonté du même signe que nous venons d'indiquer. Sur de nouvelles preuves de sa culpabilité, plus accablantes que les premières, ou même sans motif nouveau[2], comme elle s'en attribuait le droit, l'Inquisition aura réformé son jugement antérieur, et appliqué au coupable le châtiment suprême de sa pénalité.

Ces indications sur un point si important sont fort légères, nous en convenons. Toutefois, nous ne saurions admettre qu'on dût conclure de leur rareté, que la peine de mort ne se trouvât presque jamais appliquée par les inquisiteurs. Les documents sont bien assez nombreux pour attester qu'ils n'avaient aucun scrupule à ce sujet, et peut-être moins encore à cette époque que plus tard. C'était, en effet, le temps de ces juges que les admirateurs de leur fanatisme impitoyable ont décorés, ainsi que nous l'avons vu, du nom de *marteaux des hérétiques*. La seule conclusion qu'il faille tirer de tout cela, en somme, c'est une conclusion en quelque sorte négative, par laquelle nous nous bornerons à constater une lacune, dans un

---

1. *Iste est intrusus.* (IIe partie, f° 11 A.)
2. *Etiam sine nova causa alia vel culpa.* (*Practica*, IIe pars, f° 13 B.) L'indication est formelle et se rencontre partout dans les documents d'Inquisition. Les sentences la commentent comme il suit : *Hec autem omnia sibi injunximus, retenta nobis et nostris in officio Inquisitionis successoribus plenaria potestate addendi, diminuendi, commutandi, mitigandi ac etiam remittendi in predicta penitentia sive pena.* (*Ibid.*, IIe pars, f° 11 A.)
— La justice inquisitoriale n'admettait pas de prescription, et de plus avec elle, comme on le voit, bien que jugé, on ne pouvait jamais se flatter de l'être définitivement.

manuscrit d'ailleurs singulièrement précieux, ce que nous croyons avoir prouvé de reste. Mais cette lacune, encore une fois, ne saurait nous étonner. Nous n'avons pas affaire à un livre de sentences, comme celui qu'a publié Limborch, ou comme le recueil de la Bibliothèque nationale. Cela dit, nous n'insisterons pas davantage, et nous passerons à la troisième de ces peines, une des plus considérables du répertoire inquisitorial, la prison.

Ici, nous en avons déjà fait la remarque, nous sommes plus à l'aise. Les détails, s'ils n'abondent pas précisément, sont, du moins, en quantité suffisante. Nous pouvons en tirer une idée assez complète de la peine que nous voulons étudier. Avec quelques secours empruntés à des documents voisins, il nous est possible surtout de nous figurer une chose des plus intéressantes, le régime auquel étaient soumis les captifs de l'Inquisition.

Avant tout, nous devons constater, d'après des indications expresses, l'existence d'un certain nombre de condamnés à la prison perpétuelle. En effet, les interrogatoires de quatre hérétiques débutent par une note indiquant qu'ils ont été enfermés pour le reste de leurs jours (*intrusi*). Parmi ces quatre prisonniers, il y a trois hommes, R. Vilaudriz, Sicre, tous deux de Cavanac, B. Carcassès, de Villefloure, et une femme, na Fais, de Cornèze[1]. Il va sans dire que beaucoup d'autres nous sont désignés tout aussi incontestablement, bien que d'une manière indirecte, ainsi que nous allons le voir à l'instant.

Dans quelles circonstances et pour quelle sorte de

1. II⁰ partie, f⁰⁸ 8 A, 11 A, 16 A, 5 B.

crimes se trouvé appliqué ce châtiment, considéré par l'Inquisition elle-même comme très-rigoureux, cela ne fait pas question. C'est, bien entendu, toujours pour des faits d'hérésie proprement dite, ou bien pour des délits dans lesquels se montre une complicité plus ou moins manifeste avec des hérétiques. Voilà, du moins, ce que nous donnent à connaître les dépositions des prévenus, dont le procès se termine par une condamnation à la peine dont il s'agit. Mais, d'autre part, ces mêmes dépositions sont trop peu nombreuses, dans le manuscrit dont nous faisons l'analyse, pour que nous soyons suffisamment éclairé sur un autre point d'un intérêt supérieur. Nous voulons parler de la proportion, en quelque sorte, dans laquelle les accusés doivent s'être rendus coupables des crimes que poursuit l'Inquisition, pour que celle-ci leur inflige la prison perpétuelle.

Ce que nous savons de l'arbitraire des inquisiteurs, arbitraire qu'ils affichaient, du reste, hautement, ainsi que nous l'avons remarqué, nous autorise à croire, sans crainte de leur faire tort, que leur appréciation à cet égard devait beaucoup varier. Au surplus, nous reconnaissons volontiers qu'une mesure fixe en pareille matière était chose fort délicate, sinon impossible à établir. Quoi qu'il en soit, il nous a semblé que c'était en général pour des délits d'une gravité à peu près équivalente, que le tribunal de Carcassonne, dont nous avons le tableau dans le manuscrit de Clermont, et celui de Toulouse, que nous montre à la même époque le recueil des sentences de la Bibliothèque nationale, enfermaient pour toujours un certain nombre de prévenus dans les cachots mis à leur disposition. En somme, il ne paraît pas que ces deux tribunaux s'écartassent beaucoup des prescriptions d'un concile tout récent, celui de Béziers, qui, en 1246, recommandait l'emprisonnement perpétuel pour les relaps, pour les fugitifs ou contumaces, quand on était parvenu à s'en emparer, et pour ceux aussi qui n'avaient pas voulu profiter du délai connu sous le nom de *temps de grâce*[1].

Quant à la prison où les condamnés subissaient leur peine à Carcassonne, voici ce qu'il y a à en dire. C'était un local dont le roi de France avait fait la concession en 1246, comme il l'avait faite à Toulouse en 1233. Dans cette dernière ville, les cachots, situés tout près de la maison de l'Inquisition, et aux environs du Château Narbonnais, portaient le nom de prison des *emmurés (emmurats)*. A Carcassonne, le peuple les appelait la *Mure* ou la *Meure*, c'est-à-dire le *Mur*, ce qui répondait au terme dont se servaient les inquisiteurs eux-mêmes[2].

Ces indications sont confirmées d'une manière générale par Eymeric. Il vivait, il est vrai, cent ans plus tard et dans un pays différent. Mais il habita longtemps le midi de la France, et dut visiter, sans aucun doute, les centres d'Inquisition du Languedoc. Il dut, tout au moins, en sa qualité d'inquisiteur plein de zèle, et naturellement très-curieux de tout ce qui touchait au tribunal dont il faisait partie, recueillir des renseignements précis et authentiques sur la justice inquisito-

---

1. *Hist. de Lang.*, édit. orig., t. III, liv. XXV, p. 453.
2. Voir Percin, *Inquis.*, pars III, cap. IV, p. 101, n° 2, *apud. Monum.*, et Viguerie, *Annales et histoire ecclés. et civile de la ville et dioc. de Carcassonne*, p. 252. — Percin place à la date de 1248 la concession faite par Louis IX d'une prison aux inquisiteurs de Carcassonne. C'est une erreur. La lettre, écrite à ce sujet par le roi de France au sénéchal Jean de Cranis, est de juillet 1246. (Voir Doat, t. CLIII, f° 236 B.) Pareille chose était accordée en même temps pour la ville de Béziers.

riale, dans le pays même où elle avait pris naissance. Son témoignage, en dehors de la concordance que nous indiquons, semble par conséquent à l'abri de toute espèce de doute.

« Dans quelques villes, dit-il, comme à Toulouse et à Carcassonne, les inquisiteurs ont dans leurs maisons des cachots, qu'ils appellent *murs*, parce que ces réduits sont accolés, en effet, aux murailles du lieu. Ils sont communs à l'évêque et à l'inquisiteur... En quelques autres endroits, ce sont les évêques qui possèdent les prisons, dans lesquelles on peut enfermer les hérétiques ou les suspects, non-seulement pour les y garder, mais encore pour les y punir. Mais, dans ce dernier cas, elles sont considérées comme la propriété commune de l'inquisiteur et de l'évêque; car un condamné ne peut y être mis, sans le consentement du premier [1]. »

Ce passage d'Eymeric, si peu explicite qu'il puisse paraître au premier abord, nous servira pourtant à comprendre, en l'absence d'indications absolument complètes, ce qu'étaient les cachots d'Inquisition à Carcassonne [2].

---

1. *In aliquibus... partibus, ut in Tolosa et Carcassona, inquisitores habent in suis domibus carceres, quos vocant muros, quia domunculae illae adhaerent muris loci, qui sunt episcopo et inquisitori communes.... In quibusdam autem aliis partibus, episcopi habent ipsos carceres, in quibus possunt detineri haeretici sive suspecti, non solum ad custodiam, sed etiam ad poenam, et tunc ut detineantur ad poenam, sunt carceres communes, quia absque inquisitoris consensu hoc fieri non potest.* (*Direct. inquis.*, tertia pars, quaest. LIX, p. 635, n°° 2, 3.)

2. Nous ne prétendons pas cependant qu'on oublie, à propos du texte dont nous voulons nous servir, de faire la remarque suivante, qui est de toute importance. C'est que, par rapport au manuscrit de Clermont que nous ne devons jamais perdre de vue, les indications que ce texte nous fournit sont plus modernes d'un siècle environ, ou tout au moins de soixante ans, le concile de Vienne, dont les prescriptions avaient créé l'état de choses noté par Eymeric, étant de l'année 1312. Néanmoins, nous croyons

Nous avons vu qu'un certain Guillem Salq, de la Tourette, se trouvait détenu *(captus)* dans un lieu qualifié de prison de l'évêque *(carcer domini episcopi)*[1]. Celui-ci, ayant sa justice particulière, devait avoir aussi ses cachots. Agent des plus actifs de l'Inquisition, ainsi que nous l'avons reconnu, il avait mis très-probablement sa prison au service de ce tribunal. Mais, d'autre part, l'indication de *captus*, et non pas d'*intrusus*, nous marque que Guillem Salq, s'il était déjà prisonnier, ne l'était que préventivement. Son procès ne devait pas être encore terminé. Sans cela, on n'aurait probablement pas parlé de la prison de l'évêque, mais du *mur*, c'est-à-dire d'un lieu dont la surveillance, sinon la propriété, devait naturellement, et comme par la force des choses, être commune à ce prélat et aux inquisiteurs, et cela avant même les prescriptions formelles en ce sens du concile de Vienne[2].

qu'il ne faut pas tenir compte outre mesure de cette différence de dates, bien que considérable. Si l'accord recommandé par Clément V entre les évêques et les inquisiteurs pouvait être une chose nouvelle dans certaines circonscriptions inquisitoriales, il existait sans doute déjà dans quelques autres, et alors le règlement établi par le souverain pontife ne faisait que le sanctionner. Or, nous avons noté que c'était justement le cas à Carcassonne, où l'Inquisition, comme nous l'avons vu, à la date qui est celle du manuscrit dont nous faisons l'analyse, n'avait pas d'agent plus dévoué que l'évêque lui-même, puisqu'il l'avait pour ainsi dire incarnée dans sa personne, et qu'il en avait, à ce qu'il semble, accaparé absolument le ministère. Remarquons, de plus, qu'en ce qui touche particulièrement au régime des prisons, un certain nombre de faits que nous allons relever confirment cet accord sans restriction. Nous pourrons de la sorte nous imaginer à Carcassonne un fonctionnement de la justice inquisitoriale assez conforme, dès le milieu du treizième siècle, à ce qu'établit le concile de Vienne au début du quatorzième. Ainsi donc, en tenant compte de tout ce que nous venons de dire, le témoignage d'Eymeric, malgré la différence des dates, peut, à notre avis, être légitimement utilisé dans le cas qui nous occupe, et nous servir de guide pour commenter les renseignements quelque peu sommaires du manuscrit de Clermont.

1. 1re partie, fo 14 B.
2. Voir, pour ces prescriptions, *Clementin.*, lib. V, *de Haereticis*, tit. III, cap. I.

Du reste, il pourrait bien se faire que ce *mur* lui-même et la prison épiscopale ne fussent, à la date qui est celle du manuscrit de Clermont, qu'un seul et même bâtiment. C'était, dans la *ville haute* ou Cité de Carcassonne, que se trouvaient les cachots de l'Inquisition. Cela devait être ainsi pour des raisons qu'il est inutile d'exprimer, tant elles sont simples. D'ailleurs, les renseignements abondent sur ce point. Or, dans la Cité, inquisiteurs et évêques habitaient côte à côte. Les premiers avaient leur maison près de la porte de l'Aude, où elle existe encore[1] ; les seconds, leur palais, détruit durant la Révolution, entre l'église Saint-Nazaire et la deuxième enceinte. Deux tours de cette enceinte, dévolues au tribunal où ils figuraient également, reliaient pour ainsi dire leurs demeures respectives. C'était la tour dite *de la Justice,* la plus rapprochée du logis des inquisiteurs, et où l'on prétend qu'ils tenaient leurs séances, et la *Tour de l'Inquisition,* voisine de l'évêché. Celle-ci servait spécialement de prison. Le nom signi-

1. Nous avouons ne pas connaître exactement la date à laquelle les inquisiteurs purent s'établir dans cette maison, qui devint leur séjour particulier. Toutefois, nous croirions volontiers que ce dut être à peu près vers l'époque de l'arrivée des Frères Prêcheurs à Carcassonne, arrivée qui eut lieu en septembre 1247. (Voir Bernard Gui, bibl. de Toulouse, ms. 273, 1re série, fos 155, 156 A.) En effet, il y avait alors douze ou quinze ans déjà, que la justice inquisitoriale avait fait son apparition dans la même ville, et d'une manière fort active, notamment avec Guillem Arnaud. À quel moment Carcassonne était-elle devenue un centre d'Inquisition, au moins aussi important que Toulouse, avec un certain nombre de ressorts placés sous sa dépendance, c'est ce que nous ne saurions dire précisément. Mais cela n'avait dû guère tarder au-delà de 1240, parce que nous avons, à partir de cette date, des listes continues d'inquisiteurs résidant à Carcassonne. Par suite aussi, nous le répétons, ces juges durent avoir bientôt une maison à eux dans la ville, dont ils avaient fait le chef-lieu d'une circonscription inquisitoriale. En tout cas, ils en avaient bien certainement une aux dernières années du treizième siècle, et il y a tout lieu de croire que c'était depuis assez longtemps déjà. (Voir Hauréau, *Bernard Délicieux*, pièces justificatives, I, p. 172, à l'appel adressé par le moine franciscain à l'inquisiteur Nicolas d'Abbeville, en juillet 1300.)

ficatif d'*île* ou quartier de l'Inquisition désignait tout l'espace occupé par ces diverses constructions[1].

Une chose certaine, c'est donc que l'évêque avait une prison qui lui appartenait en propre et qu'il avait mise sans doute, tout naturellement, au service de l'Inquisition, puisqu'il était le premier et le plus actif des juges de ce tribunal. Mais il n'y recevait pas tous les prisonniers indistinctement. Nous n'avons vu, en effet, cette prison désignée d'une manière formelle, avec l'indication qu'elle lui appartenait, qu'à propos des coupables détenus préventivement. Pour nous servir des expressions consacrées, elle servait à la garde (*ad custodiam*) des hérétiques qui attendaient leur jugement définitif, et non pour leur châtiment (*ad poenam*)[2], au cas où, par une sentence expresse, ils auraient été condamnés à la prison perpétuelle. Rien n'empêchait, bien entendu, qu'on l'employât, peut-être même couramment à ce dernier usage. Seulement, en pareil cas, selon toute probabilité, elle cessait d'être la prison particulière de l'évêque. Conformément à l'indication que nous a fournie Eymeric, et qui pourrait bien être applicable à l'époque plus ancienne dont nous nous occupons, elle devenait vraisemblablement un lieu de détention, sur lequel les inquisiteurs proprement dits, c'est-à-dire les juges appartenant à des ordres monastiques, pouvaient revendiquer tout au moins un droit de surveillance.

Mais ces juges, qui possédaient une demeure spéciale à Carcassonne, n'avaient-ils, pour y enfermer

1. Voir Foncin, *Guide à la Cité de Carc.*, p. 355. — Voir aussi le plan qui accompagne ce livre.
2. Ces expressions se rencontrent dans une lettre de Philippe IV, du 13 janvier 1304. (Voir *Hist. de Lang.*, édit. orig., t. IV, liv. XXVIII, p. 120, et Hauréau, *Bernard Délicieux*, p. 91.)

les coupables condamnés par eux, d'autre prison que celle dont l'évêque avait bien voulu leur concéder l'usage? Nous avons vu qu'il n'en était rien, et qu'en 1246, Louis IX avait ordonné qu'on leur assignât, à Carcassonne même, des bâtiments spéciaux à cet effet. Que l'ordre royal n'eût pas été suivi immédiatement d'exécution, il n'y aurait à cela rien d'étonnant. Nous avons même d'autant plus de raisons de le penser, qu'au mois d'octobre 1258, il était enjoint de nouveau, aux mêmes fonctionnaires qu'en 1246, de hâter l'achèvement des prisons commencées[1]. Cependant, Carcassonne se trouvait-elle au nombre des villes où l'Inquisition en était encore à attendre à cette époque des cachots pour ses condamnés? Nous avons de la peine à le croire, parce qu'elle était, depuis quelque temps déjà, le centre important d'une circonscription inquisitoriale. Nous admettrions bien plutôt, comme une chose très-vraisemblable, que vers 1250, les inquisiteurs avaient dans cette ville des cachots qui leur appartenaient en propre.

Où se trouvaient donc ces cachots? A notre avis, c'est là une question à laquelle il n'est pas difficile de répondre. Ces cachots se trouvaient à la Cité, dans des bâtiments attenant à la maison même des inquisiteurs. Le témoignage d'Eymeric, que nous avons cité plus haut, est trop net pour ne pas être admis sans réserve. De plus, comme il l'indique lui-même, et comme nous le savons par ailleurs d'une façon absolument certaine, pareille chose aurait existé à Toulouse, de sorte que le choix d'un tel emplacement pour y édifier ses prisons aurait été une des habitudes de la

---

[1]. Doat, t. XXXI, f°° 281, 282. *Ceterum*, dit la lettre royale, *opus carcerum jam inceptum faciatis sine dilatione ad complementum perduci.*

justice inquisitoriale. Enfin, malgré tant de siècles écoulés, et après tant de remaniements divers qui en ont altéré l'aspect primitif, il ne semble pas que l'examen de ces locaux, encore existants, de l'Inquisition de Carcassonne, soit fait pour contredire notre assertion[1].

Du reste, si l'on en croit une tradition, qui ne paraît pas contestable, les inquisiteurs auraient eu encore, un peu plus tard, dans la Cité une autre prison pour leurs détenus. Ç'aurait été une tour voisine de leur demeure, et bâtie, comme toute cette partie de l'enceinte à laquelle elle se rattache, sous le règne de Philippe III. Nous l'avons déjà indiquée; c'est la tour dite *de l'Inquisition*[2]. Cette tour, le fait est certain, a servi de lieu de détention, dès une époque fort reculée. L'aménagement intérieur, qui subsiste encore aujourd'hui presque en entier, le prouve surabondamment. De plus, il n'est pas moins probable que, comme prison, elle se trouvait à la disposition des inquisiteurs, car les plans les plus anciens

---

[1]. Cros-Mayrevieille (*Monuments de Carcassonne*, p. 164), Mahul (*Cartul. de Carc.*, t. V, pp. 690, 691), Foncin (*Guide à la Cité de Carc.*, p. 102), prétendent que cette prison principale de l'Inquisition à Carcassonne, le *mur* proprement dit, aurait été construit en dehors de l'enceinte extérieure de la Cité, sur le glacis qui fait face à la grande tour carrée, dite *de l'Évêque*. Un souterrain l'aurait mise en communication, d'une part avec la ville, de l'autre avec la tour assez éloignée de la *Barbacane*. Nous sommes obligé de le dire, une pareille assertion nous semble inadmissible. Le glacis correspondant à l'emplacement indiqué n'a pas gardé la plus faible trace de constructions d'aucun genre, ce qui est au moins étonnant. Quant à tous ces souterrains, dont l'imagination populaire a semé les environs de la Cité jusqu'à des distances de plusieurs lieues dans la campagne, et dont on n'a jamais retrouvé les traces, nous l'avouerons sans détours, nous n'y croyons que très-médiocrement.

[2]. C'est de cette tour qu'il pourrait bien s'agir dans la sentence prononcée à Carcassonne même contre Bernard Délicieux, le 8 décembre 1319, quand il est enjoint au condamné de se rendre au cachot situé entre la Cité et le fleuve de l'Aude, *ad carcerem stricti muri, qui situs est intra civitatem Carcassonae et flumen Atacis*. (Hauréau, *Bernard Délicieux*, pièces justificatives, VIII, p. 216; Limborch, f° 135, B.)

de la Cité lui donnent le nom significatif qu'elle a conservé.

Qu'une pareille concession ait pu être faite, nous n'y voyons rien d'impossible. Depuis la prise d'armes de Raimond Trencavel, en 1240, le pays semblait tranquille pour bien longtemps. La Cité demeurait toujours une place forte, sur laquelle les rois de France comptaient pour la garde de leurs possessions lointaines du Languedoc. Mais, la remise d'une tour entre les mains de l'Inquisition n'affaiblissait pas l'enceinte, puisque cette tour ne subissait aucun changement extérieur, qui pût la rendre impropre à la défense, et qu'en cas de besoin, le roi pouvait évidemment en reprendre aussitôt possession. D'ailleurs, un peu plus tard, le successeur de Louis IX accordait à l'évêque quelque chose de bien autrement grave, et qui pouvait réellement cette fois compromettre la force des murailles. C'était la permission d'ouvrir quatre grandes fenêtres dans le mur de la seconde enceinte, afin de donner du jour au palais épiscopal, enfermé jusque-là derrière de hautes courtines qui lui dérobaient la vue de la vallée de l'Aude[1].

Sur le régime imposé aux prisonniers dans ces divers lieux de détention, le manuscrit de Clermont ne nous donne que des renseignements assez brefs, ou plutôt il ne nous les donne que sur un des côtés de ce régime. Il est vrai que c'en est un côté fort curieux, et que, jusqu'à un certain point, les indications qui nous sont fournies peuvent être considérées comme quelque peu inat-

---

[1]. Voir Poncin, *Guide à la Cité de Carc.*, p. 111. — La concession serait du mois d'août 1280, à ce qu'il semble. Ces fenêtres devaient naturellement être fermées en cas de guerre, sauf à être rouvertes, quand celle-ci serait terminée.

tendues. Toutes, en effet, se rapportent à des sortes de congés, que les inquisiteurs accordent aux captifs pour différentes raisons. Nous en citerons quelques-uns.

Le 16 avril 1250, sept personnes fournissent caution pour Bernard Raimond, clerc de Conques, et promettent, sous peine d'une amende de cinquante livres de Melgueil, qu'il se présentera au jour que lui assignera l'évêque de Carcassonne. Ce Bernard Raimond a reçu la permission de sortir de prison à cause d'une maladie dont il souffre[1]. Le 9 août de la même année, Bernard Morgue, qui est tombé malade en prison, reçoit de l'évêque la permission d'en sortir, jusqu'à ce qu'il soit rétabli. Après son rétablissement, il devra sous huit jours retourner à son cachot[2]. Pareille permission est accordée, le 30 mars 1251, à R. de Gorde, d'Alzonne, et, le 3 avril suivant, à Guillem-Raimond Moncade et à Raimond Martin, habitants du même lieu. Le premier et le dernier de ces prisonniers doivent rentrer à l'octave de Pâques.

1. *Anno Domini MCCL, XVI kalendas madii. Augerius, de Conchis, Guillelmus Roca, Rogerius Isarni, Bernardus Bardonerii, Raimundus de Solier, Petrus Lagarda et Petrus Raimundi Textoris, fidejusserunt domino episcopo Carcassonne pro Bernardo Raimundi, clerico de Conchis, sub pena L librarum malg., ut veniat ad diem et ad dies secundum mandatum ipsius. Qui Bernardus Raimundi exivit carcerem propter infirmitatem quam habebat. Actum fuit hoc in presentia domini episcopi Carcassonne et plurium aliorum et Bonimancipii notarii qui hec scripsit.* (Ire partie, f° 3 A.)

2. *Anno quo supra (MCCL), V idus augusti. Guillelmus Redulphi, de Vilarzello, et Guillelmus de Benterio, senior, de Burgo Carcassonne, fidejusserunt, prestito juramento, et obligaverunt se et sua in solidum, quilibet per se absque parte alterius, domino episcopo Carcassonne, sub pena L librarum malg., pro Bernardo Morgue, de Vilarzello, qui est infirmus in carcere, cui prefatus dominus episcopus dedit licentiam exeundi, donec ab ipsa infirmitate esset liberatus; et post convalescentiam, infra VIII dies, in statu pristino sine nostra licentia revertatur. Testes: frater Raimundus Burraci, ordinis Fratrum Minorum, et frater Raimundus de Caneto, ejusdem ordinis, et Bonusmancipius notarius qui hec scripsit.* (Ire partie, f° 4 B.)

On n'indique pas le motif de leur sortie, si ce n'est pour Raimond Martin, qui est désigné comme malade[1].

Les pièces suivantes nous font connaître à quelles conditions, indépendamment des garanties à fournir pour leur retour, les captifs étaient mis ainsi temporairement en liberté. Elles nous donnent aussi une idée du temps qui leur était accordé.

« 9 mai 1251. Il a été permis à Guillem Sabbatier, de Capendu[2], de sortir de prison, et de vivre où il lui plaira, jusqu'à l'octave de la Pentecôte prochaine. A cette date, sans attendre l'ordre de l'évêque, il devra retourner à son cachot, afin d'y accomplir la pénitence qui lui a été imposée en punition du crime d'hérésie dont il s'est rendu coupable, à moins qu'il ne soit laissé en liberté par une concession expresse dudit évêque[3]. »

---

1. *Anno Domini MCCLI, III kalendas aprilis. G. de Gordo, G. Martini, G. Morripeat, de Alzona, fidejusserunt pro H. de Gordo, de Alzona, immurato, cui data est licencia exeundi murum et esse extra usque ad octabam Pasche; et tune debet redire in eumdem murum, sine omni mora caum, non expectato mandato nostro. Et quod ita complebit, omnes predicti obligaverunt se, sub pena L librarum, quisque in solidum per juramentum et publicum instrumentum. Testes: B. de Dozince, P. de Baure, B. Digon et P. Ariberti notarius qui hec scripsit.*

Anno quo supra, IIII nonas aprilis. R. Isarni et de Alzona, P. Rogerii, R. Boneti, Arnaldus Jordani, de Mossolinco, obligaverunt se et sua quilibet in solidum, sub pena L librarum, pro Guillelmo Ramundi Moncade, immurato, cui data est licencia exeundi murum, ita quod reddat (sic) ad eumdem murum, quum sibi injungetur vel mandabitur per dominum episcopum vel per alium, de mandato ejusdem vel vice ipsius. Et complebit et faciet idem G. R. mandata omnia et singula prefati domini episcopi. Testes: P. de Baure, B. Digon, et P. Ariberti notarius qui hec scripsit.

Anno et die predictis. Data est licentia Raimundo Martini, de Alzona, exeundi murum usque ad octabas instantis festi Pasche propter egritudinem; et tune, non expectato aliquo mandato, debet redire ad eumdem murum ad peragendam penitentiam pro crimine heretice pravitatis. Testes predicti. (Ire partie, f° 11 B.)

2. Ch.-l. de cant., arr. de Carcassonne, dép. de l'Aude.

3. *Anno Domini MCCLI, VII ydus maii. Data est licencia Guillelmo Sabbaterii, de Capendupens, exeundi murum et esse extra ubicunque voluerit usque ad octabas instantis festi Penthecoste; et tune, non expectato mandato domini episcopi, redire debet in eumdem murum ad penitentiam*

La fête de la Pentecôte, tombant en 1251, le 28 mai, c'était donc une vingtaine de jours de liberté qu'on octroyait au prisonnier dont il s'agit. Voici maintenant quelques permissions du même genre accordées à des femmes.

Le 28 octobre 1251, Virgilie, de Couffoulens[1], est mise temporairement hors de prison pour se remettre d'une maladie dont elle a été atteinte[2]. Le 18 novembre 1254, Rixende, femme de Guillem Hualguier, reçoit la même permission pour faire plus commodément ses couches[3]. Enfin, le 13 septembre 1254, Alazaïs Sicre, de Cavanac, obtient un congé de plus d'un mois et demi, avec faculté d'habiter en tel lieu qu'il lui plaira, sous un singulier prétexte. Elle a promis de faire prendre un hérétique; mais il lui faut pour cela pouvoir dresser en toute liberté le piège qu'elle médite[4]. Nous avons déjà cité ailleurs cette pièce[5], et noté en pas-

---

pro heresi peragendam, nisi remaneret de ejusdem licencia speciali. Et hec se complere et servare juravit, sub pena L librarum, obligans se et sua per publicum instrumentum; et debet adducere sufficientes fidejussores die dominica, ad fidejubendum pro se sub eadem pena super premissis. Testes: magister P. officialis, P. de Baure, B. Digon et P. Ariberti notarius qui hec scripsit. (Pièce cancellée. — Ire partie, f° 12 A.)

1. Dép. de l'Aude, arr. et cant. de Carcassonne.
2. *Anno Domini MCCLI, V kalendas novembris. Data est licencia Virgilie, de Cofolento, exeundi murum, ubi erat intrusa pro crimine heresis, quousque convaluerit et sit liberata a sua egritudine; et ex tunc, non expectato aliquo mandato, debet redire in eundem murum ad penitentiam sibi injunctam pro dicto crimine peragendam, etc.* (Ire partie, f° 15 A.)
3. *Anno quo supra* (MCCLIIII), *XIIII kalendas decembris. G. Megerii. Petrus Yalguerii, P. Pastoris, obligaverunt se et sua per juramentum et publicum instrumentum, sub pena L librarum, pro Rixenda, uxore Guillelmi Hualguerii, pro heresi immurata, cui data est licencia exeundi murum et esse extra, quousque pepererit, ita quod, transacto mense post partum, ipsa, non expectato mandato, sine omni contradiccione et dilacione, ad carcerem revertetur, et preterea parebit mandatis omnibus et singulis inquisitorum. Testes: Guillelmus et Astru: Goulesus.* (Ire partie, f° 32 B.)
4. Voir Ire partie, f° 5 A.
5. Voir plus haut, p. 323, note 1.

sant le moyen étrange employé par les inquisiteurs pour se saisir des hérétiques, qui se refusaient à comparaître devant leur tribunal.

Il ne faudrait pas conclure de ces permissions de sortir de prison accordées assez fréquemment, que le régime auquel se trouvaient soumis les captifs de l'Inquisition ne fût pas extrêmement dur [1]. L'opinion vul-

---

[1]. Voir, sur le régime des prisons d'Inquisition, en ce qui concerne : 1° La discipline appliquée aux prisonniers : Doat, t. XXXII, f°⁸ 125, 128, recommandations de l'inquisiteur Jean Galand au gardien de la prison d'Inquisition de Carcassonne et à sa femme. — 2° L'entretien des prisonniers : *Hist. de Lang.*, édit. orig., t. III, liv. XXIV, p. 382; — Doat, t. XXXI, f°⁸ 71, 73, lettre d'Innocent IV, du 19 janvier 1246; — ibid., t. CLIII, f° 234 R, lettre de Louis IX au sénéchal de Carcassonne et de Béziers, Jean de Cranis, Pontoise, juillet 1246; — ibid., t. XXXI, f°⁸ 261, 262, lettre du même au même fonctionnaire, octobre 1255; — ibid., t. XXXIV, f° 227, comptes de maître Arnaud Assaillit, procureur des encours, 1322, 1323. — 3° Les gardiens des prisons : *Clementin.*, lib. V, *de Hæreticis*, tit. III, cap. I, *Sane, quia circa custodiam*, etc., et *Porro, coram episcopo*, etc.; — *Practica*, II° pars, f° 20 A, *Forma littere pro custode muri instituendo*.

De ces différents textes nous ne donnerons ici que celui qui nous semble le plus curieux. Ce sont les recommandations adressées par l'inquisiteur Jean Galand au gardien de la prison d'Inquisition de Carcassonne et à sa femme. *Anno Domini MCCLXXXII, sexta feria, sabbato infra octabum apostolorum Petri et Pauli, fuit injunctum et districte mandatum et per juramentum Radulpho, custodi immuratorum, et Bernarde, uxori sue, per fratrem Johannem Galandi, inquisitorem, in presentia fratris P. Regis, prioris, fratris Johannis de Falgosio, et fratris Archembaudi, quod de cetero non teneant scriptorem aliquem in muro, nec equos, nec ab aliquo immuratorum mutuum recipiant, nec donum aliquod; item, nec pecuniam illorum qui in muro decedunt retineant, nec aliquid aliud, sed statim inquisitoribus denuncient et reportent; item, quod nullum incarceratum et inclusum extrahant de carcere; item, quod immuratos pro aliqua causa extra primam portam muri nullo modo extrahant, nec domum intrent, nec cum eo comedant; item, nec scriptores qui deputati sunt ad scribendum aliis occupent in operibus suis, nec eos, nec alios mittant ad aliquem locum, sine speciali licentia inquisitorum; item, quod dictus Radulphus non ludat cum eis ad aliquem ludum, nec sustineat quod ipsi inter se ludant. Et si in aliquo de predictis inveniantur culpabiles, ipso facto incontinenti de custodia muri perpetuo sint expulsi. Actum coram predicto inquisitore, in testimonio predictorum, et mei Poncii prepositi notarii qui hec scripsi.*

Nous joindrons à ce texte important la pièce suivante. Elle se trouve inscrite sur une feuille de parchemin, recouvrant à l'intérieur l'un des plats de l'exemplaire in-4° du traité de Bernard Gui. Le pape Clément V

gaire, à ce sujet, n'est que la vérité exacte. D'ailleurs, ce régime n'était pas uniforme. Dans la rigueur qui en était le caractère principal, il y avait des degrés. Les documents qui nous restent de la justice inquisitoriale indiquent expressément deux sortes de prison pour ainsi dire : l'une est qualifiée de *mur large* (*murus largus*), et l'autre de *mur étroit* (*murus strictus*)[1].

C'est au régime qui réglait l'existence des prisonniers dans le *mur large*, que se rapportent, sans doute, les exemples de congé que nous venons de citer. Ce régime lui-même ne devait pas être fort doux, en dépit de cette concession et d'autres qu'il comportait peut-être encore. En tout cas, le moindre tourment qu'eussent à endurer les captifs de l'Inquisition, c'était l'isolement dans de petites cellules. Le concile de Béziers l'avait ordonné ainsi formellement, en 1246, pour empêcher, disait-il, que les prisonniers ne se corrompissent les uns les autres, et il semble que, dans l'aménagement intérieur de ses cachots, la justice inquisitoriale

avait établi en 1312 que les gardiens des prisons d'Inquisition ou leurs aides, avant d'entrer en fonctions, prêteraient serment entre les mains des inquisiteurs et des évêques. La pièce dont il s'agit est évidemment une de ces prestations de serment. — *Uxor magistri Marchi, custodis muri de Alamanis, præsentibus domino B. Sancti, operario, et fratre de Mete......, in claustro ecclesiæ Sancti Antonini, anno Domini MCCCXIIII, die lunæ in crastinum Decollationis sancti Johannis, juravit captos bene et fideliter custodire et mandata servare suo posse.* — Comme on le voit, c'est une femme qui prête le serment dont nous venons de donner le texte. On ne s'en étonnera pas après ce que nous a montré la pièce transcrite en premier lieu. Quant à la localité indiquée sous le nom de *Alamani*, elle correspond actuellement à la commune des Allemans (dép. de l'Ariège, arr. et cant. de Pamiers).

1. Voir, à ce sujet, les délibérations du conseil tenu à Pamiers, dans l'octave de l'Épiphanie de l'année 1328, par Dominique, évêque de cette ville, l'inquisiteur de Carcassonne Henri *de Chamayo*, celui de Toulouse, P. Brun, et un certain nombre de dignitaires ecclésiastiques. (Doat. t. XXVII, f° 140 B-146 A.)

ait toujours observé cette recommandation [1]. Elle y trouvait, du reste, plus de facilité pour la surveillance et la garde de ses captifs. A cela s'ajoutait, selon toute vraisemblance, une nourriture non-seulement très-grossière, mais distribuée si parcimonieusement par les geôliers d'Inquisition, que les malheureux livrés à leur discrétion se trouvaient parfois en danger de mourir de faim, ainsi que le marque une lettre adressée, le 16 mars 1238, par le pape Grégoire IX, aux baillis et sénéchaux de l'Albigeois et de la province de Narbonne [2]. Il faut noter également à ce propos un genre d'exactions, dont ces mêmes prisonniers étaient victimes de la part de leurs gardiens, et qui devait être encore assez fréquent, puisque le pape Clément V prit soin de l'interdire expressément en 1312. Nous voulons parler de la fraude, par laquelle les geôliers des cachots d'Inquisition s'appropriaient les secours fournis aux captifs, avec le consentement des inquisiteurs, par leurs parents, leurs amis ou quelques personnes charitables [3].

Quant au *mur étroit* en particulier, nous n'essayerons pas d'en donner une idée. Que ceux qui voudront

---

1. Voir, sur cet aménagement intérieur des prisons d'Inquisition : *Hist. de Lang.*, édit. orig., t. III, liv. XXV, p. 453; — Doat, t. XXXII, f° 114, lettre de l'inquisiteur Geoffroi d'Ablis aux prêtres des diocèses d'Albi, de Carcassonne et de Toulouse; sans date; — Eymeric, *Direct.*, tertia pars Comment. CVII de Fr. Peguà à la question LVIII, pp. 631, 635, *sub fine*.

2. Doat, t. XXXI, f° 25 B, 33. Le pape reproche à ces fonctionnaires de ne pas donner le nécessaire aux prisonniers, contrairement aux statuts du concile de Toulouse. *Nec eis curatis*, dit-il, *prout statutum in Tholosano concilio exstitit, in necessariis providere.*

3. Voir *Clementin.*, lib. V, *de Haereticis*, tit. III, cap. 1, *Et quoad praecisionem*, etc. Ce même passage des Décrétales de Clément V indique aussi que les geôliers d'Inquisition se livraient, sur les fonds alloués pour l'entretien de leurs prisonniers, aux retranchements abusifs, que Grégoire IX reprochait, en 1238, aux fonctionnaires royaux.

savoir au juste de quelle manière en usait la justice inquisitoriale avec les coupables, qui lui avaient paru mériter toute sa rigueur jusqu'au bûcher exclusivement, aillent voir cette *Tour de l'Inquisition* dont nous avons parlé [1]. Toute parole ne peut être qu'une déclamation vaine, auprès de la réalité telle qu'on la voit entre ces murs. La peine suprême pour les inquisiteurs, était-ce la mort dans les flammes ou l'emprisonnement ainsi entendu ? Il y a de quoi hésiter. Là, des misérables se consumaient lentement, sans air, sans lumière, rivés à la muraille, les pieds chargés de lourdes chaînes, sans autre nourriture que le *pain de douleur* et d'autre breuvage que l'*eau d'angoisse* [2]. Ce dut être la fin de Bernard Délicieux, lorsque, par la volonté expresse du pape Jean XXII, on lui eut appliqué, dans toute sa sévérité, la sentence portée contre lui, ce que n'avaient pas osé d'abord même ses ennemis acharnés, les juges dominicains [3]. Il était vieux, et la mort, au bout de quelques mois seulement, le délivra [4]. Du reste, jeunes ou vieux, en entrant dans ces cachots, pouvaient concevoir l'espérance d'une fin aussi prompte. Il était impossible d'y vivre ; on y mourait même peut-être plus vite que ne l'auraient imaginé ceux qui les avaient inventés.

Ils s'en consolaient, sans doute, par le silence de leurs victimes. Mais il arriva que ce silence fut rompu

---

1. Voir Poncin, *Guide à la Cité de Carc.*, pp. 107-110.
2. *Eos... ad perpetuum carcerem stricti muri, ubi panis doloris in cibum et aqua tribulationis in potum, in vinculis et cathenis ferreis, velut modo ministretur, sententialiter condemnamus.* (Doat, t. XXXV, f° 70 B-73 A, sentence prononcée, le 23 janvier 1300, contre dix des accusés figurant dans le procès, dont le manuscrit latin 11847 de la Bibl. nat. nous donne l'instruction.)
3. Voir Limborch, f° 135 A.
4. Voir Hauréau, *Bernard Délicieux*, p. 165.

à un certain jour, et alors éclata un scandale que l'Inquisition n'avait pas prévu. Les malheureux qu'elle étouffait lentement dans ses prisons crièrent si haut, que la papauté dut enfin se résigner à les entendre. En 1306, deux cardinaux envoyés par Clément V se présentèrent à Albi, à Carcassonne. Ils se firent ouvrir les cachots de l'évêque Castanet et le *mur* de la Cité. Ce que virent ces hauts personnages, ces politiques, dut les remplir de stupéfaction et d'horreur. On peut en juger à leurs décisions immédiates. La cour de Rome était après tout la protectrice de l'Inquisition ; elle répondait de ses actes. Eux avaient à ménager la réputation de cette cour, dont ils étaient les ministres.

Ils n'en agissent pas moins, comme l'avaient fait, en 1302, les commissaires du roi Philippe IV, dont l'un, Jean de Picquigny, était mort excommunié. Ils accueillent les plaintes des captifs qu'ils ont rendus au jour ; ils ne craignent pas d'y ajouter foi. L'évêque de Carcassonne est réprimandé; celui d'Albi essuie un affront sanglant : on lui ôte la garde de ses prisons. Les inquisiteurs dominicains veulent protester ; ils sont condamnés à leur tour, et avec eux, disons-le, sans que les cardinaux paraissent s'en douter, ou sans qu'ils aient reculé, s'ils en ont eu conscience, l'Inquisition tout entière, dans sa procédure, dans ses sentences et dans ses juges. Les plaintes des populations écrasées, les décisions des délégués du souverain pontife, tout cela se trouve dans un procès-verbal parvenu jusqu'à nous [1]. Peu de documents s'expriment avec autant de détails et de netteté que celui-là, et l'on ne pouvait souhaiter un commentaire plus explicite de ce que nous

---

1. Voir plus haut, p. 15, note 2.

indiquent sommairement des cachots tels que ceux de la Cité de Carcassonne. Ainsi, les textes et les pierres se répondent dans un mutuel accord, et les uns comme les autres prononcent la même condamnation contre un tribunal trop souvent sans justice comme sans pitié.

CONCLUSION

En résumé, les archives d'Inquisition ont été dispersées et mutilées; mais, quoi qu'on en ait dit, il en reste assez cependant, avec les recueils de Paris, de Toulouse, de Clermont, pour reconstituer l'histoire ou, tout au moins, l'organisation de la justice inquisitoriale. — Caractères essentiels et suprêmes de cette justice : la fiscalité et l'arbitraire. — Esprit et instincts particuliers, qui font de ses ministres comme une race d'hommes à part. — Puissance de l'Inquisition au treizième siècle. — Elle étouffe les doctrines cathares et ruine le Midi qui les a tolérées. — Ce qu'était le Midi avant la guerre des albigeois; ce qu'il devient après cette guerre. — Responsabilité des rois de France dans la chute de la nationalité et de la civilisation méridionales. — La papauté et l'Inquisition; celle-ci n'a-t-elle pas triomphé en enlevant à la première une partie de son prestige moral ?

On se souvient peut-être de ce que nous disions en commençant cette étude. Nous protestions contre l'idée généralement répandue, et que des livres excellents par ailleurs n'auraient pas dû contribuer à accréditer davantage, de la disparition totale des documents originaux, concernant l'Inquisition du midi de la France au treizième et au quatorzième siècle. Nous accordions que les archives inquisitoriales avaient été dispersées et mutilées par une foule de causes diverses. Mais, nous l'assurions en même temps, si profondes que fussent ces mutilations, le hasard aveugle, qui en était coupable, n'avait pas eu, comme il fallait en convenir, la main trop malheureuse dans le choix de ce qu'il avait épargné. Les restes de ces archives pouvaient suffire amplement à nous donner une idée de ce qu'elles avaient dû être. Surtout rapprochés et mis en œuvre, éclairés les uns par les autres, les documents qui les composaient pouvaient servir à reconstituer de toutes pièces l'histoire et l'organisation d'une justice disparue sans retour.

Peut-être n'y a-t-il pas trop de présomption à croire, que nous avons prouvé jusqu'à un certain point ce que nous avancions. Laissons de côté, non pas assurément une publication de l'importance de celle de Limborch, bien qu'elle puisse être suppléée dans une certaine mesure par le traité de Bernard Gui, ainsi que nous l'avons démontré, mais tout l'ensemble des copies de toute sorte dont nous avons dressé rapidement le catalogue. Mettons de côté jusqu'aux plus précieuses et aux plus abondantes de ces copies, celles qui remplissent les dix-sept tomes, consacrés dans la collection Doat aux documents d'Inquisition. Bornons-nous enfin aux sept volumes originaux et authentiques de la Bibliothèque nationale, des Archives départementales de la Haute-Garonne, de la bibliothèque de la ville de Toulouse, et de celle de la ville de Clermont. C'est peu en apparence ; mais en fait rien ne nous manque pour suivre, du moins dans son développement général, l'histoire des tribunaux d'Inquisition, ainsi que leur organisation, durant la longue période de quatre-vingts ans à laquelle nous avons limité cette étude.

En effet, ces sept volumes suffisent à eux seuls à représenter tous les types, que pouvaient renfermer les archives d'une cour inquisitoriale. Nous avons, pour ainsi dire, le journal d'une de ces cours dans le très-curieux registre de greffier de la bibliothèque de Clermont. La procédure nous est révélée, aux deux extrémités du temps dont nous avons marqué les dates, par la grande enquête de Bernard de Caux et de Jean de Saint-Pierre de 1245 et 1246, de la bibliothèque de Toulouse, par le procès des accusés d'Albi de 1299 et par le registre de l'Inquisition de Carcassonne, que possède la Bibliothèque nationale. La pénalité se trouve dans les sentences que conserve la même bibliothèque. Nous avons jusqu'à un traité pratique, non pas d'un juge plus ou moins connu, mais de celui dont le nom représente l'Inquisition même à son apogée, au début du quatorzième siècle, quand elle est en possession de tous ses privilèges, de toutes ses formules juridiques. Ce n'est pas, d'ailleurs, le seul qui ait eu une pareille célébrité, et dont les manuscrits que nous énumérons rappellent le souvenir. A côté de Bernard Gui, nous avons vu Bernard de Caux, le *marteau des hérétiques*, Bernard de Castanet, l'évêque-inquisiteur, Foulques de Saint-Georges, qui réunit sur sa tête la haine des peuples et des rois.

C'est sur ces indications que nous nous arrêterions volontiers, car nous ne saurions perdre de vue, que le travail, dont nous présentons en ce moment même la conclusion, est avant tout une étude de sources et de bibliographie. Toutefois, nous avons trop souvent, dans le cours de nos recherches, touché à l'histoire et surtout à l'organisation de la justice inquisitoriale, pour qu'on nous pardonnât, à ce qu'il semble, de ne pas en résumer ici les principaux caractères. Ces caractères sont en grand nombre ; nous n'en choisirons que deux, mais les plus frappants, à notre avis, la fiscalité et l'arbitraire.

Du premier, nous ne nous occuperons même qu'à peine, parce que nous croyons l'avoir mis suffisamment en lumière ailleurs. Il n'en est pas moins important pour cela. C'est, en effet, une chose bien significative que ce pacte dont nous avons parlé, en vertu duquel les juges d'Inquisition payaient, au moyen des confiscations prononcées par eux, l'appui que leur accordait le pouvoir temporel. C'en est une non moins significative encore, que la part prélevée si souvent sur ces mêmes confiscations, non pas au profit des inquisiteurs, nous le reconnaissons hautement, mais du moins au profit des ordres religieux dont ils étaient sortis, et auxquels, en somme, ils ne cessaient pas d'appartenir. Au treizième siècle, un pareil fait avait excité l'indignation de leurs contemporains. Il ne semble pas les avoir laissés eux-mêmes sans inquiétude, et peut-être sans remords. Pour nous, il nous ferait douter de la sincérité de leur fanatisme, si nous n'en avions des preuves bien péremptoires, parce qu'une telle passion ne se comprend guère sans un désintéressement absolu. En tout cas, il enlève à ce fanatisme jusqu'à sa dernière excuse.

Mais ce n'est n'est pas là encore le caractère essentiel et suprême de la justice inquisitoriale. Ce caractère, qui domine et efface tous les autres, c'est l'arbitraire. Arbitraire dans sa procédure, essentiellement variable, employant tous les moyens, permettant au juge d'user de toutes les ressources pour accabler l'accusé, n'en laissant à peu près aucune à l'accusé pour se défendre; arbitraire dans ses arrêts, qui ne garantissaient même pas au coupable, frappé en vertu d'une pénalité excessive, le bénéfice de la chose jugée, qui réservaient au juge dans tous les cas la faculté de modifier sa sentence, c'est-à-dire presque toujours de l'aggraver, même sans faute nouvelle commise par le condamné. Tel est l'esprit d'un tribunal, qui voulait que le prévenu se remît avant tout à sa discrétion, que l'on courait risque d'indisposer, si on l'abordait avec d'autres sentiments que ceux dont un accusé du quatorzième siècle nous a laissé l'expression naïve, et pleine d'une conviction qui force la nôtre, des sentiments que d'autres juges auraient repoussé comme une injure, auquel il fallait, en un mot, demander non pas un jugement en forme, mais simplement miséricorde[1]. Et l'on sait, si, à défaut de l'un qu'on désespérait d'obtenir, l'Inquisition accordait toujours l'autre.

Que dire, après cela, des inquisiteurs eux-mêmes ? En réalité, si nous osons exprimer notre pensée tout entière, ce qu'ils représentent, ce n'est pas tant une justice spéciale, dont ils sont les ministres, qu'une espèce d'hommes à part. Cette opinion semblera paradoxale ; elle n'en ressort pas moins tout naturellement d'une étude suivie de leurs actes et de leur histoire. Les fonctions dont ils sont investis ont donné à leur esprit comme à leur âme un tour qu'on ne rencontre pas chez d'autres hommes ou même chez d'autres juges, et qu'on ne saurait cependant méconnaître chez aucun d'entre eux. Ils ont une façon particulière de voir, d'entendre, de sentir, ou plutôt de rester insensibles, tout cela si marqué, qu'on est dans l'étonnement. Certes, nous ne voudrions pas soutenir qu'ils aient eu le monopole du fanatisme, ni même, comme c'est l'opinion ordinaire, qu'ils l'aient poussé au-delà de tout ce qu'on avait vu

---

1. *Petens misericordiam et non judicium, confiteor ego*, etc... (Bibl. nat, ms. lat. 1269, f° 52 A ; 1re déposition de Pierre de Luzenac.)

jusqu'alors et qu'on a pu voir depuis. Mais, avant eux au moins, cette passion ne semble pas avoir altéré jamais aussi profondément les instincts primitifs de la nature humaine. Nous le répétons, pour qui les étudie de près, c'est une race d'hommes à part[1].

Ainsi constituée et représentée, l'Inquisition du midi de la France règne cent ans avec un pouvoir immense. Elle écrase les peuples; elle asservit leurs chefs laïques et ecclésiastiques. Les princes doivent mettre leurs officiers à son service, et permettre la violation perpétuelle des lois civiles dont ils ont la garde, afin d'assurer le triomphe de sa législation particulière. Les prélats sont contraints de lui sacrifier leur justice, de se réunir en conciles pour ajouter sans cesse à ses droits par des règlements jusque-là inconnus, ou pour confirmer sans discussion les sentences qu'elle leur apporte toutes préparées, et dont elle veut couvrir l'exécution du reste de crédit qu'elle leur a laissé. Tout se courbe devant elle, l'Église et l'État. La papauté même, sa patronne, elle qui l'a créée, n'obtient pas toujours une obéissance complète. Que les papes, en lui octroyant un nouveau privilège, l'accompagnent d'une remontrance paternelle, sa mauvaise humeur éclate. Mieux que les souverains pontifes, elle prétend connaître leurs intérêts. Il semble qu'elle vise à incarner en elle le catholicisme, et, à bien considérer l'histoire religieuse de l'Europe à partir du quatorzième siècle, on peut craindre qu'elle y ait réussi peut-être plus qu'il n'aurait fallu.

---

[1]. Ce ne sont pas leurs actes seulement qui nous permettent de porter ce jugement sur eux; ce sont aussi leurs paroles. Ils en ont, en effet, de bien significatives. — Voir, à ce sujet, A. Lecoy de la Marche: *Anecdotes historiques, légendes et apologues tirés du recueil inédit d'Étienne de Bourbon,* pp. 25 et 26, *De fatiditate et fetere dampnatorum.*

Quoi qu'il en soit, que reste-t-il après elle, lorsque, ruinée par des violences qui ont amené l'intervention des princes et le demi-abandon de la cour de Rome, elle tombe dans une décadence, dont, en France au moins, elle ne se relèvera jamais? On est bien obligé d'en faire l'aveu, c'est le triomphe complet de l'Église servie par elle avec une passion si aveugle. Les doctrines cathares, contre lesquelles elle a été suscitée, ont disparu. Si d'autres hérésies ont pris leur place, il s'en faut que le péril soit aussi considérable qu'au temps d'Innocent III. Du moins, les nouveaux sectaires ne paraissent pas vouloir, comme l'avaient voulu les albigeois, élever une Église indépendante en face de l'Église romaine. En somme, si l'Inquisition en France comme puissance active a vécu, elle a vaincu aussi. Une fois de plus a été prouvé ce fait, qu'il nous faut bien admettre malgré toute notre répugnance, parce que l'histoire en fournit trop d'exemples irrécusables : c'est que la violence employée avec système peut avoir raison des idées, et que la force de résistance départie aux idées contre la violence n'est pas sans limites. Mais ce n'est pas tout encore, car la ruine ne s'est pas bornée à l'hérésie et aux hérétiques. Elle a atteint jusqu'à leurs fauteurs ; elle a frappé le pays et la nation, qui les avaient tolérés dans leur sein, moitié par sympathie, moitié par indifférence.

Il y avait en Europe, au début du treizième siècle, un peuple plus avancé que tous les autres en civilisation, plus avancé même que les Italiens, qui devaient, après son anéantissement, hériter d'un rôle dont il semblait assuré déjà, la préparation définitive de la Renaissance. Le développement de la vie municipale y avait désarmé depuis cent cinquante ans la féodalité. Les princes, que le reste de l'Occident ne connaissait guère encore que comme des fléaux, avaient abdiqué là leur puissance abusive, contents de présider pacifiquement à une prospérité telle qu'on n'en avait pas vue depuis l'invasion des Barbares, et où le commerce, l'industrie, les lettres, les arts brillaient d'un éclat qu'ont seules présenté au même degré les républiques italiennes. Il y avait là, en somme, une société, qui, dès ce moment, possédait quelques-unes des meilleures choses dont s'enorgueillit la nôtre, l'amour et le respect du travail libre, la bienveillance des pouvoirs publics, conçus comme serviteurs et non comme tyrans des administrés, surtout l'indépendance des citoyens sentant leur dignité. Que ce fût un monde parfait, nous ne voudrions pas le soutenir; mais c'était, du moins, un monde où l'on pouvait vivre, et y avait-il en Europe à cette époque beaucoup de pays, où cela fût aisé pour d'autres que pour des seigneurs féodaux[1] ?

C'est sur ce monde qu'est déchaînée tout à coup la croisade de Simon de Montfort, et, quand la croisade a épuisé ses fureurs, l'Inquisition. Alors tout change, tout s'éteint dans ce Languedoc naguère si brillant. La population y est d'abord décimée par des massacres, puis ruinée par des confiscations, enfin renouvelée par des colonies d'étrangers venus du Nord. Le commerce, l'industrie languissent et disparaissent. La langue ne trouve plus de poètes; elle s'abâtardit et se fond en

---

1. Voir, sur cette civilisation précoce du Midi au treizième siècle, Paul Meyer, *Leçon d'ouverture du cours des langues et littératures de l'Europe méridionale au Collège de France*. (Extrait de la *Romania*, t. V, pp. 253 et 254.)

une foule de patois. Il va sans dire que tous ces maux ont été précédés d'un plus grand encore, la perte de l'indépendance politique.

Le pays y a-t-il gagné ? Il serait difficile de ne pas le croire; mais on aurait de la peine aussi à ne pas accorder qu'il lui fallut attendre bien longtemps, pour jouir des avantages d'une annexion si durement imposée. On a accusé ses derniers princes nationaux de faiblesse et d'impuissance. Assurément, ils l'auraient défendu aussi bien que le firent les Valois au quatorzième siècle contre les Anglais. Ce qu'ils n'auraient pas fait ces princes, c'est ce que firent les rois de France, livrant ces malheureuses contrées aux exactions atroces de leurs bailes ou de leurs propres parents, comme le fit, par exemple, Charles V, quand il donna le gouvernement du Midi à son frère, le détestable duc d'Anjou. Ils n'auraient pas non plus vraisemblablement spéculé, comme l'osèrent les rois de France encore, sur les confiscations d'hérésie. Les partages que stipulait Louis IX avec l'évêque d'Albi leur auraient répugné. Ils n'auraient pas voulu d'un argent ainsi extorqué à des compatriotes. Enfin, ils n'auraient pas infligé à leur pays une série de violences et d'injures, qui rappellent les horreurs de la conquête de l'Angleterre par les Normands, avec l'Inquisition en plus [1].

Dans ces Capétiens, grands politiques, mais trop souvent sans cœur, auxquels l'avait livré une succession de malheurs effroyables, le Midi ne vit bien long-

[1]. Voir, sur cette situation du midi de la France après la guerre des albigeois, A. Molinier, *Étude sur l'administration de saint Louis et d'Alfonse de Poitiers dans le Languedoc*, et surtout les Actes des enquêteurs de ces deux princes publiés à la suite de l'étude en question. (Extrait du t. VII de l'*Histoire de Languedoc*, édit. Privat.)

temps que des étrangers. Et c'était aussi en pays étranger, pour ne pas dire en pays conquis, qu'il était traité par eux. Sans doute, ces créateurs de la justice et de l'administration en France avaient besoin d'argent, pour faire marcher les rouages qu'ils avaient inventés. Était-ce une raison pour en demander aux sentences de confiscation prononcées par la justice inquisitoriale? Certes, leur rôle n'était pas là. Ils en avaient un plus beau à prendre, en face d'un peuple meurtri, abîmé, qui ne demandait que le repos. C'était de s'interposer entre lui et ses persécuteurs. Ni Philippe IV, ni Louis IX lui-même, n'ignoraient les violences des juges d'Inquisition. Ils avaient bien assez ordonné l'un et l'autre d'enquêtes pour cela. Mais la raison politique leur faisait fermer les yeux. Ils voyaient de plus, au moins Philippe IV, dans la justice inquisitoriale, un frein pour contenir des peuples dont ils suspectaient l'attachement à leur domination. Pendant ce temps, les ruines s'accumulaient dans les provinces méridionales. La torpeur s'y étendait partout; elle devait durer plusieurs siècles.

Quoi qu'on puisse penser de ces événements terribles, qui ne sont pas moins que la mort d'une nationalité vivante et complète, nous le répétons encore, au début du quatorzième siècle, l'Inquisition avait pleinement triomphé. Mais à quel prix, et la victoire n'avait-elle pas été gagnée peut-être aux dépens du principe même, qu'elle semblait devoir mettre hors de toute atteinte?

A l'égard de ses ennemis, l'Église avait balancé jusque-là entre deux politiques, celle de la douceur et celle de la répression violente. L'Évangile, dont elle était la gardienne et l'interprète, lui conseillait la première. Elle ne pouvait emprunter la seconde qu'aux pires des Césars romains flétris par ses apologistes. C'est pourtant vers celle-ci qu'elle pencha avec Innocent III, en 1208, par un entraînement dont aurait dû la garder la mémoire de ses martyrs, et l'Inquisition fut créée.

On soutiendrait difficilement, à notre sens, qu'une pareille résolution n'ait pas produit un grand effet, au moment même où les souverains pontifes s'y arrêtaient, qu'elle ait pu être prise par eux en quelque sorte à l'insu des peuples. Elle était trop décisive, et même dans une certaine mesure, nous le croyons fermement, trop inattendue pour cela. Si, d'autre part, on considère l'affaiblissement trop visible de la papauté, au commencement du quatorzième siècle, affaiblissement, qui, malgré la chute éclatante des doctrines albigeoises, amène, juste à cette époque, l'apparition d'hérésies et de sectes nouvelles, mais surtout la victoire du roi de France sur Boniface VIII et la Captivité de Babylone, où donc en trouver logiquement les causes ailleurs que dans les cent années qui précèdent? Ce n'est pas en vain, à ce qu'il semble, que la cour de Rome avait fait retentir pendant un siècle le monde chrétien des formules terrifiantes et sans cesse répétées de l'excommunication. Ce n'est pas en vain non plus, que l'Inquisition s'était livrée dans le même temps à ces violences, à cet arbitraire, à ces vengeances farouches, qui sont le propre de sa justice. Tout cela avait dû rejaillir sur la papauté. N'était-ce pas elle qui avait institué ce tribunal terrible, qui l'avait patronné, qui lui avait mis dans les mains toutes les armes dont il abusait? Elle en devenait responsable. Elle avait voulu, elle aussi, faire l'épreuve des triomphes dus à la force seule, idée funeste, qu'il ne lui était pas permis d'emprunter aux empereurs d'Allemagne, dont, depuis deux cents ans, elle combattait l'infatuation brutale aux applaudissements de l'Europe. L'Inquisition, en s'éclipsant, la laissait victorieuse; mais elle la laissait aussi compromise et dépouillée, peut-être pour longtemps, d'une partie de sa plus grande force, de son prestige moral.

———

VU ET LU,
A Paris, en Sorbonne, le 23 juillet 1879,
Par le Doyen de la Faculté des lettres de Paris,
H. WALLON.

VU ET PERMIS D'IMPRIMER.
Le Vice-Recteur de l'Académie de Paris,
GRÉARD.

TABLE DES MATIÈRES

	Pages.
INTRODUCTION	1
Classification générale des documents d'Inquisition	1

PREMIÈRE PARTIE

Documents déjà publiés et copies.

CHAPITRE PREMIER. — Documents déjà publiés	5
CHAPITRE II. — Copies	29

DEUXIÈME PARTIE

Originaux proprement dits.

(Bibliothèque nationale. — Bibliothèque de la ville de Toulouse. — Archives de la Haute-Garonne.)

Indications générales	51
CHAPITRE PREMIER. — Les sentences de Bernard de Caux et de Jean de Saint-Pierre (1246-1248). — (Bibliothèque nationale, ms. latin 9992.)	55
CHAPITRE II. — Le procès de l'Inquisition d'Albi (1299-1300). — (Bibliothèque nationale, ms. latin 11847.)	79
CHAPITRE III. — Le registre de Geoffroi d'Ablis (1308-1309). — (Bibliothèque nationale, ms. latin 4269.)	107
CHAPITRE IV. — Les enquêtes de Bernard de Caux et de Jean de Saint-Pierre (1245-1246). — (Bibliothèque de la ville de Toulouse, ms. 155, 1re série.)	163
CHAPITRE V. — La *Practica* de Bernard Gui (début du quatorzième siècle). — (Bibliothèque de la ville de Toulouse, ms. 121 et 267, 1re série.)	197
CHAPITRE VI. — Le registre de l'Inquisition de Toulouse (1254, 1256). — (Archives départementales de la Haute-Garonne, fonds des Dominicains.)	237

TROISIÈME PARTIE

Originaux proprement dits.

Le registre de greffier du tribunal de l'Inquisition de Carcassonne (1250-1258). — (Bibliothèque de la ville de Clermont, n° 136 a du catalogue général.)

CHAPITRE PREMIER. — Description du manuscrit et indications préliminaires... 261
CHAPITRE II. — Les juges d'Inquisition du tribunal de Carcassonne (1250-1258)... 273
CHAPITRE III. — La procédure inquisitoriale au tribunal de Carcassonne (1250-1258)... 311
    1° Comparution... 312
    2° Procédure proprement dite et instruction... 327
    3° Procédure contre les hérétiques défunts... 358
    4° La caution dans la procédure inquisitoriale... 367
CHAPITRE IV. — La pénalité inquisitoriale au tribunal de Carcassonne (1250-1258)... 375
    Indications préliminaires... 376
    1° Peines canoniques... 381
    2° Peines mineures... 389
    3° Peines publiques et infamantes... 399
    4° Peines majeures... 427
CONCLUSION... 453

ERRATA

Page VIII, ligne 14. *Au lieu de* : est; *lisez* : a été.
Page XXIII, note 1. *Au lieu de* : p. 63, c. 2, 10; *lisez* : p. 63, n° 10.
Page 15, note 2. *Au lieu de* : Série GG.-GGI; *lisez* : Série GG, n° 1.
Page 19, note 1. *Au lieu de* : sont seuls employés; *lisez* : ont été seuls employés.
Page 22, note 1. *Au lieu de* : les *Olim de Beugnot*; *lisez* : les *Olim* de Beugnot.
Page 44, note 2. *Au lieu de* : 17 juin 1253; *lisez* : 17 juin 1263.
Page 64, note 2, à la fin. *Au lieu de* : Voir plus haut, p. 41, note 3; *lisez* : Voir plus haut, p. 42, note 3.
Page 70, note 1. *Au lieu de* : avec cinq autres capitouls; *lisez* : avec cinq autres membres du Chapitre.
Page 73, note 2, à la fin. *Au lieu de* : Scmidt; *lisez* : Schmidt.
Page 79, au titre du chapitre II. *Au lieu de* : ms. latin 1147; *lisez* : ms. latin 11847.
Page 125, ligne 7. *Au lieu de* : son caractère même; *lisez* : son caractère personnel.
Page 136, ligne 13 : *Au lieu de* : (adducti capti); *lisez* : (adducti, capti).
Page 181, note 1. *Au lieu de* : *Saint Louis et Alphonse de Poitiers*; *lisez* : *Saint Louis et Alfonse de Poitiers*. — Même correction, p. 182, note 1.
Page 192, note 1, 4° parag. *Au lieu de* : Bourges; *lisez* : Bouges.
Page 194, ligne 4. Supprimez le membre de phrase : digne successeur des *martyrs* d'Avignonet.
Page 200, note 1, à la fin. *Au lieu de* : le f° 170; *lisez* : le f° 1, r°.
Page 218, note 1. *Au lieu de* : sanctissimae Inquisitionia; *lisez* : sanctissimae Inquisitionis.
Page 275, note 2. *Au lieu de* : Annales ou histoire; *lisez* : Annales et histoire.
Page 283, note 3. *Au lieu de* : *Ricus nitidus*; *lisez* : *Rivus nitidus*.
Page 293, note 1, à la fin. *Au lieu de* : 1356. 2 séances; *lisez* : 1257. 2 séances. *Au lieu de* : 1257. 11 séances; *lisez* : 1258. 11 séances.
Page 297, note 1. *Au lieu de* : Il est habité aujourd'hui par le gardien des tours; *lisez* : Il était habité encore tout récemment par le gardien des tours.
Pages 299, 300. Le paragraphe commençant par ces mots : Raimond Sabatier ayant été condamné, etc., doit être entre guillemets.
Page 319, note 3. *Au lieu de* : Dargentré; *lisez* : d'Argentré.
Page 373, ligne 23. *Au lieu de* : de un à six; *lisez* : d'un à six.

www.ingramcontent.com/pod-product-compliance
Lightning Source LLC
Chambersburg PA
CBHW050605230426
43670CB00009B/1270